D0833535

LE LIVRE
de
SAN MICHELE

DU MÊME AUTEUR

Aux Éditions Albin Michel

HOMMES ET BÊTES, Présenté par Pierre Benoît,
de l'Académie Française

AXEL MUNTHE

LE LIVRE
de
SAN MICHELE

Traduit par
<small>PAUL RODOCANACHI</small>

Présenté par
PIERRE BENOIT
de l'Académie Française

ALBIN MICHEL

CE N'EST RIEN DONNER AUX HOMMES
QUE DE NE PAS SE DONNER SOI-MÊME.

« *Si vous venez me voir, lors de votre prochaine visite à Capri, à Capri où on revient toujours, peut-être pourrez-vous alors m'expliquer ce que personne n'a pu m'expliquer jusqu'ici : pourquoi le* Livre de San Michele *a été traduit en vingt-cinq langues ? C'est plus fort que moi, je n'y comprends rien...* »

*Je ne veux pas attendre de m'être rendu à l'invitation que m'adressait ainsi, il y a un mois, le D*r *Axel Munthe, auteur de cet extraordinaire* Livre de San Michele, *pour essayer de lui donner à ce sujet une explication. Cette explication, la voici : son livre n'est pas un livre comme les autres ; lui-même, il n'est pas un auteur comme les autres auteurs, non plus. Il est un homme, tout simplement. Et les hommes de vingt-cinq pays se sont reconnus dans le miroir si clair et si sincère qu'il leur a tendu.*

C'est une chose bien surprenante que ce thème nordique chanté sur la terre de saint François. Il déroute toutes nos conceptions, nos habitudes de penser, de sentir, de composer. On ne peut le rattacher à quoi que ce soit. Le miracle même, c'est qu'il ait jamais été écrit. Pas d'ouvrage qui se soucie moins de l'être ; de respecter les plus ordinaires règles du style. Et pourtant, la réussite est là. Il faut donc qu'elle s'explique par la volonté de l'auteur de contrevenir à toutes les lois que les autres écrivains se croient tenus de respecter. Il a, pour elles, à peu près le même mépris qu'avait Saint-Simon, qui voulait « qu'on lui épargnât le ridicule » de songer qu'en écrivant il avait pu céder à la tentation de faire œuvre littéraire. C'est parce qu'il n'y a pas une minute pensé qu'il y est parvenu si étonnamment.

*« Je sais parfaitement, écrit le D*r *Munthe, que dans ce livre, bien des choses paraîtront étranges, d'autres presque incompréhensibles à la plupart des lecteurs latins. Tous ces êtres nordiques, sans chair ni os, qui vivent encore dans nos légendes et dans nos songes ; les petits gnomes*

3

qui veillent au chevet de notre enfance, les elfes qui dansent parmi les fleurs assoupies sur nos prairies, le petit peuple qui apporte leur nourriture aux ours endormis dans leurs tanières hivernales, les ogres qui parcourent nos forêts de leurs pas de géant, ont tous disparu de la terre latine avec le dernier écho de la flûte de Pan. » S'ils sont morts, vraiment, le Livre de San Michele les fait revivre sur cette terre de l'olivier d'argent et du cyprès. L'auteur est allé les chercher lui-même parmi les bouleaux et les sapinières, et les pages où il nous parle de ce voyage, je n'en connais guère de plus belles, de plus inspirées.

Qu'il se rassure, sur ce point. Rien n'est plus vivant que son livre. De perpétuels battements d'ailes semblent l'animer. La fréquentation incessante de la mort paraît avoir donné à ce médecin le sens de la vie éternelle. Comme il la comprend, et comme il l'aime, et comme il sait nous la faire aimer.

> Et puis, il s'élevait une seule pensée
> Comme une pyramide au milieu des déserts.

Si ce distique sublime de Lamartine a une signification, une vertu autre que celle qui tient de la poésie pure, je présume que ce doit être celle-ci : une œuvre digne de ce nom, quelle qu'elle soit, pour exister, pour subsister, a besoin d'un but, d'une idée centrale, autour de laquelle tous les détails du paysage viennent se grouper, et cela si harmonieusement, qu'en fin de compte on ne voit plus qu'elle, la pyramide qui les domine sans les écraser.

Le Dr Munthe, qui s'est étonné du succès fait par le public au Livre de San Michele, a été surpris bien plus encore des diverses interprétations que la critique a données de ce livre. Oserais-je lui proposer la mienne ? Ce faisant, si je me trompe, je sais que je serai sûr au moins de ne pas lui déplaire. Eh bien, à mon avis, la raison d'être de ces pages, c'est le chant de confiance qui s'en élève, un chant de confiance dans la vie, le culte de cette vie, sous toutes ses formes, la païenne comme la chrétienne et, surtout, sous sa forme la plus humble et la plus touchante, l'amour des pauvres bêtes innocentes et martyrisées. Moi qui, avant d'être inscrit à la Société des Gens de Lettres de mon pays, ai fait partie de la Société Protectrice des Animaux, je peux bien le dire, c'est ce qui m'a ému le plus profondément dans le Livre de San Michele. Singuliers hasards de l'homonymie ! Il y a là des accents que, seul, peut-être, a atteints un autre écrivain, un grand poète de chez nous, qui divagua presque toujours lorsqu'il voulut parler des hommes, mais qui, pour célébrer les animaux, s'est haussé à la force et à la pureté du verbe divin : Michelet.

Pierre BENOIT

AU LECTEUR FRANÇAIS

Les Critiques semblent avoir rencontré de grandes difficultés à classer le livre de San Michele et cela ne m'étonne pas.

Les uns l'ont appelé une Autobiographie ; d'autres : « Les Mémoires d'un Docteur ».

Autant qu'il me semble, ce n'est ni ceci ni cela.

Sûrement il ne m'aurait pas fallu cinq cents pages pour écrire l'histoire de ma vie, même si je n'avais pas omis les chapitres les plus tristes et les plus mouvementés. Tout ce que je puis dire c'est que je n'ai jamais eu l'intention d'écrire un livre sur moi-même — ce fut au contraire ma constante préoccupation, d'un bout à l'autre, d'essayer de me débarrasser de cette vague personnalité. Si toutefois ce livre s'est trouvé devenir une autobiographie, je commence à croire, à en juger par son chiffre de vente, que la manière la plus simple d'écrire sur soi-même consiste à s'efforcer de penser à d'autres. Il n'y a qu'à s'asseoir tranquillement, tout seul, dans son fauteuil, et à regarder sa vie passée avec son œil aveugle. Mieux vaudrait encore s'étendre sur l'herbe, et ne pas penser du tout ; écouter seulement. Bientôt la rumeur lointaine du monde s'éteint et les forêts et les champs commencent à chanter avec de claires voix d'oiseaux ; des animaux amis viennent vers vous pour raconter leurs joies et leurs tristesses avec des accents et des mots que vous comprenez et, quand tout est silencieux, même les choses inanimées autour de vous commencent aussi à murmurer dans leur sommeil.

Appeler ce livre « Les Mémoires d'un Docteur », comme l'ont fait certains critiques, me paraît moins approprié encore. Sa simplicité exubérante, sa limpidité elle-même cadrent mal avec un sous-titre si pompeux. Sûrement un médecin, comme tout être humain, a le droit de rire de lui-même par moments pour remonter son moral, peut-être même de rire de ses confrères s'il est disposé à en affronter le péril, mais il n'a aucun droit de rire de ses malades. Verser des larmes avec eux est encore pire. Un docteur qui gémit est un mauvais docteur. D'ailleurs un vieil homme de l'art devra y penser à deux fois avant de s'asseoir dans son fauteuil pour écrire ses Mémoires. Il fera mieux de garder pour lui ce qu'il a vu de la Vie et de la Mort. Mieux vaudra ne pas écrire du tout de Mémoires, laisser les morts à leur paix et les vivants à leurs illusions.

Quelqu'un a appelé le livre de San Michele : Le livre de la Mort – c'est peut-être cela ; car la Mort est rarement absente de ma pensée. « Non nasce in me pensier che non vi sia dentro scolpita la Morte », écrivait Michel-Ange à Vasari.

J'ai lutté si souvent avec mon sinistre collègue pour être toujours vaincu ; je l'ai vu tuer un à un tous ceux que j'ai tenté de sauver. J'en ai eu quelques-uns à l'esprit dans ce livre, tels que je les ai vus vivre, vus souffrir, vus se coucher pour mourir. C'est tout ce que je pouvais pour eux. Tous étaient des gens humbles ; aucune croix de marbre ne se dresse sur leurs tombes ; beaucoup étaient déjà oubliés bien avant de mourir. Ils sont à leur aise maintenant. La vieille Maria Porta-Lettere qui a gravi les 777 marches phéniciennes pendant trente ans sur ses pieds nus, avec mes lettres, porte aujourd'hui le courrier au Paradis où le cher vieux Pacciale est assis à fumer le calumet de paix, contemplant la mer infinie comme il le faisait à la Pergola de San Michele et où mon cher ami Arcangelo Fusco, le balayeur de la rue de Montparnasse, continue à balayer la poussière des étoiles sur le parvis d'or.

Sous le majestueux péristyle de colonnes en lapis-lazuli se pavane allégrement Monsieur Alphonse, doyen des petites sœurs des Pauvres, dans la redingote flambant neuf du millionnaire de Pittsburg, levant cérémonieusement son chapeau haut de forme à tous les saints qu'il rencontre, comme il le faisait à chacun de mes amis quand il se promenait le long du corso dans ma victoria. John, le petit garçon aux yeux bleus qui ne souriait jamais, joue maintenant gaiement avec une bande d'autres bambins joyeux dans la vieille nursery du Bambino. Enfin il a appris à sourire ! Toute la pièce est remplie de fleurs ; des oiseaux chantants vont et viennent en volant par les fenêtres ouvertes ; de temps à autre la Madonna jette un regard pour s'assurer que les enfants ne manquent de rien. La mère de John, qui le soigna si tendrement à l'Avenue de Villiers, est encore ici-bas ; je l'ai vue l'autre jour. La pauvre Flopette, la courtisane, a l'air dix ans plus jeune que le jour où je la vis sur le boulevard dans un café de nuit ; toute proprette et nette dans sa robe blanche elle est maintenant seconde femme de chambre de Marie-Madeleine.

Dans un coin modeste des Champs-Élysées est le cimetière des chiens. Tous mes amis morts sont là, leurs corps sont toujours où je les ai couchés sous les cyprès près de la vieille Tour, mais leurs cœurs fidèles ont été montés ici. Saint Roch, le petit saint protecteur des chiens, est le gardien du cimetière ; et la bonne vieille Miss Hall y fait souvent des visites. Même le coquin de Billy, le babouin ivrogne qui mit le feu au cercueil de « Il canonico Don Giacinto », a été admis après jugement à la dernière rangée de tombes du cimetière des singes, à quelque distance de là, après une enquête serrée de saint Pierre qui s'aperçut qu'il sentait le whisky et à première vue l'avait pris par erreur pour un être humain. Don Giacinto lui-même, le prêtre le plus riche de Capri qui n'avait jamais donné un centime aux pauvres, continue à rôtir dans son cercueil et l'ancien boucher d'Anacapri qui aveuglait les cailles avec une aiguille rougie s'est vu crever les yeux par le Diable en personne dans un accès de jalousie de métier.

Un critique a découvert qu'il y a dans le livre de San Michele « de quoi fournir aux auteurs professionnels assez d'étoffe pour leurs histoires sensationnelles jusqu'à la fin de leurs jours ». Je la mets volontiers à leur disposition pour ce que ça vaut. Je n'en ai plus besoin. Ayant concentré mes efforts littéraires durant toute une vie à écrire des ordonnances, il y a peu de chances que je m'essaie à des histoires sensationnelles si tard dans la journée. Plût à Dieu que j'y eusse songé plus tôt car je ne serais pas où j'en suis aujourd'hui. Sûrement ce doit être une tâche plus aisée de rester assis dans un fauteuil à écrire des histoires sensationnelles que de peiner dans la vie à en réunir les éléments, de décrire les maladies et la mort que de lutter contre elles, de forger des intrigues sinistres que d'être renversé par elles sans préavis. Mais pourquoi ces professionnels ne recueillent-ils pas leurs éléments eux-mêmes ? Ils le font rarement ! Les romanciers qui s'obstinent à conduire leurs lecteurs dans les bouges y vont rarement eux-mêmes. Les spécialistes des maladies et de la Mort se décident rarement à vous accompagner à l'hôpital où ils viennent d'achever leur héroïne. Les poètes et les philosophes qui en vers ou en prose sonores appellent la Mort comme la Délivrance, souvent deviennent livides au seul nom de leur meilleure Amie. C'est une vieille histoire ! Leopardi, le plus grand poète de l'Italie moderne, qui avait soupiré après la Mort en vers exquis depuis son enfance, fut le premier à fuir Naples frappée du choléra, en proie à une terreur abjecte. Le grand Montaigne lui-même, dont les méditations sereines sur la Mort suffiraient à l'immortaliser, bondit comme un lapin quand la peste éclata à Bordeaux. Schopenhauer, le vieux boudeur, le plus grand philosophe des temps modernes, qui avait fait de la négation de la vie la clef de voûte de son enseignement, arrêtait court toute conversation sur la Mort. Les romans de guerre les plus sanglants furent écrits, je pense, par de paisibles citoyens largement hors d'atteinte des canons allemands à longue portée. Les écrivains qui se plaisent à faire assister leurs lecteurs à des orgies sexuelles jouent le plus souvent un rôle plutôt effacé dans des scènes de ce genre. Personnellement je ne connais à cette règle qu'une exception, Guy de Maupassant, et je le vis en mourir.

Je me rends compte que quelques-uns des décors dans ce livre sont dressés sur la bande de terre mal définie qui sépare le réel de l'irréel, sur cette zone dangereuse, sans Maître, entre les faits et le rêve, le pays de personne où tant d'auteurs de mémoires ont mal fini et où il arrivait à Gœthe lui-même de se perdre, dans son « Dichtung und Wahrheit ».

J'ai essayé de mon mieux, grâce à des tours de métier bien connus, de déguiser quelques-uns de ces épisodes en histoires à sensation. Après tout ce n'est qu'une question de forme. Ce serait pour moi un grand soulagement d'avoir réussi, je ne demande pas mieux que de ne pas être cru. C'est assez mauvais et assez triste en tout cas. Dieu sait que j'aurai à répondre de bien des choses. Je le prendrai aussi comme un compliment, car le plus grand écrivain d'histoires sensationnelles que je connaisse est la Vie ! Mais la Vie est-elle toujours vraie ?

La Vie est pareille à ce qu'elle fut toujours, insensible aux événements, indifférente aux joies et aux douleurs de l'homme, muette et incompréhensible comme le sphinx. Mais la scène sur laquelle se joue l'éternelle tragédie change sans cesse pour éviter la monotonie. Le monde dans lequel nous vécûmes hier n'est pas le monde où nous vivons aujourd'hui, il se meut vers son destin, inexorablement, et nous faisons de même. Aucun homme ne se baigne deux fois dans la même rivière, a dit Héraclite. Parmi nous les uns rampent sur leurs genoux, d'autres courent à cheval ou en auto, d'autres devancent le pigeon voyageur sur leurs avions. Il n'est pas besoin de se hâter, nous sommes tous assurés de parvenir au terme du voyage.

Non ! Le monde où je vivais dans ma jeunesse n'est pas le même monde où je vis aujourd'hui, en tout cas il ne me le paraît pas. Je ne pense pas non plus qu'il paraisse tel aux lecteurs de ce livre de vagabondages dans le passé à la recherche d'aventures. Il n'y a plus de brigands avec huit meurtres sur la conscience pour vous offrir de coucher sur leur matelas dans Messine écroulée. Il n'y a plus de sphinx de granit accroupi sous les ruines de la villa de Néron en Calabre. Les rats affolés des bouges cholériques de Naples, qui me firent une frayeur mortelle, se sont depuis longtemps retirés en sûreté dans leurs égouts romains. Vous pouvez monter en auto à Anacapri et par le train au sommet de la Jungfrau et sur le Cervin avec une échelle d'acier.

Dans mon lointain pays du Nord les pins montent encore la garde autour de mon enfance, un peu malmenés eux aussi par les années, mais encore droits et fiers, vieux grenadiers grisonnants aux cheveux blancs de neige et à la barbe pleine de givre.

Les anémones percent encore les champs gelés, parmi les ruisseaux dansants, quand arrive finalement la Libératrice avec les chants d'oiseaux dans l'air et le soleil et la joie dans les cœurs humains. Les Elfes dansent toujours parmi les fleurs endormies dans les claires nuits d'été, mais la chanson populaire, belle fille aux yeux bleus, est morte.

Les Lapons avec leurs rennes vivent toujours leur vie solitaire dans la plaine déserte où le soleil ne se couche pas.

Pendant les hivers rigoureux la bande des loups affamés, aux yeux luisants, galope encore derrière votre traîneau sur le lac gelé, mais l'ours galant homme, qui barra mon chemin dans la gorge solitaire de la Suvla, est parti depuis longtemps pour les champs élyséens de la chasse. Un pont de fer surplombe le torrent écumant que je traversai à la nage avec Ristin, la fille lapone. Un tunnel a démoli la dernière forteresse de Stalo, l'ogre terrible. Le Petit Peuple dont j'ai senti les bruissements sous le sol de la tente lapone, ne porte plus de nourriture aux ours endormis dans leurs tanières hivernales, et c'est pour cela qu'il y a aujourd'hui si peu d'ours en Suède. Les petits gnomes, fidèles amis de mon enfance, se sont faits plus rares qu'à l'époque de ma jeunesse. J'en ai vu plusieurs ; l'un d'eux veillait à mon chevet, et à un autre, qui habitait l'étable, je portais bien des douceurs de mon arbre de Noël.

Il y a des gens qui disent qu'ils n'ont jamais vu de ces petits hommes hauts comme la paume de la main, avec leurs sabots de bois, leurs longues barbes grises et leurs bérets rouges. Je plains ces gens. Il leur manque quelque chose. Ils doivent avoir une vue défectueuse. Peut-être se sont-ils fatigués les yeux d'avoir trop lu à l'école. Peut-être est-ce pour cela qu'ils ressemblent à des petits vieux et deviennent des hommes sans paix dans leur âme, sans tendresse dans leur cœur, sans idées à eux, sans rêves, sans volonté de vivre, sans courage pour mourir. Les hommes d'aujourd'hui perdent trop de temps à écouter et à lire les pensées des autres. Il serait mieux qu'ils prissent plus de temps pour écouter leurs propres pensées. Nous pouvons apprendre la science des autres, mais la sagesse nous devons la chercher en nous-mêmes. La source de la Fontaine de Sagesse jaillit de notre propre sol, entre les profonds abîmes de nos pensées et de nos songes solitaires. L'eau de la Fontaine est limpide et froide comme la Vérité, mais son goût est amer.

PRÉFACE

J'avais quitté précipitamment la France pour aller à Londres m'occuper de ma naturalisation. Il semblait que mon pays [1] *allait être entraîné dans la guerre aux côtés de l'Allemagne. Henry James, le célèbre romancier américain, devait être un de mes parrains, il venait lui-même d'être naturalisé. « Civis Britannicus sum », disait-il de sa voix profonde. Il savait que j'avais tâché de faire de mon mieux* [2] *et que j'avais échoué parce que j'avais trop besoin d'aide moi-même pour être d'une aide quelconque aux autres. Il savait le sort qui m'attendait. Il me posa la main sur l'épaule et me demanda ce que j'allais faire de moi. Je lui dis que j'étais sur le point de quitter la France définitivement pour me cacher comme un déserteur dans ma vieille tour à Anacapri, que je n'étais pas capable d'autre chose. En me souhaitant adieu il me rappela comment, il y avait bien des années, pendant qu'il était avec moi à San Michele, il m'avait encouragé à écrire un livre sur ma résidence insulaire qu'il appelait le plus bel endroit du monde. Pourquoi ne pas écrire l'histoire de San Michele maintenant si tout tournait au plus mal et que mon courage commençait à flancher ! Qui pourrait écrire sur San Michele, mieux que moi qui l'avais bâti de mes propres mains ? Qui pourrait décrire mieux que moi tous les fragments sans prix de marbres épars dans le jardin où s'élevait autrefois la villa de Tibère ? Et le vieil Empereur sombre lui-même, dont les pieds avaient foulé cette même mosaïque que j'avais mise à jour sous les vignes ! Quelle fascinante étude pour un homme comme moi si passionné pour la psychologie ! Il n'y avait rien de tel que d'écrire un livre pour un homme qui*

1. *La Suède.*
2. *L'auteur a servi dans la Croix-Rouge Anglaise. Voir son livre* Red Cross and Iron Cross *(John Murray, Londres).*

I I

voulait fuir sa propre misère, rien de tel que d'écrire un livre pour un homme qui ne pouvait dormir.

Ce furent ses derniers mots – jamais je ne revis mon ami. Je retournai à ma solitude stérile dans la vieille tour, humilié et découragé. Tandis que chacun offrait sa vie à son pays je passais mes jours à errer de haut en bas dans ma tour obscure, inquiet comme une bête en cage, pendant qu'on me lisait les récits sans fin de la souffrance et de la douleur. De temps à autre, le soir, lorsque l'implacable lumière du jour cessait de torturer mes yeux, j'avais l'habitude de monter d'un pas hésitant à San Michele, en quête de nouvelles. Le drapeau de la Croix-Rouge anglaise flottait sur San Michele où des hommes courageux et hors de combat étaient soignés et ramenés à la santé par ce même soleil qui m'avait chassé de ma demeure bien-aimée. Hélas! Tristes nouvelles! Combien longue était l'attente pour ceux qui ne pouvaient qu'attendre.

Mais combien d'entre nous osent avouer ce que tant ont senti – que le poids de leur propre chagrin paraissait plus facile à porter quand tous les hommes et toutes les femmes étaient en deuil autour de nous; que la blessure dans leurs entrailles paraissait presque guérir tandis que le sang coulait de tant d'autres blessures?

Qui osait pleurnicher sur son propre sort quand le sort du monde était en jeu! Qui osait gémir sur sa propre douleur quand tous ces hommes mutilés étaient allongés sur leurs civières, muets, les dents serrées.

Enfin l'orage se calma. Tout était silencieux comme autrefois dans la vieille tour, j'étais seul avec mon épouvante.

L'homme fut bâti pour porter sa croix lui-même, c'est pourquoi on lui donna ses robustes épaules. L'homme peut supporter beaucoup tant qu'il peut se supporter lui-même. Il peut vivre sans espoir, sans amis, sans livres, même sans musique, tant qu'il peut écouter sa propre pensée et l'oiseau qui chante sur sa fenêtre, et la voix lointaine de la mer. A St-Dunstan [1] *on m'a dit qu'il pouvait même vivre sans la lumière, mais ceux qui me l'ont dit étaient des héros. Mais un homme ne peut vivre sans sommeil. Quand je cessai de dormir je commençai à écrire ce livre, tous les remèdes plus bénins ayant échoué. En ce qui me concerne ce fut un grand succès. Mille et mille fois j'ai béni Henry James pour son conseil. J'ai bien mieux dormi ces derniers temps. Ce fut même un plaisir pour moi d'écrire ce livre, je ne m'étonne plus que tant de gens se mettent à écrire de nos jours. Malheureusement j'ai écrit le livre de San Michele au milieu de difficultés particulières. Je fus interrompu dès le début par un visiteur inattendu, qui s'assit en face de moi à ma table et se mit à parler de lui-même et de ses propres affaires de la*

---

1. *Hospice anglais pour les aveugles de guerre.*

manière la plus décousue, comme si tout ce fatras pouvait intéresser d'autres que lui. Il y avait quelque chose de très irritant, de très anti-anglais dans son insistance à raconter ses diverses aventures, où il apparaissait toujours sous les traits d'un héros – trop d'Ego dans votre Cosmos, jeune homme, pensai-je. Il semblait croire qu'il connaissait tout, l'art ancien, l'architecture, la Psychologie, la Mort et l'Au-Delà. La Médecine paraissait son dada favori, il se disait neurologue et se vantait d'être un élève de Charcot comme ils font tous. Dieu ait pitié de ses malades ! me dis-je. Comme il citait le nom du Maître de la Salpêtrière je me figurai un instant que je l'avais déjà vu il y a très, très longtemps, mais j'écartai vite cette pensée comme absurde car il avait l'air si jeune et si débordant d'énergie et je me sentais si vieux et si las. Ses incessantes rodomontades, sa jeunesse elle-même, commençaient à me porter sur les nerfs, et pour comble je devinai bientôt que ce petit jeune homme se gaussait tout le temps gentiment de moi comme les jeunes le font souvent des vieux. Il essaya même de me faire croire que c'était lui et non moi qui avait bâti San Michele. Il dit qu'il adorait cet endroit et allait y vivre pour toujours. A la fin je lui dis de me laisser tranquille et de me permettre de continuer mon livre de San Michele et la description de mes précieux fragments de marbre de la villa de Tibère.

« Pauvre vieux », dit le jeune gars avec son sourire protecteur, « vous radotez ! J'ai peur que vous ne puissiez vous lire vous-même ! Ce n'est ni San Michele ni les fragments précieux de marbre de la villa de Tibère que vous n'avez cessé de décrire, c'est seulement quelques débris d'argile de votre vie brisée que vous avez ramenés au jour. »

CHAPITRE PREMIER

JEUNESSE

Je sautai du bateau à voiles de Sorrente sur la petite plage.

Des essaims de petits garçons jouaient parmi les barques retournées ou baignaient dans le ressac leurs corps de bronze luisant, et de vieux pêcheurs au bonnet phrygien rouge raccommodaient leurs filets, assis devant leurs abris à bateaux. En face du débarcadère stationnaient une demi-douzaine d'ânes, selle au dos, des bouquets de fleurs aux brides. Auprès d'eux habillaient et chantaient autant de jeunes filles, le « spadella » d'argent piqué dans leurs tresses noires et un foulard rouge noué autour des épaules.

La petite ânesse qui devait me monter à Capri s'appelait Rosina, et le nom de la jeune fille était Gioia. Ses yeux noirs, étincelants, pétillaient d'ardente jeunesse, ses lèvres étaient aussi rouges que le fil de corail autour de son cou, et ses dents fortes et blanches brillaient comme un rang de perles fines dans son rire joyeux. Elle croyait qu'elle avait quinze ans et je dis que j'étais plus jeune que je n'avais jamais été. Mais Rosina était vieille : « è antica », dit Gioia. Je glissai donc de la selle et je grimpai à loisir le chemin sinueux qui menait au village. Devant moi dansait Gioia sur ses pieds nus, une couronne de fleurs sur la tête, comme une jeune bacchante, et derrière moi trébuchait la vieille Rosina dans ses mignons sabots noirs, tête penchée, oreilles pendantes, plongée dans ses pensées. Je n'avais pas le temps de penser, ma tête était pleine de surprise enchantée, mon cœur débordait de la joie de vivre; le monde était beau et j'avais dix-huit ans. Nous frayions notre chemin à travers les buissons de « Ginestra » et de myrte épanouis et, disséminées parmi l'herbe odorante, beaucoup de petites fleurs, que je n'avais jamais vues au pays de Linné, levaient leurs têtes gracieuses pour nous regarder passer.

15

« Quel est le nom de cette fleur ? » dis-je à Gioia.

Elle me la prit des mains, la regarda tendrement, et dit : « Fiore ».

« Et quel est le nom de celle-ci ? »

Elle la regarda avec la même tendresse attentive et dit : « Fiore ! »

« Et comment appelez-vous celle-ci ? »

« Fiore ! Bello ! Bello ! »

Elle cueillit un bouquet de myrte parfumé mais refusa de me le donner. Elle dit que les fleurs étaient pour San Constanzo, le saint Patron de Capri, qui était d'argent massif et avait fait tant de miracles : « San Constanzo, bello ! bello ! »

Une longue file de jeunes filles, des blocs de tuf sur la tête, s'avançaient lentement vers nous, en une majestueuse procession, telles les cariatides de l'Erechthéion. L'une des jeunes filles me sourit et mit une orange dans ma main ; c'était une sœur de Gioia, encore plus belle, pensai-je. Oui, ils étaient huit frères et sœurs à la maison et deux autres étaient en Paradiso. Leur père était au loin à pêcher le corail en « Barbaria » ; regardez le beau rang qu'il venait de lui envoyer ; « Che belle collana ! bella ! bella ! »

« Vous aussi vous êtes belle, Gioia, bella ! bella ! »

« Oui », dit-elle.

Mon pied heurta une colonne de marbre brisée. « Roba di Timberio », expliqua Gioia, « Timberio cattivo ! Timberio Mal'occhio ! Timberio cammorista ! »[1] et elle cracha sur le marbre.

« Oui, dis-je, Tacite et Suétone encore frais dans ma mémoire, « Tiberio cattivo ! »

Ayant pris pied sur la grand-route, nous arrivions sur la Piazza. Deux marins, debout près du parapet dominant la Marina ; quelques Capriotes ensommeillés, assis devant l'Osteria de Don Antonio, et une demi-douzaine de prêtres sur les marches de l'église, gesticulant farouchement en une conversation animée.

« Moneta, Moneta, Molta moneta ; Niente moneta ! »

Gioia courut baiser la main de Don Giacinto, son confesseur et « Un vero santo ! » quoiqu'il n'en eût pas l'air. Elle allait à confesse deux fois par mois ; combien de fois est-ce que j'y allais, moi ? « Jamais ! »

« Cattivo ! Cattivo ! »

Dirait-elle à Don Giacinto que j'avais baisé sa joue sous les citronniers ?

---

1. *Le vieil empereur qui vécut les onze dernières années de sa vie dans l'île de Capri est encore très vivant sur les lèvres des habitants qui toujours l'appellent « Timberio ».*

Bien sûr que non!

Nous traversâmes le village pour nous arrêter à Punta Tregara.

« Je vais grimper au sommet de ce rocher », dis-je, montrant le plus périlleux des trois Faraglioni, brillants comme des améthystes à nos pieds. Mais Gioia était sûre que je ne le pourrais pas. Un pêcheur, qui avait tenté l'ascension en quête d'œufs de mouettes, avait été précipité dans la mer par l'esprit malin qui l'habitait sous la forme d'un lézard aussi bleu que la grotte bleue, pour surveiller un trésor, caché là par Timberio lui-même.

Dominant l'accueillant petit village, le sombre profil du Monte Solaro se détachait sur le ciel d'Occident avec ses rochers abrupts et ses inaccessibles falaises.

« Je veux grimper immédiatement sur cette montagne », dis-je.

Mais Gioia n'aimait pas du tout cette idée. Un sentier rapide, sept cent soixante-dix-sept marches taillées dans le roc par Timberio en personne, montait à flanc de colline et, à mi-hauteur, dans un trou noir, vivait un féroce loup-garou qui avait déjà dévoré plusieurs « Cristiani ». En haut de l'escalier, était Anacapri, mais seules les « gente di montagna » y vivaient, toutes très méchantes gens. Aucun « forestiere »[1] n'y allait jamais, et elle-même n'y était jamais montée. Il valait bien mieux monter jusqu'à la Villa Timberio, ou à l' « Arco Naturale » ou encore à la « Grotte Matromania ».

Non, je n'avais pas le temps; il faut que je grimpe tout de suite sur cette montagne.

Retour à la Piazza au moment où les cloches rouillées du vieux campanile sonnaient midi pour annoncer que les macaronis étaient prêts.

Au moins ne voudrais-je pas déjeuner auparavant sous le grand palmier de l' « Albergo Pagano »? Tre piatti, Vino a volontà, prezzo una lira?[2]

Non, je n'avais pas le temps; il fallait que je grimpe sur la montagne tout de suite.

« Addio, Gioia! bella! bella! Addio, Rosina! »

« Addio, addio, e presto ritorno. »

Presto ritorno... Hélas, pour le presto ritorno!

« E un pazzo inglese »[3], furent les dernières paroles que j'entendis des lèvres rouges de Gioia comme je m'élançais sur les marches phéniciennes menant à Anacapri, entraîné par mon destin.

1. *Étranger.*
2. *Trois plats, vin à volonté, prix un franc.*
3. *Un Anglais loufoque.*

A mi-chemin je rattrapai une vieille femme portant sur la tête un énorme panier d'oranges.

« Buon giorno, Signorino. »

Elle déposa son panier et me tendit une orange. Sur les oranges était un paquet de journaux et de lettres liés dans un mouchoir rouge. C'était la vieille Maria « Porta-Lettere », qui portait le courrier deux fois par semaine à Anacapri; plus tard mon amie de toujours. Je la vis mourir à l'âge de quatre-vingt-quinze ans.

Elle farfouilla parmi les lettres, choisit la plus grande enveloppe et me pria de lui dire si elle n'était pas pour Nannina la Caprara (la Chevrière) qui attendait impatiemment « la lettera » de son mari en Amérique.

Non! elle n'était pas pour elle.

Peut-être celle-ci!

Non! elle était pour Signora Desdemona Vacca.

« Signora Desdemona Vacca! » répéta la vieille Maria sceptique; « peut-être veulent-ils dire la moglie dello scarteluzzo » (la femme du bossu), dit-elle songeuse.

La lettre suivante était pour Signor Ulisse Desiderio. « Je pense qu'ils veulent dire « Capolimone (tête de citron) », dit la vieille Maria, « il a reçu une lettre toute pareille il y a un mois ».

La suivante était pour Gentillissima Signorina Rosina Mazzarella. Cette dame paraissait plus difficile à identifier. Était-ce la Cacciacavallara! (femme des fromages), ou bien la Zopparella! (boiteuse), ou la Capatosta! (testue), ou alors la Femmina Antica! (l'ancienne), ou Rosinella Pane Asciutto! (pain sec). Peut-être bien la Fesseria! (pas pour les oreilles délicates), suggéra une autre femme qui venait de nous rattraper avec un grand panier de poissons sur la tête. Oui! elle pourrait être pour la Fesseria à moins qu'elle ne fût pour la moglie di Pane e Cipolla! (la femme de pain et oignons). Mais n'y avait-il aucune lettre pour Peppinella'n coppo u Camposanto? (au-dessus du cimetière), ou pour Mariucella Caparossa? (tête de carotte) ou pour Giovannina Amazzacane? (tue chien), qui attendaient toutes la « lettera » d'Amérique.

Non! à mon grand regret, il n'y en avait pas. Les deux journaux étaient pour Il Reverendo Parroco, Don Antonio di Giuseppe, et Il Canonico don Natale di Tommaso; elle le savait bien, car ils étaient les deux seuls abonnés du village. Le parroco, était un homme très savant, et c'était lui qui trouvait toujours pour qui étaient les lettres; mais aujourd'hui il était allé à Sorrente en visite chez l'Archevêque, et c'est pourquoi elle m'avait prié de lire les enveloppes. La vieille Maria ne savait pas son âge, mais elle savait qu'elle avait porté le courrier depuis qu'elle avait quinze ans, lorsque sa mère avait dû y renoncer. Bien entendu elle ne savait pas lire. Quand je lui dis que j'avais fait la traversée ce matin même avec le bateau poste de Sorrente et que je n'avais rien mangé depuis, elle me donna une autre orange que je dévorai chair et peau; et l'autre femme m'offrit immédiatement de son panier quelques « frutta di mare », qui me donnèrent atrocement soif. Y avait-il une auberge à Anacapri? Non, mais Annarella, la « moglie del sagrestano », me fournirait un délicieux fromage de chèvre, et un verre de l'excellent vin du vignoble du Curé Don Dionisio, son oncle, « un vino meraviglioso ». Ensuite il y avait la Bella Margherita. Bien entendu je savais son nom et que sa tante avait épousé un « Lord Inglese »! Non, je ne le savais pas, mais j'étais très désireux de connaître la Bella Margherita.

Enfin nous atteignîmes la dernière des sept cent soixante-dix-sept marches, nous passâmes sous un portail voûté aux énormes charnières de fer, vestiges d'un ancien pont-levis, encore fixées dans le roc. Nous étions à Anacapri. La baie de Naples tout entière était couchée à nos pieds, entourée par Ischia, Procida, le Posilipo vêtu de pins, l'étincelante ligne blanche de Naples, le Vésuve avec son nuage rose de fumée, la plaine de Sorrente à l'ombre du Monte Sant Angelo, et, plus loin, la chaîne des Apennins encore couverte de neige. Juste au-dessus de nos têtes, rivée au rocher à pic comme un nid d'aigle, se dressait une petite chapelle en ruine. Son toit voûté s'était effondré, mais d'énormes blocs de maçonnerie, formant un réseau inconnu et symétrique, soutenaient encore ses murailles croulantes.

« Roba di Timberio », expliqua la vieille Maria.

Quel est le nom de la petite chapelle? demandai-je avidement.

« San Michele. »

« San Michele! San Michele! » répétait l'écho dans mon cœur.

Dans le vignoble au-dessous de la chapelle, un vieil homme traçait de profonds sillons pour les nouvelles vignes. « Buon giorno, Mastro Vincenzo. » Le vignoble était à lui et aussi la maisonnette à côté; il l'avait entièrement bâtie de ses propres mains, principalement avec les pierres et les briques de la « roba di Timberio » éparses dans tout le jardin. Maria Porta-Lettere lui raconta tout ce qu'elle savait sur mon compte, et Mastro Vincenzo m'invita à m'asseoir dans son jardin et à prendre un verre de vin. Je regardais la petite maison et la chapelle. Mon cœur se mit à battre avec une telle violence que je pouvais à peine parler.

« Il faut que je grimpe là-haut tout de suite », dis-je à Maria

Porta-Lettere. Mais la vieille Maria dit que je ferais mieux d'aller d'abord avec elle chercher de quoi manger, sans quoi je ne trouverais plus rien ; et, poussé par la faim et la soif, je me décidai à regret à suivre son conseil. Je saluai de la main Mastro Vincenzo et dis que je reviendrais bientôt. Nous traversâmes quelques ruelles désertes et fîmes halte sur une piazetta. « Ecco, la Bella Margherita ! »

La Bella Margherita mit un carafon de vin rosé et un bouquet de fleurs sur la table de son jardin et nous annonça que les macaroni seraient prêts dans cinq minutes. Elle était blonde comme la Flora du Titien, son visage était d'un dessin exquis, son profil du grec le plus pur. Elle posa devant moi une énorme assiette de macaroni, et vint s'asseoir à mon côté, me regardant avec un sourire de curiosité. « Vino del parroco », annonçait-elle fièrement chaque fois qu'elle remplissait mon verre. Je bus à la santé du parroco, à sa santé et à celle de sa sœur aux yeux noirs, la belle Giulia qui venait de nous rejoindre avec une poignée d'oranges que je l'avais regardée cueillir à un arbre du jardin. Leurs parents étaient morts, et leur frère Andrea était marin. « Dieu sait où il se trouvait ! » mais leur tante habitait sa villa particulière à Capri. Naturellement je savais qu'elle avait épousé un « Lord Inglese »! Naturellement je le savais, mais j'avais oublié son nom. « Lady Grantley », dit la Belle Margherita fièrement. Je me rappelai à temps de boire à sa santé, après quoi je ne me rappelai plus rien si ce n'est que le ciel sur ma tête était bleu comme un saphir, le vin du « Parroco » rouge comme un rubis, et que la Bella Margherita était assise à mon côté avec une chevelure d'or et des lèvres souriantes.

« San Michele ! » vibra soudain dans mes oreilles.

« San Michele ! » répéta l'écho dans les profondeurs de mon cœur.

« Addio, Bella Margherita ! »

« Addio, e presto ritorno ! » Hélas pour le presto ritorno !

Je m'en retournai par les ruelles désertes, m'orientant de mon mieux, vers mon but. C'était l'heure sacrée de la sieste ; tout le petit village était endormi. La piazza flamboyante de soleil était abandonnée, l'église fermée. Seule, par la porte entrouverte de l'école communale, la voix de stentor du Rev. Canonico Don Natale trompettait, ensommeillée et monotone, dans le silence. « Io mi ammazzo, tu ti ammazzi, egli si ammazza, noi ci ammazziamo, voi vi ammazzate, loro si ammazzano », répété en chœur rythmé par une douzaine de garçons, jambes nues, par terre en cercle aux pieds de leur professeur.

Plus bas dans la ruelle, se tenait une majestueuse matrone

romaine. C'était Annarella en personne m'invitant à entrer d'un signe amical de la main. Pourquoi étais-je allé chez la Bella Margherita au lieu d'aller chez elle ? J'ignorais donc que son « Cacciacavallo » était le meilleur fromage de tout le pays ? Quant au vin, tout le monde savait que celui du parroco n'existait pas à côté de celui du Rev. Don Dionisio ; « Altro che il vino del parroco ! » ajouta-t-elle avec un haussement significatif de ses robustes épaules. Assis sous la pergola devant une carafe du « vino bianco » de Don Dionisio, je commençai à me douter qu'elle avait peut-être raison. Mais, voulant être équitable, je dus vider toute la carafe avant de donner mon opinion définitive. Mais, lorsque sa fille Gioconda toute souriante me versa un second verre d'une nouvelle carafe mon avis fut formel : Oui, le « vino bianco » de Don Dionisio était le meilleur ; il avait la couleur d'un rayon de soleil liquide, la saveur du nectar des Dieux, et Gioconda ressemblait à une jeune Hébé remplissant mon verre vide. « Altro che il vino del parroco ! » je vous l'avais bien dit, lançait Annarella en riant, « E un vino miracoloso. » Miraculeux en effet, car soudain je me mis à parler couramment l'italien, avec une volubilité vertigineuse, au milieu des éclats de rire de la mère et de la fille. Je commençais à me sentir très tendre pour Don Dionisio, j'aimais son nom, j'aimais son vin ; je pensais que j'aimerais bien faire sa connaissance. Rien n'était plus facile, car il devait prêcher aux « Figlie di Maria » à l'église, ce soir-là.

« C'est un homme très instruit », dit Annarella. Il savait par cœur tous les noms de tous les Martyrs et de tous les Saints et il était même allé à Rome baiser la main du pape. Était-elle allée à Rome ? – Non – Et à Naples ? – Non. Elle était allée une fois à Capri, le jour de son mariage, mais Gioconda n'y était jamais allée. Capri était plein de « gente malamonte ». Je dis à Annarella que je savais évidemment tout de leur saint Patron, combien de miracles il avait faits, et combien il était beau, tout en argent massif. Il y eut un silence gêné.

« Oui, ils disent que leur San Constanzo est en argent massif », prononça Annarella, en haussant ses larges épaules avec mépris, mais qui le sait ? « chi lo sa ! » Quant à ses miracles vous les compteriez sur vos doigts ; tandis que Sant'Antonio, le saint Patron d'Anacapri en a déjà fait plus de cent. « Altro ché san Constanzo ! » Aussitôt, je fus tout pour Sant'Antonio, souhaitant de tout mon cœur qu'il fît un nouveau miracle en me ramenant au plus tôt dans son village enchanteur. La foi de la brave Annarella dans le pouvoir miraculeux de Sant'Antonio était si grande qu'elle refusa mon argent catégoriquement.

« Pagherete un'altra volta », vous me paierez une autre fois

« Addio, Annarella! Addio, Gioconda! »

« Arrivederla, presto ritorno, Sant'Antonio vi benedica! La Madonna vi accompagni [1]. »

Le vieux Mastro Vincenzio travaillait encore ferme dans sa vigne, creusant de profonds sillons pour ses nouveaux plants dans la terre au doux parfum. De temps à autre il ramassait une plaque de marbre coloré ou un morceau de stuc rouge et le lançait par-dessus le mur. « Roba di Timberio », disait-il. Je m'assis sur une colonne brisée en granit rouge, à côté de mon nouvel ami. « Era molto duro », c'était très dur à briser, dit Mastro Vincenzo. Un poulet grattait la terre à mes pieds cherchant des vers, juste sous mon nez apparut une pièce de monnaie. Je la ramassai et d'un coup d'œil je reconnus la noble tête d'Auguste. « Divus Augustus Pater. » Mastro Vincenzo déclara qu'elle ne valait pas un « baiocco ». Je l'ai encore. Il avait tracé le jardin tout par lui-même et planté chaque vigne et chaque figuier de ses propres mains. Dur travail, dit Mastro Vincenzo, me montrant ses grandes mains calleuses, car toute la terre était pleine de « Roba di Timberio », des colonnes, des chapiteaux, des fragments de statues et teste di Cristiani, et il avait dû déterrer et emporter tous ces décombres avant de pouvoir planter ses vignes. Les colonnes il les avait fendues en gradins pour le jardin, naturellement il avait pu utiliser beaucoup de marbre pour bâtir sa maison, et il avait jeté le reste dans le précipice. Son vrai coup de veine fut le jour où, tout à fait par hasard, il découvrit juste sous sa maison une grande pièce souterraine avec des murs rouges entièrement décorés de peintures comme le morceau qui est là sous le pêcher ; avec des chrétiens en grand nombre, complètement nus, « tutti spogliatti, ballando come dei pazzi » [2], les mains pleines de fleurs et de grappes de raisin. Il lui fallut plusieurs jours pour gratter ces peintures et pour couvrir les murs de ciment, mais ce n'était qu'un mince travail en comparaison de ce qu'il aurait fallu faire pour miner le rocher et creuser une nouvelle citerne, dit Mastro Vincenzo avec un sourire malin. Maintenant il se faisait vieux et ne pouvait presque plus s'occuper de sa vigne, et son fils qui vivait sur le continent avec douze enfants et trois vaches, voulait qu'il vendît sa maison pour aller vivre avec lui. De nouveau mon cœur se mit à battre. La chapelle était-elle aussi à lui ? Non, elle n'appartenait à

1. *Au revoir, prompt retour, Sant'Antonio vous bénisse! La Madone vous accompagne!*
2. *Tout nus, dansant comme des fous.*

personne; on la disait hantée par des fantômes; enfant il avait vu lui-même un grand moine penché sur le parapet, et, une fois, tard dans la nuit, des marins en montant les marches avaient entendu sonner les cloches dans la chapelle. La raison en est, expliqua Mastro Vincenzo, que lorsque Timberio avait là son palais il avait « fatto ammazzare Gesù-Cristo, » mettre à mort J.-C., et depuis son âme damnée revenait de temps à autre en demander pardon aux moines qui sont enterrés sous les dalles dans la chapelle. On disait aussi qu'il revenait sous la forme d'un grand serpent noir. Les moines avaient été « ammazzati » par un brigand nommé Barbarossa qui avait assiégé l'île avec ses bateaux et emmené comme esclaves toutes les femmes réfugiées dans le château au-dessus. C'est pour cela qu'on l'appelait « Castello Barbarossa ». Padre Anselmo, l'ermite, qui était un savant, et de plus un de ses parents, lui avait raconté tout ceci; aussi que les Anglais avaient transformé la chapelle en forteresse et qu'ils avaient à leur tour été « ammazzati » par les Français.

« Regardez, » dit Mastro Vincenzo me montrant un tas de boulets près du mur du jardin; et « regardez », ajouta-t-il en ramassant le bouton de cuivre d'un soldat anglais. Les Français, continua-t-il, avaient placé un gros canon près de la chapelle et ils avaient ouvert le feu sur le village de Capri tenu par les Anglais. « Bien fait », ricana-t-il, « les Capriotes sont tous méchantes gens ». Ensuite les Français transformèrent la chapelle en poudrière, c'est pourquoi on l'appelle encore « La Polveriera ». A présent ce n'était plus qu'une ruine, mais elle lui avait été bien utile car il y avait pris presque toutes les pierres pour faire les murs de son jardin.

J'escaladai le mur, et montai l'étroite ruelle vers la chapelle. Le sol était jonché jusqu'à hauteur d'homme des débris de la voûte écroulée; les murs étaient couverts de lierre et de chèvrefeuille sauvage, et des centaines de lézards jouaient joyeusement parmi de grosses touffes de myrte et de romarin, interrompant par moments leurs jeux, pour me regarder de leurs yeux pétillants, la poitrine haletante. D'un coin sombre un hibou s'éleva sur ses ailes silencieuses, et un gros serpent endormi sur la mosaïque ensoleillée de la terrasse déroula lentement ses anneaux noirs et rentra en rampant dans la chapelle, avec un sifflement menaçant pour l'intrus. Était-ce le spectre du vieil empereur sinistre, hantant les ruines de ce qui avait été sa villa impériale?

Je contemplais à mes pieds l'île merveilleuse. Comment pouvait-il vivre dans un lieu pareil et être aussi cruel? pensai-je. Comment son âme pouvait-elle être aussi noire, dans une lumière aussi rayonnante éclairant le ciel et la terre? Comment avait-il jamais pu quitter cet endroit et se retirer dans la villa encore plus inaccessible, située sur les rochers à l'est, qui porte encore son nom et où il passa les trois dernières années de sa vie?

Vivre en un tel lieu! mourir en un tel lieu! si toutefois la mort peut jamais vaincre un jour la joie éternelle d'une telle vie?

Quel rêve audacieux avait fait battre mon cœur avec une telle violence il n'y avait qu'un instant, lorsque Mastro Vincenzo m'avait dit qu'il se faisait vieux et usé et que son fils voulait qu'il vendît sa maison?

Quelle idée insensée avait traversé mon cerveau impétueux lorsqu'il m'avait dit que la chapelle n'appartenait à personne? Pourquoi pas à moi? Pourquoi n'achèterais-je pas la maison de Mastro Vincenzo à laquelle je joindrais la chapelle par des guirlandes de vignes, des avenues de cyprès, et des colonnes soutenant des loggias blanches, peuplées de dieux de marbre et d'empereurs de bronze... et je fermai les yeux de crainte que l'exquise vision ne s'évanouît; doucement la réalité s'effaça dans le crépuscule, pays des rêves.

Une haute silhouette drapée dans un opulent manteau rouge se tenait à mon côté.

« Tout cela sera à toi », dit-il d'une voix mélodieuse, embrassant l'horizon d'un geste de la main, « la chapelle, le jardin, la maison, la montagne avec son château; tout sera à toi si tu es disposé à y mettre le prix ».

« Qui es-tu, Fantôme de l'Inconnu? »

« Je suis l'Esprit immortel de ce lieu. Le temps ne m'est rien. Il y a deux mille ans j'étais debout à cette même place aux côtés d'un autre homme conduit ici par son destin comme tu le fus par le tien. Il ne me demandait pas comme toi le bonheur; il ne demandait que la paix et l'oubli; et il croyait les trouver sur cette île solitaire. Je lui dis le prix qu'il devrait payer : un nom sans tache désormais flétri d'infamie à travers les siècles. Il accepta le marché, il paya le prix. Onze années il vécut ici entouré de quelques amis sûrs, tous hommes d'honneur et intègres. Deux fois il se mit en route pour son palais du mont Palatin. Deux fois son courage l'abandonna, Rome ne le revit plus. Il mourut sur la route du retour dans la villa de son ami Lucullus, là-bas sur le promontoire. Ses dernières paroles furent pour dire qu'on le portât sur sa litière au bateau qui devait le ramener dans son île. »

« Et à moi, quel prix me demandes-tu? »

« Renoncer à l'ambition de te faire un nom dans ta carrière; le sacrifice de ton avenir. »

24

« Que dois-je donc devenir? »

« Celui qui aurait pu être quelqu'un, un raté. »

« Tu me retires tout ce qui vaut la peine de vivre. »

« Tu te trompes, je te donne tout ce qui vaut la peine de vivre. »

« M'accordes-tu au moins la pitié? Je ne puis vivre sans pitié si je dois devenir médecin. »

« Oui, je te laisse la pitié, mais tu te serais bien mieux tiré d'affaire sans elle. »

« Exiges-tu autre chose? »

« Avant que tu ne meures, tu devras payer encore et payer un gros prix, mais avant l'échéance, pendant de nombreuses années, de cette place même, tu auras contemplé le soleil se coucher sur des jours heureux sans nuages, et la lune se lever sur des nuits étoilées de rêves. »

« Mourrai-je ici? »

« Redoute de chercher une réponse à ta question! L'homme ne pourrait supporter la vie s'il connaissait l'heure de sa mort. » Il posa sa main sur mon épaule, et je sentis courir un léger frisson dans mon corps.

« Je serai de nouveau près de toi à cette même place demain après le coucher du soleil. Tu as jusqu'alors pour réfléchir. »

« Toute réflexion est inutile. Mes vacances sont terminées; cette nuit même je dois retourner à mon travail quotidien, loin de ce beau pays. Du reste je ne sais pas réfléchir. J'accepte le marché, je paierai le prix quel qu'il soit. Mais comment puis-je acheter cette maison, mes mains sont vides? »

« Tes mains sont vides mais elles sont vigoureuses, ton cerveau est impétueux mais clair, ta volonté est saine; tu réussiras. »

« Comment puis-je bâtir ma maison! je n'ai aucune notion d'architecture. »

« Je t'aiderai. Quel style veux-tu? Pourquoi pas gothique! J'aime assez le gothique avec sa pénombre et son inquiétant mystère. »

« Je créerai un style à moi, auquel même toi ne pourras donner un nom. Je ne veux pas de crépuscules médiévaux, je veux ma maison ouverte au soleil, au vent et à la voix de la mer, comme un temple grec, et de la lumière! de la lumière! de la lumière! »

« Crains la lumière! Crains la lumière! Trop de lumière est funeste aux yeux des mortels. »

« Je veux des colonnes de marbres sans prix soutenant des loggias et des arcades, et de magnifiques vestiges du passé dispersés dans mon jardin; la chapelle transformée en une silencieuse bibliothèque, avec des stalles de cloître contre les murs, et des cloches mélodieuses sonnant l'Ave Maria de tous les jours heureux.

« Je n'aime pas les cloches. »

« Et ici même où nous sommes, avec cette île merveilleuse surgissant de la mer comme un sphinx à nos pieds, ici, je veux un sphinx de granit venant de la terre des pharaons. Mais où trouverai-je tout cela ? »

« Tu es à l'emplacement même d'une des villas de Tibère. Des trésors sans prix, datant des temps passés, sont enfouis sous les vignes, sous la chapelle et sous la maison. Le vieil empereur a foulé de ses pieds les tablettes de marbre coloré que le vieux paysan a jetées devant toi par-dessus le mur de son jardin. La fresque effacée, avec ses faunes dansants et ses bacchantes couronnées de fleurs, décorait autrefois les murs de son palais. » « Regarde », dit-il, montrant du doigt la profondeur transparente de la mer à mille pieds au-dessous de nous, « ton Tacite ne t'a-t-il pas appris à l'école que lorsque la nouvelle de la mort de l'empereur se répandit dans l'île ses palais furent précipités à la mer ? »

Je voulus bondir immédiatement du haut de la falaise abrupte et plonger dans la mer à la recherche de mes colonnes.

« Inutile de tant te presser », dit-il en riant, « il y a deux mille ans que les coraux tissent leur réseau autour d'elles et que les vagues les enfouissent de plus en plus profondément dans le sable. Elles t'attendront jusqu'à ce que ton heure soit venue. »

« Et le sphinx, où trouverai-je le sphinx ? »

« Dans une plaine solitaire, loin de la vie présente, se dressait jadis la villa somptueuse d'un autre empereur qui avait apporté un sphinx des bords du Nil pour orner son jardin. Du palais il ne reste plus qu'un amas de pierres, mais dans les entrailles profondes de la terre le sphinx est encore couché. Cherche, et tu le trouveras. Il t'en coûtera presque la vie pour l'amener ici, mais tu le feras. »

« Tu me parais connaître l'avenir aussi bien que le passé. »

« Passé, Avenir ne font qu'un pour moi. Je sais tout. »

« Je ne t'envie pas. »

« Tes dires sont au-dessus de ton âge, d'où tiens-tu ces paroles ? »

« De ce que j'ai appris aujourd'hui sur cette île; car j'y ai appris que ces braves gens qui ne savent ni lire ni écrire sont bien plus heureux que moi qui depuis mon enfance use mes yeux pour m'instruire. Tu as fait de même à en juger par tes paroles. Tu es un érudit, tu connais ton Tacite par cœur. »

« Je suis un Philosophe. »

« Tu sais bien le latin ? »

« Je suis docteur en théologie de l'Université d'Iéna. »

« Ah, c'est pour cela que je croyais discerner une légère intonation allemande dans ta voix. Tu connais l'Allemagne ? »

« Plutôt », ricana-t-il.

Je le regardai attentivement. Son port et ses manières étaient d'un grand seigneur. Je remarquai pour la première fois qu'il portait une épée sous son manteau rouge, et sa voix avait un son âpre que j'avais l'impression d'avoir déjà entendu.

« Excusez-moi, Monsieur, mais il me semble que nous nous sommes déjà rencontrés à l'Auerbach Keller à Leipzig; ne vous appelez-vous pas ?... »

Comme je disais ces mots, les cloches de Capri commencèrent à sonner l'Ave Maria. Je tournai la tête vers lui pour le regarder. Il avait disparu.

CHAPITRE II

Une chambre d'étudiant, Hôtel de l'Avenir; des piles de livres partout : sur les tables, sur les chaises, en tas par terre; et, sur le mur, une photographie fanée de Capri. Les matinées dans les salles de la Salpêtrière, de l'Hôtel-Dieu et de la Pitié; allant de lit en lit, pour lire l'un après l'autre les chapitres du livre de la souffrance humaine, écrits avec du sang et des larmes. Les après-midi dans les salles de dissection et les amphithéâtres de l'École de Médecine, ou dans les laboratoires de l'Institut Pasteur, observant au microscope, avec des yeux émerveillés, le mystère du monde invisible, les infiniment petits, arbitres de la vie et de la mort des hommes.

Nuits de veille à l'Hôtel de l'Avenir; précieuses nuits de labeur pour maîtriser les dures réalités, les symptômes classiques de désordre et de maladie recueillis et passés au tamis par des observateurs de tous les pays; travail si indispensable et si insuffisant pour la formation d'un médecin.

Travail, travail, travail! Vacances d'été; cafés vides du boulevard Saint-Michel; l'École de Médecine fermée; laboratoires et amphithéâtres abandonnés, cliniques presque vides. Mais pas de vacances pour ceux qui souffrent dans les salles d'hôpital, pas de vacances pour la Mort. Pas de vacances à l'Hôtel de l'Avenir. Pas d'autres distractions qu'une promenade de temps en temps sous les tilleuls du jardin du Luxembourg ou une heure de joie avidement dévorée au Musée du Louvre. Pas d'amis, pas de chien. Pas même une maîtresse.

La « Vie de Bohème » d'Henri Murger n'était plus, mais sa Mimi était toujours là, Mimi! se promenant souriante au bras de presque chaque étudiant à l'approche de l'heure de l'apéritif, ou raccommodant sa veste, ou lavant son linge dans sa mansarde tandis qu'il potassait son examen.

Pas de Mimi pour moi. Oui, ils pouvaient se permettre d'en prendre à leur aise, mes heureux camarades; de passer leurs soirées en vains bavardages aux tables de leurs cafés, de rire, de vivre, d'aimer. Leur subtil cerveau latin était bien plus vif que le mien et ils n'avaient pas une photographie fanée de Capri sur le mur de leur mansarde pour les éperonner, ni des colonnes de marbre précieux qui les attendaient, enfouies dans le sable à « Palazzo al Mare ». Souvent pendant les longues nuits sans sommeil, comme j'étais assis à l'Hôtel de l'Avenir, la tête penchée sur les « Maladies du système nerveux », de Charcot, ou la « Clinique de l'Hôtel-Dieu », de Trousseau, une pensée terrible traversait mon cerveau comme un éclair. Mastro Vincenzo est vieux! imaginez-vous s'il allait mourir pendant que je suis là assis, et s'il allait vendre à quelqu'un d'autre la petite maison sur la falaise, clef de ma future demeure!

Une sueur glacée inondait mon front, et mon cœur s'arrêtait presque de peur. Les yeux rivés sur la photographie fanée de Capri, au mur, je croyais la voir s'effacer de plus en plus jusqu'à disparaître, mystérieuse et énigmatique, ne formant plus que le contour d'un sarcophage sous lequel était enterré un rêve...

Je frottais alors mes yeux douloureux et me replongeais dans mon livre avec une rage frénétique. Insensible à la fatigue, au sommeil, à la faim même, je tendais jusqu'à les rompre toutes les fibres de mon cerveau et de mon corps dans un effort pour vaincre à tout prix. Plus de promenades sous les tilleuls des jardins du Luxembourg, plus de flâneries au Louvre. Du matin au soir mes poumons étaient pleins de l'air vicié des salles d'hôpital et des amphithéâtres, du soir au matin de la fumée d'innombrables cigarettes dans ma chambre étouffée de l'Hôtel de l'Avenir. Je devais avoir mon diplôme au printemps. La chance dans tout ce que je touchais, une chance infaillible, stupéfiante, presque surnaturelle. Déjà j'avais appris à connaître la structure de cette merveilleuse machine qu'est le corps humain, le fonctionnement harmonieux de ses rouages dans la santé, ses détraquements dans la maladie et sa ruine finale dans la mort. Déjà je m'étais familiarisé avec la plupart des maux qui enchaînent les hommes sur leurs lits de souffrance à l'hôpital. Déjà j'avais appris à manier les armes acérées de la chirurgie, à lutter à chances plus égales contre l'Ennemie implacable, qui, la faux à la main, errait à la ronde dans les salles, toujours prête à frapper, toujours présente à toute heure du jour et de la nuit. De fait Elle paraissait s'être installée là pour de bon, dans le vieil hôpital lugubre qui pendant des siècles avait abrité tant de souffrance et de malheur. Parfois Elle se précipitait à travers la salle frappant à droite et à gauche jeunes et vieux dans une rage aveugle, comme une folle, étranglant une victime d'une lente étreinte de sa main, arrachant le pansement d'une autre et laissant couler le sang de la plaie béante jusqu'à la dernière goutte. Parfois Elle arrivait sur la pointe des pieds, silencieuse et calme; Elle fermait de son doigt presque tendre les yeux d'un autre malheureux qu'Elle laissait étendu là presque souriant après son départ. Souvent, moi qui étais là pour l'empêcher d'approcher, je ne savais pas qu'Elle allait venir. Seuls les petits enfants au sein de leur mère sentaient sa présence, et s'éveillaient en sursaut avec un cri aigu de détresse, tandis qu'Elle passait. Et bien souvent une des vieilles sœurs, qui avaient passé leur vie dans les salles, La voyaient approcher juste à temps pour poser un crucifix sur le lit. Au début lorsqu'Elle se tenait au bord du lit victorieuse, moi à l'autre bord impuissant, je lui prêtais peu d'attention. Alors, la Vie pour moi était tout; je savais que ma mission s'arrêtait là où la sienne commençait, et je me détournais simplement de ma sinistre collègue, dépité de ma défaite. Mais à mesure qu'Elle me devenait plus familière, je me mis à l'observer plus attentivement et plus je la voyais plus je désirais la connaître et la comprendre. Je commençais à me rendre compte qu'Elle avait sa part de travail comme moi, sa mission à remplir comme moi, que nous étions après tout camarades; que lorsque la bataille pour une existence était terminée et qu'Elle avait vaincu, il valait bien mieux se regarder les yeux dans les yeux sans crainte, et rester amis. Plus tard il vint même un moment où je pensai qu'Elle était ma seule amie, où je la désirai, et l'aimai presque, bien qu'Elle ne parût jamais se soucier de moi. Que ne pourrait-Elle m'enseigner si je parvenais seulement à lire dans son sombre visage! Quels vides ne saurait-Elle pas remplir dans la connaissance superficielle de la souffrance humaine! Elle qui seule avait lu le dernier chapitre absent de mes manuels de médecine, où tout s'explique, où tous les rébus sont résolus, où toutes les questions ont leur réponse! Mais comment pouvait-Elle être si cruelle, Elle qui pouvait être si douce! Comment pouvait-Elle d'une main dérober tant de jeunesse et de vie lorsque de l'autre Elle pouvait donner tant de paix et de joie! Pourquoi l'étreinte de sa main à la gorge d'une de ses victimes était-elle si lente, alors que le coup qu'Elle portait à une autre était si rapide? Pourquoi luttait-Elle si longtemps avec la vie d'un petit enfant, alors qu'Elle permettait à la vie des vieux de s'écouler dans un sommeil pitoyable ? Sa mission était-elle aussi bien de punir que d'assassiner ? Était-elle à la fois juge et bourreau ? Que faisait-Elle de ceux qu'Elle assassinait ? Avaient-ils cessé d'exister ou seulement dormaient-ils ? Où les emmenait-Elle ? Était-Elle le Maître Suprême du Royaume de la Mort ou seulement un vassal, un simple instrument aux mains d'un Maître bien plus puissant, le Maître de la Vie ? Elle avait gagné aujourd'hui, mais sa victoire était-elle définitive ? Qui serait le vainqueur final, Elle ou la Vie ? Mais était-il vraiment certain que ma mission prît fin quand la sienne commençait ? Devais-je assister, spectateur impassible, à la dernière et inégale bataille ; à l'écart, impuissant et insensible, tandis qu'Elle accomplissait son œuvre de destruction ? Devais-je détourner mon visage de ces yeux qui imploraient mon secours longtemps après que la parole avait disparu ? Ma main devait-elle abandonner ces doigts tremblants accrochés aux miens comme ceux d'un noyé à une paille ? J'étais défait mais non désarmé ; j'avais encore en main une arme puissante. Elle possédait son soporifique éternel mais j'avais aussi le mien, que m'avait confié la bienveillante Mère Nature. Quand Elle était lente à donner son remède, pourquoi n'aurais-je pas donné le mien, avec son pouvoir miséricordieux de changer l'angoisse en paix et l'agonie en sommeil ? N'était-ce pas ma mission d'aider à mourir ceux que je ne pouvais aider à vivre ? La vieille sœur m'avait dit que je commettais un péché terrible, que Dieu Tout-Puissant, dans sa sagesse impénétrable, l'avait voulu ainsi ; que plus Il infligeait de souffrance à l'heure de la mort plus Il pardonnerait au jour du jugement. Même la douce sœur Philomène m'avait jeté un regard désapprobateur lorsque, seul de mes camarades, j'étais venu avec ma seringue de morphine après que le vieil aumônier eut quitté le lit avec son Saint-Sacrement.

Elles étaient encore là avec leurs grandes cornettes blanches, dans tous les hôpitaux de Paris, les tendres sœurs de Saint-Vincent-de-Paul, symboles du sacrifice. Le Crucifix était encore au mur de toutes les salles, l'aumônier disait encore la messe tous les matins devant le petit autel de la salle Sainte-Claire ; la Mère Supérieure, ma Mère, comme tous l'appelaient, faisait encore sa tournée de lit en lit tous les soirs après que l'Ave Maria eut sonné.

La laïcisation des hôpitaux n'était pas encore la question brûlante du jour ; le cri rauque de « à bas les prêtres ! à bas le Crucifix ! à la porte les sœurs ! » n'avait pas encore retenti. Hélas ! bientôt je les vis partir ; et ce fut pitié. Sans doute elles avaient leurs défauts, ces sœurs. Sans doute elles maniaient plus facilement leurs rosaires que la brosse à ongles, elles trempaient plus volontiers leurs doigts dans l'eau bénite que dans l'acide phénique, cette toute-puissante panacée de l'heure dans nos salles d'opération qu'une autre devait bientôt remplacer. Mais leurs pensées étaient si propres, leurs cœurs si purs, elles donnaient toute leur vie à leur tâche et ne demandaient en retour que le droit de prier pour ceux qu'on leur confiait. Même leurs pires ennemis n'avaient jamais osé dénigrer leur dévouement tout de sacrifice et leur patience à toute épreuve. On racontait que les sœurs vaquaient à leur tâche avec des figures tristes et revêches, l'esprit plus préoccupé de sauver les âmes que les corps; avec sur leurs lèvres plus de paroles de résignation que d'espérance. Vraiment on se trompait beaucoup; au contraire, ces religieuses, jeunes ou vieilles, étaient toutes de bonne humeur et heureuses, presque gaies, s'amusant et riant comme des enfants, et c'était étonnant de voir comme elles savaient communiquer leur bonheur aux autres. Elles étaient tolérantes aussi. Pour elles, ceux qui croyaient et ceux qui ne croyaient pas étaient pareils. Peut-être même paraissaient-elles plus anxieuses d'aider ceux-ci car elles les plaignaient tellement et ne manifestaient aucune irritation devant leurs jurons et leurs blasphèmes. Pour moi toutes étaient extraordinairement bonnes et obligeantes. Elles savaient parfaitement que je n'appartenais pas à leur credo, que je n'allais pas à confesse et que je ne faisais pas le signe de croix en passant devant le petit autel. Au début la Mère Supérieure avait fait quelques tentatives timides pour me convertir à la foi pour laquelle elle avait sacrifié sa vie, mais bientôt elle y avait renoncé en hochant avec compassion sa vieille tête. Même le cher vieil aumônier avait perdu tout espoir en mon salut, depuis que je lui avais dit que je voulais bien discuter avec lui sur la possibilité du purgatoire, mais que je refusais catégoriquement de croire à l'Enfer, et qu'en tout cas j'étais décidé à donner une pleine dose de morphine aux mourants quand leur agonie serait trop cruelle et et trop longue. Le viel aumônier était un saint, mais la discussior n'était pas son fort et bientôt nous renonçâmes pour toujours à ces controverses. Il connaissait la vie de tous les saints, et c'est lui qui me raconta le premier la douce légende de sainte Claire qui avait donné son nom à la salle. Ce fut lui encore qui m'initia le premier aux traits merveilleux de saint François d'Assise, l'ami des humbles et des délaissés du ciel et de la terre, qu'elle avait tant aimé, qui devait aussi devenir mon ami pour toujours. Mais ce fut sœur Philomène, si jeune, si jolie dans sa robe blanche de novice de l'ordre de Saint-Augustin, qui m'enseigna le plus, car elle m'apprit à aimer sa Vierge à qui elle ressemblait. Douce sœur Philomène... Je la vis mourir du choléra deux ans plus tard à Naples. La Mort elle-même n'osa la défigurer, elle monta au ciel telle qu'elle était. Frère Antoine, qui venait à l'hôpital tous les dimanches jouer de l'orgue dans la petite chapelle, était tout particulièrement mon ami. C'était à cette époque ma seule chance d'entendre de la musique et je manquais rarement de me trouver là, moi qui l'aime tant. Bien que je ne pusse voir les sœurs où elles étaient, assises près de l'autel, je reconnaissais parfaitement la voix claire et pure de sœur Philomène. La veille même de Noël, frère Antoine attrapa un gros froid; et un grand secret courut à voix basse d'un lit à l'autre dans la salle Sainte-Claire; après une longue consultation entre la Mère Supérieure et le vieil aumônier, j'avais été autorisé à le remplacer à l'orgue pour sauver la situation. Je n'entendais d'autre musique en ce temps-là que lorsque le pauvre vieux Don Gaëtano venait, deux fois par semaine, jouer de son orgue de Barbarie à demi démoli, sous mon balcon de l'Hôtel de l'Avenir. Le Miserere du Trouvère était son morceau de résistance et le vieil air mélancolique lui seyait bien, aussi bien qu'à son petit singe à moitié gelé, accroupi sur l'orgue dans sa Garibaldi rouge :

« *Ah che la morte ogn'ora*
E tarda nel venir! »

Il seyait également au pauvre vieux M. Alfredo qui errait par les rues couvertes de neige, dans sa redingote élimée, sa dernière tragédie sous le bras; et à mes amis dans le pauvre quartier italien, pressés les uns contre les autres autour de leur « Braciero » à demi éteint, sans argent pour acheter un sou de charbon, de quoi se tenir chaud. Il vint un moment où la triste mélodie parut l'accompagnement juste de mes propres pensées, lorsque je restais assis devant mes bouquins à l'Hôtel de l'Avenir, sans courage pour affronter un jour de plus, que tout m'apparaissait si noir, si désespéré et la photographie fanée de Capri si lointaine. Alors je me jetais sur mon lit, je fermais mes yeux endoloris et bientôt Sant'Antonio se mettait à faire un nouveau miracle. Bientôt je voguais loin de tous mes soucis vers l'île enchanteresse de mes rêves. Gioconda me tendait en souriant un verre du vin de Don Dionisio, et le sang riche et fort affluait de nouveau à mon cerveau fatigué. Le monde était beau, j'étais jeune, prêt à la lutte, sûr de vaincre. Mastro Vincenzo, toujours acharné au travail parmi ses vignes, me faisait signe de la main tandis que je montais par le petit sentier, derrière son jardin, vers la chapelle. Je demeurais un moment assis sur la terrasse, ensorcelé, à regarder à mes pieds l'île merveilleuse, me demandant comment diable je réussirais à hisser mon sphinx de granit rouge au sommet de la falaise !... Certes, ce serait une rude besogne, mais bien sûr je la ferais très facilement à moi tout seul. « Addio, bella Gioconda... Addio, presto ritorno... » Oui..., oui, bien entendu je reviendrai bientôt, très bientôt, dans mon prochain rêve !... Le jour nouveau arrivait et de ses yeux durs regardait le dormeur à travers les vitres. J'ouvrais les paupières, sautais sur mes pieds et, accueillant le nouveau venu d'un sourire, je m'asseyais de nouveau à ma table un livre à la main. Alors vint le printemps et sur mon balcon tomba la première brindille fleurie des marronniers de l'avenue. Ce fut le signal. Je me présentai à l'examen et quittai l'Hôtel de l'Avenir, le plus jeune Docteur de France, mon diplôme, durement acquis, dans la poche.

CHAPITRE III

– Docteur Munthe, de 2 à 3. –

Jour et nuit la sonnette d'entrée; des messages, des lettres urgentes, des visites; le téléphone, cette arme mortelle dans des mains de femmes oisives, n'avait pas encore entrepris de torturer les nerfs en s'attaquant aux heures de repos bien gagné. Le salon de consultation s'emplissait vite de malades de toutes sortes et de tous genres, surtout des nerveux; le beau sexe dominait. Beaucoup étaient malades, sérieusement malades. J'écoutais avec gravité ce qu'ils avaient à dire et les examinais de mon mieux, convaincu de pouvoir les aider, quel que fût leur cas. Je ne me sens pas disposé ici à parler de ces cas. Un jour viendra peut-être où j'aurai à en dire quelque chose. Beaucoup n'étaient pas malades du tout et ne le seraient peut-être jamais devenus s'ils ne m'avaient pas consulté. Beaucoup s'imaginaient être malades. C'est eux qui en avaient le plus à raconter; ils parlaient de leur grand-mère, de leur tante ou de leur belle-mère, ou tiraient de leur poche un petit papier et se mettaient à lire une liste interminable de symptômes et de malaises... « le malade au petit papier », comme disait Charcot. Tout cela était nouveau pour moi qui ne savais rien en dehors de l'hôpital où il n'y avait pas de place pour des balivernes et je commis bien des gaffes. Plus tard, quand je commençai à connaître la nature humaine, j'appris à mieux manier ces malades mais nous ne nous entendîmes jamais très bien. Ils paraissaient bouleversés quand je leur disais qu'ils avaient plutôt bonne mine, et que leur teint était bon; mais ils se remontaient aussitôt que j'ajoutais que leur langue était mauvaise, ce qui était généralement exact. Mon diagnostic dans ces cas-là était : abus de nourriture, trop de gâteaux et de douceurs dans la journée, des dîners trop indigestes le soir. Ce fut sans doute mon

35

meilleur diagnostic à cette époque, mais il n'eut aucun succès. Personne n'en voulait entendre parler; il ne plaisait à personne. Ils avaient tous un faible pour l'appendicite. L'appendicite était alors très demandée par les gens du monde en quête d'une maladie. Toutes les dames nerveuses l'avaient dans la tête sinon dans l'abdomen, elles s'en trouvaient fort bien, ainsi que leurs conseillers médicaux. Alors peu à peu j'y vins moi aussi et en soignai beaucoup avec plus ou moins de succès. Mais lorsque la rumeur commença à circuler que les chirurgiens américains faisaient campagne en vue d'extirper tous les appendices des États-Unis, mes cas d'appendicite se mirent à diminuer de façon inquiétante. Consternation!

« M'enlever l'appendice, mon appendice! » s'écriaient les femmes chic, étreignant avec désespoir leur « processus vermicularis » comme une mère son enfant.

« Que deviendrais-je sans lui! Enlever leurs appendices, mes appendices! » disaient les docteurs, considérant d'un air sombre la liste de leurs clients. « Quelle insanité! Mais ils sont parfaits leurs appendices! Je le sais bien, moi qui dois les examiner deux fois par semaine. Non, jamais! jamais! »

Bientôt il fut évident que l'appendicite agonisait et qu'il fallait découvrir une maladie nouvelle pour répondre à la demande générale. La Faculté fut à la hauteur, une nouvelle maladie fut lancée sur le marché, on frappa un mot nouveau, vraie monnaie d'or : Côlite! C'était une maladie élégante, à l'abri du bistouri, toujours à vos ordres, convenant à tous les goûts. Elle venait, elle partait, personne ne savait comment. Je savais que plusieurs de mes confrères prévoyants l'avaient déjà expérimentée sur leurs clients avec beaucoup de succès, mais jusque-là la chance ne m'avait pas souri.

Un de mes derniers cas d'appendicite fut je crois celui de la comtesse X. Elle dévisagea le jeune oracle de ses grands yeux langoureux avec un désappointement mal dissimulé; elle désirait parler à « Monsieur le Docteur lui-même » et non à son aide; c'était l'accueil auquel m'avaient accoutumé tous mes nouveaux malades.

Au début elle n'était pas sûre d'avoir l'appendicite, Monsieur le Docteur lui-même non plus; mais bientôt elle fut convaincue qu'elle l'avait et moi qu'elle ne l'avait pas. Quand je le lui dis avec une rudesse maladroite elle s'énerva beaucoup, éclata en sanglots et je la plaignis bien.

— « Qu'est-ce que j'ai? » pleurnichait-elle en me tendant ses mains ouvertes d'un geste désespéré.

— « Je vous le dirai si vous promettez d'être calme. » Elle cessa aussitôt de pleurer. Essuyant les dernières larmes de ses grands yeux, elle dit courageusement :

– « Je puis tout supporter, j'ai déjà tant supporté, n'ayez pas peur, je ne pleurerai plus. Qu'est-ce que j'ai ? »

– « Côlite. »

Ses yeux s'agrandirent encore, ce que je n'aurais pas cru possible.

– « Côlite ! c'est bien ce que j'avais toujours pensé ! je suis sûre que vous êtes dans le vrai ! Côlite ! Dites ! Qu'est-ce que c'est la côlite ? »

Je pris bien soin d'éluder cette question car je l'ignorais moi-même comme tout le monde à cette époque. Mais je lui dis que cela durait longtemps et était difficile à guérir, et là j'avais raison. La comtesse me sourit aimablement. Et son mari qui disait que ce n'était que les nerfs ! Elle déclara qu'il n'y avait pas de temps à perdre et voulut commencer le traitement tout de suite. Il fut donc convenu qu'elle viendrait avenue de Villiers deux fois par semaine. Dès le lendemain elle revint, et moi qui pourtant m'accoutumais déjà à des changements brusques chez mes malades je ne pus m'empêcher d'être frappé par son air joyeux et son visage éclairé, à tel point que je lui demandai son âge. Elle avait juste vingt-cinq ans. Elle venait tout simplement me demander si la côlite était contagieuse.

« Oui, très. » A peine le mot était-il sorti de ma bouche que je découvrais combien cette jeune personne était plus fine que moi.

Aurai-je l'obligeance de dire à son mari qu'il serait plus prudent de faire chambre à part ?

Je l'assurai que ce n'était pas du tout plus prudent, je n'avais pas l'honneur de connaître son mari mais j'étais convaincu qu'il ne l'attraperait pas. Ce n'était contagieux que pour les personnes aussi impressionnables et nerveuses qu'elle.

Bien sûr je n'allais pas la traiter de nerveuse ! protesta-t-elle, parcourant la pièce de ses grands yeux inquiets.

« Oui, certainement. »

Ne pourrais-je la guérir de cela ?

« Non. »

Ma très chère Anne,

Figure-toi, ma chérie, que j'ai la côlite ! Je suis si, si contente, que tu m'aies recommandé ce Suédois. Tu as raison, il est très intelligent ! bien qu'il n'en ait pas l'air. Je le recommande déjà à toutes mes amies ; je suis sûre qu'il fera un bien énorme à ma belle-sœur

37

qui est toujours allongée depuis sa vilaine chute à ton cotillon. Je suis convaincue qu'elle a la côlite. Je suis désolée, chérie, de ne pas te rencontrer demain au dîner de Joséphine; je lui ai déjà écrit que j'avais la côlite et ne pouvais absolument y aller. J'aimerais tant qu'elle pût le remettre à après-demain.

Ton affectionnée Juliette.

P.-S. – Il me vient à l'idée que le Suédois devrait jeter un coup d'œil sur ta belle-mère qui est si tracassée par sa surdité. Je sais bien que la marquise ne tient plus à voir de docteurs, et du reste qui y tient? mais ne pourrait-on s'arranger pour qu'elle le voie comme par hasard? Je ne serais pas du tout étonnée que la côlite fût au fond de tout cela! Je ne demanderais pas mieux que d'inviter le Docteur ici à dîner un soir si tu pouvais persuader la marquise de dîner avec nous, en petit comité naturellement. Sais-tu qu'il a découvert que j'avais la côlite simplement en me regardant à travers ses lunettes? D'ailleurs je désire que mon mari fasse sa connaissance, bien que les docteurs ne lui plaisent pas plus qu'à ta belle-mère. Je suis sûre qu'il aimera celui-ci.

La semaine suivante j'eus l'honneur imprévu d'une invitation à dîner à l'hôtel de la comtesse, au Faubourg Saint-Germain, et d'une place à côté de la marquise douairière, d'où je la surveillais de mon œil d'aigle tandis qu'elle dévorait une énorme assiette de pâté de foie gras avec majesté et détachement. Elle ne m'adressait jamais un mot et mes timides essais de conversation furent arrêtés net lorsque je m'aperçus qu'elle était sourde comme un pot.

Après le dîner, Monsieur de X. m'emmena au fumoir.

C'était un petit homme extrêmement poli, très gros, avec une figure placide, presque timide, deux fois plus âgé que sa femme pour le moins, un gentilhomme jusqu'au bout des ongles.

En m'offrant une cigarette il me dit avec une effusion marquée :

– « Je ne puis assez vous remercier d'avoir guéri ma femme de l'appendicite, le mot seul me fait horreur. J'avoue franchement que j'ai pris les docteurs sérieusement en grippe. J'en ai vu tant et jusqu'ici aucun n'a paru capable de soulager ma femme; je dois ajouter pourtant qu'elle ne leur a jamais permis de courir leur chance car elle les remplaçait aussitôt par un autre. J'aime autant vous prévenir qu'il en sera de même avec vous. »

– « Je n'en suis pas si sûr! »

– « Tant mieux! elle a évidemment toute confiance en vous, ce qui est un grand point en votre faveur. »

– « Tout est là. »

– « En ce qui me concerne, je reconnais franchement que je n'étais pas très bien disposé envers vous au début, mais maintenant que nous avons fait connaissance je suis désireux de corriger ma première impression et, ajouta-t-il poliment, je crois que nous sommes en bonne voie. A propos, qu'est-ce que la côlite ? »

Il me tira d'embarras en ajoutant avec bonne humeur : « Quoi qu'elle soit, elle ne saurait être pire que l'appendicite; et, croyez-moi, je ne tarderai pas à la connaître aussi bien que vous. »

Il n'en demandait guère. Ses façons franches et polies me plurent tellement que j'osai à mon tour lui poser une question.

– « Non, répondit-il avec un léger embarras dans la voix, Plût à Dieu que si! voilà cinq ans que nous sommes mariés et jusqu'à présent rien! Plût à Dieu que si! Vous savez, je suis né dans cette vieille maison, comme mon père, et ma propriété en Touraine nous appartient depuis des siècles, je suis le dernier de la famille, c'est bien dur et... ne peut-on rien pour ces maudits nerfs? N'avez-vous rien à proposer? »

– « Je suis sûr que cet air énervant de Paris ne vaut rien à la comtesse, pourquoi n'allez-vous pas, pour changer, dans votre château en Touraine? »

Sa figure s'illumina : « Vous êtes mon homme! » dit-il en me tendant les mains. « Je ne demande pas mieux! C'est là que j'ai ma chasse et mon grand domaine à surveiller, j'adore m'y trouver, mais ma femme y meurt d'ennui; évidemment c'est un peu solitaire pour elle qui aime à voir ses amis tous les jours, et à aller dans le monde ou au théâtre tous les soirs. Mais qu'elle trouve la force de continuer pendant des mois, elle qui se prétend toujours fatiguée, ça dépasse mon entendement. Cela me tuerait bel et bien. Maintenant elle dit qu'il lui faut rester à Paris pour faire soigner sa côlite. Avant c'était l'appendicite. Mais je ne veux pas que vous la croyiez égoïste, au contraire elle pense toujours à moi; elle veut même que j'aille seul à Château Rameaux, elle sait combien j'y suis heureux. Mais comment puis-je la laisser seule à Paris, elle si jeune et si inexpérimentée! »

– « Quel âge a la Comtesse? »

– « Vingt-neuf ans seulement. Elle paraît même plus jeune. »

– « Oui, elle a presque l'air d'une jeune fille. »

Il resta un moment silencieux. « A propos, quand prenez-vous vos vacances? »

– « Je n'ai pas eu de vacances depuis trois ans. »

– « Raison de plus pour en prendre cette année. Êtes-vous un bon fusil ? »

– « Je ne tue pas d'animaux quand je puis l'éviter. Pourquoi me demandez-vous cela ? »

– « Parce que nous avons à Château Rameaux d'excellents tirés et je suis sûr qu'une semaine de repos complet vous ferait le plus grand bien. C'est du moins ce que dit ma femme. Elle prétend que vous êtes affreusement surmené, et d'ailleurs vous en avez l'air. »

– « Vous êtes bien bon, Monsieur, mais je me porte fort bien, je suis en parfaite santé, sauf que je ne puis dormir. »

– « Le sommeil ! si seulement je pouvais vous passer un peu du mien ! J'en ai plus qu'il ne m'en faut, et à revendre. Savez-vous qu'à peine la tête sur l'oreiller je m'endors profondément et que rien ne peut me réveiller ! Ma femme est matinale, mais je ne l'ai jamais entendue se lever et mon valet qui m'apporte mon café à neuf heures doit me secouer pour m'éveiller. Je vous plains vraiment. A propos, vous ne connaissez sans doute pas de remède contre le ronflement ? »

C'était un cas lumineux. Nous rejoignîmes les dames au salon. On me fit asseoir auprès de la vénérable marquise pour la consultation impromptu si habilement combinée par la comtesse. Après une nouvelle tentative pour engager la conversation avec la vieille dame, je hurlai dans son cornet acoustique qu'elle n'avait pas la côlite mais que j'étais sûr qu'elle l'attraperait si elle ne renonçait pas à son pâté de foie gras.

– « Je vous le disais bien, murmura la comtesse, n'est-ce pas qu'il est intelligent ? »

La marquise voulut connaître tout de suite les symptômes de la côlite et me sourit gaiement, tandis que je versais goutte à goutte le poison subtil dans son cornet. Quand je me levai pour partir j'avais perdu la voix, mais trouvé une nouvelle malade. La semaine suivante, un élégant coupé s'arrêta avenue de Villiers et un valet de pied monta précipitamment l'escalier avec un mot de la comtesse griffonné à la hâte, me priant de me rendre aussitôt auprès de la marquise qui était tombée malade pendant la nuit, et présentait des symptômes évidents de côlite. J'avais fait mon entrée dans la société parisienne.

La côlite se répandait dans Paris comme un ouragan de feu. Bientôt mon salon d'attente fut si plein de monde que je dus transformer ma salle à manger en une sorte de salon supplémentaire. Pour moi ce fut toujours un mystère que tous ces gens eussent le temps et la patience d'attendre là si longtemps, souvent des heures entières. La comtesse venait régulièrement deux fois par semaine, mais parfois elle se sentait patraque et venait encore entre temps. Il était clair que la côlite lui convenait mieux que l'appendicite; son visage avait perdu sa pâleur languissante et ses grands yeux étincelaient de jeunesse. Un jour, comme je sortais de l'hôtel de la marquise (elle partait pour la campagne, et j'étais allé lui dire adieu), je trouvai la comtesse debout devant ma voiture causant familièrement avec Tom, assis sur un gros paquet à moitié caché sous le couvre-pieds. La comtesse était en route pour les Magasins du Louvre, elle allait acheter à la marquise un petit cadeau pour son anniversaire du lendemain et ne savait pas du tout que lui donner.

Je suggérai un chien.

« Un chien! quelle riche idée! »

Elle se souvint que tout enfant, lorsqu'on la menait voir la marquise, elle la trouvait toujours avec un carlin sur les genoux, un carlin si gras qu'il pouvait à peine marcher et qui ronflait si fort qu'on l'entendait dans toute la maison. Sa tante avait pleuré des semaines entières quand il était mort. Une riche idée en vérité.

Nous descendîmes jusqu'au coin de la rue Cambon où se trouvait le magasin d'un marchand de chiens bien connu. Là, parmi une demi-douzaine de bâtards de toutes sortes et de toutes espèces, était assis le chien même que je cherchais; un petit carlin aristocratique qui reniflait désespérément vers nous pour attirer notre attention sur son triste sort, et nous suppliait de ses yeux injectés de sang de l'enlever de cette société mélangée où il avait été jeté par simple malchance et non par sa faute. Il faillit suffoquer d'émotion quand il comprit sa veine et qu'on l'eut mis dans un fiacre pour l'envoyer à l'hôtel du Faubourg Saint-Germain. Tout de même la comtesse irait aux Magasins du Louvre essayer un nouveau chapeau; elle déclara vouloir y aller à pied. Puis elle dit qu'elle voulait un fiacre, et je lui offris de l'y mener dans ma voiture. Elle hésita un instant; – que dira-t-on si l'on me voit circuler dans sa voiture? – puis accepta de bonne grâce. Mais cela ne m'écartait-il pas de ma route de la conduire au Louvre? Pas le moins du monde, car précisément je n'avais rien à faire.

– « Qu'y a-t-il dans ce paquet »? demanda la comtesse avec une curiosité féminine. J'allais lui dire un second mensonge lorsque Tom, relevé de sa faction de gardien unique du précieux paquet, sauta à sa place habituelle sur le siège auprès de moi. Le paquet s'ouvrit et une tête de poupée en sortit.

– « Pourquoi diable vous promenez-vous en voiture avec des poupées ? pour qui sont-elles ? »

– « Pour les enfants. »

Elle ne savait pas que j'avais des enfants, et parut presque offensée de ma réserve sur mes affaires personnelles.

Combien d'enfants avais-je ?

A peu près une douzaine ; il n'y avait pas moyen d'en sortir, il fallut dévoiler le secret tout entier.

– « Venez avec moi, lui dis-je hardiment, et en revenant je vous mènerai voir mon ami Jack, le gorille du Jardin des Plantes ; c'est justement notre chemin. » La comtesse était évidemment d'excellente humeur ce jour-là et prête à tout ; elle dit qu'elle était enchantée. Après avoir passé la gare Montparnasse elle eut du mal à s'orienter et bientôt ne sut plus du tout où elle était. Nous traversions des bas quartiers sombres et puants. Des quantités d'enfants en haillons jouaient dans le ruisseau regorgeant d'immondices et de rebuts de toutes sortes, et devant chaque porte il y avait une femme assise avec un bébé au sein, et d'autres petits enfants auprès d'elle pressés autour du brasero.

– « Est-ce ça Paris ! » demanda la comtesse avec un regard presque effrayé.

– « Oui, c'est Paris, la Ville Lumière ! Et ceci est l'impasse Rousselle, » ajoutai-je, comme nous nous arrêtions devant un cul-de-sac aussi humide et sombre que le fond d'un puits. La femme de Salvatore était assise sur l'unique chaise du foyer, Petruccio, son enfant de douleur sur les genoux, remuant la polenta pour le dîner familial sous l'œil avide des deux sœurs aînées de Petruccio, tandis que le cadet se traînait sur le sol à la poursuite d'un petit chat. J'expliquai à la femme de Salvatore que j'avais amené une dame charitable qui désirait faire un cadeau aux enfants. Je compris à sa timidité que la comtesse entrait pour la première fois dans la maison de vrais miséreux. Elle rougit profondément en tendant la première poupée à la mère de Petruccio, car celui-ci était incapable de rien tenir dans ses mains atrophiées ; il était paralysé depuis sa naissance. Petruccio ne donna aucun signe de joie, son cerveau était aussi gourd que ses membres, mais sa mère était sûre que la poupée lui plaisait beaucoup. A leur tour ses deux sœurs reçurent une poupée, et coururent joyeusement se cacher derrière le lit pour jouer à la petite maman.

Quand pensais-je que Salvatore sortirait de l'hôpital ? Il y avait presque six semaines qu'il s'était brisé la jambe en tombant de l'échafaudage. Oui, je venais de le voir à Lariboisière, il progressait assez bien et j'espérais qu'il sortirait bientôt. Comment se débrouillait-elle avec son nouveau propriétaire ? Grâce à Dieu, très bien, il était très bon, il avait même promis de mettre une cheminée pour l'hiver prochain. Et comme c'était gentil à lui d'avoir percé cette lucarne dans le plafond. Est-ce que je ne me rappelais pas combien la pièce était obscure auparavant ?

« Voyez comme c'est clair et gai ici maintenant. » « Siamo in Paradiso » [1], dit la femme de Salvatore. Était-ce vrai ce que lui avait raconté Arcangelo Fusco ? que j'avais dit à son vieux propriétaire le jour où il l'avait mise à la rue et avait saisi ses meubles, que l'heure viendrait où Dieu le punirait pour sa cruauté envers nous, pauvres gens ; que je l'avais maudit si fort qu'il alla se pendre deux heures plus tard. Oui ! c'était parfaitement vrai, et je n'avais pas de regret de ce que j'avais fait. Au moment où nous partions, mon ami Arcangelo Fusco, qui partageait la chambre avec la famille Salvatore, revenait précisément du travail, son gros balai sur l'épaule. Son métier était de « fare la scopa » ; à cette époque la plupart des balayeurs de rues à Paris étaient Italiens. Je fus heureux de le présenter à la comtesse ; c'était le moins que je pusse faire pour lui en échange du service inestimable qu'il m'avait rendu en m'accompagnant au poste de police appuyer mon témoignage au sujet de la mort du vieux propriétaire. Dieu sait dans quel imbroglio j'aurais pu être entraîné sans Arcangelo Fusco. Même ainsi je l'échappai belle [2]. Je faillis être arrêté pour meurtre. Arcangelo Fusco, qui avait une rose derrière l'oreille à la mode italienne, offrit sa fleur avec une galanterie toute méridionale à la comtesse, qui parut n'avoir jamais reçu hommage plus gracieux à sa belle jeunesse. Il était trop tard pour aller au Jardin des Plantes, aussi je reconduisis la comtesse directement à son hôtel. Elle était très silencieuse ; alors je tentai de l'égayer en lui racontant la drôle d'histoire de la bonne dame qui avait lu par hasard, dans le « Blackwood's Magazine », une petite nouvelle de moi au sujet de poupées, et s'était mise à en fabriquer à la douzaine pour les enfants pauvres dont je parlais. N'avait-elle pas remarqué les toilettes merveilleuses de quelques-unes de ces poupées ? Oui, elle les avait remarquées. La dame était-elle jolie ? Oui, très ! Était-elle à Paris ? non ! j'avais dû l'arrêter de fabriquer des poupées car je finissais par avoir plus de poupées que de malades, et j'avais

1. *Nous sommes au Paradis.*
2. *J'ai raconté cette étrange histoire ailleurs.*

envoyé la dame à Saint-Moritz pour changer d'air. En disant adieu à la comtesse devant son hôtel je lui exprimai mes regrets que le temps nous eût manqué pour faire une visite au gorille du Jardin des Plantes, mais j'espérais en tout cas qu'elle n'était pas fâchée de m'avoir accompagné.

« Je ne suis pas fâchée. Je suis très reconnaissante, mais... mais... je suis si honteuse! » s'écria-t-elle dans un sanglot, tandis qu'elle franchissait précipitamment la grille de son hôtel.

CHAPITRE IV

UN DOCTEUR A LA MODE

J'avais une invitation permanente à dîner à l'hôtel du Faubourg tous les dimanches. Le comte avait depuis longtemps abandonné sa prévention contre les docteurs; vraiment il était charmant avec moi. Dîner de famille; seulement monsieur l'abbé, et, à l'occasion, le cousin de la comtesse, le vicomte Maurice, qui me traitait avec un sans-gêne presque insolent. Il me déplut à première vue et je découvris bientôt qu'il déplaisait à d'autres. Il était évident que le comte et lui avaient peu à se dire. L'abbé était un prêtre de la vieille école et un homme du monde, qui en savait bien plus que moi sur la vie et la nature humaine. Au début il fut très réservé à mon égard et souvent, en voyant ses yeux pénétrants fixés sur moi, il me semblait qu'il en savait plus long que moi sur la côlite. Je me sentais presque honteux devant ce vieil homme; j'aurais aimé lui parler ouvertement et abattre mon jeu, mais je n'en eus jamais l'occasion. Je ne pus jamais le voir seul. Un jour que j'entrais dans ma salle à manger pour avaler un déjeuner hâtif avant ma consultation je fus surpris de le trouver là à m'attendre. Il me dit qu'il était venu « proprio motu » en qualité de vieil ami de la famille et qu'il désirait me voir garder le silence sur sa visite. « Vous avez admirablement réussi avec la comtesse, commença-t-il, et nous vous sommes tous très reconnaissants. Je dois vous féliciter aussi au sujet de la marquise; je sors de chez elle, je suis son confesseur et je dois avouer que je suis étonné de la voir tellement mieux à tous les points de vue; mais je suis venu aujourd'hui pour vous parler du comte; son état me préoccupe beaucoup. Je suis sûr qu'il file un mauvais coton; il ne sort presque jamais, passe presque toutes ses journées dans sa chambre à fumer de gros cigares, s'endort pendant des heures après le déjeuner, et souvent je le trouve, à toute heure, assoupi dans son fauteuil un cigare aux lèvres. A la campagne il est un tout autre homme. Tous les matins il monte à cheval après la messe, il est actif et gai et s'intéresse vivement à la gestion de ses vastes propriétés. Son seul désir est d'aller à son château en Touraine et si, comme je le crains, il ne peut décider la comtesse à quitter Paris, je conclus à regret qu'il doit y aller tout seul. Il a grande confiance en vous et si vous lui dites que sa santé exige qu'il quitte Paris il le fera. Je suis précisément venu vous demander de faire cela. »

– « Je suis désolé, monsieur l'abbé, mais je ne le puis pas. »

Il me regarda avec une surprise non déguisée, presque avec soupçon.

– « Puis-je vous demander le motif de votre refus ? »

– « La comtesse ne peut quitter Paris en ce moment et il ne serait que naturel qu'elle accompagnât son mari. »

– « Pourquoi ne peut-on soigner sa côlite à la campagne ? Il y a au château un docteur excellent et de tout repos, qui l'a longtemps suivie autrefois quand elle souffrait de l'appendicite. »

– « Avec quel résultat ? »

Il ne répondit pas.

– « Puis-je à mon tour vous poser une question ? En admettant que la comtesse fût tout à coup guérie de sa côlite, pourriez-vous lui faire quitter Paris ? »

– « A parler franc, non. Mais pourquoi cette supposition puisque, si je comprends bien, cette maladie est longue et difficile à guérir ? »

– « Je pourrais guérir la comtesse de sa côlite en un jour. »

Il me considéra avec stupéfaction.

– « Et pourquoi, au nom du ciel, ne le faites-vous pas ? Vous encourez une responsabilité formidable. »

– « Je ne crains pas les responsabilités ou je ne serais pas ici. Maintenant parlons à cœur ouvert. Oui je pourrais guérir la comtesse en un jour, elle n'a pas plus de côlite que vous ou moi ; pas plus qu'elle n'a eu d'appendicite. Tout cela est dans sa tête, dans ses nerfs. Si je lui ôtais sa côlite trop vivement elle pourrait perdre son équilibre mental ou se laisser entraîner à bien pis ; par exemple la morphine, ou un amant. Il reste à savoir si je pourrais être de quelque utilité à la comtesse ! Lui ordonner maintenant de quitter Paris serait une erreur psychologique ; elle refuserait probablement ; ayant osé me désobéir une fois, sa confiance en moi aurait disparu. Donnez-moi quinze jours et elle quittera Paris volontairement ou, en tout cas, se l'imaginera. Ce n'est qu'une question de tactique. Obliger le comte à partir seul serait une erreur d'un autre ordre, et vous, monsieur l'abbé, le savez aussi bien que moi. » Il me regarda attentivement mais ne dit rien.

« Quant à la marquise, vous m'avez félicité de ce que j'ai fait pour elle et j'accepte vos félicitations. Au point de vue médical, je n'ai rien fait du tout et personne n'aurait pu rien faire. Les sourds souffrent considérablement d'être retranchés de tous, surtout ceux qui ne possèdent pas de ressources intellectuelles, et ils sont la majorité. Distraire leur attention de leur infortune est tout ce que l'on peut faire pour eux. Les pensées de la marquise sont occupées par sa côlite plutôt que par sa surdité et vous-même en avez constaté le résultat. Je commence moi-même à être las de la côlite, et puisque maintenant la marquise part pour la campagne, je la lui remplace par un bichon, ce qui est plus approprié à la vie en plein air. »

En me quittant, l'abbé se retourna sur la porte et me regarda attentivement.

– « Quel âge avez-vous ? »
– « Vingt-six ans. »
– « Vous irez loin, mon fils! Vous irez loin! »
– Oui, pensai-je. J'irai loin, très loin de cette humiliante vie de mystification et de tromperie, loin de tous ces gens factices; je retournerai à mon île enchanteresse auprès de la vieille Maria Porta-Lettere, de Mastro Vincenzo et de Gioconda. J'irai purifier mon âme dans la petite maison blanche, haut perchée au sommet de la falaise. Combien de temps vais-je encore gaspiller dans cette horrible ville? Quand Sant'Antonio accomplira-t-il son nouveau miracle?

Il y avait sur ma table une lettre d'adieu, pas d'adieu mais d'au revoir, de la marquise, pleine de gratitude et d'éloges; elle contenait un gros billet. Je regardai la photographie fanée de Capri dans un coin de ma chambre et mis l'argent dans ma poche. Qu'est devenu tout l'argent que j'ai fait durant ces jours de prospérité et de chance? En principe je devais le mettre tout entier de côté pour la maison de Mastro Vincenzo; mais, en fait, je n'en eus jamais de reste. Gages du péché? peut-être! mais, dans ce cas, la Faculté entière aurait dû faire faillite car nous étions tous dans le même sac, les professeurs aussi bien que mes confrères qui avions la même clientèle. Heureusement pour moi j'avais d'autres malades; beaucoup d'autres, et assez pour m'empêcher de devenir un vrai charlatan. A cette époque il y avait bien moins de spécialistes qu'aujourd'hui. J'étais censé tout connaître, même la chirurgie. Il me fallut deux ans pour m'apercevoir que je n'étais pas fait pour être chirurgien. Je crains que mes malades ne l'aient découvert avant moi; je passais pour un neurologue et pourtant je faisais tout ce qu'on peut exiger d'un médecin, même l'obstétrique, et Dieu prenait pitié de la mère et de l'enfant; en fait, la grande majorité de mes malades résistaient à mon traitement de façon surprenante. Lorsque Napoléon, de son œil d'aigle, parcourait la liste des officiers proposés au grade de général, il griffonnait en regard d'un nom : « A-t-il de la veine? » Moi j'avais de la veine, une veine stupéfiante, presque surnaturelle, dans tout ce que je touchais, avec tous mes malades. Je n'étais pas un bon médecin, mes études avaient été trop hâtives, mon stage dans les hôpitaux trop court, mais sans aucun doute j'étais un médecin qui réussissait. Quel est le secret de la réussite? Inspirer la confiance? Qu'est-ce que la confiance? D'où vient-elle? de la tête ou du cœur? dérive-t-elle des couches supérieures de notre intelligence ou bien, arbre puissant de la science du bien et du mal, ses racines surgissent-elles du tréfonds de notre être? par quelles voies se communique-t-elle aux autres? par le regard? par la parole? je l'ignore – je sais seulement qu'elle ne s'acquiert pas dans les livres, ni au chevet de nos malades; c'est un don magique, accordé aux uns comme un droit, à leur naissance, et refusé aux autres. Le médecin qui possède ce don ressusciterait presque les morts; mais celui qui en est privé devra se résigner à voir appeler un confrère pour un cas de rougeole.

Je découvris bientôt que ce don inestimable m'avait été accordé sans aucun mérite de ma part. Je m'en aperçus juste à temps, car je devenais vaniteux et très content de moi. Je compris ainsi combien je savais peu de choses et je me tournai toujours davantage vers Mère Nature, la vieille nourrice avisée, pour aide et conseil. J'aurais pu même devenir un bon médecin à la longue si je m'étais attaché à mon travail d'hôpital et à mes malades pauvres. Mais toutes mes chances furent gâchées, car je devins au contraire un docteur à la mode.

Quand vous rencontrerez un docteur à la mode, observez-le soigneusement à distance respectueuse avant de vous confier à lui. Il peut être un bon médecin, mais bien souvent il ne l'est point. D'abord parce que le plus souvent il est trop occupé pour écouter avec patience votre longue histoire; ensuite il a une tendance inévitable à devenir snob, s'il ne l'est déjà; à faire passer la comtesse avant vous, à examiner le foie du comte avec plus de soin que celui de son valet, à se rendre plutôt au Garden Party de l'ambassade britannique qu'au berceau de votre dernier-né, dont la coqueluche s'est aggravée. Enfin, à moins qu'il n'ait un cœur très sain, il donnera bientôt des signes incontestables d'un endurcissement précoce

48

de cet organe. Il deviendra indifférent et insensible aux souffrances des autres, tout comme les chercheurs de plaisir qui l'entourent. Vous ne pouvez être bon médecin sans la pitié.

Souvent, après une longue journée de travail, moi qui avais toujours pris intérêt à la psychologie, je me demandais pourquoi tous ces gens stupides restaient assis à m'attendre pendant des heures dans mon salon de consultation? Pourquoi m'obéissaient-ils tous? Pourquoi pouvais-je souvent les soulager, en les effleurant seulement de la main? Pourquoi, après même que la parole les avait quittés, et que la terreur de la mort se reflétait dans leurs yeux, reposaient-ils paisibles et immobiles dès que je posais ma main sur leur front? Pourquoi les fous de l'asile Sainte-Anne, écumants et hurlants comme des bêtes sauvages, devenaient-ils calmes et dociles quand je desserrais leur camisole de force et prenais leur main dans la mienne? C'était une expérience que je faisais couramment; tous les gardiens le savaient ainsi que beaucoup de mes camarades, et le professeur lui-même disait de moi : « Ce garçon-là a le diable au corps [1]! »

J'ai toujours eu un penchant secret pour les fous; j'avais l'habitude de me promener très à l'aise dans la salle des agités comme parmi des amis. On m'avait averti plus d'une fois que cela finirait mal, mais naturellement je n'en tenais pas compte. Un jour, un de mes meilleurs amis me frappa derrière la tête avec un marteau, dont il s'était emparé, Dieu sait comment, et on m'emporta sans connaissance à l'infirmerie. C'était un coup terrible; mon ami était un ancien forgeron qui savait son métier. On crut d'abord que j'avais une fracture du crâne. Moi! Allons donc! Ce n'était qu'une commotion cérébrale, et ma mésaventure me valut ce compliment flatteur du chef de clinique : « Ce sacré Suédois a le crâne d'un ours. Faut voir s'il n'a pas cassé le marteau [2]... »

« Après tout! cela pourrait bien venir du cerveau, et non de la main », me dis-je, quand mon mécanisme mental se remit en marche après un arrêt de quarante-huit heures. Étendu à l'infirmerie pendant toute une semaine, un sac de glace sur ma tête d'ours, sans visites, sans livres pour me tenir compagnie, je réfléchis profondément sur ce sujet, et le marteau même du forgeron ne put me faire renoncer à ma théorie que cela ne venait que de la main.

Pourquoi pouvais-je passer la main entre les barreaux de la cage de la panthère noire à la ménagerie Pezon, pourvu que personne ne

---

1. *En français dans le texte.*
2. *En français dans le texte.*

vînt la taquiner, et la laisser entre ses pattes tandis que je faisais rouler le gros chat sur le dos avec un ronronnement amical et un formidable bâillement de sa grande gueule ouverte ? Pourquoi pouvais-je crever l'abcès de la patte de Léonie et en retirer l'esquille de bois qui depuis huit jours forçait la grande lionne à se traîner sans répit sur trois pattes, torturée par la douleur ? L'anesthésie locale n'avait pas réussi, et tandis que je pressais le pus de sa patte la pauvre Léonie geignait comme un enfant. Elle ne montra quelque impatience qu'au moment où je désinfectai la plaie, mais il n'y avait aucune colère dans le tonnerre de sa voix en sourdine, seulement le dépit qu'on ne lui permît pas de se lécher elle-même avec sa langue effilée. Quand l'opération fut terminée et que je quittai la ménagerie, tenant sous le bras le jeune babouin que M. Pezon m'avait donné pour ma peine, le fameux dompteur de lions me dit :

« Monsieur le Docteur, vous avez manqué votre vocation ; vous auriez dû être dompteur d'animaux [1]. »

Et Ivan, le grand ours polaire du Jardin des Plantes, ne grimpait-il pas hors de son bain dès qu'il m'apercevait pour venir se mettre debout contre les barreaux de sa prison ? son nez noir à la hauteur du mien, pour prendre fort aimablement le poisson dans ma main ? Le gardien disait qu'il ne faisait cela avec personne ; sans doute il me considérait comme une sorte de compatriote. Ne dites pas que c'était le poisson et pas la main, car lorsque je n'avais rien à lui offrir il continuait à rester là, sans remuer, tant qu'il me plaisait de rester moi-même ; il me regardait fixement de ses yeux noirs et brillants sous leurs cils blancs et reniflait ma main. Naturellement nous causions en suédois avec une sorte d'accent polaire que j'avais pris de lui. Je suis sûr qu'il ne perdait pas un de mes mots quand je lui disais d'une voix basse et monotone combien je le plaignais, et qu'étant enfant j'avais vu deux de ses congénères qui nageaient près de notre bateau, parmi les blocs de glace, dans notre pays natal.

Et ce pauvre Jacques ! le fameux gorille du Jardin zoologique, le premier de sa tribu qu'on eût capturé et emmené au pays sans soleil de ses ennemis ! Ne mettait-il pas avec confiance sa main calleuse dans la mienne dès qu'il m'apercevait ? N'aimait-il pas que je lui caresse doucement le dos ? Il restait assis parfaitement tranquille pendant des minutes, me serrait la main sans rien dire. Souvent il examinait la paume de ma main avec beaucoup d'attention comme s'il avait eu quelques notions de chiromancie ; il pliait mes doigts l'un après l'autre comme pour examiner le jeu des jointures, puis il

---

1. *En français dans le texte.*

laissait tomber ma main et regardait la sienne avec la même attention ; il riait en dedans d'un air de dire qu'il n'y avait guère de différence entre les deux, et là il avait bien raison. La plupart du temps il restait assis immobile à jouer avec une paille dans un coin de sa cage où les visiteurs ne pouvaient le voir ; il se servait rarement de la balançoire qu'on lui avait donnée dans l'espoir grotesque qu'il pourrait la confondre avec la branche souple du sycomore sur laquelle il faisait la sieste au temps de sa liberté. Il dormait sur une couche basse, faite de bambous comme le *sérir* des Arabes, mais c'était un lève-tôt et je ne le trouvai au lit que lorsqu'il tomba malade. Son gardien lui avait appris à prendre son repas de midi sur une chaise devant une table basse, une serviette sous le menton. On l'avait même muni d'un couteau et d'une fourchette en bois dur, mais il ne s'y était jamais habitué ; il préférait de beaucoup manger avec ses doigts, comme faisaient nos ancêtres jusqu'à il y a deux cents ans et comme le fait encore la majorité des hommes. Mais il buvait son lait avec grand plaisir dans sa propre tasse, ainsi que son café du matin avec beaucoup de sucre. Il est vrai qu'il se mouchait avec les doigts, mais la Laure de Pétrarque, Marie reine d'Écosse et le Roi-Soleil en faisaient autant.

Pauvre Jacques ! notre amitié dura jusqu'à la fin. Il avait été souffrant depuis Noël, son teint devint gris de cendre, ses joues se creusèrent et ses yeux s'enfoncèrent de plus en plus dans leurs orbites. Il devint agité et inquiet, maigrissait à vue d'œil, et bientôt survint une toux sèche de mauvais augure. Je pris plusieurs fois sa température mais il fallut ouvrir l'œil, car il aurait bien pu, tout comme un gosse, casser le thermomètre pour voir ce qui bougeait là-dedans. Un jour qu'il était assis sur mes genoux et me tenait la main, il fut pris d'une violente quinte de toux qui provoqua une légère hémoptysie. La vue du sang l'épouvanta ; c'est le cas de bien des gens. J'ai souvent remarqué pendant la guerre que même les poilus les plus courageux, qui regardaient sans la moindre émotion leurs plaies béantes, pâlissaient à la vue de quelques gouttes de sang frais. Il perdit de plus en plus l'appétit et il fallait mille câlineries pour le décider à manger une banane ou une figue. Un matin, je le trouvai couché sur son lit, la couverture sur la tête, tout comme mes malades de la salle Sainte-Claire quand ils étaient las à mourir et dégoûtés de tout. Il avait dû m'entendre venir, car il sortit la main de dessous la couverture et prit la mienne. Je ne voulus pas le déranger et restai assis un grand moment près de lui, sa main dans la mienne, à écouter sa respiration pénible et haletante et le râle des mucosités dans sa gorge. Bientôt un brutal accès de toux secoua tout son corps. Il se dressa sur son lit et porta les mains à ses tempes d'un geste désespéré. L'expression de son visage s'était transformée, il avait rejeté son masque de bête, c'était un être humain qui mourait. Il s'était tellement rapproché de moi qu'il avait perdu le seul privilège que notre Dieu Tout-Puissant ait accordé aux bêtes, en compensation des souffrances que l'homme leur inflige, mourir en paix. Son agonie fut atroce ; il mourut étranglé lentement par la même exécutrice que j'avais vue si souvent à l'œuvre dans la salle Sainte-Claire. Je La reconnaissais bien à la lente étreinte de Sa main.

Et après ? Qu'est devenu mon pauvre ami Jacques ? Je sais bien que son corps émacié alla à l'Institut anatomique et que son squelette, avec sa vaste boîte cranienne, est encore debout au Musée Dupuytren... Mais... est-ce là tout ?

CHAPITRE V

MALADES

Mes dîners du dimanche au Faubourg Saint-Germain me manquaient beaucoup. Environ quinze jours après mon entrevue avec l'abbé, la comtesse, nature impulsive, éprouva soudain le besoin de changer d'air et résolut d'accompagner le comte à son château en Touraine. Ce fut une surprise pour tout le monde, mais l'abbé avait sans doute eu vent de la chose car j'avais remarqué un pétillement joyeux dans son vieil œil malicieux le dernier dimanche où je dînai chez elle. Elle eut la bonté de m'écrire toutes les semaines pour me donner de ses nouvelles, et j'en recevais aussi de temps à autre par l'abbé. Tout allait bien; le comte montait à cheval tous les matins, ne dormait plus dans la journée et fumait bien moins. Elle s'était remise à la musique, s'occupait activement des pauvres du village et ne se plaignait plus de sa côlite. L'abbé me donnait aussi des nouvelles de la marquise, dont la propriété était à une petite heure du château en voiture. Elle se portait admirablement. Au lieu de passer des journées entières dans son fauteuil, triste et solitaire, à se tourmenter de sa surdité, elle allait se promener longuement matin et soir dans le parc pour l'amour de son Loulou bien-aimé qui devenait trop gras et avait grand besoin d'exercice.

« C'est une horrible petite brute, m'écrivait l'abbé, il est assis sur ses genoux, montre les dents et grogne à tout le monde; il a même mordu la femme de chambre deux fois. Tout le monde le déteste mais la marquise l'adore et le dorlote toute la journée. Hier, pendant la confession, il vomit subitement sur sa belle robe d'après-midi, ce qui inquiéta tellement sa maîtresse que je dus interrompre mon office. Voici que la marquise me prie de vous demander si cela ne risque pas de dégénérer en côlite, et de bien vouloir ordonner quelque chose pour lui; elle dit qu'elle est sûre que vous comprendrez son cas mieux que personne. »

En cela la marquise n'était pas loin de la vérité, car je commençais déjà à être réputé comme un bon médecin de chiens, mais je n'avais pas encore atteint la haute situation de médecin consultant pour chiens que j'occupai plus tard auprès de mes clients amis des chiens. Je me rends compte que les avis étaient partagés sur mes mérites en tant que médecin de mes semblables, mais j'ose affirmer que ma réputation en tant que médecin de chiens n'a jamais été sérieusement attaquée. Je ne suis pas assez vaniteux pour chercher à nier que cela provient sans doute du peu de jalousie de métier que je rencontrai dans cette branche de ma profession; j'en rencontrai suffisamment dans les autres branches, je vous l'assure.

Pour devenir un bon médecin de chiens il est indispensable de les aimer, mais il est également nécessaire de les comprendre; il en est de même avec nos semblables, à cette différence près qu'il est plus facile de comprendre un chien qu'un homme et surtout de l'aimer. N'oubliez jamais que la mentalité d'un chien diffère totalement de celle d'un autre. L'intelligence aiguë qui étincelle dans l'œil vif d'un fox-terrier reflète une activité mentale absolument différente de la sagesse sereine qui brille dans l'œil calme d'un Saint-Bernard ou d'un vieux chien de berger. L'intelligence des chiens est proverbiale, mais à des degrés bien divers perceptibles déjà chez les chiots dès qu'ils ouvrent les yeux. Il y a même des chiens stupides, mais en proportion bien moindre que chez l'homme. En somme il est facile de comprendre le chien et de lire dans sa pensée. Le chien ne peut pas dissimuler, ne peut pas tromper, ne peut pas mentir, parce qu'il ne peut pas parler. Le chien est un saint. Il est d'un naturel franc et honnête. Si dans des cas exceptionnels on aperçoit chez un chien quelques traces de vices héréditaires, reçus en héritage de ses ancêtres sauvages, qui devaient compter sur la ruse dans leur lutte pour l'existence, ces stigmates s'effaceront dès que l'expérience lui aura appris qu'il peut compter sur un traitement franc et juste de notre part. Si ces stigmates persistent chez un chien bien traité (ces cas sont très rares), ce chien n'est pas normal et doit être mis à mort sans souffrance. Un chien admet joyeusement la supériorité de son maître, accepte ses jugements pour définitifs, mais, contrairement à ce que pensent souvent les amis des chiens, il ne se considère pas comme un esclave. Sa soumission est volontaire et il s'attend à voir respecter ses petits droits personnels. Il regarde son maître comme son roi, presque comme son Dieu, il s'attend à ce que son Dieu soit sévère si nécessaire, mais il s'attend à ce qu'il soit juste. Il sait que son Dieu peut lire ses pensées et il sait qu'il est inutile de chercher à les cacher. Peut-il, lui, lire les pensées de son Dieu ? Certainement il le peut. La « Society for Psychical Research » peut dire ce qui lui plaît, mais la télépathie entre hommes n'a pas été encore prouvée, tandis que la télépathie entre le chien et l'homme a été prouvée maintes fois. Le chien peut lire les pensées de son maître, comprendre ses différents états d'âme et prévoir ses décisions. Son instinct lui dit lorsqu'il est indésirable ; il reste des heures couché tranquille pendant que son roi travaille dur, comme travaillent souvent les rois, ou du moins comme ils devraient travailler. Mais lorsque son roi est triste et préoccupé, il sait que son heure est arrivée et il vient en rampant poser la tête sur son genou. « Ne te tourmente pas ! tant pis s'ils t'abandonnent tous, je suis ici pour remplacer tous tes amis et me battre contre tous tes ennemis ! Viens, allons nous promener et oublions tout ça. »

Il est curieux et bien émouvant d'observer l'attitude d'un chien lorsque son maître est malade. Averti par son instinct infaillible, le chien a peur de la maladie et de la mort. Un chien accoutumé depuis des années à dormir sur le lit de son maître n'y reste pas volontiers quand son maître est malade. Même ceux qui font exception à la règle, et ils sont rares, quittent leur maître à l'approche de la mort et se cachent dans un coin de la chambre en pleurant pitoyablement. Il m'est arrivé personnellement d'être averti par l'attitude d'un chien que la mort approchait. Que sait-il de la mort ? au moins autant que nous ; probablement beaucoup plus. En écrivant ces lignes je me rappelle une pauvre femme à Anacapri, étrangère au pays, qui mourait de la poitrine lentement, si lentement que, l'une après l'autre, les rares « comari » qui allaient la voir, se lassèrent et l'abandonnèrent à son sort. Son seul ami était un roquet, qui, faisant exception à la règle dont je viens de parler, ne quitta jamais sa place au pied du lit. C'était d'ailleurs le seul endroit où coucher sauf le sol humide de la misérable cave où la pauvre femme vécut et mourut. Un jour que je passais par là, j'y trouvai Don Salvatore, seul des douze ecclésiastiques du village qui prît quelque intérêt aux pauvres et aux malades. Il me demanda si je ne croyais pas l'heure venue de lui apporter les derniers sacrements. La malade paraissait comme d'habitude ; son pouls n'était pas plus mauvais, elle nous dit même qu'elle s'était sentie un peu mieux ces derniers jours – « la miglioria della morte », déclara Don Salvatore. Je m'étais souvent étonné de l'extraordinaire ténacité avec laquelle elle se cramponnait à la vie et je dis au prêtre qu'elle pouvait parfaitement durer encore une semaine ou deux. Nous convînmes donc d'attendre pour les sacrements. Au moment où nous quittions la pièce, le chien sauta du lit avec un hurlement de détresse et se coucha dans un coin en pleurant lamentablement. Je ne vis aucun changement dans l'aspect de la malade mais je constatai avec surprise que son pouls était devenu imperceptible. Elle fit un effort désespéré pour parler mais je ne pus tout d'abord la comprendre. Elle me fixait de ses yeux grands ouverts et leva plusieurs fois son bras émacié vers le chien. Cette fois je la compris, et je pense qu'elle me comprit aussi, quand, me penchant sur elle, je lui dis que je prendrais soin du chien. Elle hocha la tête, tranquillisée, ses yeux se fermèrent et la paix de la mort s'étendit sur son visage. Elle respira profondément, quelques gouttes de sang perlèrent sur ses lèvres, c'était fini. La cause immédiate de la mort de cette femme fut évidemment une hémorragie interne. Comment le chien en fut-il averti avant moi ? Le soir quand on vint pour emporter sa maîtresse au Campo-Santo il suivit seul le convoi. Le lendemain le vieux Pacciale, le fossoyeur avec qui j'étais déjà très lié, me dit qu'il était toujours couché sur la tombe. Il plut à torrents toute la journée et la nuit suivante, mais au matin il était toujours là. Vers le soir j'envoyai Pacciale avec une laisse pour le décider avec des caresses à se laisser emmener à San Michele, mais le chien l'accueillit avec des grognements de colère et refusa de bouger. Le troisième jour j'allai moi-même au cimetière et je réussis avec beaucoup de peine à me faire suivre par lui jusque chez moi ; d'ailleurs il me connaissait très bien. A cette époque il y avait huit chiens à San Michele et je redoutais beaucoup l'accueil qu'ils feraient au nouveau venu. Mais tout se passa bien, grâce à Billy le babouin, qui, chose inexplicable, prit l'étranger en affection à première vue, et celui-ci revenu de sa stupeur devint bientôt son ami inséparable. Tous mes chiens détestaient et craignaient le gros singe qui régnait en maître dans le jardin de San Michele, et bientôt Barbarossa elle-même, la féroce chienne de Maremma, cessa de montrer les dents au nouveau venu. Il vécut là, pendant deux ans, une vie heureuse et y repose sous le lierre avec mes autres chiens.

On peut enseigner à un chien presque n'importe quoi en l'encourageant affectueusement et patiemment, en lui offrant un biscuit quand il a fait preuve de bonne volonté pour apprendre sa leçon. Ne vous impatientez jamais, n'usez pas de violence. Battre un chien intelligent est une honte qui retombe sur son maître. C'est d'ailleurs une erreur psychologique. Ceci dit, permettez-moi d'ajouter que des chiots méchants, tout comme les enfants avant l'âge de raison mais non après, méritent fort bien quelques corrections de temps à autre quand ils s'obstinent par trop à méconnaître les lois fonda-mentales du savoir-vivre. Personnellement je n'ai jamais appris de tours à mes chiens, tout en admettant que beaucoup de chiens après avoir appris leur leçon prennent grand plaisir à montrer leurs talents. S'exhiber dans un cirque est une tout autre affaire, une dégradation, pour un chien intelligent. Toutefois ces chiens savants sont généralement bien soignés à cause de l'argent qu'ils rap-portent et infiniment plus heureux que leurs infortunés camarades, les animaux sauvages dans les ménageries. Quand un chien est malade, il se soumettra à presque tout, même à une opération dou-loureuse, pourvu qu'on lui explique d'un ton doux mais ferme qu'on doit le faire et pourquoi. N'engagez jamais un chien malade à man-ger, il le fera le plus souvent pour vous plaire, même si son instinct lui conseille de s'abstenir de toute nourriture, ce qui généralement le tire d'affaire. Ne vous mettez pas en souci, les chiens comme les tout petits enfants peuvent rester sans nourriture plusieurs jours sans autre inconvénient. Un chien peut supporter la douleur avec grand courage, mais certainement il aimera vous entendre dire combien vous le plaignez. Peut-être les amis des chiens éprouve-ront-ils quelque consolation si je leur dis qu'à mon avis, leur sensi-bilité est peut-être moins vive qu'on ne pense. Ne dérangez jamais un chien malade à moins de nécessité absolue. Le plus souvent votre intervention intempestive ne fera que gêner l'œuvre de gué-rison de la nature. Tous les animaux désirent qu'on les laisse tran-quilles, quand ils sont malades ou qu'ils vont mourir. Hélas! la vie d'un chien est si courte! et nous avons tous porté le deuil d'un ami perdu. Votre premier mouvement et vos premiers mots, après l'avoir placé sous un arbre du jardin sur son lit de repos, sont pour jurer que jamais, jamais plus, vous n'aurez d'autre chien; aucun chien ne saurait le remplacer, aucun chien ne saurait être pour vous ce qu'il fut. Vous vous trompez, ce n'est pas un chien que nous aimons, c'est *le* chien. Ils sont tous plus ou moins semblables, tous prêts à vous aimer et à être aimés de vous. Ils sont tous l'expression de la plus adorable et, moralement parlant, de la plus parfaite création de Dieu. Si vous avez aimé votre ami disparu comme il le méritait, vous ne pourrez pas vous passer d'un autre? Hélas! lui aussi devra se séparer de vous, car les chéris des Dieux meurent jeunes. Quand son heure sera venue, rappelez-vous ce que je vais vous dire ici. Ne l'envoyez pas à la chambre d'asphyxie, ne demandez pas à votre docteur au cœur sensible de lui administrer une mort douce par l'anesthésie. Ce n'est pas une mort douce, c'est une mort douloureuse. Les chiens résistent souvent à l'action mortelle de ces gaz et de ces drogues de manière atroce. Une dose qui tuerait un homme permet souvent à un chien de vivre des minutes interminables de souffrance physique et morale. J'ai assisté plusieurs fois à ces massacres dans des chambres d'asphyxie, j'ai tué moi-même beaucoup de chiens par l'anesthésie et je sais ce que je dis. Je ne le ferai jamais plus. Demandez à quelqu'un de confiance qui aime les chiens, ceci est indispensable, d'emmener votre vieux chien dans le jardin, de lui donner un os et, pendant qu'il le ronge, de lui tirer dans l'oreille une balle de revolver; c'est la mort instantanée et sans douleur; la vie est éteinte comme une chandelle qu'on souffle. Beaucoup de mes vieux chiens sont morts ainsi de ma propre main. Ils sont tous enterrés sous les cyprès de Materita et sur la tombe se dresse une colonne de marbre antique. Là repose aussi un autre chien, le fidèle ami pendant douze ans d'une gracieuse Dame [1], que le destin a voulu mère de tout un pays, de mon pays. Malgré tout elle lui garda dans son cœur assez de place pour apporter un bouquet de fleurs sur sa tombe chaque fois qu'elle vient à Capri.

Le sort a voulu que le plus adorable de tous les animaux fût affligé de la plus terrible des maladies, la rage. J'ai assisté à l'Institut Pasteur aux premières phases de la longue bataille indécise entre la science et l'ennemie redoutée, j'ai assisté aussi à la victoire finale; elle fut gagnée chèrement, ce fut au prix d'une hécatombe de chiens et peut-être aussi de quelques vies humaines. J'avais l'habitude d'aller voir les bêtes contaminées et de les soulager de mon mieux, mais cela me devint si pénible que je renonçai pour un temps à fréquenter l'Institut Pasteur. Je n'ai pourtant jamais douté qu'il ne fût juste de faire ce que l'on faisait. J'assistai à bien des échecs. Je vis mourir beaucoup de malades, aussi bien avant qu'après le nouveau traitement. Pasteur fut attaqué avec violence, non seulement par des amis des chiens de tout acabit, pleins d'ignorance et de bonnes intentions, mais encore par beaucoup de ses confrères; on l'accusa même d'avoir causé la mort de plusieurs de ses malades avec son sérum. Quant à lui, il poursuivait son chemin sans se laisser abattre par les échecs; mais ceux qui le virent à cette époque savaient parfaitement combien il souffrait d'avoir à torturer les chiens, car il était lui-même un de leurs grands amis. C'était un homme de très grand cœur. Je l'ai entendu dire un jour qu'il n'aurait jamais le courage de tirer sur un oiseau. On fit l'impossible pour atténuer les souffrances des chiens du laboratoire; même le gardien du chenil à Villeneuve-l'Étang, un ancien gendarme nommé Pernier, fut dési-

[1]. *La reine de Suède.*

gné à ce poste par Pasteur lui-même parce qu'il avait la réputation d'aimer beaucoup les chiens. Ces chenils en contenaient soixante inoculés de sérum que l'on conduisait, à périodes fixes, au chenil du vieux Lycée Rollin pour les faire mordre par des chiens enragés, qui s'y trouvaient enfermés au nombre de quarante. Le maniement de ces derniers, tout écumants de rage, était une besogne dangereuse et j'ai souvent admiré le courage dont tout le monde faisait preuve. Pasteur lui-même était absolument sans peur. Je le vis, désireux de prélever un échantillon de salive directement de la gueule d'un chien enragé, aspirer, avec un tube de verre entre ses lèvres, quelques gouttes de la salive mortelle dans la gueule d'un bouledogue atteint de rage, que deux aides maintenaient sur la table, les mains gantées de cuir. La plupart de ces chiens de laboratoire étaient de malheureux chiens errants ramassés par la police dans les rues de Paris; mais beaucoup paraissaient avoir connu des jours meilleurs; ici ils souffraient et mouraient obscurément, Soldats Inconnus de la guerre livrée par le génie humain contre la maladie et la mort. Non loin de là, à Bagatelle, dans l'élégant cimetière pour chiens créé par Sir Richard Wallace, étaient enterrés des centaines de bichons et de chiens de salon; sur leur tombe des croix de marbre portaient, gravé par des mains aimantes, le détail de leurs vies inutiles et luxueuses.

Un jour, tard dans la soirée, un Norvégien, peintre animalier bien connu, arriva précipitamment avenue de Villiers en proie à une agitation terrible. Il venait d'être mordu à la main par son chien qu'il adorait, un bouledogue énorme d'aspect particulièrement féroce, mais jusque-là tout à fait familier et un de mes grands amis; son portrait peint par son maître avait été exposé au salon de l'année précédente. Nous nous rendîmes immédiatement en voiture à son studio de l'avenue des Ternes. Le chien était enfermé dans la chambre à coucher, son maître voulait que je l'abatte tout de suite; il disait qu'il n'avait pas le courage de le faire lui-même. Le chien courait en tous sens, se cachant par moments sous le lit avec un grognement sauvage. La pièce était si obscure que je mis la clef dans ma poche et décidai d'attendre le lendemain matin. Après avoir désinfecté la plaie je donnai un soporifique au Norvégien. Le lendemain matin, j'examinai le chien attentivement et résolus de remettre son exécution, car malgré les apparences, je n'étais pas absolument certain qu'il fût enragé. Les erreurs de diagnostic au début de la rage sont très fréquentes... Même le symptôme classique qui a donné son nom à ce mal redouté – hydrophobie signifie horreur de l'eau – n'est pas une preuve infaillible. Le chien enragé n'a pas toujours horreur de l'eau. J'en ai vu souvent boire avec avidité l'eau d'un bol que j'avais mis dans leur cage. Ce symptôme n'est valable que pour les hommes atteints de rage. Un grand nombre, peut-être la majorité des chiens abattus sous prétexte d'hydrophobie, souffrent d'autres maladies relativement inoffensives. Mais en admettant qu'on puisse en faire la preuve par examen *post mortem* (il n'y a pas un médecin ou un vétérinaire sur dix qui en soit capable) il est d'ordinaire extrêmement difficile de convaincre celui que le chien a mordu. La crainte de cette terrible maladie persiste, et la hantise de la rage est aussi dangereuse que le mal lui-même. Le mieux est d'enfermer soigneusement le chien suspect en lui donnant à manger et à boire. S'il est vivant au bout de dix jours il n'a certainement pas la rage et tout va bien.

Le lendemain matin, lorsque j'observai le chien par la porte entrouverte, il remua son bout de queue en me regardant fort amicalement de ses yeux injectés de sang. Mais comme j'allongeais la main pour le caresser, il se sauva sous le lit en grognant. Je ne savais que penser! En tout cas je dis à son maître que je ne le croyais pas enragé; il ne voulut rien entendre et me pria à nouveau d'abattre immédiatement le chien. Je refusai et déclarai vouloir attendre encore un jour. Le Norvégien avait passé la nuit dans le studio à marcher de long en large et sur la table était posé un traité de médecine où les symptômes de l'hydrophobie chez l'homme et le chien étaient marqués au crayon. Je jetai le livre au feu. Son voisin, un sculpteur russe qui m'avait promis de rester toute la journée auprès de lui, me dit ce soir-là qu'il avait refusé de manger et de boire, qu'il essuyait constamment la salive sur ses lèvres et ne parlait que d'hydrophobie. J'insistai pour lui faire boire une tasse de café. Il me jeta un regard désespéré et me dit qu'il ne pouvait pas avaler. Comme je lui tendais la tasse je fus horrifié de voir les muscles de sa mâchoire se raidir en une crampe convulsive; tout son corps se mit à trembler et il s'écroula dans un fauteuil avec un cri de détresse épouvantable. Je lui fis une piqûre de morphine et lui affirmai ma certitude que son chien n'avait rien et que j'étais disposé à retourner dans la pièce où il se trouvait; mais je ne crois pas que j'aurais eu le courage de le faire. La morphine commençait à agir et je le laissai à moitié endormi dans son fauteuil. Quand je revins, tard dans la nuit, le sculpteur russe me dit que toute la maison avait été sens dessus dessous; que le propriétaire avait envoyé le concierge avec ordre de faire tuer le chien tout de suite et qu'il venait de l'abattre avec son revolver par la fenêtre. Le chien s'était traîné jusqu'à la porte et il l'avait achevé d'une seconde balle; il gisait encore là dans une mare de sang ; son maître était assis dans son fauteuil, les yeux fixes, sans prononcer un mot. Son regard ne me disait rien de bon ; je pris son revolver sur la table et le mis dans ma poche ; il y restait encore une balle ; j'allumai une bougie et priai le sculpteur de m'aider à descendre le chien mort jusqu'à ma voiture ; je voulais le porter tout droit chez Pasteur pour le faire autopsier. Il y avait une large flaque de sang près de la porte mais pas de chien.

« Fermez la porte », hurla derrière moi le sculpteur au moment où le chien bondissait sur moi de dessous le lit avec un grognement féroce, la gueule ouverte dégouttante de sang. Le bougeoir s'échappa de ma main, je tirai au hasard dans l'obscurité et le chien tomba mort à mes pieds. Nous le mîmes dans ma voiture et je partis pour l'Institut Pasteur. Le docteur Roux, qui était le bras droit de Pasteur et plus tard devint son successeur, déclara le cas très grave, me promit de faire l'autopsie sans retard et de m'en communiquer le résultat aussitôt que possible. En arrivant à l'avenue des Ternes, le lendemain, je trouvai le Russe debout devant la porte du studio ; il avait passé la nuit auprès de son ami qui n'avait pas cessé de marcher de long en large en proie à une vive agitation ; il venait enfin de s'assoupir dans son fauteuil depuis une heure. Le Russe était allé chez lui faire sa toilette et en revenant à l'instant il avait trouvé la porte du studio fermée à clef de l'intérieur.

« Écoutez », me dit-il, comme pour s'excuser d'avoir enfreint ma recommandation de ne pas quitter son ami d'une seconde : « Tout va bien ! Il dort toujours. L'entendez-vous ronfler ? »

« Aidez-moi à enfoncer la porte, hurlai-je, il ne ronfle pas, c'est la respiration stertoreuse de... »

La porte céda et nous nous précipitâmes dans le studio. Il était allongé sur le divan et respirait lourdement ; il tenait encore dans sa main le revolver avec lequel il s'était tiré un coup de feu dans l'œil. Nous le portâmes à ma voiture, et partîmes à toute vitesse pour l'hôpital Beaujon où il fut opéré sur-le-champ par le professeur Labbé. Le revolver dont il s'était servi était de plus petit calibre que celui que je lui avais retiré ; la balle fut extraite. Il était encore sans connaissance quand je m'en allai. Le soir même je reçus une lettre du docteur Roux me disant que le résultat de l'autopsie était négatif ; le chien n'était pas enragé. Je me rendis immédiatement à Beaujon, le Norvégien avait le délire ; « *prognosis pessima* », dit le célèbre chirurgien. Le troisième jour une fièvre cérébrale se déclara. Il ne mourut pas ; il quitta l'hôpital au bout d'un mois, aveugle. La dernière fois que j'entendis parler de lui il était dans un asile d'aliénés en Norvège.

Dans cette lamentable affaire je ne fus pas à la hauteur. J'avais fait de mon mieux mais ce n'était pas assez. Si l'événement se fût produit deux ans plus tard cet homme ne se fût pas tué. J'aurais su dominer sa peur, j'aurais été le plus fort, comme il m'est arrivé bien des fois par la suite quand j'immobilisai une main qui tenait un revolver par crainte de la vie.

Les antivivisectionnistes comprendront-ils jamais qu'en réclamant la prohibition absolue des expériences sur les animaux vivants ils demandent ce qu'on ne peut leur accorder ? Le vaccin de Pasteur contre la rage a réduit au minimum la mortalité dans cette terrible maladie et le sérum antidiphtérique de Behring et Roux sauve la vie de plus de cent mille enfants chaque année. Ces deux exemples ne suffisent-ils pas à convaincre les amis des bêtes bien intentionnés que les découvreurs de mondes nouveaux tels que Pasteur, ou de remèdes contre des maladies jusque-là incurables, tels que Koch, Ehrlich et Behring doivent avoir le champ libre pour poursuivre leurs recherches à l'abri de toutes restrictions et de toutes ingérences étrangères ? D'ailleurs ceux à qui on peut laisser liberté complète sont si rares qu'on peut les compter sur les doigts. Pour les autres, sans aucun doute, il faut exiger les restrictions les plus sévères, peut-être même l'interdiction absolue. Mais je vais plus loin ; un des arguments les plus puissants contre plusieurs de ces expériences sur les animaux vivants, est que leur valeur pratique est très réduite, du fait qu'il y a une différence fondamentale aux points de vue pathologique et physiologique entre le corps humain et celui des animaux. Mais pourquoi ces expériences seraient-elles limitées aux animaux ? Pourquoi ne les tenterait-on pas également sur des hommes vivants ? Pourquoi les criminels, les malfaiteurs invétérés, condamnés à gaspiller le restant de leur vie dans les prisons, inutiles et souvent dangereux aux autres et à eux-mêmes, pourquoi ces récidivistes du crime ne se verraient-ils pas offrir une réduction de peine s'ils consentaient à prêter leurs corps vivants, sous l'anesthésie, à certaines expériences pour le bénéfice de l'humanité ?

Si le juge, avant de coiffer sa toque noire, avait le pouvoir d'offrir aux meurtriers le choix entre l'échafaud et les travaux forcés à temps, je suis sûr que les candidats ne manqueraient pas.

Pourquoi n'autoriserait-on pas le docteur Voronoff, quelle que soit la valeur pratique de sa découverte, à ouvrir un bureau d'engagements dans les prisons pour ceux qui voudraient s'enrôler afin de remplacer ses malheureux singes ? Pourquoi ces amis des bêtes si bien intentionnés n'unissent-ils pas leurs efforts pour faire cesser les exhibitions d'animaux sauvages dans les cirques et dans les ménageries? Tant que ce scandale est toléré par nos lois nous n'avons que peu de chances de passer pour des civilisés auprès des générations futures. Si vous voulez savoir à quel point nous sommes vraiment des barbares, entrez seulement sous la tente d'une ménagerie ambulante; la bête sauvage et cruelle n'est pas derrière les barreaux, elle est devant.

A propos de singes et de ménageries j'ose me vanter en toute modestie d'avoir été, dans la force de l'âge, également un bon médecin de singes. C'est là une spécialité extrêmement difficile, entravée par toutes sortes de complications imprévues et de pièges, où une grande rapidité de jugement, une connaissance approfondie de la nature humaine sont les conditions essentielles du succès. Il est tout à fait absurde de prétendre que la principale difficulté est due au fait que, tel un enfant, le malade ne peut pas parler. Les singes parlent parfaitement quand ils le veulent. La grande difficulté est qu'ils sont beaucoup trop intelligents pour notre lente compréhension. On peut tromper un homme malade, la tromperie, hélas! fait nécessairement partie de notre profession; la vérité est si souvent trop triste à dire. On peut tromper un chien, il croit aveuglément tout ce qu'on lui dit; mais on ne peut pas tromper un singe car il vous perce instantanément. Le singe peut vous tromper quand il lui plaît et il adore le faire, le plus souvent simplement pour s'amuser. Mon ami Jules, le vieux babouin du Jardin des Plantes, met les mains à son ventre avec un air d'épuisement pitoyable, et me montre sa langue – il est bien plus facile de faire montrer sa langue à un singe qu'à un petit enfant – déclare avoir complètement perdu l'appétit et qu'il n'a mangé sa pomme que pour m'obliger. Avant que j'aie pu ouvrir la bouche pour lui dire combien je suis peiné, il m'a arraché ma dernière banane, l'a mangée et m'a jeté la peau du haut de sa cage.

« Veux-tu regarder ce bouton rouge sur mon dos? » me dit Édouard. « J'ai cru d'abord que ce n'était qu'une piqûre de puce, mais voilà que ça brûle comme une pustule. Je ne puis plus le supporter. Ne peux-tu rien me donner pour enlever cette douleur? Non, pas là, plus haut; approche-toi, je sais que tu es un peu myope, laisse-moi te montrer l'endroit exact. »

A l'instant même le voilà assis sur son trapèze à me rire au nez à travers mes lunettes avant de les mettre en pièces pour les offrir comme souvenir à ses camarades saisis d'admiration. Les singes adorent se moquer de nous, mais le moindre soupçon de moquerie de notre part les irrite profondément. Il ne faut jamais rire d'un singe, il ne peut pas le supporter. Leur système nerveux est extrêmement sensible. Une peur soudaine leur donne presque des attaques de nerfs, les convulsions ne sont pas très rares chez eux; j'ai même soigné un singe qui souffrait d'épilepsie. Un bruit inattendu peut les faire pâlir. Ils rougissent très facilement, non de modestie car Dieu sait qu'ils ne sont pas modestes, mais de colère. Pour observer ce phénomène, cependant, il ne faut pas regarder seulement leur figure; ils rougissent souvent à un autre endroit imprévu. Pourquoi leur Créateur, pour des raisons à lui, a-t-il choisi précisément cet endroit pour une carnation si riche et si changeante, pour un déploiement si prodigue de couleurs vives, cramoisi, bleu et orange, demeure un mystère à nos yeux ignorants. Beaucoup de spectateurs surpris n'hésitent même pas à déclarer que c'est très laid, à première vue. Mais nous ne devons pas oublier que les opinions sur le beau et le laid sont très variables à des époques et dans des pays différents. Les Grecs, arbitres de la beauté s'il en fut jamais, peignirent les cheveux de leur Aphrodite en bleu. Aimez-vous les cheveux bleus?

Entre singes, cette riche carnation est de toute évidence un signe de beauté irrésistible aux yeux des dames, et il arrive souvent que l'heureux possesseur d'un teint aussi animé a posteriori tourne le dos aux spectateurs, la queue en l'air, pour se faire admirer. Les guenons sont d'excellentes mères, mais n'essayez jamais de vous occuper de leurs enfants; comme les femmes arabes, et même les napolitaines, elles croient que vous avez le mauvais œil. Le sexe fort est plutôt coureur, et de terribles drames passionnels se déroulent constamment dans la grande cage aux singes du Jardin zoologique, où l'ouistiti le plus minuscule devient un furieux Othello, prêt à se battre avec le plus gros babouin. Les dames assistent au tournoi avec des coups d'œil sympathiques à leurs champions respectifs et des querelles furieuses entre elles. Les singes captifs, tant qu'ils sont avec d'autres, mènent une vie supportable; ils sont si occupés à découvrir ce qui se passe au-dedans et au-dehors de leur cage, si pleins d'intrigues et de bavardages qu'ils ont à peine le temps d'être malheureux. L'existence d'un grand singe Gorille, Chimpanzé ou Orang-Outang est évidemment l'existence d'un martyr, ni plus ni moins. Ils tombent tous dans une profonde hypocondrie lorsque la tuberculose est trop lente à les tuer. Cette maladie, ainsi que chacun sait, est cause de la mort de presque tous les singes captifs, grands et petits. Les symptômes, l'évolution, le terme de cette maladie sont exactement les mêmes que chez nous. Ce n'est pas l'air froid, mais le manque d'air, qui fait éclore le mal. La plupart des singes supportent le froid étonnamment bien s'ils ont un vaste espace pour se détendre, une installation confortable pour la nuit partagée avec un lapin qui leur tiendra chaud.

Dès l'automne, Mère Nature, toujours vigilante, qui veille sur les singes aussi bien que sur nous, se met à l'œuvre pour couvrir leurs corps frileux de manteaux de fourrure supplémentaires convenant aux hivers du Nord. C'est le cas de la plupart des animaux des tropiques emprisonnés dans nos climats nordiques, qui vivraient tous bien plus longtemps si on leur permettait de vivre en plein air. La plupart des jardins zoologiques paraissent ignorer ce fait. Peut-être est-ce mieux ainsi. La prolongation de l'existence de ces bêtes malheureuses est-elle désirable? je vous laisse méditer là-dessus. Moi je réponds : Non. La mort est plus compatissante que nous.

CHAPITRE VI

CHATEAU RAMEAUX

Paris en été est un séjour charmant pour ceux qui appartiennent au Paris qui s'amuse, mais si par hasard vous appartenez au Paris qui travaille, c'est une autre affaire. Surtout si vous avez à combattre une épidémie de typhoïde à la Villette parmi des centaines d'ouvriers scandinaves, ou une épidémie de diphtérie au quartier Montparnasse parmi vos amis italiens et leurs innombrables enfants. En vérité il ne manquait pas non plus d'enfants scandinaves à la Villette, et les quelques familles qui n'en avaient pas semblaient avoir choisi précisément cette époque pour les mettre au monde, le plus souvent sans autre assistance que la mienne, sans même une sage-femme. La plupart des enfants, trop jeunes pour attraper la typhoïde, eurent la scarlatine et les autres la coqueluche. Naturellement, personne n'avait de quoi payer un docteur français et ce fut à moi qu'il échut de les soigner de mon mieux. Ce n'était pas une plaisanterie; il y avait plus de trente cas de typhoïde parmi les ouvriers scandinaves rien qu'à la Villette. Pourtant je réussis à me rendre à l'église suédoise du boulevard Ornano tous les dimanches pour faire plaisir à mon ami le pasteur suédois, qui me disait que c'était un bon exemple pour les autres.

L'assistance avait diminué de moitié, l'autre moitié était dans son lit, ou soignait quelqu'un au lit. Le pasteur était sur pied du matin au soir, assistant ou aidant les malades et les pauvres; je n'ai jamais rencontré cœur meilleur; de plus sa bourse était vide. Comme seule récompense il rapporta l'infection chez lui. Les deux aînés de ses huit enfants attrapèrent la typhoïde, cinq eurent la scarlatine et son dernier-né avala une pièce de deux francs et faillit mourir d'occlusion intestinale. Ensuite le consul de Suède, petit homme très pacifique et très tranquille, devint subitement fou furieux et faillit me tuer; mais je vous raconterai cette histoire une autre fois.

Là-haut, dans le quartier Montparnasse, la situation était beaucoup plus grave, bien que pour plusieurs raisons ma besogne me parût presque plus facile. J'ai honte de dire que je m'entendais beaucoup mieux avec ces pauvres Italiens qu'avec mes propres compatriotes qui étaient souvent difficiles à manier, boudeurs, mécontents, plutôt exigeants et égoïstes. Les Italiens, au contraire, qui n'avaient apporté avec eux de leur pays que leur patience à toute épreuve, leur gaieté, et leurs charmantes manières, étaient toujours satisfaits, reconnaissants, et extrêmement serviables entre eux. Lorsque la diphtérie se déclara chez les Salvatore, Arcangelo Fusco le balayeur cessa immédiatement son travail et devint pour tous le plus dévoué des infirmiers. Les trois petites filles attrapèrent la diphtérie, la fille aînée mourut et le lendemain la mère épuisée contracta le terrible mal. Seul l'enfant du malheur, Petruccio, l'idiot paralytique, fut épargné par la volonté insondable de Dieu Tout-Puissant.

Toute l'impasse Rousselle fut contaminée; la maladie était dans toutes les familles et chacune d'elles comptait plusieurs petits enfants. Les deux hôpitaux pour enfants étaient bondés. Même si un lit eût été libre il y aurait eu bien peu de chances de l'obtenir pour ces petits étrangers. Donc Arcangelo Fusco et moi dûmes les soigner, et ceux que nous n'avions pas le temps de voir, et ils étaient nombreux, durent vivre ou mourir comme ils purent. Aucun docteur ayant affronté cette épreuve, de lutter tout seul contre une épidémie de diphtérie au milieu de miséreux, sans moyens suffisants de désinfection, ni pour les autres ni pour lui-même, ne pourra se rappeler une telle aventure sans un frisson, quelque endurci qu'il soit. Je dus rester assis pendant des heures à badigeonner et à gratter l'une après l'autre la gorge de tous ces enfants; à cette époque il n'y avait pas beaucoup plus à faire. Et puis! quand il devenait impossible de détacher les membranes empoisonnées qui obstruaient les voies respiratoires! quand l'enfant blêmissait et suffoquait et quand l'urgence de la trachéotomie s'imposait avec une rapidité foudroyante!

Devais-je opérer sur-le-champ sans même une table où coucher l'enfant? sur ce grabat? ou sur les genoux de sa mère? à la lueur de cette misérable lampe à huile et sans autre aide qu'un balayeur? Ne pouvais-je attendre demain et tâcher de trouver un meilleur chirurgien que moi? Pouvais-je attendre? oserais-je attendre? hélas! j'avais attendu le lendemain, quand il était trop tard, et j'avais vu l'enfant mourir devant mes yeux. J'avais aussi opéré sur-le-champ et certainement sauvé l'enfant, mais j'avais aussi opéré sur-le-champ et vu l'enfant mourir sous mon couteau. Mon cas était même pire que celui de la plupart des médecins dans une pareille situation, car j'avais une peur mortelle de la diphtérie, peur que je n'ai jamais pu surmonter. Mais Arcangelo Fusco n'avait pas peur; il connaissait le danger aussi bien que moi, car il avait vu la redoutable infection se propager de proche en proche, mais jamais il n'avait le moindre souci de sa sécurité personnelle, il ne songeait qu'aux autres. Quand tout fut fini, je fus félicité de toutes parts, même par l'Assistance publique, mais personne n'adressa un mot à Arcangelo Fusco qui avait vendu son costume des dimanches pour payer le croque-mort qui avait emporté le corps de la petite gosse.

Oui, il vint un jour où tout fut fini, où Arcangelo Fusco retourna balayer les rues et où je revins à mes malades de luxe. Pendant que je passais mes journées à la Villette et à Montparnasse, les Parisiens avaient été très occupés à faire leurs malles et à gagner leurs châteaux ou leurs plages préférées. Les Boulevards appartenaient aux étrangers avides de plaisirs, qui avaient inondé Paris, accourus de tous les coins du monde civilisé ou barbare dépenser leur argent superflu. Beaucoup étaient assis dans mon salon d'attente à lire fébrilement leur Baedeker, tous désireux de passer les premiers et ne réclamant le plus souvent qu'un tonique à celui qui en avait bien plus besoin qu'eux. Des femmes, étendues à leur aise sur leurs chaises longues dans leurs plus élégantes toilettes d'après-midi, dernière création de Worth, me faisaient appeler à leurs hôtels chics aux heures les plus insolites du jour et de la nuit, et exigeaient que je les remisse sur pied pour le bal du lendemain. Elles ne m'appelaient pas une seconde fois et je n'en étais pas surpris.

Que de temps gaspillé! pensais-je en rentrant, traînant mes jambes lasses sur l'asphalte des Boulevards, sous les marronniers poussiéreux dont les feuilles pendantes haletaient après un souffle d'air frais.

« Je sais ce qu'il nous faut, à vous et à moi », dis-je aux marronniers, « nous avons besoin d'un changement d'air et d'échapper à l'atmosphère de la grande ville. Mais comment sortir de cet enfer? vous avez vos racines endolories emprisonnées sous l'asphalte et ce cercle de fer autour du pied; moi avec tous ces richards américains dans mon salon et tant d'autres malades dans leurs lits? Et si je m'en allais, qui prendrait soin des singes du Jardin des Plantes? Qui égayerait l'ours polaire haletant dont les plus mauvais jours sont proches ? Il ne comprendra pas un mot de ce que lui diront d'autres braves gens, lui qui n'entend que le suédois ! »

Et le quartier Montparnasse ! Montparnasse ! Je frissonnai comme ce nom traversait mon cerveau. Je voyais le visage livide d'un enfant à la lueur faible d'un petit quinquet. Je voyais perler le sang de l'entaille que je venais de faire dans sa gorge et j'entendais le cri d'angoisse de la mère. Que dirait la comtesse ? La comtesse ? Non ! vraiment j'étais un peu détraqué ; il était grand temps de m'occuper de mes nerfs plutôt que de ceux des autres, du moment que je pouvais voir et entendre des choses pareilles boulevard Malesherbes. Que diable avais-je à faire avec la comtesse ? Elle se portait à merveille dans son château de Touraine, d'après la dernière lettre de l'abbé, et je me portais à merveille à Paris la plus belle ville du monde. J'avais tout simplement besoin d'un peu de sommeil. Mais que dirait le comte si je lui écrivais un mot ce soir, que j'acceptais avec joie son aimable invitation et que je partirais demain !

Si seulement cette nuit je pouvais dormir ! Pourquoi ne prendrais-je pas moi-même un de ces fameux soporifiques que je combinais pour mes malades ? Un soporifique énergique qui me plongerait dans un sommeil de vingt-quatre heures et me ferait oublier tout, Montparnasse, le château de Touraine, la comtesse et tout le reste ! Je m'allongeai tout vêtu sur mon lit ; j'étais si las ! Mais je ne pris pas le soporifique ; « les cuisiniers n'ont pas faim », comme on dit à Paris. En entrant dans mon cabinet le lendemain matin je trouvai une lettre sur la table. Elle était de M. l'Abbé avec un P.-S. de la main du comte :

« Vous avez dit un jour que vous aimiez plus que tout le chant de l'alouette. Elle chante encore mais pas pour longtemps, aussi feriez-vous bien de vous hâter. » L'alouette ! Et moi qui depuis deux ans n'avais pas entendu d'autre oiseau que les moineaux des Tuileries !

Les chevaux qui m'amenaient de la gare étaient beaux, le château qui datait de Richelieu, dans son vaste parc de tilleuls séculaires, était beau, les meubles Louis XVI de ma chambre luxueuse étaient beaux, l'énorme Saint-Bernard qui me suivit dans l'escalier était beau, tout était beau. Et la comtesse aussi était belle dans sa robe blanche toute simple, une rose France, une seule, à la ceinture. Il me parut que ses yeux étaient plus grands que jamais. Le comte était un tout autre homme, avec ses joues rosées et ses yeux éveillés.

Son charmant accueil dissipa aussitôt ma timidité, j'étais encore un barbare de l'Ultima Thulé, je ne m'étais jamais trouvé dans un cadre aussi somptueux. M. l'Abbé m'accueillit comme un vieil ami. Le comte dit qu'il y avait juste le temps pour un tour dans le parc, avant le thé, à moins que je ne préférasse jeter un coup d'œil sur les écuries? On me remit un panier plein de carottes pour les distribuer à chacun des douze magnifiques chevaux bien grimés, alignés dans leurs stalles de chêne ciré.

— « Vous feriez bien de lui donner une autre carotte afin d'être. amis tout de suite, me dit le Comte. Il vous appartient tant que vous êtes ici; et voici votre groom », ajouta-t-il, en me désignant un jeune Anglais qui me salua, la main à la casquette.

— « Oui! la comtesse se porte admirablement », dit le comte comme nous revenions par le jardin. « Elle ne parle presque plus de sa côlite, elle va visiter ses pauvres chaque matin et étudie avec le médecin du village comment transformer une vieille ferme en un dispensaire d'enfants malades. »

Pour son anniversaire, elle avait invité au château tous les enfants du village à du café et des gâteaux, et avant leur départ elle avait offert une poupée à chacun. La charmante idée qu'elle avait eue là! n'est-ce pas? « Si elle vous parle de ses poupées n'oubliez pas de lui dire un mot aimable. »

— « Certes je ne l'oublierai pas, je ne demande pas mieux. »

Le thé fut servi sous le grand tilleul devant la maison.

« Voici un de vos amis, ma chère Anne », dit la comtesse à une dame assise à côté d'elle, comme nous approchions de la table.

« Je regrette de dire qu'il paraît préférer la société des chevaux à la nôtre, car jusqu'à présent il n'a pas eu le temps de m'adresser un seul mot, mais il a bavardé pendant une demi-heure avec les chevaux dans les écuries. »

— « Et ils paraissent avoir goûté vivement la conversation, » ajouta le comte en riant, « mon vieux hunter lui-même, dont vous connaissez l'humeur rogue avec les étrangers, a fourré son nez sur la figure du docteur et l'a reniflé le plus amicalement du monde. »

La baronne Anne se déclara enchantée de me voir et me donna d'excellentes nouvelles de sa belle-mère la marquise douairière.

« Elle croit même qu'elle entend mieux. Mais je n'en suis pas sûre, car elle n'entend pas ronfler Loulou et se fâche tout rouge quand mon mari dit qu'il l'entend en bas, du fumoir. En tout cas son cher Loulou a été une bénédiction pour nous tous; autrefois elle ne pouvait supporter d'être seule et c'était si fatigant de lui parler tout le temps dans son cornet; maintenant elle passe des heures seule, assise avec Loulou sur ses genoux, et si vous la voyiez tous les matins galoper dans le jardin pour le promener vous pourriez à peine en croire vos yeux, elle ne quittait jamais son fauteuil. Je me rappelle comment vous lui disiez qu'elle devrait marcher un peu tous les jours, et comme vous paraissiez fâché lorsqu'elle prétendait qu'elle n'en avait pas la force. Vraiment c'est un changement merveilleux. Naturellement vous dites que ce sont toutes ces vilaines drogues que vous lui avez données, mais moi je dis que c'est Loulou, béni soit-il! puisse-t-il ronfler tant qu'il voudra. »

— « Regardez Léo, dit le comte en changeant la conversation; regardez-le, la tête sur les genoux du docteur, comme s'il l'avait connu depuis sa naissance; il a même oublié de venir réclamer son biscuit. »

— « Qu'est-ce qui t'arrive, Léo? dit la comtesse, fais bien attention, mon vieux, sinon le docteur va t'hypnotiser. Il a travaillé avec Charcot à la Salpêtrière et il peut faire faire aux gens tout ce qu'il veut, rien qu'en les regardant. Pourquoi n'obligez-vous pas Léo à causer avec vous en suédois? »

— « Jamais de la vie! aucun langage n'est aussi agréable à mes oreilles que son silence; je ne suis pas un hypnotiseur, je ne suis qu'un grand ami des bêtes, et cela, toutes les bêtes le comprennent aussitôt et vous aiment en retour. »

— « Vous m'avez l'air d'essayer de fasciner cet écureuil sur la branche au-dessus de votre tête, dit la baronne, vous êtes resté assis à le fixer tout le temps sans nous prêter la moindre attention. Pourquoi ne le faites-vous pas descendre de son arbre et venir s'asseoir sur vos genoux à côté de Léo? »

— « Si vous voulez bien me donner une noix et tous vous en aller je crois que je pourrai le faire descendre la prendre dans ma main. »

— « Vous êtes poli, Monsieur le Suédois, dit la comtesse en riant, venez, ma chère Anne, il veut que nous partions tous et que nous le laissions seul avec son écureuil. »

— « Ne vous moquez pas de moi, je suis le dernier à désirer que vous partiez, je suis si heureux de vous revoir! »

— « Vous êtes très galant, Monsieur le Docteur, voici le premier compliment que vous m'ayez jamais adressé et j'adore les compliments. »

— « Ici je ne suis pas un docteur, je suis votre hôte. »

— « Votre docteur ne peut donc pas vous faire un compliment? »

— « Non! pas si la malade vous ressemble, et que le docteur n'ait pas l'âge de votre père; non! même s'il en a très envie. »

– « Eh bien! tout ce que je peux dire, c'est que si jamais vous en avez eu envie vous avez joliment bien su résister à la tentation, vous m'avez brusquée presque chaque fois que nous nous sommes rencontrés; la première fois que je vous ai vu, vous avez été si impoli que j'ai failli m'en aller. Vous le rappelez-vous? – Chère Anne, savez-vous ce qu'il m'a dit? Il m'a regardée sévèrement et, avec son affreux accent suédois :

« Madame la Comtesse [1], vous avez plus besoin de discipline que de drogues! » « discipline! » est-ce ainsi qu'un docteur suédois parle à une jeune femme la première fois qu'elle vient le consulter? »

– « Je ne suis pas un docteur suédois, j'ai passé ma thèse à Paris. »

– « Eh bien! j'ai consulté des douzaines de docteurs à Paris; aucun n'a jamais osé me parler de dressage. »

– « Voilà la vraie raison qui vous a obligée à en consulter tant. »

– « Savez-vous ce qu'il a dit à ma belle-mère? renchérit la baronne : Il lui a dit d'une voix très irritée que si elle ne lui obéissait pas il s'en irait et ne reviendrait plus; même si elle avait la côlite! Je l'ai entendu moi-même du salon, et lorsque je me suis précipitée j'ai cru que la marquise allait avoir une attaque. – Vous savez que je vous recommande à toutes mes amies! mais ne vous formalisez pas si je vous dis que vous autres médecins suédois vous avez la main beaucoup trop dure pour nous latins. Plusieurs de vos malades m'ont dit que votre tenue au chevet de leur lit était déplorable. Nous ne sommes pas habituées à être commandées comme des écolières. »

– « Pourquoi n'essayez-vous pas d'être un peu plus aimable? » dit, en souriant, la comtesse qui prenait grand plaisir à ce jeu.

– « J'essaierai. »

– « Racontez-nous une histoire, dit la comtesse, comme nous étions assis au salon après dîner. Vous autres docteurs rencontrez tant de gens bizarres et vous trouvez mêlés à tant de situations étranges! Vous en savez plus long que personne sur la vie elle-même. Je suis sûre que vous pourriez nous en dire beaucoup si vous vouliez. »

– « Peut-être avez-vous raison, mais nous n'avons pas le droit de parler de nos malades et, quant à la vie, je crains d'être trop jeune pour la connaître beaucoup. »

– « Dites-nous au moins ce que vous en savez », insista la baronne.

– « Je sais que la vie est belle, mais je sais aussi que nous en

1. *En français dans le texte.*

72

faisons souvent un horrible barbouillage et que nous la transformons en une farce imbécile ou un drame déchirant ou les deux à la fois, de sorte qu'à la fin on ne sait plus s'il faut rire ou pleurer. Il est plus facile de pleurer mais il vaut bien mieux rire, pourvu qu'on rie en dedans. »

— « Dites-nous une histoire de bêtes, dit la comtesse, pour me ramener sur la terre ferme. On raconte que votre pays est plein d'ours, parlez-nous d'eux, dites-nous une histoire d'ours. »

— « Il était une fois une dame qui vivait dans un vieux manoir à l'orée d'une forêt immense, très haut là-bas dans le Nord [1]. Cette dame avait un ours apprivoisé qu'elle aimait beaucoup. On l'avait trouvé dans la forêt à demi mort de faim, si petit, si faible qu'il avait dû être élevé au biberon par la dame et la vieille cuisinière. C'était il y a quelques années, et maintenant il était devenu un gros ours et, s'il l'avait voulu, il aurait pu assommer une vache et l'emporter dans ses pattes. Mais il ne le voulait pas, c'était le plus aimable des ours, il ne songeait pas à faire du mal, ni aux hommes ni aux bêtes. Il restait assis près de sa niche et ses petits yeux intelligents considéraient avec bienveillance le bétail qui paissait dans le champ à côté. Les trois poneys montagnards et poilus de l'écurie le connaissaient bien et ne s'inquiétaient pas le moins du monde quand il s'y faufilait avec sa maîtresse. Les enfants lui montaient sur le dos et on les trouva plus d'une fois dans sa niche, endormis entre ses pattes. Les trois chiens lapons aimaient jouer avec lui à toutes sortes de jeux, tirer ses oreilles ou son bout de queue, le taquiner de mille manières; mais ça lui était absolument égal. Il n'avait jamais goûté à la viande, mangeait comme les chiens, souvent dans le même plat, du pain, du gruau, des pommes de terre, du chou et des navets. Il avait un bel appétit, mais son amie la cuisinière veillait à ce qu'il ne manquât de rien. Les ours sont végétariens lorsque cela leur est possible, ils préfèrent les fruits à tout. A l'automne, il s'asseyait et regardait d'un œil d'envie les pommes mûrissantes du verger, et dans son jeune âge il lui était arrivé de ne pouvoir résister à la tentation de grimper à l'arbre et de s'en offrir une poignée. Les ours ont l'air patauds et lourds dans leurs mouvements, mais tentez un ours avec un pommier et vous verrez qu'à ce jeu il rendrait des points à n'importe quel écolier. Maintenant il savait que c'était contraire à la loi, mais ses petits yeux attentifs guettaient toutes les pommes qui tombaient à terre. Il y avait eu

1. *Je crois qu'une histoire semblable se raconte aussi en Russie (Note de l'auteur).*

73

aussi un peu de tirage au sujet des ruches; on l'avait à cette occasion puni de la chaîne pendant deux jours, le nez en sang, et il n'avait pas recommencé. A part cela, on ne lui mettait la chaîne que la nuit et c'était sage, car l'ours comme le chien a quelque tendance à la mauvaise humeur si on le tient enchaîné, et ce n'est pas étonnant. On lui mettait encore la chaîne le dimanche quand sa maîtresse allait passer l'après-midi chez sa sœur mariée qui vivait dans une maison isolée de l'autre côté du lac, dans la montagne, à une bonne heure de marche dans la forêt épaisse. On considérait qu'il était mauvais pour lui d'errer dans la forêt avec ses mille tentations; on préférait se tenir du bon côté. D'ailleurs il était un marin médiocre et un jour il avait eu si peur d'un coup de vent brusque qu'il avait fait chavirer le bateau, et sa maîtresse et lui durent gagner le rivage à la nage. A présent il savait parfaitement ce que cela voulait dire quand, le dimanche, sa maîtresse lui mettait la chaîne avec une tape amicale sur la tête et la promesse d'une pomme à son retour s'il restait bien sage en son absence. Il était triste, mais résigné comme un bon chien, quand sa maîtresse lui disait qu'elle ne pouvait pas l'emmener à la promenade. Un dimanche que sa maîtresse l'avait enchaîné comme d'habitude et qu'elle se trouvait en forêt, à peu près à mi-chemin, elle crut entendre le bruit d'une branche brisée dans le sentier tortueux, derrière elle. Elle se retourna et fut consternée de voir l'ours qui arrivait à fond de train. Les ours ont l'air de se mouvoir très lentement mais avec leurs pieds traînants .ils avancent bien plus vite qu'un cheval au trot. En un clin d'œil il l'avait rejointe, haletant et reniflant, et avait pris sa place accoutumée, comme un chien, sur ses talons. La dame était fort en colère, elle était déjà en retard pour le déjeuner, elle n'avait pas le temps de le ramener, elle ne voulait pas qu'il vînt avec elle et de plus c'était bien vilain à lui de lui avoir désobéi et d'avoir brisé sa chaîne. Elle lui ordonna de sa voix la plus sévère de s'en retourner tout de suite et le menaça de son ombrelle. Il s'arrêta un instant et la considéra de ses yeux rusés, mais il ne voulait pas rentrer et continua à renifler vers elle. Quand la dame s'aperçut qu'il avait même perdu son collier neuf elle se fâcha encore plus et le frappa sur le museau avec son ombrelle qui se brisa en deux. Il s'arrêta de nouveau, secoua la tête et ouvrit plusieurs fois sa grande bouche comme s'il voulait dire quelque chose. Puis il se retourna et reprit nonchalamment le chemin par où il était venu, s'arrêtant de temps en temps pour regarder la dame; enfin il disparut. Le soir, quand la dame rentra, il était assis comme d'habitude près de sa niche et avait l'air très penaud. La dame était toujours fort en colère ; elle s'approcha de lui et se mit à le gronder très sévèrement, lui dit qu'il n'aurait ni pomme ni souper et que de plus on le mettrait pour deux jours à la chaîne. La vieille cuisinière qui adorait l'ours comme son fils sortit précipitamment de la cuisine, furieuse : « Pourquoi le grondez-vous, Madame ? dit-elle, il a été sage comme une image toute la journée. Dieu le bénisse ! il est resté assis là tout tranquille sur son derrière, doux comme un ange, à guetter la grille pour vous voir arriver. »

C'était un autre ours.

L'horloge de la tour sonna onze heures.

— « L'heure de se coucher, dit le Comte, j'ai commandé les chevaux pour demain matin sept heures. »

— « Bon sommeil et doux rêves, » me dit la comtesse, comme je montais à ma chambre.

Je dormis peu mais rêvai beaucoup.

Le lendemain matin à six heures Léo gratta à ma porte et à sept heures tapant le comte et moi descendions à cheval l'avenue de tilleuls vénérables et splendides qui menait vers les bois.

Nous fûmes bientôt dans une vraie forêt d'ormes et de hêtres avec çà et là un chêne magnifique. Les bois étaient silencieux, on entendait seulement de temps en temps le toc-toc cadencé du pic ou le roucoulement du ramier, le cri strident de la sitelle et l'alto profond du merle chantant les dernières strophes de sa ballade. Bientôt nous débouchâmes sur une vaste étendue de champs et de prés inondés de soleil. La voici l'alouette bien-aimée, frémissante sur ses ailes invisibles, là-haut, très haut dans les nues, déversant tout son cœur vers le ciel et vers la terre dans sa joie de vivre. Je regardai le tout petit oiseau et le bénis comme je l'avais béni si souvent dans mon enfance au pays du Nord glacé, lorsque je restais assis à le suivre d'un regard reconnaissant, petite messagère grise de l'été, enfin persuadé que le long hiver était fini.

— « C'est son dernier concert, dit le comte, son temps est passé, elle devra bientôt se mettre au travail pour aider à nourrir ses enfants et il n'y aura plus de loisir pour chanter et faire l'alouette. Vous avez raison, c'est la plus grande des artistes, elle chante du fond même de son cœur. »

— « Quand on pense qu'il y a des hommes capables de tuer ce petit chantre innocent ! Vous n'avez qu'à aller aux Halles pour en trouver des centaines à vendre à d'autres hommes qui ont le courage de les manger. Leurs voix remplissent tout le ciel d'allégresse mais leurs pauvres petits corps sont si menus qu'un enfant peut les tenir dans sa paume, et pourtant nous les mangeons gloutonnement comme s'il n'y avait rien d'autre à manger. Nous frémissons au seul mot de cannibales et nous pendons le sauvage qui se laisse aller à cette coutume de ses ancêtres, mais assassiner et dévorer les petits oiseaux reste impuni. »

– « Vous êtes un idéaliste, mon cher docteur! »

– « Non! on appelle ça de la sensiblerie et on ricane. Qu'ils ricanent à leur aise, ça m'est égal. Mais écoutez-moi bien! Un jour viendra où ils cesseront de ricaner, où ils comprendront que le monde animal a été mis par le Créateur sous notre protection et non à notre merci, que les animaux ont autant que nous le droit de vivre et que notre droit de leur ôter la vie est limité strictement à notre droit de défense et à notre droit à l'existence. Un jour viendra où le plaisir de tuer pour tuer s'éteindra chez l'homme. Tant qu'il subsiste, l'homme n'a aucune raison de s'intituler civilisé; il est un simple barbare, un chaînon manquant entre ses ancêtres sauvages, qui s'entre-tuaient à coups de hache de silex pour un morceau de viande crue, et l'homme futur. La nécessité de tuer des animaux sauvages est indiscutable mais leurs exécuteurs, les fiers chasseurs d'aujourd'hui, tomberont au rang des bouchers. »

– « Peut-être avez-vous raison », dit le comte, levant une dernière fois les yeux vers le ciel comme nous faisions faire demi-tour à nos chevaux pour retourner au château.

Pendant le déjeuner un domestique remit à la comtesse un télégramme qu'elle tendit au comte. Il le lut sans mot dire.

« Je crois que vous avez déjà rencontré mon cousin Maurice, me dit-elle, il sera ici pour dîner s'il peut attraper le train de quatre heures; il est en garnison à Tours. »

En effet le vicomte Maurice dîna avec nous. Oh oui! C'était un grand beau garçon au front étroit et fuyant, aux oreilles énormes, à la mâchoire cruelle, avec une moustache à la Gallifet.

– « Quel plaisir inattendu de vous rencontrer ici, Monsieur le Suédois, très inattendu assurément. » Cette fois il condescendit à me tendre la main, une petite main molle et flasque à l'étreinte particulièrement désagréable, qui me permit de classer l'homme. Restait à l'entendre rire et il ne tarda pas de m'en donner l'occasion. Son ricanement bruyant et monotone fit résonner la pièce pendant tout le repas. Il se mit tout de go à raconter à la comtesse l'histoire très risquée qui venait d'arriver à un de ses camarades qui avait trouvé sa maîtresse dans le lit de son ordonnance. M. l'Abbé commençait à être très mal à l'aise lorsque le comte le coupa net en parlant à sa femme, à travers la table, de notre promenade matinale à cheval, de la belle apparence du blé, de l'abondance du trèfle, et de l'alouette attardée que nous avions entendue chanter son dernier concert.

– « Des blagues, dit le vicomte. Il y en a des quantités qui chantent encore. J'en ai tué une hier et je n'ai jamais réussi un plus beau coup; la petite bête ne paraissait pas plus grosse qu'un papillon. »

Je rougis jusqu'à la racine de mes cheveux, mais l'abbé me retint à temps en posant la main sur mon genou.

– « Vous êtes une brute de tuer une alouette », dit la comtesse.

– « Et pourquoi ne tirerais-je pas une alouette? Il y en a beaucoup, et d'ailleurs elles sont des cibles excellentes pour s'exercer, je ne connais rien de mieux que l'hirondelle. Vous savez, ma chère Juliette, je suis le meilleur fusil de mon régiment, et si je ne continue pas à m'exercer je serai vite rouillé. Heureusement, il y a des hirondelles en masse autour du quartier et il y en a des centaines qui ont fait leur nid sous le rebord du toit des écuries, elles sont très affairées en ce moment à nourrir leurs petits et passent et repassent sans cesse comme des flèches devant ma fenêtre. C'est tout à fait crevant! Je m'essaie sur elles tous les matins sans même quitter ma chambre. Hier j'ai parié mille francs avec Gaston que j'en descendrais six sur dix et, le croiriez-vous, j'en ai descendu huit! Je ne connais pas de meilleur entraînement que le tir à l'hirondelle. Je dis toujours qu'on devrait le rendre obligatoire dans toutes les écoles de tir. »

Il s'arrêta un instant et compta avec soin les gouttes qu'il versait dans son verre à Bordeaux d'une petite fiole à remèdes.

– « Allons, ma chère Juliette, ne faites pas la sotte, venez à Paris avec moi demain, vous avez besoin de faire un peu la bombe après être restée des semaines seule dans ce pays perdu. Ce sera un spectacle magnifique, le plus beau concours qu'on ait vu; il y aura les meilleurs tireurs de France et, aussi vrai que je me nomme Maurice, vous verrez remettre à votre cousin la médaille d'or du Président de la République. Nous nous offrirons un fameux dîner au Café Anglais et je vous mènerai au Palais-Royal voir : *Une Nuit de noces.* C'est une pièce absolument charmante, vraiment rigolote; je l'ai déjà vue quatre fois mais je serai ravi de la revoir avec vous!

« Le lit est dressé au milieu de la scène, l'amant est caché dessous, et le nouveau marié qui est un vieux... »

Le comte, visiblement agacé, fit signe à sa femme et nous nous levâmes de table.

– « Jamais je ne pourrais tuer une alouette », dit le comte.

— « Non! mon cher Robert, s'esclaffa le vicomte, je sais que tu ne pourrais pas; tu la manquerais. »

Je montai à ma chambre, presque en larmes, avec une colère rentrée et la honte de l'avoir rentrée.

Comme je faisais ma valise l'abbé entra. Je le priai de dire au comte que j'étais appelé à Paris et me voyais obligé de prendre le train de minuit :

— « Je ne veux plus jamais revoir cette maudite brute car je briserais son monocle insolent sur sa tête vide. »

— « Vous feriez bien de ne pas vous y frotter car il vous tuerait tout net. C'est bien exact qu'il est un tireur fameux; je ne sais pas combien de fois il s'est battu en duel, il est toujours à quereller les gens, il a une langue détestable. Tout ce que je vous demande c'est de garder votre sang-froid pendant trente-six heures. Il part demain soir pour le concours à Paris et je puis vous assurer entre nous que je serai aussi heureux que vous de le voir s'en aller. »

— « Pourquoi? » L'abbé se tut.

— « Eh bien, Monsieur l'Abbé! moi je vais vous dire pourquoi! Parce qu'il est amoureux de sa cousine, que vous le détestez, et que vous vous méfiez de lui. »

— « Puisque vous avez deviné juste, Dieu sait comment, il vaut mieux vous dire qu'il a voulu l'épouser, mais elle l'a refusé. Heureusement il ne lui plaît pas. »

— « Mais elle en a peur, ce qui est presque pire. »

— « Le comte voit de très mauvais œil son intimité avec sa femme; voilà pourquoi il n'a pas voulu qu'elle restât seule à Paris où il l'emmenait constamment à des parties ou au spectacle. »

— « Je ne crois pas qu'il parte demain. »

— « Il partira sûrement; il est bien trop désireux d'obtenir sa médaille d'or, ce qui est fort probable; il est très vrai qu'il est un tireur hors ligne. »

— « Je voudrais bien l'être moi-même, je serais heureux de descendre cette brute pour venger les hirondelles. Ne savez-vous rien sur ses parents? Je parie qu'il y a quelque chose qui cloche de ce côté-là! »

— « Sa mère était une comtesse allemande, une femme superbe; c'est d'elle qu'il tient sa belle mine; mais je crois que c'était un bien triste ménage. Son père, grand buveur, était au su de tous un homme irascible et bizarre. Sur sa fin il devint presque fou. D'aucuns disent qu'il s'est suicidé. »

— « J'espère sincèrement que son fils suivra son exemple et le plus tôt sera le mieux. Quant à être fou il n'en est pas loin. »

– « Vous avez raison – il est vrai que le vicomte est souvent très étrange. Par exemple, lui que vous pouvez voir fort comme un cheval se préoccupe constamment de sa santé et a toujours peur d'attraper toutes sortes de maladies. La dernière fois qu'il était ici le fils du jardinier attrapa la typhoïde, et il partit aussitôt. Il se drogue tout le temps, et vous avez peut-être remarqué qu'il a absorbé un remède pendant le dîner. »

– « Oui! ce fut le seul moment où il tint sa langue. »

– « Il ne cesse de consulter de nouveaux médecins; il est malheureux que vous ne lui plaisiez pas, sans quoi je suis sûr que vous feriez un nouveau client. Pourquoi diable riez-vous? »

– « Je ris d'une idée bien cocasse qui me passe par la tête. Il n'y a rien de mieux qu'un bon rire pour un homme en colère. Vous avez vu comment j'étais quand vous êtes entré chez moi? Vous apprendrez avec plaisir que je suis de nouveau dans mon assiette et de la plus belle humeur. J'ai changé d'avis, je ne pars pas ce soir. Allons! Descendons retrouver les autres au fumoir. Je vous promets de me conduire le mieux du monde. »

Le vicomte, la figure congestionnée, était debout devant la grande glace, tortillant nerveusement sa moustache à la Gallifet. Le comte, assis près de la fenêtre, lisait *Le Figaro*.

– « Quel plaisir inattendu de vous voir ici, Monsieur le Suédois, ricana le vicomte, vissant son monocle comme pour mieux s'assurer combien je pourrais encaisser. J'espère que ce n'est pas un nouveau cas de côlite qui vous amène? »

– « Non, pas encore, mais on ne sait jamais. »

– « J'entends que vous êtes un spécialiste de la côlite; quel dommage que personne ne sache rien de cette maladie si intéressante! évidemment vous gardez tout pour vous. Auriez-vous l'obligeance de me dire ce qu'est la côlite? Est-ce contagieux? »

– « Non, pas dans le sens habituel de ce mot. »

– « Est-ce dangereux? »

– « Non, si on s'en occupe tout de suite et si elle est soignée comme il faut. »

– « Par vous je suppose? »

– « Ici je ne suis pas un médecin. Le comte a eu l'amabilité de m'inviter comme son hôte. »

– « Vraiment! mais que va-t-il advenir de tous vos malades à Paris en votre absence? »

– « Je pense qu'ils guériront. »

– « J'en suis sûr! » et il s'esclaffa.

Je dus aller m'asseoir auprès de l'abbé et prendre un journal pour me ressaisir. Le vicomte jeta un coup d'œil impatient sur la pendule de la cheminée.

– « Je monte chercher Juliette pour faire une promenade dans le parc, c'est un crime de rester dedans par ce magnifique clair de lune. »

– « Ma femme est allée se coucher », dit le comte sèchement du fond de son fauteuil, elle ne se sentait pas très bien.

– « Pourquoi diantre ne me l'as-tu pas dit ? » rétorqua le vicomte avec humeur tout en se servant encore un verre de soda brandy.

L'abbé lisait *Le Journal des Débats* mais je notai que son vieil œil matois ne nous quittait pas.

– « Quoi de neuf, Monsieur l'Abbé ? »

– « Je lisais précisément à propos du concours de la Société de Tir de France d'après-demain que le Président de la République offrait une médaille d'or au vainqueur. »

– « Je vous parie mille francs qu'elle sera à moi, s'écria le vicomte, frappant du poing sur sa large poitrine, à moins que demain l'express de nuit pour Paris ne déraille, ou, ajouta-t-il avec une grimace insolente à mon intention, à moins que je n'attrape la côlite. »

– « Assez de cognac, Maurice, dit le comte de son coin, tu en as bu plus que de raison, tu es saoul comme un Polonais. »

– « Courage, docteur la côlite, ricana le vicomte, n'ayez pas l'air si déprimé. Prenez donc un soda brandy, tout n'est peut-être pas perdu pour vous. Je suis désolé de ne pouvoir vous complaire, mais pourquoi n'attaquez-vous pas M. l'Abbé qui est toujours à se plaindre de son foie et de sa digestion ? Monsieur l'Abbé, ne pouvez-vous rendre un service au docteur la côlite ? ne voyez-vous pas qu'il meurt d'envie d'examiner votre langue ? »

L'abbé continuait à lire les *Débats* sans dire un mot.

– « Vous ne voulez pas ? Eh bien ! et toi Robert ? Tu avais l'air passablement grincheux pendant le dîner. Pourquoi ne montres-tu pas ta langue au Suédois ? Je suis sûr que tu as la côlite. Tu ne veux pas faire plaisir au docteur ? Non ? allons, docteur la côlite, vous n'avez pas de veine. Mais pour vous ragaillardir je vais vous montrer la mienne, regardez-la à votre aise. »

Il me tira la langue avec un ricanement diabolique.

Il ressemblait à une gargouille de Notre-Dame.

Je me levai et examinai attentivement sa langue.

– Vous avez une bien vilaine langue, » fis-je gravement au bout d'un instant, une bien vilaine langue.

Il se retourna aussitôt pour regarder sa langue dans la glace, la vilaine langue du fumeur invétéré. Je pris sa main et lui tâtai le pouls ; il battait la breloque, enfiévré par une bouteille entière de champagne et trois soda brandy.

– « Votre pouls est très rapide », dis-je.

Je posai ma main sur son front brûlant.

– « Mal à la tête ? »

– « Non ! »

– « Ça sera pour demain matin au réveil sans doute. »

L'abbé laissa tomber les *Débats*.

– « Déboutonnez votre pantalon, » ajoutai-je sévèrement.

Il obéit automatiquement, docile comme un agneau. Je donnai une tape rapide sur son diaphragme ce qui provoqua le hoquet.

– « Ah ! fis-je. Je le fixai dans les yeux, puis lentement : Merci, ça me suffit. »

Le comte laissa tomber son *Figaro*. L'abbé leva les bras au ciel, la bouche grande ouverte.

Le vicomte restait debout, sans voix, devant moi.

– « Reboutonnez votre pantalon, ordonnai-je, et prenez un soda brandy, vous allez en avoir besoin. » Il boutonna machinalement son pantalon et avala d'un trait le soda brandy que je lui tendais.

– « A votre santé, Monsieur le Vicomte, dis-je, en portant mon verre à mes lèvres, à votre santé ! »

Il essuya la sueur de son front et se retourna encore pour regarder sa langue dans la glace. Il fit un effort désespéré pour rire mais n'y réussit pas.·

– « Voulez-vous dire ? pensez-vous ? voulez-vous dire... »

– « Je ne dis rien, je n'ai rien à vous dire, je ne suis pas votre docteur. »

– « Mais qu'est-ce que je dois faire ? » bégaya-t-il.

– « Vous mettre au lit aussitôt que possible ou il faudra qu'on vous y porte. » Je m'approchai de la cheminée et sonnai.

– « Accompagnez M. le Vicomte à sa chambre, dis-je au valet de pied, recommandez à son valet de chambre de le mettre au lit tout de suite ».

Appuyé lourdement sur l'épaule du valet, le vicomte tituba vers la porte.

Le lendemain je fis une magnifique promenade à cheval tout seul. L'alouette était encore tout là-haut dans le ciel, chantant au soleil son hymne matinal.

« J'ai vengé le meurtre de tes frères, dis-je à l'alouette, nous nous occuperons des hirondelles plus tard. »

J'étais assis à déjeuner dans ma chambre quand on frappa à la porte. Un petit homme à l'air timide entra et me salua très poliment. C'était le médecin du village qui venait, disait-il, présenter ses respects à son collègue parisien. Très flatté, je le priai de s'asseoir et de prendre une cigarette. Il me parla de quelques cas intéressants qu'il avait eus dernièrement; la conversation se mit à languir et il se leva pour partir.

— « A propos! j'ai été appelé cette nuit auprès du vicomte Maurice et je viens de le revoir. »

Je lui dis que j'étais désolé d'apprendre que le vicomte était indisposé mais j'espérais que ce n'était pas grave; j'avais eu le plaisir de le voir à dîner la veille en parfaite santé et d'excellente humeur.

— « Je ne sais pas, dit le docteur, c'est un cas un peu obscur, je pense qu'il est plus prudent de différer une opinion définitive. »

— « Vous êtes un sage, mon cher confrère; évidemment vous le gardez au lit? »

— « Évidemment. Il est fâcheux que le vicomte dût partir aujourd'hui pour Paris, mais évidemment cela est hors de question. »

— « Évidemment. A-t-il toute sa tête? »

— « A peu près. »

— « Autant qu'on peut lui en demander, je suppose? »

— « A vous dire vrai, je crus d'abord que c'était un simple embarras gastrique, mais il s'est réveillé avec un violent mal de tête et maintenant il a un hoquet persistant. Il a l'air pitoyable; il est convaincu qu'il a la côlite. J'avoue n'avoir jamais traité un cas de côlite; je voulais lui donner de l'huile de ricin, il a une très vilaine langue, mais si la côlite ressemble tant soit peu à l'appendicite je suppose qu'il vaut mieux se méfier de l'huile de ricin. Qu'en pensez-vous? Il passe son temps à tâter son pouls, à moins qu'il n'examine sa langue. Étrange à dire, il a très faim et il est entré en fureur quand je ne lui ai pas permis de déjeuner. »

— « Vous avez eu bien raison, il vaut mieux être ferme et vous tenir à carreau; rien que de l'eau jusqu'à demain. »

— « Parfaitement. »

— « Ce n'est pas à moi de vous conseiller, il est certain que vous connaissez votre affaire, mais je ne partage pas votre hésitation pour l'huile de ricin. Si j'étais vous je lui en donnerais une dose massive, inutile de lésiner, trois cuillers à bouche lui feraient un bien énorme. »

— « Vraiment, vous avez bien voulu dire trois cuillers à bouche? »

— « Oui! au moins. Et surtout, pas la moindre nourriture; de l'eau seulement. »

– « Parfaitement. »

Le médecin du village me plut beaucoup et nous nous quittâmes très bons amis.

Dans l'après-midi, la comtesse me conduisit chez la marquise douairière lui présenter mes hommages. Promenade magnifique par des chemins ombragés pleins du gazouillis des oiseaux et du bourdonnement des insectes. La comtesse s'était lassée de me taquiner, mais elle était d'excellente humeur et ne paraissait pas s'inquiéter le moins du monde de l'indisposition subite de son cousin. La marquise se portait à merveille, me dit-elle, mais avait été très bouleversée la semaine précédente par la disparition soudaine de Loulou; toute la maison avait été sur pied pendant la nuit à le chercher.

La marquise n'avait pas fermé l'œil et se trouvait encore sur son lit, épuisée, quand dans l'après-midi Loulou fit son apparition, une oreille déchirée et un œil presque désorbité. Sa maîtresse avait téléphoné aussitôt au vétérinaire de Tours et Loulou était rétabli.

Loulou et moi fûmes présentés l'un à l'autre, dans les règles, par la marquise.

Avais-je jamais vu un si beau chien? Non! jamais!

« Comment? me reprocha Loulou en ronflant, vous qui prétendez tant aimer les chiens vous n'allez pas soutenir que vous ne me reconnaissez pas? Vous ne vous rappelez pas? vous m'avez sorti de cette terrible boutique à chiens dans... »

Désireux de détourner la conversation j'engageai Loulou à renifler ma main. Il s'arrêta net et se mit à renifler mes doigts l'un après l'autre.

« Oui, parfaitement, je sens distinctement votre odeur personnelle. Je me la rappelle fort bien depuis la dernière fois que je l'ai sentie dans la boutique; au fait, je l'aime assez, votre odeur... Ah! » Il renifla avidement. « Par saint Roch patron de tous les chiens je sens un os, un gros os! Où est l'os? Pourquoi ne me l'avez-vous pas donné à moi? Ces imbéciles ne me donnent jamais un os, ils se figurent que c'est mauvais pour un petit chien. Sont-ils bêtes? A qui avez-vous donné l'os? » Il sauta d'un bond sur mes genoux en reniflant furieusement.

« Çà! par exemple! Un autre chien! Et rien qu'une tête de chien! Un gros chien! un énorme chien! avec la salive qui dégouline du coin de sa bouche! Serait-ce un Saint-Bernard! Je ne suis qu'un petit chien et je souffre un peu d'asthme mais j'ai le cœur bien accroché, je n'ai pas peur et vous feriez bien de dire à votre gros éléphant de se mêler de ses affaires et de ne pas s'approcher de moi,

ni de ma maîtresse, ou je l'avale tout cru. » Il renifla avec mépris.
« Spratts Dog Biscuits », ainsi voilà votre dîner d'hier, grosse brute.
L'odeur seule de ces biscuits dégoûtants, qu'ils me forçaient à
manger dans la boutique à chiens, me soulève le cœur. Pas de Spratts
pour moi, merci! Je préfère les Albert, le pain d'épice, ou une
bonne tranche de ce gâteau aux amandes qui est sur la table.
Spratts!!! » Il regagna sa place sur les genoux de sa maîtresse aussi
vite que le lui permettaient ses petites pattes dodues.

– « Revenez donc avant de rentrer à Paris, » me dit l'aimable
marquise.

« Oh! oui, revenez, ronfla Loulou, vous n'êtes pas un trop
mauvais type, après tout. »

Comme je me levais pour partir il me fit un signe. « Dites donc,
demain c'est pleine lune, je me sens très agité et une petite fugue
me dirait quelque chose. » Il me cligna de l'œil avec malice : « Con-
naîtriez-vous par hasard dans le voisinage quelques dames carlines?
N'en parlez pas à ma maîtresse, elle ne pige rien à ces choses-là...
Dites donc! au pis-aller la grandeur n'a pas d'importance, je
m'accommoderai de n'importe quelle taille. » Oui, Loulou avait
raison, c'était la pleine lune. Je n'aime pas la lune. Cette étrangère mystérieuse a pris trop de sommeil à mes yeux et a murmuré
trop de rêves à mes oreilles. Le soleil, lui, n'a pas de mystère; le
dieu radieux du jour qui a apporté la vie et la lumière à notre monde
obscur, qui veille encore sur nous de son œil étincelant, quand
depuis longtemps tous les autres dieux, ceux qui trônaient sur
l'Olympe, ceux des bords du Nil et ceux du Walhalla se sont évanouis dans les ténèbres! Mais personne ne sait rien de la lune;
cette pâle voyageuse qui vagabonde parmi les étoiles; qui nous
regarde obstinément du fond de l'immensité avec ses yeux sans
sommeil, glacés et brillants, et son sourire moqueur. Le comte ne
se souciait pas de la lune pourvu qu'il eût la paix dans son fauteuil
au fumoir, avec son cigare et son *Figaro*. La comtesse adorait la
lune. Elle aimait son clair-obscur mystérieux, elle aimait ses rêves
obsédants. Elle aimait rester allongée, silencieuse, au fond de la
barque à regarder les étoiles pendant que je traversais le lac en
ramant doucement. Elle aimait s'égarer sous les vieux tilleuls du
parc, tantôt inondés d'une lumière d'argent, tantôt plongés dans
une ombre si profonde qu'elle devait prendre mon bras pour retrouver son chemin. Elle aimait s'asseoir sur un banc solitaire et fixer
de ses grands yeux la nuit silencieuse. De temps en temps elle parlait, mais rarement, et j'aimais son silence autant que sa voix.

– « Pourquoi n'aimez-vous pas la lune? »

– « Je ne sais pas. Je crois que j'en ai peur! »

– « De quoi avez-vous peur? »

– « Je ne sais pas. Il fait si clair que je puis voir vos yeux pareils à deux étoiles lumineuses, et pourtant il fait si noir que j'ai peur de perdre mon chemin. Je suis un étranger dans cette terre de rêve. »

– « Donnez-moi la main et je vous montrerai le chemin. Je croyais votre main si forte, pourquoi tremble-t-elle ainsi? Oui, vous dites vrai, ce n'est qu'un rêve; ne parlez pas, il s'envolerait. Écoutez! l'entendez-vous? c'est le rossignol. »

– « Non, c'est la fauvette des jardins. »

– « Je suis sûre que c'est le rossignol. Écoutez! Écoutez! »

Juliette chanta de sa voix tendre, caressante comme la brise du soir dans les feuilles :

> *Non, non ce n'est pas le jour,*
> *Ce n'est pas l'alouette,*
> *Dont les chants ont frappé ton oreille inquiète ;*
> *C'est le rossignol*
> *Messager de l'amour.*

« Ne parlez pas! Ne parlez pas! »

Un hibou hulula, sinistre présage, dans l'arbre sur nos têtes. Elle se leva d'un bond. Nous rentrâmes silencieusement.

« Bonsoir, me dit-elle en me quittant dans le hall, demain c'est la pleine lune. A demain. »

Léo couchait dans ma chambre; c'était un grand secret, et en cela nous nous sentions coupables.

– « Où as-tu été et pourquoi es-tu si pâle? me demanda Léo comme nous montions furtivement l'escalier. Toutes les lumières du château sont éteintes et tous les chiens du village se sont tus. Il doit être bien tard. »

– « J'ai été très loin dans un pays inconnu plein de mystère et de rêves, j'ai failli perdre mon chemin. »

– « J'allais m'endormir dans ma niche quand le hibou m'éveilla. J'eus tout juste le temps de me faufiler dans le hall comme tu arrivais. »

– « Moi aussi il m'éveilla juste à temps, mon cher Léo. Aimes-tu le hibou? »

– « Non, dit Léo, je préfère un jeune faisan; je viens d'en manger un; il courait sous mon nez dans un rayon de lune. Je sais que c'est défendu mais je n'ai pu résister à la tentation. Tu ne me vendras pas au garde, hein? »

– « Non, mon ami, et toi tu ne me vendras pas au maître d'hôtel, qui ne doit pas apprendre que nous sommes rentrés si tard? »

– « Bien sûr que non! »

– « Léo! regrettes-tu au moins d'avoir chipé ce jeune faisan? »

– « J'essaye d'avoir des regrets. »

– « Mais ce n'est pas commode! » dis-je.

– « Non, » dit Léo, en se séchant les babines.

– « Léo, tu es un voleur, et pas le seul ici; et tu es un mauvais chien de garde. Toi qui es ici pour éloigner les voleurs pourquoi n'éveilles-tu pas tout de suite ton maître de ta grosse voix, au lieu de rester là à me regarder d'un œil si tendre? »

– « Je ne puis pas m'en empêcher. Tu me plais. »

– « Léo, mon ami, tout ça c'est de la faute de ce veilleur de nui somnolent, là-haut dans le ciel. Pourquoi n'a-t-il pas dirigé son fanal en œil-de-bœuf vers tous les coins sombres du parc où il y a un banc sous son vieux tilleul, au lieu de couvrir son crâne chauve de nuages, en guise de bonnet de nuit, et de s'endormir en passant la consigne à son ami le hibou. Ou peut-être feignait-il seulement de dormir et continuait-il à nous surveiller du coin de son œil méchant; vieux pécheur sournois, vieux Don Juan, se pavanant au milieu des étoiles comme le vieux marcheur sur les boulevards, trop usé lui-même pour faire l'amour mais prenant encore du plaisir à voir les autres se couvrir de ridicule. »

– « Il y a des gens qui prétendent que la lune est une ravissante jeune dame », dit Léo?

– « N'en crois rien mon ami! La lune est une vieille fille desséchée qui de loin épie de ses yeux traîtres l'immortelle tragédie de l'amour mortel. »

– « La lune est un fantôme, » dit Léo.

– « Un fantôme? qui t'a dit ça? »

– « Un de mes ancêtres l'apprit, il y a des siècles, au col du Saint-Bernard, d'un vieil ours qui le tenait d'Atta Troll, qui le tenait du Grand Ours en personne, celui qui règne sur tous les ours. Mais oui, tout le monde a peur de la lune là-haut dans le ciel. Il n'est pas surprenant que nous les chiens en ayons peur et lui aboyions, quand le brillant Sirius lui-même, l'Étoile des Chiens, qui gouverne tous les chiens, pâlit lorsqu'elle sort en rampant de sa tombe et dresse sa face sinistre hors des ténèbres. Ici-bas sur la terre pensez-vous être le seul à ne pas pouvoir dormir quand la lune se lève? Mais toutes les bêtes sauvages, tout ce qui grouille, tout ce qui rampe dans les bois et les champs, quittent leurs repaires et errent en proie à la terreur de ses rayons malfaisants. Vraiment cette nuit dans le parc vos yeux devaient être bien occupés à regarder quelqu'un, ou vous auriez bien vu que c'était un fantôme qui ne cessait de vous guetter, qui aime à se glisser sous les tilleuls dans un vieux parc, à hanter les ruines d'un château ou d'une église, à rôder dans un vieux cimetière, à se pencher sur toutes les tombes pour y lire le nom des morts. Il adore s'asseoir et contempler de ses yeux d'acier gris la désolation des champs de neige recouvrant la terre comme un linceul, ou s'insinuer par la fenêtre sur le lit du dormeur pour l'épouvanter d'un cauchemar sinistre. »

– « Assez, Léo, ne parlons plus de la lune ou nous ne fermerons pas l'œil de la nuit, ça me donne la chair de poule. Bonne nuit, embrasse-moi mon ami et allons nous coucher. »

– « Mais tu fermeras les persiennes ? » dit Léo.

– « Oui. Je le fais toujours quand il y a la lune. »

A notre petit déjeuner, le lendemain matin, je dis à Léo qu'il me fallait rentrer tout de suite à Paris parce que c'était aujourd'hui pleine lune, que j'avais vingt-six ans et que sa maîtresse en avait vingt-cinq – ou était-ce vingt-neuf ?

Léo m'avait vu faire ma valise et tous les chiens savent ce que cela signifie. Je descendis chez M. l'Abbé et lui dis le mensonge classique. – J'étais appelé pour une consultation importante et devais quitter le château par le train du matin. Il dit qu'il était désolé. Le comte qui précisément se mettait en selle pour sa promenade dit aussi qu'il était désolé ; et naturellement il n'était pas question de déranger la comtesse à une heure si matinale. D'ailleurs je devais revenir bientôt.

Sur la route de la gare je rencontrai mon ami le médecin du village revenant dans sa charrette anglaise de sa visite matinale au vicomte. Le malade se sentait très bas, demandait à manger à grands cris, mais le médecin avait été inébranlable et avait refusé d'engager sa responsabilité en lui permettant autre chose que de l'eau.

Le cataplasme sur l'estomac et le sac de glace sur la tête avaient été renouvelés toute la nuit au grand dam du sommeil du malade. Avais-je quelque chose à proposer ?

Non ! j'étais sûr qu'il était en excellentes mains. Peut-être, si l'état demeurait stationnaire, pourrait-il, pour changer, mettre le sac de glace sur l'estomac et le cataplasme sur la tête.

Combien de temps à mon avis, à moins de complications, le malade devait-il être maintenu au lit ?

Au moins une semaine, tant que la lune ne serait pas finie.

La journée fut longue. J'étais heureux de me retrouver avenue de Villiers. J'allai tout droit me coucher. Je ne me sentais pas très bien, je me demandais si je n'avais pas un peu de fièvre ; mais les docteurs ne savent jamais s'ils ont de la fièvre ou non. Je m'endormis aussitôt, tant je me sentais las. J'ignore depuis quand je dormais lorsque je sentis tout à coup que je n'étais pas seul dans ma chambre. J'ouvris les yeux et aperçus à ma vitre une face blême qui fixait sur moi ses yeux blancs et vides – pour une fois j'avais oublié de fermer les persiennes. Lentement, silencieusement, quelque chose s'insinua en rampant dans la pièce et tendit un long bras blanc, pareil aux tentacules d'une énorme pieuvre, qui s'allongea jusqu'au lit.

« Alors, après tout, tu as envie de retourner au château ? » ricana la bouche édentée aux lèvres exsangues.

« Il faisait bon, il faisait doux, la nuit passée, sous les tilleuls, n'est-ce pas ? avec moi pour témoin et les chœurs de rossignols tout alentour ? Des rossignols au mois d'août ! Vraiment vous deviez être bien loin dans un pays bien lointain, vous deux ! Et maintenant tu veux retourner là-bas cette nuit même, n'est-ce pas ? Eh bien ! habille-toi, grimpe sur mon blanc rayon de lune que voici, galamment qualifié par toi de bras de pieuvre, et je te ramènerai sous les tilleuls en moins d'une minute : ma lumière voyage aussi vite que ton rêve. »

« Je ne rêve pas, je suis bien éveillé et ne tiens pas à y retourner, spectre de Méphisto ! »

« Alors voilà que tu rêves que tu es éveillé ! et tu n'avais pas encore épuisé ton vocabulaire d'invectives stupides ! Spectre de Méphisto ! Tu m'as déjà traité de vieux marcheur ! de Don Juan ! de vieille fille espionne ! Certes je t'ai espionné la nuit dernière dans le parc et j'aimerais savoir lequel de nous deux faisait figure de Don Juan, à moins que tu préfères que je t'appelle Roméo ? Par Jupiter tu ne lui ressembles guère ! Aveugle imbécile ! voilà ton vrai nom ; imbécile qui ne vois même pas ce qu'a si bien vu ta bête de chien ; je n'ai ni âge, ni sexe, ni vie, je suis un fantôme ! »

« Le fantôme de quoi ? »

« Le fantôme d'un monde mort. Méfie-toi des fantômes ! Tu ferais mieux de taire tes insultes ou je t'aveuglerai d'un éclair de mes rayons subtils, bien plus funestes aux yeux de l'homme que la flèche dorée du Dieu Soleil lui-même. C'est là mon dernier mot ! rêveur blasphémateur ! L'aube approche déjà dans le ciel d'Orient, il me faut retourner à mon sépulcre sinon je ne trouverai plus ma route. Je suis vieille et lasse. Crois-tu qu'il soit facile d'errer de droite et de gauche du soir au matin quand tout repose ? Tu m'appelles sinistre et sombre ! crois-tu facile d'être gaie quand il faut vivre dans un sépulcre? si tu appelles ça vivre comme disent quelques-uns d'entre vous! Tu descendras toi aussi dans ton sépulcre un jour, et la terre qui te porte y descendra de même, condamnée à mourir comme toi. »

Je considérai le fantôme et remarquai pour la première fois son air vieux et fatigué et j'aurais pu presque le prendre en pitié si sa menace de me rendre aveugle n'avait excité de nouveau ma colère.

« Hors d'ici, vieux croque-mort, m'écriai-je, tu n'as rien à faire ici, je suis plein de vie! »

— « Sais-tu? — il ricana, rampa, glissa son long bras blanc sur mon épaule, — sais-tu pourquoi tu as mis au lit ce crétin de vicomte avec son sac de glace sur l'estomac? Pour venger les hirondelles? Sans blague! Tu es un farceur, Othello! Pour l'empêcher de se promener au clair de lune avec la... »

— « Rentre ta patte venimeuse, vieille araignée ou je saute du lit et je t'écrase. »

Je fis un effort violent pour soulever mes membres endormis et m'éveillai trempé de sueur.

La chambre était pleine d'une douce lumière argentée.

Tout d'un coup les écailles tombèrent de mes yeux ensorcelés et par la fenêtre ouverte j'aperçus la pleine lune, douce et sereine, me contemplant du haut d'un ciel sans nuage.

« Lune, Vierge déesse! Peux-tu m'entendre à travers le silence de la nuit? Tu as l'air si douce mais tu as l'air si triste! peux-tu comprendre le chagrin? Peux-tu pardonner? Peux-tu guérir les blessures avec le baume de ta pure lumière? Peux-tu enseigner l'oubli? Viens, douce sœur, viens t'asseoir auprès de moi, je suis si las! Pose ta main blanche sur mon front brûlant et apaise mes pensées désordonnées. Dis tout bas à mon oreille ce que je dois faire et où je dois aller pour oublier la chanson des sirènes. »

J'allai à la fenêtre et restai longtemps à suivre la Reine de la Nuit poursuivant sa route parmi les étoiles; je les connaissais bien, grâce à mes nuits sans sommeil et je les appelai chacune par leur nom : Sirius le flamboyant, Castor et Pollux, adorés des marins de l'Antiquité, Arcturus, Aldébaran, Capella, Véga, Cassiopée! Quel était le nom de cette étoile lumineuse juste au-dessus de ma tête qui me faisait signe de sa clarté fixe et sûre? Je la connaissais bien. Souvent la nuit j'avais dirigé ma barque sur les flots irrités, guidé par sa lumière, et souvent elle m'avait montré mon chemin à travers les champs de neige et les forêts du pays où j'étais né : Stella Polaris, l'Étoile Polaire!

« Voici ton chemin, suis mon rayon et tu seras sauf. »

Le Docteur sera absent pendant un mois [1]
Prière s'adresser au Dr. NORSTROM
Bd. Haussmann, 66.

1. *En français dans le texte.*

CHAPITRE VII

LAPONIE

Le soleil était déjà descendu derrière Vassojarvi mais le jour était encore clair ; la lumière, couleur de flamme, en s'assombrissant tournait à l'orange et au rubis. Un brouillard doré descendait des montagnes bleues étincelantes de taches de neige pourpre et de bouleaux argentés, jaune vif, tout scintillants de la première gelée blanche.

Le travail de la journée était terminé. Les hommes rentraient au camp, leurs lassos sur l'épaule ; les femmes portaient leurs grands bols en bois de bouleau pleins de lait frais. Le troupeau de mille rennes, entourés de leurs chiens vigilants aux avant-postes, se rassemblait autour du camp, en sécurité pour la nuit contre le loup et le lynx. L'appel incessant des veaux et le crépitement bruyant des sabots s'éteignirent lentement. Tout fut silencieux, sauf parfois l'aboiement d'un chien, le cri aigu de l'engoulevent ou le hululement puissant du grand duc dans la montagne lointaine.

J'étais assis à la place d'honneur auprès de Turi lui-même dans la tente pleine de fumée. Ellekare, sa femme, jeta une tranche de fromage de renne dans la bouilloire suspendue au-dessus du feu et nous offrit à notre tour, d'abord aux hommes, ensuite aux femmes et aux enfants, notre assiette de soupe épaisse que nous mangeâmes en silence.

Ce qui restait dans la bouilloire fut partagé entre les chiens qui, n'étant pas de service, s'étaient introduits en rampant et couchés près du feu. Puis nous bûmes, chacun à notre tour, notre tasse de café excellent dans une des deux tasses de la maison et chacun sortit sa courte pipe de sa blague de cuir et se mit à fumer en la savourant. Les hommes retirèrent leurs bottes de renne et étendirent les touffes de carex [1] à sécher devant le feu. Les Lapons ne portent pas de chaussettes. J'admirai de nouveau la forme parfaite de leurs petits pieds, à la souple cambrure, aux talons vigoureux et saillants. Quelques femmes prirent leurs bébés endormis dans leurs berceaux en écorce de bouleau, suspendus aux piquets de la tente, et leur donnèrent le sein. D'autres exploraient la tête de leurs enfants plus âgés qui reposaient à plat ventre sur leurs genoux.

« Je suis peiné que tu nous quittes si vite, dit le vieux Turi, ta visite a été bonne, tu me plais. »

Turi parlait un bon suédois ; il s'était rendu il y a bien des années à Lulea pour exposer les doléances des Lapons contre les nouveaux colons au gouverneur de la province, qui était un ferme défenseur de leur cause perdue et un oncle à moi. Turi était un homme puissant ; il régnait sans conteste sur son camp de cinq « kator », comprenant ses cinq fils, leurs femmes, leurs enfants. Tous travaillaient dur du matin au soir à soigner son troupeau de mille rennes.

« Nous devrons bientôt lever le camp nous-mêmes, ajouta Turi, je suis sûr que nous aurons un hiver précoce. La neige sera bientôt trop dure sous les bouleaux pour que les rennes atteignent la mousse. Il nous faudra descendre dans la forêt de pins avant la fin du mois. J'entends à l'aboiement des chiens qu'ils sentent déjà le loup. N'as-tu pas dit que tu avais vu la piste du vieil ours en traversant hier la gorge du Sulmo ? » demanda-t-il à un jeune Lapon qui venait d'entrer sous la tente et s'était accroupi près du feu.

Oui, il l'avait vue ainsi que de nombreuses pistes de loups.

Je dis que j'étais ravi d'apprendre qu'il y eût encore des ours par là, on m'avait assuré qu'il en restait si peu. Turi déclara que j'avais raison. Celui-ci était un vieil ours qui vivait là depuis des années ; on le voyait souvent déambuler dans la gorge. Par trois fois, en hiver, pendant qu'il dormait, on l'avait cerné mais toujours il avait réussi à s'échapper ; c'était un vieil ours bien malin ; Turi lui avait même envoyé un coup de fusil ; il avait simplement secoué la tête et l'avait regardé de ses yeux rusés ; il savait parfaitement qu'une balle ordinaire ne pouvait pas le tuer. Seule une balle d'argent, fondue dans la nuit d'un samedi près du cimetière, pourrait le tuer car il était protégé par les « Uldra ».

« Les Uldra ? »

Oui ! Je ne connaissais pas les Uldra ? le petit peuple qui vit sous terre ? Quand l'ours s'endormait l'hiver les Uldra lui apportaient

_____

1. *Herbe qui joue dans leurs bottes le rôle de la paille dans nos sabots.*

de la nourriture, la nuit ; évidemment aucune bête ne pourrait dormir tout l'hiver sans nourriture, me dit Turi, riant en dedans. La loi de l'ours lui interdit de tuer un homme. S'il la transgresse, les Uldra ne lui apportent pas de nourriture et il ne pourrait pas dormir l'hiver.

L'ours n'était pas sournois et traître comme le loup.

Il avait la force de douze hommes et la malice d'un seul.

Le loup avait la malice de douze hommes et la force d'un seul.

L'ours aimait le combat loyal. S'il rencontrait un homme et que cet homme vînt à lui et dise : « Allons, battons-nous, je n'ai pas peur de toi », l'ours le renverserait et battrait en retraite sans lui faire aucun mal. L'ours n'attaquait jamais une femme, elle n'avait qu'à lui montrer qu'elle était une femme et non pas un homme.

Je demandai à Turi s'il n'avait jamais vu les Uldra. Non, pas lui, mais sa femme les avait vus et les enfants les voyaient souvent. Mais il les avait entendus s'agiter sous terre. Les Uldra se déplaçaient la nuit, ils dormaient le jour car ils n'y voyaient pas quand il faisait clair. Parfois quand il arrivait à des Lapons de dresser leur tente juste au-dessus d'un endroit où vivaient des Uldra, les Uldra les prévenaient d'avoir à dresser leur tente plus loin. Les Uldra étaient tout à fait bienveillants pourvu qu'on les laissât tranquilles. Si on les dérangeait ils répandaient sur la mousse une poudre qui tuait les rennes par dizaines. Il leur arrivait même d'emporter un bébé lapon et de le remplacer dans le berceau par un des leurs.

Leurs bébés avaient le visage couvert de poils noirs et la bouche garnie de dents longues et pointues.

Il y en a qui disent qu'il faut battre leur petit avec une verge de bouleau enflammée, jusqu'à ce que la mère ne pouvant plus supporter ses cris vous rapporte votre bébé et remporte le sien. D'autres disent qu'il faut traiter leurs enfants comme le vôtre, alors la mère Uldra vous en saura gré et vous rendra votre enfant.

Tandis que parlait Turi une discussion animée au sujet de la méthode la meilleure s'était élevée entre les femmes qui serraient leurs petits contre elles, l'œil inquiet.

Le loup était le pire ennemi du Lapon. Il n'osait pas attaquer un troupeau de rennes ; il restait immobile pour permettre au vent de leur porter son odeur. Aussitôt que les rennes sentaient le loup ils se dispersaient effrayés, alors survenait le loup qui les tuait l'un après l'autre, jusqu'à douze dans une nuit. Dieu avait créé tous les animaux, sauf le loup qui avait été engendré par le Diable. Si un homme était taché du sang d'un autre homme, le diable souvent le changeait en loup s'il n'avouait pas son crime. Le loup avait le pou-

93

voir d'endormir les Lapons qui, la nuit, surveillaient les troupeaux en fixant sur eux dans l'ombre ses yeux luisants. Vous ne pourriez tuer un loup d'une balle ordinaire à moins de l'avoir portée dans votre poche deux dimanches à l'église. Le meilleur moyen était de le forcer sur des skis, dans la neige molle, et de le frapper avec votre bâton sur le bout de son museau. Il culbuterait et mourrait aussitôt. Turi lui-même avait tué de la sorte des dizaines de loups; une seule fois il avait manqué son coup et le loup l'avait mordu à la jambe. Tout en parlant il me montra la vilaine cicatrice. L'hiver dernier un Lapon avait été mordu par un loup qui faisait la culbute avant de mourir; le Lapon avait perdu tant de sang qu'il était tombé endormi dans la neige, on l'avait trouvé le lendemain mort, gelé, près du loup mort. Il y avait encore le glouton qui saute à la gorge du renne juste sur la veine jugulaire et y reste suspendu pendant des lieues jusqu'au moment où le renne a perdu tant de sang qu'il tombe mort. Il y avait aussi l'aigle royal qui emporte dans ses serres les veaux nouveau-nés lorsque leur mère les laisse seuls un instant. Et puis il y avait le lynx qui rampait sournoisement comme un chat pour bondir sur un renne écarté du troupeau et égaré de son chemin.

Turi déclara qu'il ne comprendrait jamais comment les Lapons réussissaient dans les temps reculés à rassembler leurs troupeaux avant de s'être associés avec le chien. Auparavant le chien chassait le renne en compagnie du loup; mais le chien, qui est le plus intelligent de tous les animaux, devina bientôt qu'il lui serait plus profitable de travailler avec les Lapons qu'avec les loups. Alors le chien offrit d'entrer au service des Lapons, à la condition d'être traité en ami sa vie durant et d'être pendu quand il serait sur le point de mourir. Voilà pourquoi, aujourd'hui encore, les Lapons pendent toujours leurs chiens quand ils sont trop vieux pour travailler; même les petits chiots qu'il faut détruire par suite de manque de nourriture sont toujours pendus. Les chiens perdirent le don de la parole lorsqu'elle fut donnée à l'homme mais ils peuvent comprendre tout ce que vous leur dites. Autrefois toutes les bêtes pouvaient parler, et aussi les fleurs, les arbres et les pierres, et toutes les choses inanimées, qui toutes furent créées par le même Dieu qui créa l'Homme. C'est pourquoi l'homme doit être bon pour tous les animaux et traiter les choses inanimées comme si elles pouvaient toujours entendre et comprendre. Le jour du Jugement dernier les animaux seraient appelés les premiers par Dieu pour déposer contre l'homme mort; ils diraient ce qu'ils auraient à dire et c'est après seulement que ses semblables seraient appelés comme témoins.

Je demandai à Turi s'il y avait des *Stalo* dans le voisinage. J'en avais tant entendu parler dans mon enfance; j'aurais tout donné pour rencontrer un de ces grands ogres.

« Dieu nous en préserve, dit Turi, mal à l'aise, vous savez, la rivière que vous traverserez à gué demain s'appelle encore la rivière Stalo, en souvenir du vieil ogre qui y vivait autrefois avec sa sorcière de femme. Ils n'avaient qu'un œil à eux deux; aussi ils se querellaient et se battaient toujours à qui l'aurait pour y voir. Ils mangeaient toujours leurs enfants, mais ils mangeaient aussi des petits Lapons quand ils en avaient l'occasion. Stalo disait qu'il préférait les bébés lapons; ses propres enfants avaient trop le goût du soufre.

« Un jour qu'ils traversaient le lac en traîneau tiré par douze loups, ils se mirent comme d'habitude à se chamailler pour leur œil et Stalo se fâcha si fort qu'il creva le fond du lac par où sortirent tous les poissons, et aucun n'est jamais revenu. C'est pourquoi on l'appelle encore le lac Siva; vous le traverserez à la rame demain, et constaterez vous-même qu'il n'y reste plus un seul poisson. »

Je demandai à Turi ce qui arrivait quand les Lapons étaient malades et comment ils pouvaient se tirer d'affaire sans voir le médecin. Il répondit qu'ils étaient rarement malades, surtout en hiver, sauf par les hivers trop rigoureux où il arrivait quelquefois que les nouveau-nés fussent gelés à mort. Le médecin venait les voir deux fois par an sur l'ordre du roi, et Turi pensait que c'était à peu près assez. Le médecin devait traverser à cheval pendant deux jours les marécages, puis franchir la montagne à pied tout un jour encore, et la dernière fois qu'il avait passé la rivière à gué il faillit se noyer. Heureusement il y avait parmi eux beaucoup de guérisseurs qui pouvaient soigner la plupart de leurs maladies bien mieux que le docteur du roi. Les guérisseurs étaient bien vus des Uldra qui leur avaient enseigné leur art. Quelques-uns de ces guérisseurs pouvaient supprimer la souffrance en posant simplement leur main sur le point douloureux. Ce qui réussissait le mieux dans la plupart des maladies c'était la saignée ou les frictions. Le mercure et le soufre étaient aussi très bons; et de même une petite cuillerée de tabac à priser dans une tasse de café. Deux grenouilles cuites dans du lait pendant deux heures était très bon contre la toux; un gros crapaud était encore mieux si on pouvait en trouver un. Les crapauds venaient des nuages; quand les nuages étaient bas les crapauds tombaient par centaines sur la neige. Il n'y avait pas d'autre explication car vous en auriez trouvé sur les champs de neige les plus désolés où il n'y avait pas trace d'êtres vivants.

Dix poux bouillis dans du lait avec beaucoup de sel et absorbés à jeun étaient un remède radical contre la jaunisse, maladie très fréquente chez les Lapons au printemps. Les morsures de chien étaient guéries en frottant la blessure avec le sang du chien même. Frotter la plaie avec la laine d'un petit agneau chasserait la douleur instantanément car Jésus-Christ a parlé souvent de l'agneau. Lorsque quelqu'un était sur le point de mourir vous étiez toujours prévenu par une corneille ou un corbeau qui venait se poser sur le mât de la tente; vous ne deviez ni parler ni émettre un son, de crainte que la Vie effrayée ne s'enfuie et le mourant risquerait d'être condamné à vivre pendant une semaine entre deux mondes. Si l'odeur d'un mort pénétrait dans vos narines vous pourriez vous-même mourir.

Je demandai à Turi s'il y avait dans le voisinage un de ces guérisseurs; j'aimerais beaucoup lui parler.

Non, le guérisseur le plus proche était un vieux Lapon nommé Mirko qui vivait de l'autre côté de la montagne. Il était très vieux; Turi, tout petit garçon, le connaissait déjà. C'était un guérisseur merveilleux très aimé des Uldra. Tous les animaux venaient à lui sans crainte, aucun ne lui aurait fait du mal car les animaux reconnaissent à première vue ceux qui sont aimés des Uldra. Il pouvait vous guérir d'une douleur par un simple attouchement de la main. Vous pouviez toujours reconnaître un guérisseur à la forme de sa main. Si vous placiez dans la main d'un guérisseur un oiseau à l'aile brisée il y demeurait tranquille parce qu'il comprenait que c'était un guérisseur.

Je tendis ma main à Turi qui ne soupçonnait pas que je fusse un médecin. Il la regarda attentivement, sans un mot; plia mes doigts soigneusement l'un après l'autre, mesura l'écart entre mon pouce et l'index et marmotta quelque chose à sa femme qui, à son tour, prit ma main dans sa patte brune et menue d'oiseau, avec un regard inquiet de son petit œil bridé.

« Ta mère t'a-t-elle dit que tu étais né avec la crépine? Pourquoi ne t'a-t-elle pas donné le sein? Qui t'a donné le sein? Quelle langue parlait ta nourrice? A-t-elle jamais mis du sang de corbeau·dans ton lait? A-t-elle suspendu la griffe d'un loup à ton cou? T'a-t-elle jamais fait toucher le crâne d'un mort quand tu étais petit? As-tu jamais vu les Uldra? As-tu jamais entendu les clochettes d'argent de leurs rennes blancs au fond de la forêt? – C'est un guérisseur! C'est un guérisseur! » s'écria la femme de Turi en me jetant un regard rapide et inquiet.

« C'est un protégé des Uldra », répétèrent-ils tous avec une expression presque effrayée dans les yeux.

Je me sentis presque effrayé moi-même tandis que je retirais ma main.

Turi dit qu'il était l'heure de dormir, la journée avait été longue, je devais me mettre en route à l'aube.

Nous nous étendîmes tous autour du feu qui couvait. Bientôt tout fut obscur dans la tente remplie de fumée. Je ne pouvais voir que l'étoile Polaire qui m'envoyait sa lumière par le trou de fumée de la tente. Dans mon sommeil je sentais le poids tiède d'un chien sur ma poitrine et le doux contact de son museau dans ma main. Nous fûmes tous sur pied à l'aube, le camp entier était en mouvement pour nous voir partir. Je distribuai à mes amis mes petits cadeaux de tabac et de bonbons si appréciés, et tous me souhaitèrent un voyage béni.

Si tout allait bien je devais arriver le lendemain à Forsstugan, l'endroit habité le plus proche, dans la solitude de marais, de torrents, de lacs et de forêts, qui sont la patrie des Lapons sans patrie. Ristin, la petite fille de Turi, avec ses seize ans, devait être mon guide. Elle savait quelques mots de suédois, elle avait été une fois déjà à Forsstugan, elle devait pousser au-delà jusqu'au prochain village paroissial pour entrer de nouveau dans une école lapone.

Ristin marchait devant moi dans sa longue tunique de renne blanche, avec son bonnet de laine rouge. Autour de sa taille elle portait une large ceinture de cuir, brodée de fils bleus et jaunes et sertie de boucles et de carrés d'argent massif. Suspendus à sa ceinture, pendaient son couteau, sa blague à tabac et sa timbale. Je remarquai aussi une petite hachette à couper le bois passée dans sa ceinture. Elle portait des guêtres en peau de renne, souples et blanches, fixées à ses larges culottes de cuir. Ses petits pieds étaient emprisonnés dans de mignons souliers de renne blancs, gentiment ornés de fil bleu. Sur son dos elle portait son laukos, havresac en écorce de bouleau qui contenait ses différents effets et nos provisions. Il était deux fois grand comme le mien mais elle ne paraissait pas s'en soucier le moins du monde. Elle dévalait la pente rapide du pas vif et silencieux d'un animal, et sautait comme un lièvre un tronc abattu ou une flaque d'eau. De temps en temps elle s'élançait, agile comme une chèvre, sur un rocher escarpé pour regarder de tous côtés.

Au pied de la colline nous rencontrâmes un large ruisseau; j'eus à peine le temps de me demander comment nous le traverserions qu'elle était déjà dans l'eau jusqu'aux hanches; il ne me restait qu'à la suivre dans l'eau glaciale. Je me réchauffai vite comme nous escaladions la pente opposée à une allure surprenante. Elle ne me parlait presque pas et cela importait peu car j'avais le plus grand mal à comprendre ce qu'elle disait. Son suédois était aussi mauvais que mon lapon. Nous nous assîmes sur la mousse tendre pour un excellent repas, biscuits de seigle, beurre frais et fromage, langue de renne fumée et la délicieuse eau fraîche du ruisseau de la montagne dans la timbale de Ristin.

Nous allumâmes nos pipes et essayâmes encore une fois de comprendre ce que chacun disait.

– « Savez-vous le nom de cet oiseau? » dis-je.

– « Lahol », sourit Ristin, reconnaissant aussitôt le sifflement doux comme une flûte de la dotterel, favorite des Lapons, qui partage leur solitude.

D'un bouquet de saules jaillit la chanson merveilleuse de la gorge-bleue.

« Jilow! Jilow! » rit Ristin.

Les Lapons disent que la gorge-bleue a une clochette dans le gosier et qu'elle peut chanter cent airs différents. Très haut sur nos têtes était suspendue une croix noire, rivée au ciel bleu. C'était l'aigle royal surveillant sur ses ailes immobiles son royaume désolé. Du lac de la montagne arrivait l'appel étrange du plongeon.

« Ro, ro, raik », répéta Ristin fidèlement. Elle dit que cela signifiait « beau temps aujourd'hui! beau temps aujourd'hui ». Quand le plongeon disait « Varluk, var luk, luk, luk » cela signifiait « il va pleuvoir encore, il va pleuvoir encore, encore, encore », m'expliqua Ristin.

· Je demeurai là, étendu de tout mon long sur la mousse tendre, à fumer ma pipe et à regarder Ristin qui arrangeait soigneusement ses effets dans son laukos. Un petit châle de laine bleue, une paire de gentils petits souliers de rechange en peau de renne, une jolie paire de gants rouges pour porter à l'église, une Bible. De nouveau je fus frappé par la forme distinguée de ses petites mains, particulière à tous les Lapons. Je lui demandai ce qu'il y avait dans la petite boîte en racine de bouleau? Comme je ne parvenais pas à saisir un mot de sa longue explication, mélange de suédois, de finnois et de lapon, je m'assis et ouvris la boîte. Son contenu ressemblait à une poignée de terre. Qu'allait-elle en faire? De nouveau elle s'évertua à expliquer et de nouveau je ne parvins pas à la comprendre. Elle secoua la tête avec impatience, je suis sûr qu'elle pensa que j'étais très stupide. Tout d'un coup elle s'étendit de tout son long sur la mousse et resta immobile et raide, les yeux clos. Puis elle s'assit, gratta la mousse et ramassa une poignée de terre qu'elle me tendit avec un visage très grave. Alors je compris ce qu'il y avait dans la boîte en racine de bouleau; un peu de terre d'une tombe dans la solitude où un Lapon avait été enseveli l'hiver dernier sous la neige. Ristin devait la porter au prêtre qui lirait sur elle la prière de Notre-Seigneur et la répandrait dans le cimetière.

Nous épaulâmes nos havresacs et repartîmes. A mesure que nous descendions la pente, l'aspect du paysage changeait de plus en plus. Nous errions à travers des toundras immenses couvertes de carex, avec par-ci par-là des taches jaune vif de hjortron [1] *(Rubus Chamœmorus)* en touffes, que nous cueillions et mangions au passage. Les bouleaux nains isolés, « *betula nana* » des hauteurs, poussaient dans des bosquets de bouleaux argentés, entremêlés de trembles et de frênes, de taillis de saule, de sureaux, de cerisiers et de groseilliers sauvages. Nous pénétrâmes bientôt dans une épaisse forêt de sapins majestueux. Deux heures plus tard nous cheminions dans une gorge profonde, entre des murs de rochers moussus. Le ciel sur nos têtes était encore éclairé par le soleil du soir, mais déjà il faisait presque obscur dans le ravin. Ristin jetait autour d'elle un regard inquiet; il était visible qu'elle avait hâte de sortir de la gorge avant la tombée de la nuit. Tout d'un coup elle se figea. J'entendis le craquement d'une branche brisée et je vis une masse sombre qui se profilait devant moi à moins de vingt mètres.

« Cours! » murmura Ristin, le visage livide, sa petite main crispée sur la hachette à sa ceinture.

J'avais bien envie de courir, mais ne le pouvais pas et je restai immobile, rivé sur place par une crampe violente dans les mollets. Maintenant je pouvais parfaitement le voir. Il était debout dans un fourré d'airelles jusqu'aux genoux, une tige couverte de ses baies favorites pendait de sa grosse gueule; nous venions évidemment de le déranger au milieu de son dîner. Il était d'une taille peu commune et, d'après l'aspect râpé de sa fourrure, c'était certainement un vieil ours, sans doute celui-là même dont Turi m'avait parlé.

« Cours! » dis-je à mon tour à voix basse à Ristin, avec l'intention chevaleresque de me conduire comme un homme et de couvrir sa retraite. La valeur morale de cette intention était toutefois diminuée par la raison que j'étais encore absolument incapable de bouger. Ristin ne s'enfuit pas. Au lieu de s'enfuir elle me fit assister à une scène inoubliable, qui valait à elle seule le voyage de Paris en Laponie. Vous êtes parfaitement libre de ne pas croire ce que je vais vous dire; cela m'est fort égal. Ristin, une main sur sa hachette, s'avança de quelques pas vers l'ours. De l'autre elle souleva sa

1. *Variété de framboises sauvages.*

tunique, montrant les larges culottes de cuir que portent les femmes lapones. L'ours laissa tomber la tige d'airelles, renifla bruyamment deux fois et se retira d'un pas traînant à travers les sapins serrés.

« Il préfère les airelles à moi », dit Ristin tandis que nous repartions en toute hâte.

Ristin me dit que lorsque sa mère la ramenait de l'école lapone au printemps, elles étaient tombées sur le vieil ours presque au même endroit, au milieu de la gorge, et qu'il avait déguerpi aussitôt que sa mère lui avait montré ses culottes de femme.

Bientôt nous sortîmes de la gorge et errâmes à travers la forêt qui s'assombrissait, sur un tapis de mousse gris argent, douce comme du velours, toute tissée de touffes de Linnéa et de Pyrola. Ce n'était ni la clarté ni l'obscurité, mais le merveilleux clair-obscur de la nuit nordique en été. Comment Ristin pouvait trouver son chemin dans la forêt sans piste était incompréhensible pour mon cerveau stupide. Tout d'un coup nous rencontrâmes de nouveau notre ami le ruisseau. J'eus tout juste le temps de me pencher pour appuyer mes lèvres sur son visage frais comme la nuit tandis qu'il passait en courant près de nous. Ristin déclara que c'était l'heure de dîner. Avec une rapidité incroyable elle coupa du bois avec sa hachette et alluma un feu de camp entre deux galets. Après avoir dîné et fumé nos pipes, nous nous endormîmes bientôt profondément, nos havresacs sous la tête. Je fus éveillé par Ristin qui m'offrait son bonnet rouge plein d'airelles : je ne m'étonne plus que le vieil ours en fût friand, je n'ai jamais eu meilleur déjeuner. Nous allions toujours. Eh là ! voici encore notre ami le ruisseau qui danse joyeusement sur les monticules et les rochers, et murmure à nos oreilles que nous ferions mieux de descendre avec lui au lac de la montagne. Et nous le fîmes de crainte qu'il ne perdît son chemin dans la demi-obscurité. De temps en temps nous le perdions de vue, mais nous l'entendions qui toujours se chantait à lui-même. De temps en temps il s'arrêtait à nous attendre, près d'un rocher escarpé ou d'un arbre abattu, pour se ruer en avant plus vite que jamais à la poursuite du temps perdu. Bientôt il n'y eut plus à craindre qu'il perdît son chemin dans l'obscurité, car la nuit avait déjà fui sur ses pieds agiles de lutin au fond de la forêt. Une flamme de lumière dorée tremblait à la cime des arbres.

« Piavi », dit Ristin, « le soleil se lève ».

A travers le brouillard de la vallée, à nos pieds, un lac de montagne ouvrit sa paupière.

Je m'approchai du lac avec le pénible pressentiment d'un autre bain glacé. Heureusement je me trompais. Ristin s'arrêta net devant une petite eka, barque à fond plat, à moitié cachée sous un sapin abattu. Elle n'appartenait à personne et était à tout le monde, elle servait aux Lapons, lors de leurs rares visites à la paroisse la plus proche pour échanger leurs peaux de renne contre du café, du sucre, et du tabac, les trois seuls luxes de leur existence. L'eau du lac était d'un bleu de cobalt, plus beau encore que le bleu saphir de la Grotte bleue à Capri. Elle était si transparente, qu'il me semblait presque apercevoir le trou que le terrible Stalo avait fait dans son fond. A mi-chemin nous rencontrâmes deux majestueux voyageurs nageant côte à côte, leurs bois superbes élevés hors de l'eau. Heureusement ils me prirent pour un Lapon, et nous pûmes venir si près que je voyais leurs beaux yeux qui nous regardaient sans crainte. Il y a quelque chose de très étrange dans les yeux de l'élan comme dans ceux du renne, ils paraissent toujours vous regarder droit dans les yeux sous quelque angle que vous les voyiez. Nous gravîmes vivement le talus de la rive opposée et, une fois de plus, errâmes sur une immense plaine marécageuse sans autre guide que le soleil. Mes tentatives d'expliquer à Ristin le maniement de ma boussole de poche avaient eu si peu de succès, que moi-même je renonçai à la consulter, me fiant à son instinct d'animal à demi apprivoisé. Il était évident qu'elle était très pressée; bientôt j'eus l'impression qu'elle n'était pas sûre de notre route. Parfois elle courait aussi vite qu'elle pouvait dans une direction, s'arrêtait court, humait le vent de ses narines frémissantes, puis s'élançait dans une autre direction et répétait la même manœuvre. D'autres fois elle se penchait pour flairer la terre comme un chien.

« Rog, » dit-elle soudainement en désignant un nuage bas qui se dirigeait vers nous à une vitesse extraordinaire à travers les marais.

Brouillard! Certes! En une minute nous fûmes enveloppés d'une brume épaisse aussi impénétrable qu'un brouillard d'automne à Londres. Nous dûmes nous tenir par la main pour ne pas nous perdre de vue. Nous luttâmes une heure ou deux, jusqu'aux genoux dans l'eau glacée. Enfin Ristin dit qu'elle avait perdu sa direction, qu'il nous fallait attendre la fin du brouillard. Combien cela pouvait-il durer?

Elle n'en savait rien; peut-être un jour et une nuit, peut-être une heure, tout cela dépendait du vent.

Ce fut une des pires épreuves que j'eusse traversées. Je savais parfaitement que, vu notre équipement sommaire, la rencontre d'un brouillard dans ces immenses fondrières était bien plus dangereuse que la rencontre d'un ours dans la forêt. Je savais aussi qu'il n'y avait rien à faire qu'à attendre où nous étions. Nous restâmes des heures assis sur nos havresacs, le brouillard collé à la peau comme un drap d'eau glacée. Ma misère fut complète lorsque, voulant allumer ma pipe, je trouvai la poche de mon gilet pleine d'eau. Je regardais encore avec consternation ma boîte d'allumettes trempée que Ristin avait déjà allumé sa pipe à son briquet d'amadou. Ce fut une nouvelle défaite de la civilisation quand, voulant mettre une paire de chaussettes sèches, je m'aperçus que mon havresac imperméable, ce qui se faisait de mieux à Londres, était trempé de part en part et que tous les effets de Ristin, dans son laukos d'écorce de bouleau fabriqué à la maison, étaient secs comme du foin. Nous attendions de voir bouillir l'eau pour une tasse de café, dont le besoin se faisait bien sentir, quand un coup de vent brusque vint souffler ma petite lampe à alcool. Ristin, en un clin d'œil, partit dans la direction du vent et revint m'enjoindre de charger mon havresac sur-le-champ. En moins d'une minute un vent fort et régulier se mit à nous souffler dans la figure, et le rideau de brouillard se souleva rapidement au-dessus de nos têtes. Bien loin dans le fond de la vallée, à nos pieds mêmes, j'aperçus une grande rivière qui brillait au soleil comme une épée. Sur la rive opposée une sombre forêt de pins s'étendait à perte de vue. Ristin leva la main vers une mince colonne de fumée qui montait au-dessus de la cime des arbres.

« Forsstugan », dit Ristin.

Elle dévala la pente et sans une hésitation plongea dans la rivière jusqu'au cou et j'en fis autant. Bientôt nous perdîmes pied, et traversâmes la rivière à la nage comme les élans avaient traversé le lac. Après une marche d'une demi-heure à travers la forêt, de l'autre côté de la rivière, nous atteignîmes une clairière manifestement aménagée par la main de l'homme. Un grand chien lapon se précipita vers nous à toute allure en aboyant férocement. Après nous avoir reniflés longuement, il manifesta une grande joie de nous voir, et se mit à nous montrer le chemin en remuant la queue avec bienveillance.

Devant sa maison peinte en rouge, Lars Anders de Forsstugan était debout dans son long manteau de mouton, six pieds six pouces dans ses sabots de bois.

– « Bonne journée dans la forêt », dit Lars Anders, « d'où viens-tu ? pourquoi n'as-tu pas laissé la petite Lapone traverser seule la rivière à la nage pour venir chercher mon bateau ? Mets une nouvelle bûche au feu, Kerstin », cria-t-il à sa femme dans la maison, « il a traversé la rivière à la nage avec une petite Lapone ; il faut qu'ils sèchent leurs vêtements ».

Ristin s'assit avec moi sur le petit banc devant le feu.

« Il est mouillé comme une loutre », dit mère Kerstin en m'aidant à ôter de mon corps ruisselant mes chaussettes, mes culottes, mon tricot et ma chemise de flanelle qu'elle suspendit à sécher sur une corde en travers du plafond. Ristin avait déjà enlevé son manteau de renne, ses jambières, ses culottes, et sa veste de laine. De chemise elle n'en avait pas. Nous étions là assis côte à côte sur le banc de bois devant le feu flambant, complètement nus, tels que le Créateur nous avait faits. Les deux vieux pensaient que tout était bien ainsi ; tout était bien en effet.

Une heure plus tard, j'inspectais mon nouveau logement dans le long manteau des dimanches d'oncle Lars en homespun [1] noir, et dans ses sabots de bois, tandis que Ristin était assise près du fourneau dans la cuisine, où mère Kerstin était très occupée à cuire le pain. L'étranger qui était venu la veille avec un Lapon de Finlande avait mangé tout le pain de la maison. Leur fils était au loin à couper du bois sur l'autre rive du lac. Je devais dormir dans sa petite chambre sur l'étable des vaches. Ils espéraient que l'odeur des vaches ne m'incommoderait pas. Pas le moins du monde, elle me plaisait plutôt. Oncle Lars dit qu'il allait au « *herbre* » chercher une peau de mouton pour mettre sur mon lit, il était sûr que j'en aurais besoin car déjà les nuits étaient froides. L'herbre se dressait sur quatre pilotis de bois épais, à hauteur d'homme au-dessus du sol pour être à l'abri des visiteurs à quatre pattes et de la neige profonde de l'hiver. La réserve était pleine de vêtements et de fourrures accrochés en bon ordre à des andouillers cloués aux murs. Le manteau de fourrure d'oncle Lars en peau de loup, les fourrures d'hiver de sa femme, une demi-douzaine de peaux de loup. Sur le sol était étendue une couverture de traîneau, en splendide peau d'ours. A une autre patère était pendue la robe de mariage de maman Kerstin, son corsage de soie aux couleurs vives magnifiquement brodé de fils d'argent, sa longue jupe de laine verte, sa pèlerine de peau d'écureuil, son bonnet garni de dentelle ancienne, sa ceinture de cuir rouge aux boucles d'argent massif. Comme nous redescendions l'échelle de l'herbre, je dis à l'oncle Lars qu'il avait oublié de fermer la porte à clef. Il répondit que cela n'y faisait rien, les loups, les renards et les blaireaux n'emporteraient pas leurs

1. *Étoffe de laine tissée à la main.*

vêtements et il n'y avait aucune provision. Après une courte promenade en forêt, je m'assis sous un gros sapin près de la porte de la cuisine pour un succulent dîner : truites de Laponie, les meilleures du monde, pain fait à la maison sortant du four, fromage frais et bière brassée à la maison. Je voulus que Ristin partageât mon dîner, c'était évidemment contraire à l'étiquette, elle devait dîner à la cuisine avec les petits enfants.

Les deux vieux étaient assis auprès de moi et me regardaient manger.

« As-tu vu le roi ? »

Non, je ne l'avais pas vu, je n'étais pas venu par Stockholm ; j'étais venu tout droit d'un autre pays, d'une autre ville bien des fois plus grande que Stockholm.

Oncle Lars ne savait pas qu'il y eût une ville plus grande que Stockholm.

Je dis à maman Kerstin combien j'avais admiré sa magnifique robe de mariage. Elle sourit et dit que sa mère l'avait portée à son propre mariage, il y avait Dieu sait combien d'années.

– « Mais pour sûr vous ne laissez pas l'herbre ouvert la nuit ? » demandai-je.

– « Pourquoi pas ? » dit oncle Lars. « Il n'y a rien à manger dans l'herbre ; je vous ai dit que les loups et les renards n'emporteraient vraisemblablement pas nos effets. »

– « Mais quelqu'un d'autre pourrait les emporter, l'herbre se trouve isolé dans le bois à des centaines de mètres de votre maison. Cette peau d'ours seule vaut beaucoup d'argent ; n'importe quel antiquaire de Stockholm donnerait volontiers plusieurs centaines de riksdalers pour la robe de mariage de votre femme. »

Les deux vieux me regardèrent avec un étonnement manifeste.

« Tu ne m'as pas entendu te dire que j'avais tué cet ours moi-même ainsi que les loups ? Ne comprends-tu pas que c'est la robe de mariage de ma femme et qu'elle la tient de sa mère ? Ne comprends-tu pas que tout cela est à nous tant que nous vivons et ira à notre fils quand nous mourrons ? Qui l'emporterait ? que veux-tu dire ? »

Oncle Lars et maman Kerstin me regardaient, ils paraissaient presque formalisés de ma question. Tou à coup Lars Anders se gratta la tête, une expression malicieuse dans ses vieux yeux.

« Maintenant je comprends ce qu'il veut dire », fit-il à sa femme en riant doucement, « il veut dire : *ces gens qu'on appelle des voleurs* ».

Je demandai à Lars Anders ce qu'il savait du lac Siva, s'il était exact, comme Turi me l'avait dit, que le gros Stalo en avait crevé le fond et avait fait échapper tous les poissons. Oui, c'était bien exact; il n'y avait pas un poisson dans le lac tandis que tous les autres lacs de la montagne en regorgeaient, mais que le mal eût été fait par Stalo, il ne pouvait dire. Les Lapons étaient superstitieux et ignorants. Ils n'étaient même pas chrétiens, nul ne savait d'où ils venaient. Ils parlaient une langue qui ne ressemblait à aucune langue au monde.

Y avait-il des Géants ou des Trolls de ce côté de la rivière?

« Il y en avait certainement autrefois », dit oncle Lars. Tout enfant il avait entendu parler beaucoup du gros Troll qui vivait là-bas dans la montagne. Le Troll était très riche, il avait des centaines d'affreux nains qui surveillaient son or sous la montagne et des milliers de bêtes à cornes toutes d'un blanc de neige avec des cloches d'argent au cou. Maintenant que le roi s'était mis à faire sauter les rochers pour rechercher le minerai de fer et construisait une voie ferrée, il n'avait plus entendu parler du Troll. Bien entendu il y avait encore la Skogsra : la sorcière de la forêt, qui s'efforçait toujours d'entraîner les gens au plus profond des bois où ils perdaient leur chemin. Tantôt elle appelait avec une voix d'oiseau, tantôt avec la voix douce d'une femme. Bien des gens disaient qu'elle était une vraie femme, très méchante et très belle. Si on la rencontrait dans la forêt il fallait se sauver aussitôt; si vous tourniez la tête pour la regarder une seule fois vous étiez perdu. Il ne fallait jamais vous asseoir dans la forêt sous un arbre pendant la pleine lune. Elle viendrait alors s'asseoir auprès de vous et jetterait ses bras autour de votre cou comme une femme qui veut être aimée. Son seul désir était de sucer le sang de votre cœur.

« A-t-elle de très grands yeux noirs? » demandai-je avec inquiétude.

Lars Anders n'en savait rien, il ne l'avait jamais vue, mais le frère de sa femme l'avait rencontrée dans les bois une nuit de clair de lune. Il avait perdu le sommeil et depuis sa tête n'avait jamais été d'aplomb.

Y avait-il des gnomes dans ces parages?

Oui, il y avait une multitude de Tout-Petits qui s'agitaient furtivement dans l'ombre. Un petit gnome vivait dans l'étable aux vaches; leurs petits-enfants le voyaient souvent. Il était absolument inoffensif, pourvu qu'il ne fût pas tracassé, et qu'on déposât son bol de porridge [1] dans un coin habituel. Il ne fallait pas se gausser de lui. Une fois, un ingénieur du chemin de fer, qui devait construire

1. *Gruau.*

105

le pont sur la rivière, avait passé la nuit à Forsstugan. Il se saoula et cracha dans le bol de porridge en disant : « Dieu me damne s'il existe vraiment des gnomes. » Le soir même comme il traversait le lac gelé, son cheval glissa, tomba sur la glace et fut dévoré par une bande de loups. Au matin, des gens qui rentraient de l'église le trouvèrent assis dans le traîneau, mort gelé. Il avait tué deux loups à coups de fusil, mais sans son arme ils l'auraient mangé lui-même.

Quelle distance y avait-il de Forsstugan à l'habitation la plus proche ?

Huit heures à travers la forêt sur un bon poney.

« J'ai entendu des clochettes en me promenant tout à l'heure dans les bois, il doit y avoir abondance de bétail par ici. »

Lars Anders cracha sa chique et dit brusquement que je me trompais. Il n'y avait pas de bétail dans les bois à moins de cent lieues, ses quatre vaches à lui étaient dans l'étable.

Je répétai à Lars Anders que j'étais certain d'avoir entendu les clochettes au loin dans la forêt, j'avais même remarqué la beauté de leur son qu'on eût dit argentin.

Lars Anders et maman Kerstin se regardèrent troublés mais personne ne dit rien. Je leur souhaitai bonne nuit et montai à ma chambre sur l'étable des vaches. La forêt se dressait silencieuse et obscure devant ma fenêtre. J'allumai la chandelle de suif sur la table et m'allongeai sur la peau de mouton, tombant de sommeil après une longue journée de fatigue. J'écoutai quelque temps les vaches ruminer en dormant. Je crus entendre le hululement d'un hibou loin dans les bois. Je regardais la chandelle de suif qui brûlait faiblement sur la table, cela me faisait du bien aux yeux de la regarder, je n'avais plus vu de chandelle de suif depuis ma petite enfance dans ma vieille maison paternelle. Il me semblait que je voyais à travers mes paupières mi-closes un petit garçon, clopinant dans la neige un matin d'hiver, en route pour l'école, un paquet de livres en bandoulière et une chandelle de suif toute pareille à la main. Car chaque garçon devait apporter sa chandelle pour son pupitre dans la salle d'école. Quelques garçons apportaient une chandelle épaisse, d'autres une chandelle mince, aussi mince que celle qui brûlait en ce moment sur la table. J'étais un garçon riche ; sur mon pupitre brûlait une chandelle épaisse. Sur le pupitre voisin du mien brûlait la chandelle la plus mince de toute la classe, car la mère du garçon assis près de moi était très pauvre. Mais je fus collé à mon examen de Noël et lui passa son examen en tête de nous tous, car il avait plus de lumière dans sa cervelle.

Il me sembla entendre bouger sur la table. J'avais dû dormir quelque temps car la chandelle de suif vacillait sur sa fin. Mais je pouvais distinguer nettement un petit homme, gros comme la paume de ma main, assis, les jambes croisées, sur la table, tirant ma chaîne de montre et penchant de côté sa vieille tête grise pour écouter le tic-tac de ma montre à répétition. Il était si intéressé qu'il ne remarqua pas que j'étais assis sur mon lit à le regarder. Tout d'un coup il m'aperçut, laissa tomber la chaîne de montre, glissa le long du pied de la table à la manière d'un marin et s'élança vers la porte aussi vite que ses toutes petites jambes pouvaient le porter.

– « N'aie pas peur, petit gnome », lui dis-je, « ce n'est que moi. Ne te sauve pas et je te montrerai ce qu'il y a dans cette boîte en or qui t'intéresse tant. Elle peut sonner, comme une cloche à l'Église le dimanche. » Il s'arrêta court et me regarda de ses yeux petits et doux.

– « Je n'y comprends rien », dit le gnome, « je croyais avoir senti un enfant dans cette chambre, sinon jamais je n'y serais entré, et vous avez l'air d'un homme tout grand. Eh bien! Vrai... » s'exclama-t-il, se hissant sur la chaise auprès du lit. « Vrai je n'avais jamais espéré une veine pareille! Te retrouver ici dans cet endroit perdu! Et tu es exactement le même enfant que j'ai vu pour la dernière fois dans la nursery de ta vieille maison, sans quoi tu ne m'aurais jamais vu ce soir assis sur ta table. Ne me reconnais-tu pas? C'est moi qui tous les soirs venais dans ta nursery, quand toute la maison dormait, pour mettre de l'ordre dans tes affaires et adoucir tes chagrins de la journée. C'est à moi que tu apportais toujours une tranche de ton gâteau de fête et toutes ces noix, ces raisins, ces bonbons de l'arbre de Noël et jamais tu n'oubliais de m'apporter mon bol de porridge. Pourquoi as-tu jamais quitté la vieille maison paternelle au fond de la grande forêt? Alors, tu souriais toujours; pourquoi as-tu l'air si sombre maintenant? »

– « Parce que je n'ai plus de repos dans ma tête, je ne puis rester nulle part, je ne puis oublier, je ne puis dormir. »

– « Ça, c'est comme ton père. Combien de fois ne l'ai-je pas observé allant et venant dans sa chambre toute la nuit. »

– « Raconte-moi quelque chose de mon père, je me le rappelle si peu. »

– « Ton père était un homme étrange, sombre et silencieux. Il était bon pour les pauvres et pour toutes les bêtes, mais paraissait souvent dur pour ceux qui l'entouraient. Il te battait beaucoup mais il est vrai que tu étais un enfant difficile. Tu n'obéissais à personne, tu ne paraissais tenir ni à ton père ni à ta mère, ni à ta sœur ni à ton frère, ni à personne. Si, je crois que tu tenais à ta nourrice; ne te la rappelles-tu pas, Léna? Personne autre ne l'aimait, tout le monde en avait peur. On te l'avait donnée pour nourrice par pure nécessité, ta mère ne pouvant pas te donner le sein. Personne ne savait d'où elle venait. Sa peau était brune comme celle de la petite Lapone qui t'a conduit ici hier, mais elle était très grande. Elle avait l'habitude de te chanter des chansons dans une langue inconnue pendant qu'elle te donnait le sein, et elle continua à te le donner jusqu'à l'âge de deux ans. Personne, pas même ta mère, n'osait l'approcher, elle grognait comme une louve en colère si quelqu'un voulait t'enlever de ses bras. A la fin elle fut mise à la porte, mais elle revint dans la nuit et essaya de te voler. Ta mère eut si peur qu'elle dut la reprendre. Elle t'amenait toutes sortes d'animaux pour que tu joues avec, des chauves-souris, des hérissons, des écureuils, des rats, des serpents, des chouettes et des corbeaux. Je l'ai vue une fois, de mes propres yeux, couper la gorge d'un corbeau et verser quelques gouttes de son sang dans ton lait. Un jour, comme tu avais quatre ans, le shérif vint avec deux gendarmes et l'emmena avec les menottes. On disait que c'était au sujet de son enfant. Toute la maison était enchantée mais tu eus le délire plusieurs jours. La plupart de tes ennuis venaient de tes bêtes. Ta chambre était pleine de toutes sortes d'animaux, tu couchais même avec eux dans ton lit. Ne te rappelles-tu pas avoir été rossé impitoyablement pour avoir couvé des œufs? Tous les œufs d'oiseau que tu pouvais dénicher tu tâchais de les faire éclore dans ton lit. Naturellement un enfant ne peut rester éveillé; tous les matins ton lit n'était qu'un gâchis d'œufs écrasés et tous les matins cela te valait la bastonnade, mais rien n'y faisait. Ne te rappelles-tu pas le soir que tes parents rentrèrent tard d'une soirée et trouvèrent ta sœur en chemise de nuit, assise sur la table, sous un parapluie, hurlant de terreur? Toutes tes bêtes s'étaient échappées de ta chambre, une chauve-souris avait pris ses griffes dans les cheveux de ta sœur, tous tes serpents, tes crapauds, tes rats, grouillaient par terre, et dans ton lit ils trouvèrent toute une nichée de souris. Ton père te flanqua une formidable raclée, tu te jetas sur lui et mordis ton propre père à la main. Le lendemain tu t'esquivas de la maison au petit jour, après t'être introduit dans l'office pendant la nuit pour remplir ton havresac de toutes les provisions qui te tombèrent sous la main, et après avoir brisé la tirelire de ta sœur pour lui voler ses économies. Toi tu n'avais jamais d'économies. Toute la journée et toute la nuit tous les domestiques te pourchassèrent en vain. A la fin, ton père, qui avait galopé jusqu'au village pour parler à la police, te trouva endormi profondément dans la neige sur le bord de la route; ton chien avait aboyé au moment où il passait à cheval. J'entendis par hasard le « hunter » de ton père raconter aux autres chevaux, dans l'écurie, comment ton père t'avait enlevé sur sa selle sans dire un mot, était rentré à la maison avec toi, et t'avait enfermé dans un cabinet noir avec du pain sec et de l'eau pendant deux jours et deux nuits. Le troisième jour on te mena dans la chambre de ton père, il te demanda pourquoi tu t'étais sauvé? Tu lui dis que tu étais incompris de tous dans la maison et que tu voulais émigrer en Amérique. Il te demanda si tu regrettais de l'avoir mordu à la main. Tu dis : Non! Le lendemain on t'envoya à l'école dans la ville et on ne te permit de revenir chez toi qu'aux vacances de Noël. Le jour de Noël vous êtes tous allés en traîneau à l'église, pour l'office du matin, à 4 heures. Toute une bande de loups suivait le traîneau au galop sur le lac gelé; l'hiver était très rigoureux et les loups avaient très faim. L'église était toute illuminée par deux grands arbres de Noël devant le maître-autel. Toute l'assistance se leva pour chanter : « Salut, aube joyeuse ». Quand l'hymne fut terminé tu dis à ton père que tu regrettais de lui avoir mordu la main, et il te caressa la tête affectueusement. Sur le chemin du retour, en traversant le lac, tu essayas de sauter du traîneau; tu disais que tu voulais suivre la piste des loups pour voir où ils étaient allés. L'après-midi tu manquais de nouveau et on te chercha en vain toute la nuit. Le garde-chasse te trouva au matin dans la forêt, endormi sous un gros sapin. Il y avait des pas de loups tout autour de l'arbre. Le garde dit que c'était un miracle que tu n'aies pas été mangé par les loups. Mais le pire arriva pendant tes vacances d'été lorsque la femme de chambre trouva un crâne humain sous ton lit, un crâne avec une touffe de cheveux rouges adhérant encore à l'occiput. Toute la maison fut bouleversée. Ta mère s'évanouit et ton père te rossa comme jamais encore, et on t'enferma une fois de plus dans un cabinet noir avec de l'eau et du pain. On apprit que, la nuit précédente, tu étais allé sur ton poney au cimetière du village, tu avais pénétré dans l'ossuaire et volé un crâne au tas d'ossements déposés dans le caveau. Le pasteur, qui avait été directeur d'une école de garçons, dit à ton père que c'était un fait sans précédent qu'un enfant de dix ans eût commis un crime aussi atroce envers Dieu et les hommes. Ta mère, qui était une femme très pieuse, ne s'en remit jamais. Elle paraissait avoir peur de toi et elle n'était pas la seule. Elle disait ne pouvoir comprendre qu'elle eût pu donner le jour à un monstre pareil. Ton père dit que sûrement tu n'avais pas été engendré par lui mais par le Diable lui-même. La vieille femme de charge dit que c'était tout de la faute de ta nourrice, qui t'avais ensorcelé en mettant quelque chose dans ton lait et en suspendant une griffe de loup à ton cou. »

– « Mais, est-ce bien vrai tout ce que tu m'as dit sur mon enfance! Je devais être un enfant étrange en effet. »

– « Ce que je t'ai dit est vrai, d'un bout à l'autre », répondit le gnome. « Ce que tu pourras dire aux autres je ne le garantis pas. Tu parais toujours mêler la réalité et les rêves comme tous les enfants. »

– « Mais je ne suis pas un enfant. J'aurai vingt-sept ans le mois prochain. »

– « Bien sûr, tu es un enfant grand, sans quoi tu n'aurais pas pu me voir. Il n'y a que les enfants qui peuvent nous voir, nous les gnomes. »

– « Et toi, quel âge as-tu, petit homme? »

– « Six cents ans. Le hasard fait que je le sais parce que je suis né la même année que le vieux sapin près de la fenêtre de ta nursery où le gros hibou avait son nid. Ton père disait toujours que c'était l'arbre le plus vieux de toute la forêt. Ne te rappelles-tu pas le vieux hibou? Ne te rappelles-tu pas comme il restait perché à te cligner de ses yeux ronds par la fenêtre? »

– « Es-tu marié? »

– « Non, je suis garçon », dit le gnome. « Et toi? »

– « Pas encore, mais... »

– « Ne fais pas ça! Mon père nous disait toujours que le mariage était une entreprise très risquée et que le dicton était bien sage qu'on ne saurait se montrer trop prudent dans le choix de sa belle-mère. »

– « Six cents ans! Vraiment? Tu ne les parais pas. Je ne l'aurais jamais cru à la façon dont tu as glissé le long du pied de la table et couru à travers la pièce quand tu m'as aperçu assis sur le lit. »

– « Mes jambes vont très bien, merci, mais mes yeux commencent à être un peu fatigués, je n'y vois presque rien quand il fait jour. J'ai également de drôles de bruits dans les oreilles depuis que les gros hommes comme toi se sont mis à faire sauter ces affreuses mines dans la montagne autour de nous. Il y a des gnomes qui disent que vous voulez voler aux Trolls leur or et leur fer, d'autres disent que c'est pour faire un trou pour ce gros serpent jaune qui a deux raies noires sur le dos et qui avance en se tortillant à travers les champs et les forêts, vomissant par la bouche la fumée et le feu. Nous en avons tous peur. Toutes les bêtes de la forêt et des champs, tous les oiseaux du ciel, tous les poissons des rivières et des lacs, même les Trolls de dessous les montagnes, s'enfuient vers le nord, épouvantés de son approche. Qu'allons-nous devenir, nous, pauvres gnomes? Que deviendront tous les enfants quand nous ne serons plus dans les nurserys pour les endormir avec nos contes de fées et veiller sur leurs rêves? Qui surveillera les chevaux dans l'écurie? Qui veillera à ce qu'ils ne tombent pas sur la glace glissante pour se briser les jambes? Qui réveillera les vaches et les aidera à soigner leurs veaux nouveau-nés? Je vous le dis, les temps sont durs, il y a quelque chose de détraqué dans le monde, il n'y a paix nulle part. Toute cette agitation incessante, tout ce bruit me portent sur les nerfs. Je n'ose pas rester plus longtemps avec toi. Les hiboux ont déjà sommeil, tout ce qui rampe dans la forêt se couche, déjà les écureuils grignotent leurs pommes de pin, le coq va bientôt chanter et les terribles explosions de l'autre côté du lac vont recommencer. Je te le dis, je ne puis plus le supporter. C'est ma dernière nuit ici, il faut que je te quitte. Il faut que je m'efforce d'atteindre Kebnokajse là-haut avant le jour. »

— « Kebnokajse! Kebnokajse est à des centaines de milles plus loin vers le nord, comment diable y parviendras-tu avec tes petites jambes courtes? »

— « Peut-être qu'une grue ou une oie sauvage voudra m'enlever, elles s'y réunissent toutes en ce moment pour le grand vol vers le pays où il n'y a pas d'hiver. Au pis-aller je ferai une partie du chemin sur le dos d'un ours ou d'un loup, ce sont tous des amis à nous, les gnomes. Il faut que je parte. »

— « Ne pars pas, reste avec moi encore un peu et je te montrerai ce qu'il y a dans cette boîte en or qui t'intéressait tant. »

— « Que gardes-tu dans la boîte en or? Est-ce un animal? Il m'a semblé entendre le tic-tac de son cœur à l'intérieur de la boîte. »

— « Ce sont les pulsations du cœur du Temps que tu entendais. »

— « Qu'est-ce que le Temps? » demanda le gnome.

— « Je ne puis t'expliquer, personne ne peut t'expliquer ce que signifie le Temps. On dit qu'il se compose de trois choses différentes : le Passé, le Présent et l'Avenir. »

— « Tu l'emportes toujours avec toi dans cette boîte en or? »

— « Oui, jamais il ne repose, jamais il ne dort, jamais il ne cesse de répéter le même mot à mon oreille. »

— « Comprends-tu ce qu'il dit? »

— « Hélas! trop bien! Il me dit à chaque seconde, à chaque minute, à chaque heure du jour et de la nuit, que je vieillis et que je vais mourir. Dis-moi, petit homme, avant de partir, as-tu peur de la Mort? »

— « Peur de quoi? »

– « Peur du jour où ton cœur cessera de battre, où tous les rouages de la machine tomberont en pièces, où ta pensée s'arrêtera, où ta vie s'éteindra en vacillant comme la flamme de cette faible chandelle de suif sur la table. »

– « Qui t'a fourré toutes ces bêtises dans la tête? N'écoute pas la voix qui est dans la boîte en or, avec ses sornettes sur le Passé, le Présent et l'Avenir. Ne comprends-tu pas que tout cela ne fait qu'un? Ne comprends-tu pas que quelqu'un se moque de toi dans cette boîte en or? Si j'étais toi je jetterais dans la rivière cette étrange boîte et je noierais le mauvais Génie qui y est enfermé. Ne crois pas un mot de ce qu'il te dit, ce n'est que mensonges. Tu resteras toujours un enfant, jamais tu ne vieilliras, jamais tu ne mourras. Couche-toi seulement et dors un moment. Bientôt le soleil va se lever sur la cime des sapins, bientôt le jour nouveau regardera par la fenêtre, bientôt tu y verras plus clair que tu n'as jamais vu à la lueur de cette chandelle. Il faut que je m'en aille. Adieu à toi, rêveur; quelle heureuse rencontre! »

– « Heureuse rencontre – petit gnome. »

Il glissa de la chaise auprès de mon lit et gagna la porte en faisant claquer ses petits sabots de bois. Tout en farfouillant dans sa poche, à la recherche de son passe-partout, il éclata tout d'un coup d'un rire si formidable qu'il dut tenir son ventre à deux mains.

« La Mort! » gloussa-t-il. « Eh bien vrai, c'est plus fort que ce que j'ai jamais entendu! Qu'ils sont donc myopes ces idiots de grands singes comparés à nous les petits gnomes. La Mort! par Robin des Bois je n'ai jamais entendu sottise pareille! »

Lorsque je m'éveillai et regardai par la fenêtre la terre était blanche de neige fraîche. Haut dans le ciel j'entendis le battement d'ailes et les appels d'une bande d'oies sauvages. « Bon voyage, petit gnome! »

Je me mis à table pour déjeuner; un bol de porridge, du lait frais de la vache, et une tasse d'excellent café.

Oncle Lars me dit qu'il s'était levé deux fois pendant la nuit, le chien lapon n'avait cessé de grogner avec inquiétude comme s'il avait vu ou entendu quelque chose. Lui-même avait cru apercevoir une forme sombre, qui aurait bien pu être un loup, rôdant autour de la maison; à un certain moment il avait cru entendre des sons de voix venant de l'étable des vaches; il éprouva un grand soulagement quand il comprit que c'était moi qui parlais dans mon sommeil. Les poules avaient caqueté et s'étaient agitées toute la nuit.

« Tu vois ça? » dit oncle Lars en me montrant du doigt des traces dans la neige fraîche qui conduisaient à ma fenêtre. « Ils devaient être au moins trois. J'ai vécu ici plus de trente ans et je n'ai jamais vu des traces de loups si près de la maison. Tu vois ça ? » dit-il en me montrant d'autres traces dans la neige aussi larges que le pied d'un homme. « Je croyais rêver lorsque je les ai vues d'abord. Aussi vrai que mon nom est Lars Anders, l'Ourse a été ici cette nuit et ça c'est la trace de son petit. Il y a dix ans que je n'ai tué un ours dans cette forêt. Entends-tu ce vacarme dans le grand sapin à côté de l'étable ? Ils sont au moins une vingtaine, je n'ai jamais vu dans toute ma vie autant d'écureuils dans un seul arbre. As-tu entendu le hululement du hibou dans la forêt et l'appel du plongeon sur le lac toute la nuit ? As-tu entendu l'engoulevent qui volait autour de la maison au lever du jour ? Je n'y comprends rien ; en général, la forêt est silencieuse comme une tombe dès qu'il fait sombre. Pourquoi tous ces animaux sont-ils venus ici cette nuit ? Ni Kerstin ni moi n'avons fermé l'œil. Kerstin croit que c'est la petite Lapone qui a ensorcelé la maison, mais elle dit qu'elle a été baptisée à Rukne l'été dernier. Mais on ne sait jamais avec ces Lapons, ils sont tous pleins de sorcellerie et de trucs du Malin. En tout cas je l'ai expédiée à l'aube ; elle a le pied rapide, elle sera à l'école lapone de Rukne avant le coucher du soleil. Et toi quand pars-tu ? »

Je dis que je n'étais pas pressé ; il me plairait de rester encore deux jours ; j'aimais beaucoup le Forsstugan.

Oncle Lars dit que son fils devait rentrer le soir même de sa coupe de bois, qu'il n'y aurait pas de chambre où me faire dormir.

Je dis qu'il m'était égal de dormir dans la grange, j'aimais l'odeur du foin.

Cette idée ne paraissait sourire ni à oncle Lars ni à maman Kerstin. Je ne pouvais pas ne pas sentir qu'ils désiraient se débarrasser de moi ; ils m'adressèrent à peine la parole et ils semblaient presque avoir peur de moi. J'interrogeai oncle Lars au sujet de l'étranger qui était venu à Forsstugan deux jours plus tôt et qui avait mangé tout le pain. Il ne pouvait parler un mot de suédois, dit Lars Anders ; le Lapon de Finlande qui portait ses engins et ses cannes à pêche déclara qu'ils avaient perdu leur route. Ils étaient à demi morts de faim quand ils arrivèrent ; ils avaient avalé tout ce qu'il y avait dans la maison. Oncle Lars me montra l'écu qu'il avait absolument voulu donner aux petits enfants. Était-il possible qu'il fût en or véritable ?

C'était un souverain anglais.

Par terre près de la fenêtre traînait un numéro du « Times » adressé à Sir John Scott. Je l'ouvris et lus en lettres énormes :

TERRIBLE ÉPIDÉMIE DE CHOLÉRA A NAPLES
PLUS DE MILLE CAS PAR JOUR

Une heure plus tard, Pelle, le petit-fils d'oncle Lars, était devant la maison avec le petit poney norvégien aux poils touffus.

Oncle Lars eut la respiration coupée quand je voulus lui payer tout au moins les provisions que contenait mon havresac; il dit qu'il n'avait jamais entendu chose pareille. Il dit que je n'avais à m'inquiéter de rien, Pelle connaissait parfaitement la direction. C'était un voyage tout à fait facile et agréable à cette époque de l'année. Huit heures à cheval dans la forêt jusqu'à Rukne, trois heures pour descendre la rivière dans la barque de Liss Jocum, six heures à pied dans la montagne jusqu'au village paroissial, deux heures à travers le lac de Losso Jarvi, de là huit heures en voiture sans difficultés jusqu'à la nouvelle station du chemin de fer. Pas encore de trains de voyageurs, mais le mécanicien me laisserait sûrement rester debout sur la locomotive pour attraper le train de marchandises.

Oncle Lars était bien dans le vrai; ce fut un voyage facile et agréable; en tout cas il me parut tel alors. Que me paraîtrait-il aujourd'hui?

Tout aussi facile et agréable fut le voyage à travers l'Europe centrale dans les affreux trains de cette époque, presque sans sommeil. De Laponie à Naples! regardez la carte!

CHAPITRE VIII

NAPLES

Si quelqu'un désire avoir des détails sur mon séjour à Naples, qu'il les cherche dans « Lettres d'une ville en deuil », s'il arrive à mettre la main sur un exemplaire, ce qui n'est pas probable, car ce petit livre est épuisé depuis longtemps et oublié. Je viens moi-même de lire avec un vif intérêt ces « Lettres de Naples », comme on les a appelées dans l'original en suédois. Je ne pourrais pas aujourd'hui écrire un livre pareil même pour sauver ma vie. Il y a dans ces lettres beaucoup d'exubérance garçonnière et il y a aussi beaucoup de suffisance, pour ne pas dire de vanité. J'étais de toute évidence plutôt content de moi, de m'être précipité du fond de la Laponie vers Naples au moment où tous les autres l'avaient quittée. Il y a beaucoup de fanfaronnades sur mes allées et venues, de jour et de nuit, dans les quartiers pauvres infestés : couvert de poux, nourri de fruits pourris, prenant mon sommeil dans quelque auberge infecte. Tout cela est très vrai, je n'ai rien à rétracter, ma description de Naples en temps de choléra est exacte, telle que je la vis avec les yeux d'un enthousiaste.

Mais la description de moi-même est bien moins exacte. J'eus l'audace d'écrire que je n'avais pas peur du choléra, pas peur de la Mort. J'ai menti. J'avais une peur horrible des deux, du commencement à la fin. J'ai décrit dans la première lettre comment, à demi asphyxié par l'acide phénique dans le train vide, j'en descendis un soir tard sur la Piazza désertée; comment je croisai dans les rues de longs convois de charrettes et d'omnibus remplis de cadavres, en route pour le cimetière du choléra; comment je passai toute la nuit parmi les mourants dans les misérables bouges des bas quartiers. Mais il n'y a aucune description de moi deux heures après mon arrivée; revenu à la gare, m'enquérant anxieusement du premier train pour Rome, la Calabre, les Abruzzes, n'importe où, le plus loin le mieux, simplement pour sortir de cet enfer. S'il y avait eu un train il n'y aurait pas eu de « Lettres d'une ville en deuil ». Il se trouva qu'il n'y avait pas de train avant midi le lendemain, les communications avec la ville contaminée ayant été presque supprimées. Il ne me restait qu'à aller tirer ma coupe à Santa Lucia au lever du soleil et à retourner aux bouges, la tête froide mais tremblant encore de peur. Dans l'après-midi mon offre de servir dans l'équipe de l'hôpital du choléra de Santa Madalena fut acceptée. Deux jours plus tard je disparus de l'hôpital, j'avais découvert que ma vraie place n'était pas parmi les mourants à l'hôpital mais parmi les mourants dans les bouges.

Combien tout eût été plus facile pour eux et pour moi, pensais-je, si seulement leur agonie n'avait pas été si longue, si terrible! Ils étaient là étendus pendant des heures, des jours, en état de *stadium algidum*, froids comme des cadavres, les yeux grands ouverts, la bouche béante, suivant toute apparence morts et pourtant encore vivants. Sentaient-ils quelque chose? comprenaient-ils quelque chose? Tant mieux pour les rares d'entre eux qui pouvaient encore avaler la cuiller de laudanum qu'un volontaire de la Croce Bianca venait en hâte leur verser dans la bouche. Cela pourrait au moins les achever avant que les soldats et les beccamorti à demi ivres ne vinssent la nuit les jeter en tas dans l'immense fosse du « Campo Santo dei Colerosi ». Combien y furent jetés vivants? Des centaines je pense. Ils étaient tous pareils; moi-même j'étais souvent incapable de dire s'ils étaient morts ou vivants. Il n'y avait pas de temps à perdre, il y en avait des dizaines dans chaque bouge, les ordres étaient stricts, ils devaient tous être enterrés la nuit même.

Comme l'épidémie atteignait son apogée je n'eus plus sujet de me plaindre que leur agonie fût aussi longue. Bientôt ils se mirent à tomber dans les rues comme frappés de la foudre; la police les ramassait, les emportait à l'hôpital du choléra où ils mouraient quelques heures après. Le cocher de fiacre qui le matin, gai comme un pinson, m'avait conduit à la prison des condamnés de Granatello, près de Portici et devait me ramener à Naples, était couché mort dans son fiacre quand je revins le chercher vers le soir. Personne ne voulut s'occuper de lui à Portici, personne ne voulut m'aider à le sortir du fiacre. Je dus grimper sur le siège et le reconduire à Naples moi-même. Personne ne voulut s'occuper de lui là non plus; pour en finir je dus le conduire au cimetière du choléra afin de m'en débarrasser.

Souvent quand je revenais le soir à la locanda j'étais si las que je me jetais sur le lit tel que j'étais, sans me dévêtir, sans même me laver. A quoi bon se laver dans cette eau immonde? à quoi bon me désinfecter quand tout et tous autour de moi étaient infectés? les aliments que je mangeais, l'eau que je buvais, le lit où je couchais, l'air même que je respirais! Souvent j'avais trop peur pour me mettre au lit, trop peur pour rester seul. Je devais me précipiter de nouveau dans la rue pour passer le reste de la nuit dans une église. Santa Maria del Carmine était mon quartier de nuit préféré; le meilleur sommeil que j'aie jamais eu, je l'ai eu sur un banc du bas-côté gauche de cette vieille église. Il y avait des églises tant que j'en voulais pour aller dormir quand je n'osais rentrer chez moi. Les centaines d'églises et de chapelles de Naples étaient ouvertes toute la nuit, illuminées par les cierges votifs et bondées de gens. Leurs centaines de Madonnas et de Saints étaient tous fiévreusement occupés à visiter jour et nuit les mourants dans leurs quartiers respectifs. Malheur à eux s'ils se risquaient à paraître dans le quartier d'un de leurs rivaux. La vénérable Madonna della Colera elle-même, qui avait sauvé la ville au cours de la terrible épidémie de 1834, avait été huée quelques jours avant à Bianchi Nuovi.

Mais ce n'était pas seulement du choléra que j'avais peur. Je fus encore terrifié du premier au dernier jour par les rats. Ils paraissaient tout autant chez eux dans les « fondaci », « bassi » et « sottorranei » des bouges que les misérables humains qui y vivaient et y mouraient. Pour être juste ils étaient en somme des rats inoffensifs et bien élevés, tout au moins envers les vivants; exerçant leur métier de nettoyeurs dont ils avaient le monopole depuis le temps des Romains; seuls membres de la communauté qui fussent assurés d'avoir leur plein. Ils étaient aussi familiers que des chats et presque aussi gros. Un jour je tombai sur une vieille femme, rien que la peau et les os, presque nue, couchée sur une paillasse pourrie dans une sorte de grotte. On me dit qu'elle était la « vavama » grand-mère. Elle était paralysée et complètement aveugle, elle était couchée là depuis des années. Sur le sol dégoûtant de la cave une demi-douzaine de rats énormes étaient assis sur leur derrière autour de leur innommable petit déjeuner. Ils me regardèrent avec intérêt, presque avec sympathie, sans remuer d'un pouce. La vieille femme tendit son bras squelettique et cria d'une voix enrouée : « pane, pane! »

Mais lorsque la commission sanitaire entreprit sa vaine tentative de désinfecter les égouts, la situation changea; ma peur devint de la terreur. Des millions de rats qui avaient vécu en paix dans les égouts depuis le temps des Romains envahirent la partie basse de la ville. Intoxiqués par les vapeurs de soufre et l'acide phénique, ils se ruaient dans les bouges comme des chiens enragés. Ils ne ressemblaient à aucun rat que j'eusse encore vu; ils étaient absolument chauves, avec des queues rouges extraordinairement longues, des yeux féroces injectés de sang et des dents pointues et noires, longues comme des dents de furet. Si on les frappait avec un bâton ils se se retournaient et s'y accrochaient, comme des bouledogues. Jamais de ma vie je n'ai eu aussi peur d'une bête que de ces rats enragés, car je suis sûr qu'ils étaient enragés. Tout le quartier du Basso Porto était dans l'épouvante. Des hommes, des femmes, des enfants, plus de cent, grièvement mordus, furent emmenés à l'hôpital des Pellegrini dès le premier jour de l'invasion. Quelques jeunes enfants furent littéralement dévorés. Je n'oublierai jamais une nuit dans un fondaco à Vicolo della Duchessa. La chambre, la cave serait le mot juste, était presque obscure, éclairée seulement par la petite lampe à huile devant la Madonna. Le père était mort depuis deux jours, mais le cadavre était encore là allongé sous un tas de hardes, la famille ayant réussi à le cacher à la police qui recherchait les morts pour les emporter au cimetière, habitude courante dans les bouges. J'étais assis près de la fille, chassant les rats avec mon bâton. Elle était déjà froide, elle avait encore sa connaissance. J'entendais tout le temps les rats qui rongeaient le cadavre du père. A la fin cela me rendit si nerveux que je dus le mettre debout dans un coin comme une horloge de parquet. Bientôt les rats recommencèrent à dévorer gloutonnement ses pieds et ses jambes. Je ne pus le supporter plus longtemps, je m'enfuis, défaillant d'horreur.

La Farmacia di San Gennaro était aussi un de mes refuges favoris quand j'avais peur de rester seul. Elle était ouverte jour et nuit. Don Bartolo était toujours sur ses jambes à élaborer ses divers mélanges et ses remèdes miraculeux tirés de sa rangée de jarres de Faenza du dix-septième aux inscriptions de drogues en latin, la plupart inconnues de moi. Deux grands bocaux de verre contenant des serpents et un fœtus dans l'alcool ornaient l'étagère. Auprès de la châsse de San Gennaro, le saint patron de Naples, brûlait la lampe sacrée et, au milieu des toiles d'araignée au plafond, pendait un chat embaumé, à deux têtes. La spécialité de la Farmacia était le fameux mélange anti cholérique de Don Bartolo, avec une étiquette à l'image de San Gennaro d'un côté et une tête de mort de l'autre; au-dessous ces mots : « Morte alla colera! » Sa composition était un secret de famille, transmis de père en fils depuis l'épidémie de 1834, lorsqu'en collaboration avec San Gennaro il avait sauvé la ville. Une autre spécialité de la Farmacia était une bouteille mystérieuse portant sur son étiquette un cœur percé de la flèche de

Cupidon, « un filtro d'amore ». Sa composition était également un secret de famille; elle était très demandée à ce que je compris. Les clients de Don Bartolo paraissaient provenir principalement des couvents et des églises, nombreux dans les alentours de sa rue. Il y avait toujours quelques prêtres, moines ou frères, assis sur des chaises devant le comptoir, discutant avec animation les événements du jour, les derniers miracles accomplis par tel ou tel saint et l'efficacité des différentes Madonna; la Madonna del Carmine, la Madonna dell'Aiuto, la Madonna della Buona Morte, la Madonna della Colera, l'Addolorata, la Madonna Egizieca. Rarement, très rarement, j'entendis prononcer le nom de Dieu, celui de son Fils jamais. Une fois je me risquai à exprimer ma surprise à un vieux « Frate » miteux, qui était particulièrement de mes amis, au sujet de cet oubli du Christ dans leurs discussions. Le vieux « Frate » ne cacha pas son opinion personnelle que le Christ devait uniquement sa réputation au fait d'avoir eu pour Mère la Madonna. A sa connaissance, le Christ n'avait jamais sauvé personne du choléra. Sa Sainte Mère avait pleuré pour lui des larmes de sang! Qu'avait-il fait pour elle en échange? « Femme », avait-il dit « qu'ai-je à faire avec toi?›

« Percio ha finito male », c'est pourquoi il a mal fini.

Comme le samedi approchait, les noms des différents saints et Madonnas disparaissaient de plus en plus des conversations. Le vendredi soir la Farmacia était pleine de gens gesticulant frénétiquement, en discussions animées sur leurs chances au « Banco di Lotto » du lendemain.

Trentaquatro! sessantanove! quarantatre! diciasette! Don Antonio avait rêvé que sa tante était morte subitement et lui avait laissé cinq mille lires – mort subite – 49 : argent – 70! Don Onorato avait consulté le bossu de la Via Forcella, il était sûr de son « terno » – 9, 39, 20! La chatte de Don Bartolo avait eu dans la nuit sept petits – numéro 7. 16. 64! Don Dionisio venait de lire dans le « Pungolo » qu'un « camorrista » avait poignardé un barbier à Immacolatella. Barbier – 21 – couteau – 41. Don Pasquale tenait ses numéros du gardien du cimetière qui les avait entendu distinctement sortir d'une tombe – il morto che parle – 48.

Ce fut à la Farmàcia di San Gennaro que je connus pour la première fois le docteur Villari. J'avais appris de Don Bartolo qu'il était venu à Naples il y avait deux ans comme assistant du vieux docteur Rispu, le médecin bien connu de tous les couvents et de toutes les congrégations du quartier, qui, à sa mort, avait laissé sa nombreuse clientèle à son jeune assistant. J'étais toujours heureux de rencontrer mon collègue, je m'étais pris d'une grande sympathie pour lui dès le début. C'était un homme d'une rare beauté, avec des manières douces, très différent du type ordinaire napolitain. Il venait des Abruzzes. C'est par lui que j'entendis parler pour la première fois du couvent des « Sepolte Vive », le vieux bâtiment sombre au coin de la rue, avec ses étroites fenêtres gothiques et sa grande grille de fer massif toujours fermée, silencieux comme une tombe. Était-ce vrai que les nonnes entraient par cette grille dans le linceul des morts, couchées dans un cercueil? et qu'elles n'en pouvaient plus sortir vivantes?

Oui, c'était parfaitement vrai; les nonnes n'avaient aucun rapport avec le monde extérieur. Lui-même, lors de ses rares visites professionnelles au couvent, était précédé par une vieille sœur qui sonnait une cloche pour prévenir les nonnes d'avoir à s'enfermer dans leurs cellules.

Était-ce vrai ce que j'avais entendu de Padre Anselmo, leur confesseur, que le jardin du cloître était plein de marbres anciens?

Oui, il avait remarqué beaucoup de fragments épars; on lui avait dit que le couvent était situé sur les ruines d'un temple grec.

Mon collègue paraissait prendre plaisir à causer avec moi, il disait ne pas avoir d'amis à Naples; comme tous ses compatriotes il détestait et méprisait les Napolitains. Ce qu'il avait vu depuis l'apparition du choléra les lui faisait détester plus que jamais. Il était difficile de ne pas croire que c'était la punition de Dieu qui s'était abattue sur leur ville pourrie. Sodome et Gomorrhe n'étaient rien comparées à Naples. Ne voyais-je pas ce qui se passait dans les quartiers pauvres, dans les rues, dans les maisons contaminées, même dans les églises tandis qu'ils priaient un saint et maudissaient l'autre? Une frénésie de luxure balayait Naples tout entière; l'immoralité et le vice partout, sous l'œil même de la Mort. Des violences contre les femmes étaient devenues si fréquentes qu'aucune femme convenable n'osait quitter sa maison.

Il ne paraissait pas avoir peur du choléra, il disait qu'il se sentait tout à fait en sécurité sous la protection de la Madonna. Combien je lui enviais sa foi. Il me montra les deux médaillons que sa femme avait suspendus à son cou lorsque le choléra éclata; l'un était une Madonna del Carmine, l'autre Santa Lucia, la sainte patronne de sa femme, le nom de sa femme était Lucie. Elle avait toujours porté le petit médaillon depuis qu'elle était enfant. Je dis que je connaissais bien Santa Lucia, je savais qu'elle était la sainte protectrice des yeux. J'avais souvent eu le désir d'allumer un cierge devant sa châsse, moi qui avais vécu des années dans la crainte de perdre la vue. Il dit qu'il demanderait à sa femme de me rappeler dans ses prières à Santa Lucia, qui avait perdu sa propre vue mais avait rendu la lumière à tant d'autres. Il me dit que du moment où il quittait sa maison au matin, sa femme restait assise près de la fenêtre à guetter son retour. Elle n'avait que lui au monde. Elle l'avait épousé contre la volonté de ses parents, il avait voulu la renvoyer de la ville contaminée, mais elle avait refusé de le quitter. Je lui demandai s'il avait peur de la Mort. Il dit que non, pas pour lui-même mais pour l'amour de sa femme. Si seulement la mort par le choléra n'était pas si hideuse! Mieux valait être emporté sur-le-champ au cimetière qu'être vu par des yeux qui vous aimaient.

– « Je suis sûr que tout ira bien pour vous », dis-je, « vous avez au moins quelqu'un qui prie pour vous. Je n'ai personne. » Une ombre passa sur son beau visage.

– « Promettez-moi, si... »

– « Ne parlons pas de la mort », interrompis-je avec un frisson.

La petite Osteria dell'Allegria, derrière Piazza Mercato, était un de mes lieux de repos favoris. La nourriture était abominable mais le vin excellent; j'en buvais beaucoup. Souvent j'y passais la moitié de la nuit quand je n'osais pas rentrer chez moi. Cesare, le veilleur de nuit, devint bientôt mon grand ami. Après le troisième cas de choléra dans mon auberge je finis par déménager dans une chambre vide de la maison où il habitait. Mes nouveaux quartiers étaient aussi sales que l'auberge mais Cesare avait raison, il valait beaucoup mieux être « in compagnia ». Sa femme était morte mais Mariuccia, sa fille, était vivante, très vivante. Elle croyait avoir quinze ans mais elle était déjà épanouie; yeux noirs, lèvres rouges, elle ressemblait à la petite Vénus du Musée du Capitole. Elle lavait mon linge, cuisait mes macaroni et faisait mon lit quand elle y pensait. Elle n'avait encore jamais vu un « forestiere »[1]. Elle entrait à tout instant dans ma chambre avec une grappe de raisin, une tranche de pastèque ou une assiette de figues. Quand elle n'avait rien d'autre à m'offrir elle ôtait la rose rouge de ses boucles noires et me la tendait avec son sourire enchanteur de sirène et, dans les yeux, une interrogation brûlante : n'aimerais-je pas aussi prendre ses lèvres rouges? Tout le jour, dans la cuisine, elle chantait de sa voix puissante et aiguë : « Amore! Amore! »

Pendant la nuit je l'entendais se retourner dans son lit, de l'autre côté de la cloison. Elle disait qu'elle ne pouvait pas dormir, elle disait qu'elle avait peur d'être seule la nuit, elle avait peur de

1. *Étranger.*

121

« dormire sola ». N'avais-je pas peur de « dormire solo » ? « Dormite, signorino [1] ? » murmurait-elle de son lit.

Non, je ne dormais pas, j'étais tout éveillé, pas plus qu'elle je n'aimais « dormire solo ».

Quelle frayeur nouvelle faisait battre mon cœur si tumultueusement et courir le sang de mes veines à une allure de fièvre ? Pourquoi, assis, à demi endormi, dans le bas-côté de Santa Maria della Carmine, n'avais-je pas remarqué plus tôt ces belles filles en mantilles noires, agenouillées auprès de moi sur le parvis de marbre, qui me souriaient furtivement au milieu de leurs prières et de leurs incantations ? Comment avais-je pu, pendant des semaines, passer tous les jours devant la « fruttivendola » [2] au coin de la rue, sans m'arrêter pour bavarder avec Nannina, sa ravissante fille, dont les joues avaient la couleur des pêches qu'elle vendait ? Pourquoi n'avais-je pas découvert plus tôt que la « fioraia » [3] de la Piazza Mercato avait le même sourire enchanteur que la Primavera de Botticelli ? Comment avais-je pu passer tant de soirées à l'Osteria dell'-Allegria, sans me douter que ce n'était pas le vin de Gragnano, mais l'étincelle dans les yeux de Carmela qui me montait à la tête ? Comment était-il possible que je n'eusse entendu que les gémissements des mourants et le tintement des cloches, quand toutes les rues retentissaient de rires et de chansons d'amour, quand sous chaque portique il y avait une fille parlant à voix basse à son « amoroso » ?

« O Mari! O Mari! quanto sonno ho perso per te!

Fammi dormire

abbracciato un poco con te » [4].

chantait un jouvenceau sous la fenêtre de Mariuccia.

« O Carmé! O Carmé! » chantait un autre devant l'osteria.

« Vorrei bacciare i tuoi capelli neri » [5], fusait de la Piazza Mercato.

« Vorrei bacciare i tuoi capelli neri », répétait l'écho dans mes oreilles, tandis qu'étendu sur mon lit j'écoutais respirer Mariuccia endormie derrière la cloison.

Que m'était-il arrivé ? Étais-je ensorcelé par une « strega » [6] ? Une de ces filles avait-elle versé quelques gouttes du filtro d'amore de Don Bartolo dans mon vin ? Qu'était-il arrivé à tous ces gens autour

1. *Dormez-vous ?*
2. *Marchande de fruits.*
3. *Marchande de fleurs.*
4. *O Marie! Marie! que de sommeil j'ai perdu pour toi! Fais-moi dormir un peu blotti dans tes bras.*
5. *J'aimerais baiser tes cheveux noirs.*
6. *Sorcière.*

de moi? Étaient-ils tous saouls de vin nouveau ou affolés de luxure sous l'œil même de la Mort?

« Morta la colera, evviva la gioia! »

J'étais assis à ma table habituelle dans l'auberge, à demi assoupi devant ma bouteille de vin. Il était déjà minuit passé; je pensais que je ferais mieux d'attendre où j'étais pour rentrer avec Cesare quand il aurait fini son service. Un jeune garçon accourut vers ma table et me tendit un bout de papier.

« Venez! » y était-il griffonné, en lettres presque illisibles.

Cinq minutes après nous nous arrêtions devant la grande grille de fer du couvent des Sepolte Vive. Je fus introduit par une vieille sœur qui me précéda à travers le jardin du cloître en sonnant une cloche. Nous suivîmes un immense corridor désert; une autre sœur leva une lanterne devant mon visage et ouvrit la porte donnant dans une chambre faiblement éclairée. Le docteur Villari était couché sur un matelas par terre. A première vue je le reconnus à peine. Padre Anselmo lui administrait les derniers sacrements. Il était déjà en « *stadium algidum* »; son corps était tout à fait froid, mais je voyais à son regard qu'il était encore conscient. Je regardai son visage avec un frisson, ce n'était pas mon ami que je regardais, c'était la Mort, la terrible, la repoussante Mort!

Il leva vers moi plusieurs fois les mains, son visage macabre tordu par un effort désespéré pour parler. De ses lèvres grimaçantes sortit distinctement le mot « specchio! » [1]. Une sœur au bout d'un moment apporta un petit miroir; je le tins devant ses yeux à moitié fermés. Il hocha la tête plusieurs fois; ce fut le dernier signe de vie qu'il donna. Une heure plus tard le cœur s'arrêta.

La charrette était devant la grille pour emporter les corps des deux sœurs qui étaient mortes dans la journée. Je savais qu'il dépendait de moi qu'il fût emporté en même temps ou laissé là jusqu'au lendemain matin. On m'aurait cru si j'avais dit qu'il vivait encore; il paraissait exactement le même que lorsque j'étais arrivé. Je ne dis rien. Deux heures plus tard son corps était jeté avec des centaines d'autres dans la fosse commune du cimetière du choléra. J'avais compris pourquoi il avait soulevé sa main en la dirigeant vers moi, et pourquoi il avait hoché la tête quand je tenais le miroir devant ses yeux. Il ne voulait pas que sa femme vît ce qu'il avait vu dans le miroir et il voulait que j'aille l'avertir quand tout serait fini.

J'étais devant sa maison; je vis un visage pâle de femme, presque

1. *Miroir.*

une enfant, à la fenêtre. Elle recula en titubant, les yeux pleins d'épouvante, quand j'ouvris la porte. « Vous êtes le docteur étranger dont il m'a si souvent parlé ? Il n'est pas rentré, je suis restée debout à la fenêtre toute la nuit. Où est-il ? »

Elle jeta un châle sur ses épaules et s'élança vers la porte. « Conduisez-moi vers lui tout de suite, il faut que je le voie tout de suite ! » Je la retins, je dis qu'il fallait d'abord que je lui parle. Je lui dis qu'il était tombé malade au couvent des Sepolte Vive, que toute la maison était contaminée, qu'elle ne pouvait y aller; elle devait songer à l'enfant qu'elle allait mettre au monde.

– « Aidez-moi à descendre, aidez-moi à descendre. Il faut que j'aille auprès de lui, tout de suite, pourquoi ne m'aidez-vous pas ? » sanglotait-elle.

Brusquement elle poussa un cri perçant et s'écroula sur sa chaise, sur le point de s'évanouir.

– « Ce n'est pas vrai ! Il n'est pas mort ! Pourquoi ne parlez-vous pas ? Vous êtes un menteur ! Il ne peut pas être mort sans que je l'aie revu. »

Elle s'élança de nouveau vers la porte.

– « Il faut que je le voie, il faut que je le voie ! »

Une fois de plus je la retins.

– « Vous ne pouvez le voir, il n'est plus là, il est... »

Elle se jeta sur moi comme une bête blessée.

« Vous n'aviez pas le droit de le faire emporter avant que je l'aie vu », cria-t-elle, folle de rage. « Il était la lumière de mes yeux, vous avez ôté la lumière de mes yeux ! Vous êtes un menteur, un assassin ! Sainte Lucie, ôtez la lumière de ses yeux comme il a ôté la lumière de mes yeux. Crevez-lui les yeux comme vous avez crevé les vôtres. »

Une vieille femme se précipita dans la chambre et se jeta sur moi, les mains en avant, comme pour m'égratigner la figure. « Sainte Lucie, ôtez-lui la vue ! Aveuglez-le ! » hurlait-elle à toute voix.

« Potess' essere ciecato ! Potess' essere ciecato ! »[1], hurlait-elle du palier comme je dégringolais l'escalier.

La terrible malédiction, la plus terrible dont on pût m'écraser, retentit toute la nuit dans mes oreilles. Je n'osai pas rentrer, j'avais peur de l'obscurité. Je passai le reste de la nuit à Santa Maria del Carmine, je crus que le jour ne viendrait jamais.

Quand j'entrai au matin, en titubant, dans la Farmacia di San Gennaro pour prendre mon cordial habituel, encore une des spécialités extraordinairement efficaces de Don Bartolo, Padre Anselmo

1. *Puisses-tu devenir aveugle !*

venait de me laisser un message d'avoir à me rendre aussitôt au couvent.

Tout le couvent était bouleversé; il venait d'y avoir trois nouveaux cas de choléra. Padre Anselmo me dit qu'à la suite d'une longue conversation entre l'abbesse et lui, il avait été décidé de me demander de remplacer mon collègue défunt, aucun autre docteur n'étant disponible. Frappées de panique des sœurs couraient en tous sens dans les corridors, d'autres priaient et chantaient des cantiques dans la chapelle. Les trois nonnes étaient étendues sur leurs paillasses dans leurs cellules. L'une mourut le soir. Au matin la vieille sœur qui m'avait assisté fut atteinte à son tour. Elle fut remplacée par une jeune sœur que j'avais remarquée déjà lors de ma première visite. Vraiment il était difficile de ne pas la remarquer car elle était fort jeune et d'une beauté frappante. Elle ne m'adressa jamais un mot. Elle ne me répondit même pas quand je lui demandai son nom, mais j'appris par Padre Anselmo qu'elle était Suora Ursula. Plus tard dans la journée je demandai à parler à l'abbesse et fus conduit à sa cellule par Suora Ursula. La vieille abbesse me regarda de ses yeux froids, pénétrants, sévères et scrutateurs comme ceux d'un juge. Son visage était rigide et sans vie, comme taillé dans du marbre; ses lèvres minces semblaient ne s'être jamais ouvertes pour un sourire. Je lui dis que tout le couvent était contaminé, les conditions sanitaires effroyables, l'eau du puits dans le jardin polluée; l'immeuble entier devait être évacué ou toutes mourraient du choléra.

Elle répondit que c'était impossible, c'était contraire aux règles de l'ordre, aucune sœur entrée au couvent n'en était jamais sortie vivante. Elles devaient toutes rester où elles étaient; elles étaient entre les mains de la Madonna et de San Gennaro.

Sauf une rapide visite à la Farmacia, pour une dose copieusement accrue du miraculeux cordial de Don Bartolo, je ne quittai pas le couvent durant d'inoubliables jours de terreur. Je dus dire à Padre Anselmo qu'il me fallait du vin et bientôt j'en eus abondamment, trop peut-être. De sommeil, je n'en avais à peu près point, je ne paraissais pas en avoir besoin. Je ne pense même pas que j'eusse pu dormir si j'en avais eu l'occasion; la peur et d'innombrables tasses de café avaient remonté tout mon mécanisme mental à un degré d'excitation extraordinaire qui abolissait toute fatigue. Ma seule détente était de pouvoir me glisser dans le jardin du cloître où je restais assis à fumer d'interminables cigarettes sur le vieux banc de marbre sous les cyprès. Des fragments de marbres antiques gisaient par tout le jardin, la margelle même du puits était taillée dans ce qui avait été un « cippo », un autel romain. Elle se trouve aujourd'hui dans la cour de San Michele. A mes pieds gisait un faune mutilé en « rosso antico » et, à demi caché parmi les cyprès, se dressait un petit Éros encore debout sur sa colonne de marbre « africano ». Par deux fois j'avais trouvé Suora Ursula assise sur le banc. Elle dit qu'il lui fallait sortir respirer une bouffée d'air frais ou elle s'évanouirait à cause de la puanteur dans tout l'édifice. Un jour elle m'apporta une tasse de café et resta debout devant moi à attendre la tasse tandis que je buvais mon café le plus lentement possible pour la faire rester là un peu plus longtemps. Il me semblait que la regarder était un repos pour mes yeux fatigués. Bientôt cela devint une joie car elle était très belle. Comprenait-elle ce que lui disaient mes yeux mais que mes lèvres n'osaient dire ? Que j'étais jeune et qu'elle était belle ? Par moments je croyais presque que oui!

Je lui demandai pourquoi elle était venue ici enterrer sa jeune vie dans le tombeau des Sepolte Vive! Ne savait-elle pas qu'au dehors de ce lieu de terreur et de mort le monde était beau comme jadis, que la vie était pleine de joie et pas seulement de tristesse ?

« Savez-vous qui est ce jeune garçon? » dis-je en désignant le petit Éros sous les cyprès.

Elle pensait que c'était un « angelo ».

Non! c'est un dieu! le plus grand de tous les dieux et peut-être le plus ancien de tous les dieux. Il régnait sur l'Olympe et règne encore aujourd'hui sur notre monde.

« Votre couvent s'élève sur les ruines d'un temple antique, ses murs eux-mêmes sont tombés en poussière, détruits par le temps et par l'homme. Seul ce petit garçon est demeuré où il se trouve, ses flèches frémissantes à la main, prêt à lever son arc. Il est indestructible parce qu'il est immortel. Les Anciens l'appelaient Éros, il est le dieu de l'Amour! »

Comme je prononçais le mot blasphématoire la cloche de la chapelle appela les nonnes pour la prière du soir. Elle se signa et en toute hâte sortit du jardin.

Un moment après une autre sœur se précipita vers moi pour m'emmener vers l'abbesse. Elle s'était évanouie dans la chapelle et elles venaient de l'emporter dans sa cellule. L'abbesse me regarda de ses yeux terribles. Elle leva la main et désigna le crucifix au mur. On lui apporta les derniers sacrements. Elle ne revint plus à elle, elle ne parla plus, le cœur battait de plus en plus faiblement, elle baissait rapidement. Elle resta ainsi étendue toute la journée, le crucifix sur la poitrine, son rosaire dans les mains, les yeux clos, son corps lentement se refroidissait. Une ou deux fois je crus entendre un faible battement du cœur, bientôt je n'entendis plus rien. Je regardais le visage rigide et cruel de la vieille abbesse que la Mort même n'avait pu adoucir. C'était presque un soulagement pour moi que ses yeux se fussent fermés à jamais, il y avait dans ces yeux quelque chose qui m'épouvantait. Je regardai la jeune sœur près de moi.

« Je ne puis rester davantage », dis-je. « Je n'ai pas dormi depuis que je suis venu ici, ma tête tourne, je ne suis pas moi-même, je ne sais pas ce que je fais, j'ai peur de moi, j'ai peur de vous, j'ai peur de... »

Je n'eus pas le temps d'ajouter un mot, elle n'eut pas le temps de se reculer, mes bras l'avaient enlacée, je sentais le tumulte de son cœur qui battait contre mon cœur.

« Pietà! » murmura-t-elle.

Tout à coup elle désigna le lit et s'élança hors de la pièce avec un cri de terreur. Les yeux de l'abbesse me regardaient fixement, grands ouverts, terribles, menaçants. Je me penchai sur elle, je crus entendre un faible bruissement du cœur. Était-elle morte ou vivante? Ces yeux terribles pouvaient-ils voir? Avaient-ils vu? Ces lèvres parleraient-elles encore jamais? Je n'osais regarder ces yeux, je tirai le drap sur son visage et me sauvai de la cellule des Sepolte Vive pour ne plus jamais y retourner.

Le jour suivant je m'évanouis dans la Strada Piliero. Quand je repris connaissance j'étais étendu dans un fiacre auprès d'un agent de police terrifié, assis sur la banquette opposée. Nous étions en route pour Santa Maddalena, l'hôpital des cholériques.

J'ai raconté ailleurs comment se termina cette promenade, comment trois semaines plus tard mon séjour à Naples s'acheva par une merveilleuse croisière dans la baie, sur la meilleure barque à voile de Sorrente, en compagnie d'une douzaine de pêcheurs de Capri en bordée; comment nous restâmes immobiles pendant vingt-quatre heures inoubliables à la pointe de la Marina de Capri, ne pouvant débarquer à cause de la quarantaine.

Je pris grand soin de ne pas raconter dans « Les Lettres d'une ville en deuil » ce qui était arrivé au couvent des Sepolte Vive. Je n'ai jamais osé le dire à personne, pas même à mon fidèle ami le docteur Norstrom qui tenait un journal de la plupart de mes erreurs de jeunesse. Le souvenir de ma honteuse conduite me hanta pendant des années. Plus j'y pensais, plus elle me paraissait incompréhensible. Que m'était-il arrivé? Quelle force inconnue s'était déclenchée pour m'ôter le contrôle de mes sens impérieux mais, jusqu'à ce jour, moins impérieux que ma raison? Je n'étais pas un nouveau venu à Naples, déjà j'avais bavardé et ri avec ces filles de feu du Midi. J'avais dansé avec elles la tarentelle bien souvent par des soirs d'été à Capri. Au pis-aller j'avais pu peut-être leur voler un baiser par-ci par-là, mais toujours j'étais resté maître du bord, parfaitement capable de maîtriser toute menace d'insubordination de l'équipage. Au temps où j'étais étudiant au quartier Latin j'étais tombé presque amoureux de sœur Philomène, la jolie petite sœur de la salle Sainte-Claire. J'avais seulement osé lui tendre la main timidement pour lui dire adieu le jour où je quittai l'hôpital pour de bon, et elle ne l'avait même pas prise. Et maintenant, à Naples, j'avais envie de prendre dans mes bras toutes les filles que je rencontrais, et sans doute l'aurais-je fait, si je ne m'étais évanoui dans la Strada Piliero le jour où je venais d'embrasser une nonne devant le lit de mort d'une abbesse!

En regardant dans le passé mes journées napolitaines, après un intervalle de tant d'années, je ne puis davantage excuser ma conduite aujourd'hui qu'alors mais peut-être puis-je à un certain point l'expliquer.

Je n'ai pas observé pendant toutes ces années la bataille entre la Vie et la Mort sans parvenir à connaître les deux combattants. Lorsque je vis au début la Mort à l'œuvre dans les salles d'hôpital ce n'était qu'un simple match de lutte entre elles, un simple jeu d'enfants comparé à ce que je vis plus tard. Je La vis à Naples assassiner plus de mille personnes par jour sous mes yeux. Je La vis à Messine ensevelir plus de cent mille hommes, femmes et enfants, sous les maisons écroulées, en une minute. Plus tard je La vis à Verdun, les bras rouges de sang jusqu'aux coudes, massacrant quatre cent mille hommes et, dans les plaines de la Flandre et de la Somme, moissonnant la fleur d'une armée entière. C'est seulement depuis que je L'ai vue opérer sur une grande échelle que j'ai commencé à comprendre la tactique de la guerre. C'est une étude fascinatrice, pleine de mystères et de contradictions. Au début tout cela paraît un chaos affolant, un aveugle massacre sans aucun sens, plein de confusion et d'erreurs. Tantôt la Vie, brandissant une arme nouvelle, s'avance victorieuse puis recule l'instant d'après, vaincue par la Mort triomphante. Ce n'est pas cela. La bataille est réglée jusque dans ses détails infimes par une loi d'équilibre immuable entre la Vie et la Mort. Partout où cet équilibre est renversé par quelque cause accidentelle, que ce soit une épidémie, un séisme ou la guerre, la Nature vigilante se met aussitôt au travail pour régler la balance, pour faire surgir des êtres nouveaux qui prennent la place des disparus. Esclaves d'une force irrésistible, loi de la Nature, les hommes et les femmes tombent dans les bras les uns des autres, aveuglés par la concupiscence, sans se douter que c'est la Mort qui préside à leurs épousailles, son aphrodisiaque d'une main, son narcotique de l'autre, la Mort qui donne la Vie, qui reprend la Vie; le commencement et la fin.

CHAPITRE IX

RETOUR A PARIS

J'étais resté absent trois mois au lieu d'un. J'avais la conviction que beaucoup de mes malades se seraient attachés à mon ami le docteur Norstrom qui les avait soignés en mon absence. Je me trompais; ils me revinrent tous, les uns mieux, les autres plus mal, pleins d'éloges pour mon confrère mais aussi pour moi. Il m'eût été indifférent de les voir s'attacher à lui, j'étais débordé de travail en tout cas et je savais que sa clientèle fondait de plus en plus, qu'il avait même dû quitter le boulevard Haussmann pour un appartement plus modeste rue Pigalle. Norstrom avait toujours été un ami fidèle, m'avait tiré de nombreux mauvais pas au début de ma carrière, lorsque je pataugeais encore dans la chirurgie, toujours prêt à partager les responsabilités de mes nombreuses gaffes. Je me rappelle bien, par exemple, le cas du baron B... Je crois que je ferais mieux de vous raconter cette histoire pour vous faire comprendre quel homme était mon ami. Le baron B..., un des plus anciens membres de la colonie suédoise, de santé toujours délicate, avait été soigné par Norstrom pendant des années. Un jour Norstrom avec sa funeste timidité suggéra que je fusse appelé en consultation. Le baron fut pris d'une grande sympathie pour moi. Un nouveau médecin est toujours considéré comme un bon médecin jusqu'à preuve du contraire. Norstrom désirait une opération immédiate, j'y étais opposé. Le baron m'écrivit qu'il en avait assez de la figure morose de Norstrom et me demanda de le prendre en main. Naturellement je refusai, mais Norstrom insista pour se retirer et me céder son malade. L'état général du baron s'améliora rapidement, j'étais félicité de tous côtés. Un mois plus tard il devint évident pour moi que Norstrom avait vu juste dans son diagnostic mais qu'il était trop tard à présent pour une intervention; le malade était condamné.

J'écrivis à son neveu à Stockholm de venir pour l'emmener mourir dans son pays. Je réussis à grand-peine à persuader le vieux monsieur. Il ne voulait pas me quitter, j'étais le seul docteur à comprendre son cas. Deux mois plus tard son neveu m'écrivit que son oncle m'avait laissé par testament un chronomètre à répétition en or de grande valeur, en souvenir de ce que j'avais fait pour lui. Je lui fais souvent sonner l'heure pour me remettre en mémoire de quoi est faite la réputation d'un docteur.

Depuis quelque temps la situation entre Norstrom et moi s'était quelque peu modifiée. J'étais de plus en plus appelé en consultation par ses malades; bien trop souvent. Je venais, cet après-midi même, d'en voir mourir un de façon plutôt inattendue, une vraie malchance pour Norstrom car le malade était un des membres les plus en vue de la colonie. Norstrom en était tout bouleversé; je l'emmenai dîner avec moi au Café de la Régence pour le remonter un peu.

– « J'aimerais bien que tu puisses m'expliquer le secret de ton succès et de mon insuccès », dit Norstrom en me regardant tristement par-dessus la bouteille de Saint-Julien.

– « C'est avant tout une question de chance », dis-je. « Il y a aussi une différence de tempérament entre toi et moi qui me permet de saisir la Fortune par les cheveux tandis que tu laisses envoler la Déesse, assis tranquillement les mains dans tes poches. Je suis convaincu que tu en sais plus long que moi sur la santé et la maladie du corps humain; il se peut, malgré que tu aies deux fois mon âge, que j'en sache plus long que toi sur l'esprit humain. Pourquoi as-tu dit au professeur russe, que je t'avais adressé, qu'il avait une angine de poitrine? Pourquoi lui as-tu expliqué tous les symptômes de ce mal fatal? »

– « Il insistait pour connaître la vérité, j'ai dû la lui dire, il ne m'aurait pas obéi sans cela. »

– « Moi je ne lui ai rien dit de pareil et néanmoins il m'obéissait. Il t'a menti en te disant qu'il voulait tout savoir et qu'il n'avait pas peur de la mort. Nul ne veut savoir à quel point il est malade, tout le monde a peur de la mort et à juste titre. Cet homme est maintenant bien plus malade, son existence est paralysée par la peur, c'est tout de ta faute. »

– « Tu es toujours à parler de nerfs et de moral comme si notre corps n'était fait de rien d'autre. La cause de l'angine de poitrine est l'artério-sclérose des artères coronaires. »

– « Demande au professeur Huchard ce qui est arrivé la semaine dernière dans sa clinique tandis qu'il nous expliquait un cas! La malade fut prise subitement d'une attaque terrible que le professeur lui-même crut fatale. Je lui demandai l'autorisation de tenter de l'arrêter par un traitement mental, il dit que c'était inutile mais y consentit. Je posai ma main sur le front de la malade et l'assurai que cela allait passer tout de suite; au bout d'une minute l'épouvante avait disparu de son regard, elle respira profondément et dit qu'elle se sentait tout à fait bien. Tu dis naturellement : c'était un cas de pseudo-angine, fausse angine de poitrine. Je puis te prouver le contraire; quatre jours après elle eut une attaque, selon toute apparence identique, elle mourut en moins de cinq minutes. Tu es toujours à essayer d'expliquer à tes malades ce que tu ne peux seulement expliquer à toi-même. Tu oublies que c'est une question de foi et non de science, comme la foi en Dieu. L'Église catholique n'explique jamais rien et demeure la plus grande puissance du monde; l'Église protestante s'efforce de tout expliquer et peu à peu tombe en miettes. Moins tes malades connaissent la vérité et mieux cela vaut. Il n'a jamais été prévu que le jeu des organes de notre corps dût être sous le contrôle de notre cerveau; faire penser tes malades à leur mal c'est contrarier les lois de la nature. Dis-leur de faire ceci ou cela, de prendre tel ou tel remède afin d'aller mieux, et que s'ils n'entendent pas t'obéir ils aillent s'adresser à d'autres. »

« Ne va pas les voir, sauf lorsqu'ils ont absolument besoin de toi, ne leur parle pas trop ou ils auront vite fait de deviner ta vraie valeur et notre maigre savoir. Les médecins, comme les têtes couronnées, devraient le plus possible se tenir à l'écart, sinon leur prestige en souffrira; les uns comme les autres nous paraissons à notre avantage dans une lumière pas trop crue. Vois, même une famille de médecin! elle préfère toujours en consulter un autre que lui. En ce moment je soigne, en cachette, la femme d'un des plus célèbres médecins de Paris; pas plus tard qu'aujourd'hui elle m'a montré sa dernière ordonnance pour me demander s'il était possible qu'elle lui fasse quelque bien. »

– « Tu es toujours entouré de femmes. Ah! si seulement les femmes m'aimaient autant qu'elles paraissent t'aimer! Ma vieille cuisinière elle-même est amoureuse de toi depuis que tu as guéri son zona. »

– « Oh! plaise à Dieu qu'elles ne m'aiment pas, je te passerai volontiers toutes ces névrosées. Je sais que je leur dois en très grande partie ma réputation de soi-disant médecin à la mode, mais laisse-moi te dire qu'elles sont une grande gêne et souvent même un danger. Tu dis que tu désires que les femmes t'aiment, eh bien! ne le leur dis pas, n'en fais pas trop de cas, ne les laisse pas te mener à leur guise. Les femmes, bien qu'elles semblent l'ignorer elles-mêmes, préfèrent de beaucoup obéir que d'être obéies. Elles se prétendent nos égales mais elles savent parfaitement qu'elles ne le sont pas; heureusement pour elles, car si elles l'étaient nous les aimerions beaucoup moins. Au fond j'ai bien meilleure opinion des femmes que des hommes, mais je ne le leur dis pas. Elles ont bien plus de courage, elles affrontent la maladie et la mort beaucoup mieux que nous, elles ont plus de pitié et moins de vanité. Leur instinct, après tout, est un guide plus sûr dans leur existence que notre intelligence; elles ne se couvrent pas de ridicule aussi souvent que nous. Pour une femme l'amour est beaucoup plus que pour un homme, il est tout. Il est moins une question de sens que l'homme ne se l'imagine généralement. Une femme peut s'éprendre d'un homme laid, même d'un homme vieux, s'il excite son imagination. Un homme ne peut s'éprendre d'une femme que si elle excite son instinct sexuel, qui, contrairement aux desseins de la nature, survit chez l'homme moderne à sa puissance sexuelle. Il n'y a donc pas de limite d'âge pour l'amour; Richelieu était irrésistible à quatre-vingts ans, alors que ses jambes le portaient à peine et Gœthe avait soixante-dix ans quand il perdit la tête pour Ulrike von Levetzow.

« L'amour lui-même, comme la fleur, a la vie courte. Chez l'homme il meurt de mort naturelle dans le mariage; chez la femme il survit souvent jusqu'à la fin, transformé en une tendresse pure-ment maternelle pour le héros tombé de ses rêves. Les femmes ne peuvent pas comprendre que l'homme est naturellement polygame. On peut, en l'apprivoisant, lui imposer de se soumettre à notre dernier code de morale sociale mais son instinct indestructible n'est qu'endormi. Il demeure le même animal que l'a fait son Créateur, prêt à besogner selon son instinct sans souci des vaines entraves.

« La femme n'est pas moins intelligente que l'homme, elle est peut-être en général plus intelligente. Mais son intelligence est d'un autre ordre. On ne peut nier le fait que le poids du cerveau de l'homme est supérieur à celui de la femme. Les circonvolutions cérébrales, qu'on peut déjà noter chez le nouveau-né, sont tout à fait différentes dans les deux cerveaux. Les différences anatomiques deviennent encore plus frappantes lorsque vous comparez le lobe occipital des deux cerveaux; c'est précisément à cause de la pseudo-atrophie de ce lobe dans le cerveau de la femme que Husche lui attribue une telle importance psychique. La loi de différenciation des sexes est une loi immuable de la nature qui se vérifie dans toute la création, et s'accentue de plus en plus à mesure que les types sont plus évolués. On nous dit que cela s'explique par le fait que nous avons accaparé toute l'instruction pour nous-mêmes, comme un monopole de notre sexe, et que la femme n'a jamais pu tenter sa chance équitablement. Vraiment? Déjà à Athènes la condition de la femme n'était pas inférieure à celle de l'homme, toutes les voies de la science lui étaient ouvertes. Les peuples Ionien et Dorique ont toujours reconnu son indépendance; elle était même excessive chez les Lacédémoniens. Durant tout l'Empire Romain, quatre siècles de haute culture, les femmes ont joui d'une grande indépendance. Il suffit de se rappeler qu'elles disposaient entièrement de leurs biens personnels. Durant le Moyen Age l'instruction des femmes était très supérieure à celle des hommes. Les chevaliers maniaient mieux l'épée que la plume; les moines étaient instruits mais il y avait beaucoup de couvents de femmes où les religieuses avaient les mêmes facilités pour s'instruire. Voyez notre profession où les femmes ne sont pas de nouvelles venues. Il y avait déjà des femmes professeurs à l'école de Salerne; Louise Bourgeois, médecin de Marie de Médicis, la femme d'Henri IV, écrivit un livre sans valeur sur l'obstétrique. Marguerite la Marche fut sage-femme en chef à l'Hôtel-Dieu en 1677; Madame La Chapelle et Madame Boivin ont écrivaillé sans fin sur les maladies des femmes, fatras sans valeur. Durant les dix-septième et dix-huitième siècles il y eut abondance de femmes professeurs dans les fameuses universités italiennes, Bologne, Pavie, Ferrare, Naples. Aucune ne fit jamais rien pour l'avancement de la science qu'elle cultivait. C'est précisément parce que l'obstétrique et la gynécologie étaient abandonnées aux mains des femmes que ces deux branches de notre profession restèrent si longtemps désespérément immobiles. Elles commencèrent seulement à avancer lorsque les hommes les prirent en main. Aujourd'hui même aucune femme, lorsque sa vie ou celle de son enfant est en danger, ne restera attachée à un docteur de son sexe.

« Vois la musique! Toutes les dames de la Renaissance jouaient du luth et plus tard du clavecin et de la harpe. Pendant un siècle toutes les jeunes filles de la meilleure société ont peiné sur leurs pianos mais, jusqu'ici, je ne connais pas un morceau de musique de premier ordre composé par une femme et je ne connais pas non plus de femme capable de jouer à mon goût l'Adagio Sostenuto de l'op. 106 de Beethoven. Il n'y a presque pas de jeunes filles qui ne s'adonnent à la peinture mais, autant que je sache, aucun musée d'Europe ne contient un tableau de premier ordre signé d'une femme, en exceptant peut-être Rosa Bonheur qui devait se raser le menton et s'habillait en homme.

« Un des plus grands poètes de l'Antiquité fut une femme. De la couronne de fleurs qui ceignait le front de l'enchanteresse il ne reste plus que quelques pétales de roses embaumés d'un éternel printemps. Quelle immortelle joie, quelle immortelle tristesse pour nos oreilles dans l'écho de ce chant de sirène venu du rivage lointain de l'Hellade! Belle Sapho! entendrai-je jamais à nouveau ta voix? Qui sait si tu ne chantes pas encore dans quelque fragment perdu de l'Anthologie conservé sous la lave d'Herculanum! »

– « Je ne veux plus rien entendre de ta Sapho! » grogna Norstrom, « ce que je sais d'elle et de ses adoratrices me suffit largement. Je ne veux plus entendre parler de femmes. Tu as bu plus que de raison, tu as dit un tas de bêtises, rentrons. »

En descendant le boulevard mon ami voulut un bock et nous nous assîmes à la terrasse d'un café.

« Bonsoir, chéri »[1], dit à mon ami une dame de la table voisine, « tu paies un bock? je n'ai pas dîné. » Norstrom lui dit d'une voix irritée de le laisser tranquille.

– « Bonsoir, Chloé », dis-je. « Comment va Flopette? »

– « Elle fait les rues écartées, elle n'est bonne sur le Boulevard qu'après minuit. »

Tandis qu'elle parlait, Flopette fit son apparition et s'assit auprès de sa sœur d'armes.

– « Tu as bu encore, Flopette », dis-je, « veux-tu décidémen aller en enfer? »

– « Oui », répondit-elle, d'une voix éraillée, « ça ne peut pas être pire qu'ici. »

– « Tu n'es pas très difficile pour tes relations », grogna Norstrom en jetant un regard horrifié sur les deux filles.

– « J'ai eu des relations pires que ces deux-là », dis-je. « D'ailleurs, je suis leur conseiller médical. Elles sont toutes les deux syphilitiques, l'absinthe fera le reste, elles finiront à Saint-Lazare ou dans le ruisseau avant longtemps. Au moins n'ont-elles pas la prétention d'être autre chose que ce qu'elles sont. N'oublie pas que de ce qu'elles sont elles doivent merci à un homme et qu'un autre homme les attend en face, au coin de la rue, pour leur prendre l'argent que nous leur donnons. Elles ne sont pas aussi mauvaises que tu crois, ces filles; elles demeurent jusqu'au bout des femmes, avec tous leurs défauts mais aussi avec quelques-unes de leurs vertus qui survivent à leur chute. Étrange à dire, elles sont même capables d'amour, dans le sens le plus élevé du mot et tu n'as jamais

1. *En français dans le texte.*

vu spectacle plus poignant. J'ai connu une fille qui était amoureuse de moi, elle devint timide et craintive comme une jeune fille, elle rougissait jusque sous sa couche de rouge. Même cette répugnante créature attablée près de nous aurait pu être une gentille femme si la chance lui avait souri. Laisse-moi te raconter son histoire. »

« Te rappelles-tu », dis-je, comme nous descendions, en flânant, le Boulevard bras dessus, bras dessous, « te rappelles-tu l'école de filles de Passy, tenue par les sœurs Sainte-Thérèse, où tu m'avais mené l'année dernière voir une jeune Suédoise qui mourut de typhoïde ? Il y eut un autre cas dans la même école peu après, que je soignai ; une très belle jeune fille française d'environ quinze ans. Un soir, comme je quittais l'école, je fus accosté de la manière habituelle par une femme qui arpentait le trottoir opposé. Comme je lui disais avec rudesse de me laisser tranquille, elle me supplia d'une voix humble de lui permettre de me dire quelques mots. Elle m'avait guetté sortir tous les jours de l'école depuis une semaine, elle n'avait pas eu le courage de me parler parce qu'il faisait encore jour. Elle m'appelait Monsieur le Docteur et me demanda d'une voix tremblante comment allait la jeune fille atteinte de la fièvre typhoïde ; était-ce dangereux ?

« Il faut que je la voie avant qu'elle ne meure », fit-elle en sanglotant, les larmes roulant sur ses joues peintes, « il faut que je la voie, je suis sa mère. » Les sœurs ne savaient rien, l'enfant avait été amenée là à trois ans et l'argent était versé par la banque. Elle-même n'avait jamais vu l'enfant depuis lors, sauf pour l'avoir guettée du coin de la rue tous les jeudis, quand les jeunes filles sortaient pour leur promenade de l'après-midi. Je dis que j'étais très inquiet pour l'enfant, que je l'avertirais si elle allait plus mal. Elle ne voulut pas me donner son adresse, elle me supplia de lui permettre de m'attendre dans la rue tous les soirs pour des nouvelles. Pendant une semaine je la trouvai là tremblante d'angoisse. Je dus lui dire que l'enfant allait plus mal, je savais bien qu'il n'était pas question de faire voir à cette malheureuse fille son enfant agonisante, tout ce que je pus fut de lui promettre de l'avertir quand la fin serait proche et là-dessus elle consentit enfin à me donner son adresse. Tard le soir suivant je me fis conduire à son adresse dans une rue mal famée derrière l'Opéra-Comique. Le cocher me sourit d'un air entendu et proposa de revenir me chercher dans une heure. Je dis qu'un quart d'heure suffisait. Après un examen rapide la patronne de l'établissement m'admit en la présence d'une douzaine de dames à demi nues, en courtes tuniques de mousseline rouge, jaune ou verte. Si je voulais choisir ? Je dis que mon choix était fait, je voulais Mademoiselle

Flopette. La patronne était désolée, Mademoiselle Flopette n'était pas encore descendue, elle avait beaucoup négligé son travail ces derniers temps, elle était encore à sa toilette dans sa chambre.

« C'était vingt francs payables d'avance et un souvenir à discrétion à Flopette, si j'étais content, et je le serais certainement, c'était une fille charmante, prête à tout, et très rigolote. Désirais-je qu'on monte une bouteille de champagne dans sa chambre ?

« Flopette était assise devant sa glace, très occupée à se barbouiller la figure de rouge. Elle bondit de sa chaise, saisit fébrilement un châle pour cacher son effroyable nudité, uniforme de rigueur ; elle tourna vers moi son visage anxieux de clown plaqué de rouge et ses yeux dont l'un était noir de Kohl, l'autre rouge de larmes.

« – Non, elle n'est pas morte mais elle est très mal. La sœur qui est de service la nuit est épuisée, je lui ai dit que j'amènerais une de mes infirmières pour cette nuit. Raclez cette horrible peinture de votre figure, lissez vos cheveux avec de l'huile, de la vaseline ou tout ce que vous voudrez, ôtez votre affreuse robe de mousseline et mettez l'uniforme que vous trouverez dans ce paquet. Je viens de l'emprunter à une de mes infirmières, je crois qu'il vous ira, vous avez à peu près la même taille. Je reviendrai vous chercher dans une demi-heure. »

« Les yeux fixes, sans parole, elle me regarda descendre l'escalier.

« Déjà ! » dit la patronne d'un air très surpris. Je lui dis que je désirais que Mademoiselle Flopette passât la nuit avec moi ; je reviendrais la chercher. Comme j'arrivais en voiture devant la maison une demi-heure plus tard, Flopette apparut dans l'ouverture de la porte sous la longue pèlerine d'infirmière, entourée de toutes ces dames dans leurs uniformes de mousseline, rien de rien.

« En as-tu de la veine, ma vieille ! » ricanaient-elles en chœur, « d'être emmenée au bal masqué le dernier soir du Carnaval ; tu as l'air très chic et tout à fait respectable, si seulement ton monsieur voulait nous emmener toutes ! »

« Amusez-vous, mes enfants », dit la patronne en souriant, comme elle accompagnait Flopette à mon fiacre, « c'est cinquante francs payables d'avance. »

« Il n'y avait pas grand-chose à faire. L'enfant s'éteignait rapidement, elle était sans connaissance, de toute évidence la fin approchait. La mère resta assise toute la nuit près du lit, regardant fixement à travers ses larmes son enfant qui mourait.

« Donnez-lui un dernier baiser », dis-je lorsque l'agonie commença, « c'est bien, elle a déjà perdu connaissance. »

« Elle se pencha sur l'enfant mais recula brusquement. « Je n'ose pas l'embrasser », sanglota-t-elle. « Vous savez que je suis toute pourrie. »

« La première fois que je revis Flopette elle était ivre morte. La semaine suivante elle se jeta dans la Seine. On la retira vivante. Je tâchai de la faire admettre à Saint-Lazare mais il n'y avait aucun lit disponible. Un mois après elle avala un flacon de laudanum; elle était déjà à moitié morte quand j'arrivai. Je ne me suis jamais pardonné d'avoir aspiré le poison de son estomac. Elle tenait dans sa main crispée un petit soulier de bébé et dans ce soulier il y avait une boucle de cheveux.

« Ensuite elle s'adonna à l'absinthe, poison aussi efficace que pas un, mais, hélas! lent à tuer. En tout cas elle sera bientôt dans le ruisseau où elle est plus sûre de se noyer que dans la Seine. »

Nous nous arrêtâmes devant la maison de Norstrom, rue Pigalle.

– « Bonne nuit », dit mon ami. « Merci pour cette agréable soirée. »

– « A toi de même. »

CHAPITRE X

LE CONVOYEUR DE MORTS
(Der Leichenbegleiter)

Sans doute mieux vaudrait parler le moins possible du voyage que je fis cet été-là en Suède.

Norstrom qui recueillait sans s'émouvoir la plupart de mes aventures de jeunesse dit que c'était l'histoire la plus risquée que je lui eusse encore confiée. Aujourd'hui elle ne peut nuire à personne qu'à moi, aussi bien puis-je vous la raconter ici.

Le professeur Bruzelius, le docteur le plus célèbre de Suède à cette époque, me demanda d'aller à San-Remo pour raccompagner en Suède un de ses malades, un jeune homme de dix-huit ans qui y avait passé l'hiver dans un état avancé de tuberculose. Il venait d'avoir plusieurs hémoptysies. Son état était si sérieux que je ne consentis à le ramener que si nous étions accompagnés par un membre de la famille, ou tout au moins par une infirmière suédoise compétente, son décès en cours de route devant être envisagé. Quatre jours après, sa mère arriva à San-Remo. Nous devions couper le voyage à Bâle et à Heidelberg et prendre le vapeur suédois de Lübeck à Stockholm. Nous arrivâmes à Bâle le soir après un voyage plein d'angoisse. Pendant la nuit la mère eut une crise cardiaque qui faillit l'emporter. Le spécialiste que je fis appeler dans la matinée convint avec moi qu'en aucun cas elle ne pourrait voyager avant plusieurs semaines. J'avais le choix, ou de laisser mourir le jeune homme à Bâle, ou de poursuivre le voyage seul avec lui. Comme tous ceux qui vont mourir il était anxieux de rentrer chez lui. A tort ou à raison je résolus de continuer avec lui jusqu'en Suède. Le jour après notre arrivée à l'hôtel Victoria à Heidelberg, il eut une nouvelle hémoptysie et il fallut abandonner tout espoir de poursuivre le voyage. Je lui dis que nous devions attendre sa mère pendant quelques jours. Il était très contrarié d'avoir à remettre son voyage, même d'un seul jour. Vers le soir il étudia avidement l'horaire des trains. Il dormait paisiblement lorsque j'allai le voir après minuit. Au matin je le trouvai mort dans son lit sans doute à la suite d'une hémorragie interne. Je télégraphiai à mon collègue de Bâle de communiquer la nouvelle à sa mère et de me faire part de ses instructions. Le professeur me répondit par fil que son état était si sérieux qu'il n'osait rien lui dire. Convaincu qu'elle désirait voir son fils enterré en Suède je me mis en rapport avec une entreprise de pompes funèbres pour les formalités nécessaires. Elle m'informa que la loi exigeait que le corps fût embaumé, coût : deux mille marks. Je savais que la famille n'était pas riche, je décidai d'embaumer le corps moi-même. Il n'y avait pas de temps à perdre, c'était fin juillet, la chaleur était extrême. Avec l'aide d'un garçon de la salle d'anatomie je fis, dans la nuit, un embaumement sommaire pour un coût d'environ deux cents marks. C'était le premier embaumement que j'eusse jamais fait, je dois dire que ce ne fut pas un succès, bien loin de là. En ma présence le cercueil de plomb fut soudé et le cercueil extérieur, en chêne, enfermé dans une caisse d'emballage ordinaire suivant le règlement du chemin de fer. Le reste concernait l'entreprise qui se chargeait de transporter le corps par fer jusqu'à Lübeck et de là par mer à Stockholm. L'argent, que j'avais reçu de la mère pour le voyage, suffit à peine à payer la note de l'hôtel. Je protestai vainement contre le prix exorbitant qu'on me réclama pour la literie et le tapis de la chambre où le jeune homme était décédé. Lorsque tout fut réglé il me restait bien juste de quoi payer mon propre voyage jusqu'à Paris. Je n'étais pas sorti de l'immeuble depuis mon arrivée, tout ce que j'avais vu de Heidelberg était le jardin de l'Hôtel de l'Europe sous mes fenêtres. Je pensai que je pourrais au moins aller jeter un coup d'œil aux fameuses ruines du vieux château avant de quitter Heidelberg où j'espérais ne jamais revenir. Comme je me tenais près du parapet de la terrasse du château, dominant la vallée du Neckar à mes pieds, un jeune Dachshund se précipita vers moi, aussi vite que ses petites pattes tordues pouvaient porter son long corps mince, et se mit à me lécher la figure. Ses yeux malins avaient découvert mon secret à première vue. Mon secret! J'avais de tout temps désiré posséder un petit Waldmann, comme on appelle ces chiens charmants dans leur pays d'origine. Malgré ma gêne j'achetai Waldmann sans hésiter, pour cinquante marks, et nous revînmes triomphalement à l'Hôtel Victoria, Waldmann trottinant sans laisse sur mes talons, convaincu que son maître était moi et personne autre. Le lendemain matin il y eut un supplément à propos de je ne sais quoi au sujet du tapis de ma chambre. Ma patience était à bout, j'avais déjà payé huit cents marks de tapis à l'Hôtel Victoria. Deux heures plus tard je fis cadeau du tapis de la chambre du jeune garçon à un vieux savetier, que j'avais aperçu en train de raccommoder une paire de souliers devant la porte de sa pauvre demeure pleine de gosses en haillons. Le directeur de l'hôtel était muet de rage, mais le pégot eut son tapis. Ma mission à Heidelberg était terminée, je décidai de prendre le train du matin pour Paris. Pendant la nuit je changeai d'avis et décidai d'aller en Suède quand même. J'avais déjà pris mes dispositions pour une absence de quinze jours de Paris, Norstrom devait s'occuper de mes malades; j'avais télégraphié à mon frère que je venais passer quarante-huit heures avec lui dans la vieille maison, certainement pareille occasion de vacances en Suède ne se représenterait jamais. Mon unique souci était de m'évader de l'Hôtel Victoria. Il était trop tard pour attraper le train de voyageurs pour Berlin, je résolus de prendre le train de marchandises du soir, celui-là même qui transportait le corps du jeune homme, et de continuer par le même vapeur que lui jusqu'à Stockholm.

J'étais assis à dîner au buffet de la gare quand le garçon me prévint que les chiens étaient « verboten »[1] au restaurant. Je mis une pièce de cinq marks dans sa main et Waldmann sous la table. Je commençais à dîner lorsqu'une voix de stentor cria de la porte : « Der Leichenbegleiter [2] ! » Tout le monde leva la tête de son assiette pour examiner son voisin mais personne ne bougea : « Der Leichenbegleiter! » L'homme fit claquer la porte et revint l'instant d'après avec un individu en qui je reconnus l'employé des pompes funèbres. Le propriétaire de la voix de stentor s'avança vers moi et me hurla sous le nez : « Der Leichenbegleiter. »

Chacun me considéra avec intérêt. Je répondis à l'homme de me ficher la paix, je voulais dîner. Non! Il me fallait venir sur-le-champ, le chef de gare voulait m'entretenir d'une affaire pressante. Un géant à la moustache de porc-épic hérissée et aux lunettes d'or me tendit une liasse de papiers et me cria dans l'oreille je ne sais quoi au sujet du fourgon qui devait être plombé et dans lequel je devais monter sans délai. Je lui dis de mon meilleur allemand que j'avais déjà retenu ma place dans un compartiment de seconde. Il me répondit que c'est « verboten », qu'il fallait m'enfermer dans le fourgon avec le cercueil immédiatement.

1. *Interdits.*
2. *Convoyeur de morts.*

— « Que diable me chantez-vous là ? »

— « N'êtes-vous pas le Leichenbegleiter ? Ne savez-vous pas qu'en Allemagne il est « verboten » qu'un corps voyage sans son Leichenbegleiter et qu'ils doivent être enfermés ensemble ? »

Je lui montrai mon billet de seconde pour Lübeck, je lui dis que j'étais un voyageur libre partant en vacances en Suède. Je n'avais absolument rien à voir avec le cercueil.

— « Êtes-vous ou n'êtes-vous pas le Leichenbegleiter ? hurla-t-il furieux. »

— « Certainement pas. Je veux bien me rendre utile à n'importe quoi mais je refuse d'être un Leichenbegleiter, ce nom me déplaît. »

Le chef de gare considéra avec embarras son paquet de paperasses et déclara que si, dans cinq minutes, le Leichenbegleiter n'avait pas paru, le fourgon contenant le cercueil à destination de Lübeck serait dérivé sur une voie de garage et resterait à Heidelberg. Pendant qu'il parlait un petit bossu aux yeux fureteurs, le visage ravagé par la petite vérole, se précipita vers le bureau du chef de gare, les mains pleines de documents. « Ich bin der Leichenbegleiter », annonça-t-il avec une incontestable dignité.

Je faillis l'embrasser. J'ai toujours eu une secrète sympathie pour les bossus. Je dis que j'étais enchanté de faire sa connaissance, j'allais à Lübeck par le même train que lui et prendrais le même vapeur jusqu'à Stockholm. Je dus me cramponner au bureau du chef de gare quand il déclara qu'il n'allait pas à Stockholm mais à Saint-Pétersbourg avec le général russe et de là à Nijni-Novgorod.

Le chef de gare leva les yeux de son paquet de documents, sa moustache de porc-épic hérissée de stupeur. « Potzdonnerwetter ! il y a deux corps qui vont à Lübeck par ce train ! je n'ai qu'un cercueil dans le fourgon, vous ne pouvez pas mettre deux corps dans le même cercueil, c'est « verboten ». Où est l'autre cercueil ? »

Le bossu expliqua que le cercueil du général russe était en cours de transfert de la voiture au fourgon, tout ça était de la faute du charpentier qui avait terminé la seconde caisse d'emballage à la dernière minute. Qui aurait pu imaginer qu'il eût à fournir deux caisses aussi énormes dans la même journée.

Le général russe ! Je me rappelai brusquement avoir entendu dire qu'un vieux général russe était mort d'une attaque d'apoplexie dans l'hôtel en face du nôtre, le même jour que le jeune garçon. Je me rappelle même avoir aperçu de ma fenêtre un vieux monsieur à l'air farouche, à longue barbe grise, dans une poussette, au jardin de l'hôtel. Le portier m'avait dit que c'était un général russe célèbre, un héros de la guerre de Crimée. Je n'avais jamais vu un homme d'aspect aussi sauvage.

Tandis que le chef de gare se replongeait dans l'examen de ses paperasses embrouillées je pris le bossu à part, lui passai la main doucement sur le dos et lui offris tout de suite cinquante marks et encore autant que je comptais emprunter au consul de Suède à Lübeck, s'il consentait à être le convoyeur des deux cercueils, celui du jeune homme et celui du général russe. Il accepta immédiatement ma proposition. Le chef de gare dit que c'était un cas sans précédent qui soulevait une question légale délicate; il était convaincu qu'il était « verboten » de faire voyager deux corps avec un seul Leichenbegleiter. Il lui fallait consulter le Kaiserliche Oberliche Eisenbahn Amt Direktion Bureau, il faudrait une semaine pour la réponse. Waldmann sauva la situation. A plusieurs reprises pendant notre discussion, j'avais surpris, derrière les lunettes d'or du chef de gare, un regard tendre à l'adresse du chiot et de temps à autre il avait tendu son énorme main pour caresser les longues oreilles soyeuses de Waldmann. Je tentai un dernier effort désespéré pour toucher son cœur. Sans un mot je déposai Waldmann sur ses genoux. A mesure que le jeune chien lui léchait la figure et mordillait ses moustaches de porc-épic ses traits durs s'épanouissaient peu à peu en un large sourire plein de bonhomie pour notre embarras.

Cinq minutes plus tard le bossu avait signé une douzaine de pièces en qualité de Leichenbegleiter des deux cercueils, et moi, avec Waldmann et mon sac à main, je fus embarqué vivement dans un compartiment de seconde bondé; le train démarrait. Waldmann proposa à la grosse dame notre voisine de jouer avec lui, elle me regarda d'un air sévère et dit qu'il était « verboten » de mettre un chien en seconde; était-il au moins « stubenrein » ¹? Bien sûr qu'il était « stubenrein », il n'avait jamais été autre chose. Maintenant Waldmann tourna son attention vers le panier sur les genoux de la grosse dame, renifla avec avidité et se mit à aboyer furieusement. Il aboyait encore lorsque le train s'arrêta à la station suivante.

La grosse dame appela le contrôleur et lui montra le plancher. Le contrôleur déclara qu'il était « verboten » de voyager avec un chien sans muselière. En vain j'ouvris la gueule de Waldmann pour montrer au contrôleur son semblant de dents, en vain je mis dans sa main ma dernière pièce de cinq marks, il fallait conduire Waldmann tout de suite à la boîte aux chiens. Assoiffé de vengeance je

1. *Avait-il au moins des habitudes propres?*

désignai le panier sur les genoux de la grosse dame et demandai au contrôleur s'il n'était pas « verboten » de voyager avec un chat sans billet. Oui, c'était « verboten ». La grosse dame et le contrôleur se querellaient toujours tandis que je dégringolais sur le quai. L'installation de voyage pour les chiens à cette époque était honteusement défectueuse, une cellule obscure sur les roues, saturée d'émanations de la locomotive; comment pouvais-je mettre Waldmann là-dedans? Je me précipitai vers le fourgon à bagages et suppliai le surveillant de se charger du chiot, il me dit que c'était « verboten ». Les portes à coulisse du fourgon voisin glissèrent avec précaution, juste assez pour livrer passage à la tête du Leichenbegleiter, une longue pipe à la bouche. Agile comme un lièvre je sautai dans le fourgon avec Waldmann et mon sac. Les portes furent verrouillées de l'extérieur, un coup de sifflet strident de la locomotive et le train s'ébranla. Le vaste fourgon était vide, sauf les deux grandes caisses contenant les cercueils. La chaleur était formidable mais on avait largement assez d'espace pour allonger ses jambes. Le chiot s'endormit aussitôt sur ma veste, le Leichenbegleiter tira une bouteille de bière chaude de son panier à provisions, nous allumâmes nos pipes et nous nous assîmes par terre pour causer de la situation. Nous étions tranquilles, personne ne m'avait vu entrer d'un bond avec le chien et il m'assura que jamais un contrôleur ne s'approchait du fourgon. Lorsqu'au bout d'une heure le train ralentit pour l'arrêt suivant je déclarai au Leichenbegleiter que seule la force brutale pourrait m'obliger à lui fausser compagnie, j'avais l'intention de rester où j'étais jusqu'à Lübeck. Les heures s'écoulaient en une conversation agréable entretenue surtout par le Leichenbegleiter; je parlais fort mal l'allemand mais le comprenais très bien. Mon nouvel ami me raconta qu'il avait fait ce même voyage bien des fois, il savait même le nom de toutes les stations où on s'arrêtait et pourtant de notre fourgon-prison nous ne voyions rien du monde extérieur. Il était Leichenbegleiter depuis plus de dix ans, c'était un métier agréable et confortable, il aimait voyager et voir des pays nouveaux. Il avait été six fois déjà en Russie, il aimait les Russes, ils voulaient toujours être enterrés dans leur pays. Beaucoup de Russes venaient à Heidelberg consulter ses nombreux et célèbres professeurs. Ils étaient ses meilleurs clients. Sa femme était par profession Leichenwascherin! Il était rare qu'un embaumement de quelque importance se fît sans eux. Désignant le deuxième cercueil, il dit qu'il était assez vexé qu'on n'eût appelé ni lui, ni sa femme pour le monsieur suédois. Il se doutait qu'il était la victime de quelque intrigue; il y avait une grande jalousie de métier entre lui et ses deux confrères. Toute l'affaire était quelque peu mystérieuse, il n'avait même pas pu découvrir le docteur qui avait procédé à l'embaumement. Pour ça tous ne se valaient pas. L'embaumement était un travail délicat et compliqué, on ne savait jamais ce qui pourrait arriver pendant un long voyage par un temps chaud comme celui-ci. Avais-je assisté à de nombreux embaumements?

« A un seul », dis-je avec un frisson.

« J'aimerais vous montrer le général russe », dit le Leichenbegleiter en désignant avec sa pipe l'autre caisse. « Il est absolument merveilleux. Vous ne croiriez jamais que c'est un cadavre, même ses yeux sont ouverts. Je m'étonne que le chef de gare ait fait tant d'histoires à votre sujet », poursuivit-il, « sans doute vous êtes plutôt jeune pour un Leichenbegleiter mais, autant qu'il me semble, vous êtes suffisamment respectable. Vous n'avez besoin que d'un coup de rasoir et d'un coup de brosse, vos vêtements sont couverts de poils de chien et sûrement vous ne sauriez vous présenter demain au consulat de Suède avec un menton pareil; je parie que vous ne vous êtes pas rasé depuis huit jours, vous avez plutôt l'air d'un brigand que d'un Leichenbegleiter. Quel dommage que je n'aie pas apporté mes rasoirs, je vous aurais rasé au prochain arrêt. »

J'ouvris mon sac et dis que je lui serais reconnaissant de m'éviter cette corvée, je ne me rasais jamais moi-même qu'à contre cœur. Il examina mes rasoirs de l'œil d'un connaisseur et déclara que les rasoirs suédois étaient les meilleurs du monde, lui-même n'en employait jamais d'autres. Il avait la main très légère, il avait rasé des centaines de personnes et jamais entendu une plainte.

Je n'avais de ma vie été mieux rasé et le lui dis en le félicitant comme le train s'ébranlait de nouveau.

– « Il n'est rien de tel que de voyager à l'étranger », dis-je en essuyant le savon de ma figure, « tous les jours on apprend quelque chose de nouveau et d'intéressant. Plus je vois ce pays plus je me rends compte des différences fondamentales entre les Allemands et les autres peuples. Les Latins et les Anglo-Saxons adoptent invariablement la position assise pour se faire raser, en Allemagne on vous fait allonger à plat sur le dos. Affaire de goût, « chacun tue ses puces à sa façon » [1], comme l'on dit à Paris. »

– « Affaire d'habitude », expliqua le Leichenbegleiter, « vous ne pouvez pas faire asseoir un cadavre, vous êtes le premier homme vivant que j'aie rasé. »

Mon compagnon étendit une serviette propre sur sa caisse et

1. *En français dans le texte.*

ouvrit un panier à provisions. Une odeur mélangée, de saucisson, de fromage et de Sauerkraut, chatouilla mes narines; Waldmann s'éveilla brusquement; nos yeux affamés ne le quittaient pas. Ma joie fut grande lorsqu'il m'invita à partager son souper, la Sauerkraut elle-même ne parut plus horrible à mon palais. Il conquit mon cœur en offrant une tranche épaisse de Blutwurst à Waldmann. L'effet fut foudroyant et dura jusqu'à Lübeck. Après la seconde bouteille de Moselle mon nouvel ami et moi n'avions plus guère de secrets à nous confier. Si, il y avait un secret que je gardais jalousement pour moi : que j'étais médecin. Mon expérience dans bien des pays m'avait appris que la moindre allusion à une différence de classe entre mon hôte et moi m'aurait privé de l'occasion unique d'apercevoir la vie sous l'angle visuel d'un Leichenbegleiter. Le peu que je sais en psychologie je le dois à une certaine facilité innée de m'adapter au niveau social de mon interlocuteur. Quand je dîne avec un duc je me sens tout à fait à l'aise et absolument son égal. Quand je dîne avec un Leichenbegleiter je deviens moi-même, le plus qu'il m'est possible, un Leichenbegleiter.

En vérité, quand nous débouchâmes notre troisième bouteille de Moselle, il ne me restait plus qu'à devenir un Leichenbegleiter pour de bon.

« Rigole un peu, Fritz, fit mon hôte en clignant gaiement de l'œil, quitte cet air vaseux. Je sais que tu es à court d'argent et qu'il a dû t'arriver quelque chose. Tant pis, encore un verre et parlons sérieusement. Je n'ai pas été Leichenbegleiter pendant plus de dix ans sans avoir appris à qui j'ai affaire. On peut se passer d'intelligence avec un peu de veine. Je suis sûr que tu es né sous une bonne étoile ou tu ne serais pas ici assis auprès de moi. Voici l'occasion pour toi, la plus belle occasion de ta vie. Remets ton cercueil en Suède pendant que je remettrai le mien en Russie et reviens à Heidelberg par le premier train. Je ferai de toi mon associé. Tant que le professeur Friedrich vivra il y aura du travail pour deux Leichenbegleiter ou je ne m'appelle pas Zacharias Schweinfuss! La Suède ne vaut rien pour toi. Il n'y a point de docteurs célèbres là-bas, Heidelberg en regorge. Heidelberg voilà ta place. »

Je remerciai cordialement mon nouvel ami et dis que je lui donnerais une réponse définitive au matin quand nos cerveaux seraient un peu plus lucides. Quelques minutes plus tard nous dormions l'un et l'autre profondément sur le plancher du Leichenwagen. Je passai une excellente nuit, Waldmann la passa moins bonne. Lorsque le train entra dans la gare de Lübeck il faisait grand jour. Un employé du consulat de Suède attendait sur le quai pour surveiller le transfert du cercueil à bord du vapeur suédois pour Stockholm. Après un cordial « Aufwiedersehen »[1] au Leichenbegleiter je me fis conduire en voiture au consulat. Dès qu'il aperçut le chiot le consul me prévint que l'importation des chiens était interdite car il y avait eu récemment plusieurs cas d'hydrophobie en Allemagne du Nord. Je pourrais tenter la chance auprès du capitaine mais il croyait bien que Waldmann ne serait pas admis à bord. Je trouvai le capitaine de fort mauvaise humeur comme tous les marins qui ont un cercueil dans leur chargement. Tout mon plaidoyer fut inutile. Encouragé par mon succès auprès du chef de gare de Heidelberg, je décidai de le tenter avec le chiot. Waldmann lui lécha en vain toute la figure. Je voulus le tenter par mon frère. Oui, sans doute il connaissait fort bien le Commandor Munthe, ils avaient navigué ensemble sur le « Vanadis » comme aspirants, ils étaient grands amis.

Serait-il assez cruel pour abandonner le petit chien chéri de mon frère à Lübeck au milieu d'étrangers!

Non! Il ne pouvait être si cruel! Cinq minutes plus tard Waldmann était enfermé à clef dans ma cabine, destiné à être introduit en fraude, à mes risques et périls à notre arrivée à Stockholm. J'adore la mer, le bateau était confortable, je dînai à la table du capitaine, tout le monde à bord me témoignait la plus grande politesse. La femme de chambre parut boudeuse quand elle vint le matin faire ma cabine, mais elle devint notre alliée dès que le coupable lui eut léché la figure; elle n'avait jamais vu un petit chien aussi adorable. Quand Waldmann parut sans autorisation sur le pont, tous les marins se mirent à jouer avec lui et le capitaine se tourna de côté pour éviter de le voir. Il était tard dans la nuit lorsque nous vînmes à quai à Stockholm, et je sautai à terre de la proue sur le bateau avec Waldmann dans mes bras. Je me rendis dans la matinée chez le Prof. Bruzelius qui me montra un télégramme de Bâle disant que la mère était hors de danger et que l'enterrement du jeune homme était remis jusqu'à son arrivée dans une quinzaine environ. Il espérait que je serais encore en Suède, la mère voudrait certainement entendre de ma bouche le détail des derniers moments de son fils et bien entendu je devais assister aux funérailles. Je lui dis que j'allais voir mon frère avant de retourner à Paris, j'avais grande hâte de retrouver mes malades.

Je n'avais jamais pardonné à mon frère de m'avoir accablé sous l'héritage terrible de Mamsell Agata, je lui avais écrit une lettre

1. *Au revoir.*

furieuse à ce sujet. Heureusement il paraissait avoir tout oublié. Il dit qu'il était enchanté de me voir et lui et sa femme espéraient que je resterais au moins quinze jours dans la vieille maison. Quarante-huit heures après mon arrivée il exprima son étonnement qu'un docteur aussi occupé que moi pût s'éloigner aussi longtemps de ses malades. Quel jour devais-je partir? Ma belle-sœur était devenue glaciale. Il n'y a rien à faire avec des gens qui détestent les chiens que de les plaindre et de partir en promenade avec son chiot, sac au dos. Rien de meilleur pour un jeune chien que de camper en plein air sous des sapins bienveillants et sur un tapis de mousse moelleux en guise de tapis de Smyrne. Ma belle-sœur avait la migraine et ne descendit pas pour le petit déjeuner le matin de mon départ. Je voulus monter à sa chambre lui souhaiter adieu. Mon frère me conseilla de ne pas le faire. Je n'insistai pas lorsqu'il m'eut dit que la femme de chambre venait de trouver sous mon lit le chapeau du dimanche de sa femme, ses pantoufles brodées, son boa de plumes, deux volumes de l' « Encyclopedia Britannica » en mille morceaux, les restes d'un lapin et son petit chat qu'on avait cherché partout, la tête presque arrachée.

Quant au tapis de Smyrne du salon, les massifs de fleurs du jardin et les six canetons du bassin!... Je consultai ma montre et dis à mon frère que j'avais l'habitude d'être toujours en avance à la gare.

« Olle! » cria mon frère au vieux cocher de mon père au moment où nous partions. « Pour l'amour de Dieu assure-toi que le docteur ne manque pas son train. »

Quinze jours après j'étais de retour à Stockholm. Le Prof. Bruzelius me dit que la mère était arrivée du continent le matin même. L'enterrement devait avoir lieu le lendemain, naturellement il fallait que j'y assiste. A ma profonde horreur il ajouta que la malheureuse mère insistait pour voir son fils avant qu'on ne l'ensevelît; on devait ouvrir le cercueil en sa présence le matin de bonne heure. Évidemment je n'aurais jamais embaumé le corps moi-même si pareille éventualité m'était passée par la tête. Je savais que mon intention avait été bonne mais ma réussite mauvaise; que suivant toute probabilité l'ouverture du cercueil révélerait un spectacle terrible. Ma première pensée fut de fuir et de prendre le train de nuit pour Paris, la seconde fut de rester et de courir ma chance. Il n'y avait pas de temps à perdre. Avec l'aide puissante du Prof. Bruzelius je réussis à grand-peine à obtenir l'autorisation d'ouvrir le cercueil en vue d'effectuer une désinfection sommaire des restes si la nécessité s'en faisait sentir, ce dont j'étais convaincu. Un peu après minuit je descendis dans le caveau sous l'église accompagné du gardien du cimetière et d'un ouvrier qui devait ouvrir le cercueil. Lorsque le couvercle du cercueil intérieur en plomb eut été dessoudé, les deux hommes se retirèrent respectueux devant la Mort. Je pris la lanterne des mains du gardien et découvris le visage. La lanterne tomba sur le sol, je vacillai comme frappé par une main invisible.

Je me suis souvent émerveillé de ma présence d'esprit cette nuit-là, je devais avoir à cette époque des nerfs d'acier.

« Tout va bien », dis-je, recouvrant le visage en hâte, « revissez le couvercle, il n'y a aucun besoin de désinfection, le corps est en parfait état de conservation. »

Je me rendis de bonne heure chez le Prof. Bruzelius. Je lui dis que le spectacle que j'avais vu dans la nuit hanterait la pauvre mère toute sa vie; qu'il fallait à tout prix qu'il empêchât l'ouverture du cercueil.

J'assistai à l'enterrement. Depuis ce jour je n'ai jamais assisté à un autre. Le cercueil fut porté à la tombe sur les épaules de six camarades du jeune homme. Le pasteur dans une allocution émouvante dit que Dieu dans son insondable sagesse avait voulu que cette jeune vie si pleine de promesses et de joie fût fauchée par la cruelle Mort. C'était au moins une consolation, pour ceux qui pleuraient autour de sa tombe prématurée, qu'il fût revenu pour reposer parmi les siens sur la terre où il était né. Au moins sauraient-ils où déposer les fleurs de leur tendre souvenir et où prier.

Un chœur d'étudiants d'Upsala chanta le traditionnel « Integer vitæ scelerisque purus ». J'ai détesté l'ode magnifique d'Horace depuis ce jour-là.

Soutenue par son vieux père, la mère du jeune homme s'avança vers la tombe ouverte et déposa sur le cercueil une couronne de muguet.

« C'était sa fleur favorite », sanglota-t-elle.

L'un après l'autre ceux qui le pleuraient s'avancèrent avec leurs bouquets de fleurs et regardèrent au fond de la tombe avec leurs yeux remplis de larmes, pour un dernier adieu. Le chœur chanta le vieil hymne accoutumé : « Repose en paix, le combat est fini. » Les fossoyeurs commencèrent à jeter des pelletées de terre sur le cercueil, la cérémonie était terminée. Quand ils furent tous partis je regardai à mon tour dans la tombe à demi remplie.

« Oui, repose en paix, rude vieux lutteur, le combat est fini ! Repose en paix ! Ne me hante plus de tes yeux grands ouverts ou je deviendrai fou ! Pourquoi m'as-tu fixé si effroyablement quand je découvris ton visage la nuit dernière dans le caveau sous la chapelle ? Crois-tu que j'eus plus de plaisir à te voir que tu n'en eus à me voir. M'as-tu pris pour un pilleur de tombes qui aurait brisé ton cercueil pour te voler ton icône d'or sur la poitrine? As-tu cru que c'était moi qui t'avais amené ici? Non, ce n'est pas moi! Autant que je sache c'est Méphisto lui-même sous la forme d'un bossu ivre qui t'a fait venir ici. Méphisto seul, l'éternel bafoueur, serait capable de monter la sinistre farce qui vient de se jouer! Il m'a semblé entendre son ricanement à travers leur chant sacré; Dieu me pardonne, je ne fus pas loin de rire moi-même quand on descendit ton cercueil dans cette tombe. Mais que t'importe à qui appartient cette tombe? Tu ne peux pas lire le nom sur la croix de marbre; que t'importe ce nom? Tu ne peux pas entendre la voix des vivants sur la tête; que t'importe la langue qu'ils parlent? Tu ne reposes pas ici parmi des étrangers, tu reposes parmi tes semblables. Il en est de même pour le jeune Suédois qui fut mis en terre pour son dernier sommeil au cœur de la Russie tandis que la fanfare de ton vieux régiment sonnait « Aux champs » devant ta tombe.

« Le royaume de la mort n'a pas de frontières, le tombeau n'a pas de nationalité. Vous êtes maintenant un seul et même peuple, bientôt même vous vous ressemblerez tous. Le même sort vous attend tous où que vous reposiez, vous serez tous oubliés et tomberez tous en poussière car telle est la loi de la Vie. Repose en paix, le combat est fini. »

CHAPITRE XI

MADAME REQUIN

Non loin de l'avenue de Villiers vivait un docteur étranger spécialiste, d'après ce que j'avais compris, en gynécologie et en obstétrique.

C'était un individu cynique, qui m'avait appelé deux fois en consultation, moins pour s'éclairer à la lumière de mes connaissances supérieures que pour décharger une part de sa responsabilité sur mes épaules.

La dernière fois il m'avait appelé pour assister à l'agonie d'une jeune fille qui mourait de péritonite dans des conditions très suspectes, au point que j'hésitai à apposer ma signature auprès de la sienne sur le certificat de décès. Une nuit que je rentrais tard chez moi je trouvai à ma porte un fiacre qui m'attendait avec un message urgent de cet individu me priant de me rendre immédiatement à sa clinique privée rue Granet. J'avais pris la décision de n'avoir plus rien à faire avec lui, mais le message était si pressant que je jugeai bon de m'y rendre avec le fiacre, quoi qu'il en fût. Je fus reçu par une grosse femme, à l'aspect déplaisant, qui se présenta comme Madame Requin, sage-femme de 1ʳᵉ classe, et me conduisit à une chambre à l'étage supérieur, celle-là même où était morte là jeune fille. Trempés de sang, des serviettes, des draps, des couvertures traînaient partout; du sang dégouttait sous le lit avec un bruit sinistre. Le docteur me remercia chaudement d'être venu, il était dans un état d'agitation extrême. Il dit qu'il n'y avait pas de temps à perdre et jusque-là il avait raison car la femme qui gisait sans connaissance sur son « lit de travail »[1] paraissait plutôt morte que vivante. Après un examen rapide, je lui demandai avec colère

1. *En français dans le texte.*

pourquoi il n'avait pas appelé un chirurgien ou un accoucheur à ma place, puisqu'il savait que nous n'étions qualifiés ni lui ni moi pour un cas pareil. La malade se ranima un peu à la suite de deux injections d'éther camphré. Je décidai après quelque hésitation de lui donner un peu de chloroforme tandis que je me mettais à l'œuvre. Avec ma chance habituelle tout se passa assez bien et, après une énergique respiration artificielle, l'enfant lui-même à demi asphyxié revint à la vie à notre grande surprise. Il ne restait plus d'ouate, ni de toile, ni de produits de pansement d'aucune sorte pour arrêter l'hémorragie mais heureusement nous découvrîmes une valise entrouverte, remplie de beau linge et de dessous de femme que nous déchirâmes vivement pour en faire des tampons.

« Je n'ai jamais vu d'aussi beau linge », dit mon confrère en tenant en l'air une chemise de linon, « et voyez », s'écria-t-il en me montrant une couronne brodée en rouge au-dessus de la lettre M, « ma foi, mon cher confrère [1], nous sommes dans le grand monde! Je puis vous assurer que c'est une fort belle fille, bien qu'il n'en reste plus grand-chose à cette heure; remarquablement belle; je ne serai pas fâché de renouer connaissance avec elle si jamais elle s'en tire. »

« Ah, la jolie broche! » s'exclama-t-il en ramassant une broche de diamants qui était évidemment tombée par terre tandis que nous dévalisions le sac. « Ma foi! il me semble qu'elle pourra me payer ma note si ça tourne mal. On ne sait jamais avec ces étrangères; elle pourrait s'aviser de disparaître aussi mystérieusement qu'elle est venue, Dieu sait d'où! »

« Nous n'en sommes pas encore là », dis-je, en arrachant la broche de ses doigts ensanglantés et la mettant dans ma poche, « la loi française fait passer la facture des pompes funèbres avant celle du médecin, nous ignorons laquelle sera présentée la première. Quant à l'enfant... »

« Ne vous inquiétez pas de l'enfant », ricana-t-il, « nous avons ici des nouveau-nés autant et plus que nous n'en voudrions pour le remplacer, au pis-aller. Mme Requin chaque mois en expédie une demi-douzaine par le train des nourrices [2] de la gare d'Orléans. Mais il ne faut pas que la mère me glisse entre les doigts. Il faut que j'aie l'œil à ma statistique. J'ai déjà signé ici deux certificats de décès en deux semaines. »

1. *En français dans le texte.*
2. *En français dans le texte.*

La femme était encore à demi évanouie quand je me retirai au petit jour mais le pouls s'était raffermi et je dis au docteur que je pensais qu'elle vivrait. Je devais être moi-même en bien piteux état pour avoir accepté la tasse de café noir que m'offrit Mme Requin dans son sinistre petit parloir, lorsque je descendis l'escalier en titubant.

« Ah, la jolie broche ! » dit-elle comme je la lui donnais à garder : « Croyez-vous que les pierres soient véritables ? » se demandait-elle en présentant la broche à la lumière du gaz. C'était une très belle broche de diamants avec une couronne de rubis surmontant la lettre M. L'éclat des pierres était pur mais la lueur dans les yeux de Mme Requin était trouble.

« Non », dis-je, pour réparer ma bêtise de lui avoir remis la broche, « je suis sûr que c'est du toc. »

Mme Requin espérait bien que je me trompais. La dame n'avait pas eu le temps de payer d'avance comme il était de règle dans l'établissement, elle était arrivée juste à temps, sur le point de se trouver mal, il n'y avait pas de nom sur ses bagages, rien qu'une étiquette : Londres.

« Ça suffit, ne vous inquiétez pas, vous serez sûrement payée. » Mme Requin exprima l'espoir de me revoir bientôt et je quittai la maison avec un frisson. Environ quinze jours après je reçus de mon confrère une lettre m'avisant que tout avait bien marché, la dame était partie pour une destination inconnue aussitôt qu'elle avait pu se lever, toutes les notes avaient été payées et une forte somme avait été remise à Mme Requin en vue de l'adoption de l'enfant par des gens respectables. Je lui renvoyai son billet de banque avec un mot pour le prier de ne pas m'appeler la prochaine fois qu'il serait en train d'assassiner quelqu'un. J'espérais ne plus jamais revoir ni lui ni Mme Requin.

Mon espoir quant au docteur se réalisa. Quant à Mme Requin j'aurai à vous reparler d'elle en temps utile.

CHAPITRE XII

LE GÉANT

A mesure que le temps passait, je m'apercevais de plus en plus combien rapidement fondait la clientèle de Norstrom et qu'un jour pourrait venir où il devrait fermer définitivement ses volets. Bientôt même la nombreuse colonie scandinave, riche ou pauvre, commença à émigrer de la rue Pigalle à l'avenue de Villiers. Je tentai en vain d'endiguer le flux; heureusement Nostrom ne douta jamais de ma loyauté, nous restâmes amis jusqu'au bout. Dieu sait qu'elle n'était pas une pratique lucrative cette clientèle scandinave! Durant toute mon existence de docteur à Paris, elle fut comme une pierre autour de mon cou, qui aurait pu me noyer si je n'avais pris pied aussi solidement dans les colonies anglaise et américaine et parmi les Français mêmes. En tout cas, elle prenait une grande partie de mon temps et m'entraîna dans toutes sortes de difficultés; elle finit même par me conduire en prison. C'est une curieuse histoire, je la raconte souvent à mes amis, qui écrivent des romans policiers, comme une application frappante de la loi des coïncidences, le cheval de bataille [1] tellement surmené par les auteurs.

En dehors des ouvriers scandinaves de Pantin et de La Villette, un millier en tout, ayant toujours besoin d'un docteur, il y avait à la colonie des artistes à Montmartre et à Montparnasse ayant toujours besoin d'argent, des centaines de peintres, de sculpteurs, d'auteurs de chefs-d'œuvre en prose et en vers jamais écrits, survivants exotiques de la « Vie de Bohème » d'Henri Murger. Quelques-uns d'entre eux étaient déjà sur le bord du succès tels qu'Edelfeld, Carl Larson, Zorn et Strindberg, mais la plupart devaient se contenter de vivre d'espérance. Le plus grand par la taille, le plus petit par

1. *En français dans le texte.*

la fortune, était mon ami le sculpteur, le Géant, comme nous l'appelions, à l'ondoyante barbe blonde de Viking et aux yeux innocents d'enfant. Il paraissait rarement au Café de l'Ermitage où la plupart de ses camarades passaient leurs soirées. Comment il parvenait à nourrir son corps de six pieds huit pouces était pour tous un mystère. Il vivait dans un immense hangar glacial à Montparnasse, transformé en studio de sculpture; il y travaillait, y faisait sa cuisine, y lavait sa chemise et y rêvait ses jours de gloire à venir. Il lui fallait de la grandeur pour lui-même et pour ses statues, toutes de proportions surhumaines et jamais terminées faute d'argile. Un jour il parut à l'avenue de Villiers pour me prier d'être son témoin de mariage le dimanche suivant à l'église suédoise; une réception devait suivre pour « pendre la crémaillère »[1] dans son nouvel appartement. Le choix de son cœur se trouvait être une frêle Suédoise, qui peignait des miniatures et ne lui arrivait pas à la hanche. Naturellement j'acceptai avec joie. Après la cérémonie, le chapelain suédois adressa un gentil petit discours aux nouveaux mariés, assis côte à côte devant l'autel. Ils me rappelaient la statue colossale de Ramsès II assis dans le temple de Luxor auprès de sa petite reine. Une heure plus tard nous frappions à la porte du studio, curieux de ce qui nous attendait. Le géant lui-même nous introduisit avec mille précautions, par un vestibule lilliputien en papier, jusqu'à son salon où il nous invita cordialement à partager ses rafraîchissements et à nous asseoir à tour de rôle sur sa chaise. Son ami Skornberg – vous avez pu voir son portrait grandeur nature au Salon de cette année-là, facile à se rappeler car il était le plus petit bossu que j'eusse jamais vu – proposa de boire à la santé de notre hôte. Levant son verre d'un geste enthousiaste et large de la main, il arriva qu'il renversa la cloison, révélant à nos yeux émerveillés la chambre conjugale avec sa couche nuptiale que des mains habiles avaient montée avec la caisse d'emballage d'un Bechstein de concert, à queue. Tandis que Skornberg terminait son speech, sans autre accident, le Géant rebâtit rapidement la cloison avec deux « Figaros ». Puis il souleva un rideau et nous montra, avec un coup d'œil malicieux à son épouse rougissante, une autre pièce construite entièrement en « Petit Journal » : c'était la nursery.

Nous quittâmes la maison en papier au bout d'une heure pour nous retrouver à souper à la Brasserie Montmartre. Je dus aller voir quelques malades d'abord, il était presque minuit quand je rejoignis la bande. Au centre de la grande pièce mes amis étaient assis

1. *En français dans le texte.*

155

tous congestionnés, chantant à tue-tête l'hymne suédois en un chœur assourdissant, entremêlé de soli tonitruants jaillis de la vaste poitrine du Géant et de notes aiguës de la flûte du petit bossu. Comme je me frayais un passage à travers la salle bondée, une voix cria : « A la porte les Prussiens! A la porte les Prussiens! [1] ». Un verre à bière vola au-dessus de ma tête et frappa le Géant en pleine figure. Ruisselant de sang il bondit de son siège, saisit par le col un Français qui n'y était pour rien et le lança comme une balle de tennis par-dessus le comptoir sur les genoux du propriétaire qui hurla à pleine voix « la police, la police! » [2]. Un second bock m'atteignit sur le nez brisant mes lunettes, un troisième précipita Skornberg sous la table : « A la porte! A la porte! » rugissait la brasserie tout entière, nous pressant de tous côtés. Le Géant, une chaise dans chaque main, moissonnait les assaillants comme du blé mûr, le petit bossu sortit de sous la table, hurlant et mordant comme un singe enragé jusqu'à ce qu'un autre bock l'eût renversé sans connaissance sur le sol. Le Géant le ramassa, caressa la bosse de son meilleur ami, et, le tenant serré sous un bras, couvrit le mieux qu'il put notre retraite inévitable vers la porte où nous fûmes appréhendés par une demi-douzaine d'agents et escortés au commissariat de la rue de Douai. Quand nous eûmes donné nos noms et nos adresses on nous enferma dans une pièce aux fenêtres garnies de barreaux; nous étions *au violon*. Au bout de deux heures de méditation, nous fûmes amenés devant le brigadier qui, s'adressant à moi d'une voix rude, me demanda si j'étais le docteur Munthe de l'avenue de Villiers. Je dis que oui. Regardant mon nez enflé, déjà à deux fois sa grosseur, et mes vêtements déchirés, tachés de sang, il dit que je n'en avais pas l'air. Il me demanda si je n'avais rien à dire puisque je paraissais le moins saoul de cette bande d'Allemands sauvages, et, d'autre part, le seul à parler français. Je lui dis que nous étions une noce paisible qui avait été brutalement assaillie dans la brasserie, sans doute parce qu'on nous avait pris, par erreur, pour des Allemands. A mesure que l'interrogatoire se poursuivait, sa voix devenait moins sévère et de temps en temps il lançait un regard quelque peu admiratif sur le Géant qui tenait sur ses genoux, comme un enfant, le petit Skornberg à moitié évanoui. A la fin il dit avec une vraie galanterie française qu'il serait vraiment dommage de forcer une nouvelle mariée à attendre toute une nuit un si magnifique spécimen de marié, et qu'il voulait bien nous relâcher en attendant l'enquête.

1. *En français dans le texte.*
2. *En français dans le texte.*

Nous le remerciâmes tant et plus et nous nous levâmes pour partir. A ma profonde stupéfaction il me dit : « Je vous prie de rester, j'ai à vous parler. » Il examina de nouveau ses papiers, consulta un registre sur la table et dit sévèrement :

— « Vous avez donné un faux nom, je vous avertis que c'est un délit très grave. Pour vous montrer ma bonne volonté je vous offre une nouvelle chance de rétracter votre déclaration à la police. Qui êtes-vous ? »

Je dis que j'étais le docteur Munthe.

— « Je puis vous prouver que non », répondit-il sévèrement : « Regardez ceci », désignant le registre. « Le docteur Munthe de l'avenue de Villiers est chevalier de la Légion d'honneur; je vois pas mal de taches rouges sur votre veste mais pas de ruban rouge. »

Je lui dis que je le portais rarement. Tout en regardant sa boutonnière vide il déclara en riant qu'il n'avait jamais encore entendu dire qu'il existât en France un homme possédant le ruban rouge et ne le portant pas. Je proposai d'envoyer chercher ma concierge pour m'identifier, il répondit que c'était inutile : c'était un cas qui devait être éclairci par le commissaire de police en personne au matin. Il sonna.

« Fouillez-le », dit-il aux deux agents.

Je protestai avec indignation, il n'avait aucun droit de me faire fouiller. Il dit que ce n'était pas seulement son droit mais, d'après le règlement de police, son devoir pour ma propre sécurité; le dépôt regorgeait de toutes sortes de coquins, il ne pouvait pas me garantir que les objets de valeur que je portais sur moi ne me seraient pas volés. Je déclarai que je n'avais rien de valeur dans ma poche, sauf une petite somme d'argent que je lui tendis.

« Fouillez-le », répéta-t-il.

J'étais très vigoureux à cette époque; deux agents durent me maintenir tandis qu'un troisième me fouillait. On trouva dans mes poches deux montres à répétition en or, deux vieilles montres Bréguet et une montre de chasse anglaise.

On ne me dit pas un mot, je fus immédiatement enfermé à clef dans une cellule malodorante. Je m'écroulai sur le matelas me demandant ce qui allait encore m'arriver. Évidemment, la chose à faire était d'insister pour communiquer avec la légation de Suède mais je résolus d'attendre le lendemain matin. La porte s'ouvrit pour laisser entrer un individu à l'air sinistre, moitié apache, moitié souteneur, qui, au premier coup d'œil, me fit comprendre la sagesse du règlement qui m'avait fait fouiller.

« Allons, Charlot, ne te dégonfle pas , dit le nouveau venu. « On t'a poissé, hein! [1]. Fais pas cette bouille : y a pas de quoi! Dans une pige, si t'es pas déveinard, tu reprendras ton boulot. Entre nous, t'es verni et, la preuve, t'aurais pas barboté cinq montres en un seul jour. Tu parles d'un résultat : cinq montres! J'te tire mon bloum. Y a qu'un English pour être aussi marle. »

Je dis que je n'étais pas Anglais, que j'étais un collectionneur de montres. Il dit : « Moi aussi. » Il se jeta sur l'autre matelas, me souhaita bonne nuit, de doux rêves, et ronflait au bout d'une minute. De l'autre côté de la cloison, une femme saoule se mit à chanter d'une voix éraillée. Il grogna de colère :

« Ferme ça, Fifine, ou je te casse la gueule! » [2]. La chanteuse s'arrêta net et chuchota :

« Alphonse, j'ai quelque chose d'important à te dire. T'es seul? » Il répondit qu'il était avec un jeune ami charmant qui désirait savoir l'heure, car malheureusement il avait oublié de remonter les cinq montres qu'il emportait toujours dans ses poches. Il se rendormit bientôt, le babil de ces dames s'éteignit peu à peu et tout fut tranquille, rien que la visite du gardien qui venait toutes les heures nous regarder à travers le guichet. Comme l'horloge sonnait sept heures à Saint-Augustin je fus extrait de la cellule et conduit devant le commissaire en personne. Il écouta attentivement le récit de mon aventure sans cesser de me fixer de son regard intelligent et pénétrant. Quand j'en vins à lui conter ma manie pour les pendules et les montres, que toute la journée j'avais été en route pour aller chez Le Roy les faire réparer et que je les avais totalement oubliées lorsqu'on me fouilla, il éclata de rire et dit que c'était la meilleure histoire qu'il eût jamais entendue, du Balzac tout pur. Il ouvrit un tiroir de la table et me tendit mes cinq montres.

— « Je ne suis pas resté vingt ans assis à cette table sans apprendre quelque peu à classer mes visiteurs. Vous êtes en règle. »

Il sonna le brigadier qui m'avait incarcéré pour la nuit : « Vous êtes suspendu huit jours pour avoir enfreint le règlement : communiquer avec le consul de Suède. Vous êtes un imbécile. »

1. *En français dans le texte.*
2. *En français dans le texte.*

CHAPITRE XIII

MAMSELL AGATA

La vieille horloge dans le vestibule sonnait sept heures et demie quand je rentrai avenue de Villiers, silencieux comme un fantôme. C'était l'heure où, précise à la minute, Mamsell Agata se mettait à frotter la patine de ma table ancienne dans la salle à manger; il y avait quelque chance pour moi d'atteindre sans encombre ma chambre à coucher, mon seul havre de grâce. Le reste de la maison était entièrement aux mains de Mamsell Agata. Silencieuse et remuante comme une mangouste, elle allait tout le jour d'une pièce à l'autre, un torchon à poussière à la main, à la recherche de quelque chose à astiquer ou d'une lettre déchirée à ramasser par terre. Je m'arrêtai anéanti en ouvrant la porte de mon cabinet de consultation. Mamsell Agata, debout, était penchée sur mon bureau à examiner mon courrier du matin. Elle leva la tête, ses yeux blancs se fixèrent, sinistres et silencieux, sur mes vêtements déchirés, maculés de sang; pour la première fois sa bouche sans lèvres ne trouva pas tout de suite le mot désagréable qui convenait.

« Juste ciel, d'où vient-il? » siffla-t-elle enfin. Elle m'appelait toujours « il » quand elle était en colère. Hélas! elle m'appelait rarement autrement. « J'ai eu un accident dans la rue », dis-je. J'avais pris depuis longtemps l'habitude de mentir à Mamsell Agata par légitime défense. Elle examina mes haillons avec l'œil perçant du connaisseur toujours à l'affût de quelque chose à rapiécer, repriser, ou raccommoder. Il me sembla que sa voix s'était radoucie pour m'intimer l'ordre de lui remettre immédiatement tous mes habits. Je m'esquivai dans ma chambre et pris un bain; Rosalie m'apporta mon café; personne ne faisait une tasse de café comme Mamsell Agata.

– « Pauvre Monsieur! » dit Rosalie comme je lui tendais mes

vêtements pour les porter à Mamsell Agata, « j'espère que vous n'êtes pas blessé ? »

– « Non, dis-je, j'ai peur. C'est tout. »

Rosalie et moi n'avions pas de secrets l'un pour l'autre en ce qui concerne Mamsell Agata; nous vivions tous deux dans une crainte mortelle d'elle, nous étions compagnons d'armes dans notre lutte sans défense de chaque jour pour l'existence. Rosalie, dont le vrai métier était femme de ménage, était venue à mon secours le jour où la cuisinière s'était enfuie et maintenant, depuis que la femme de chambre avait filé aussi, elle était restée avec moi comme une sorte de bonne à tout faire. J'étais désolé de perdre la cuisinière mais je dus bientôt reconnaître que je n'avais jamais eu de meilleur dîner que depuis que Mamsell Agata s'était emparée de la cuisine. La femme de chambre qui était partie me plaisait également beaucoup, elle avait observé scrupuleusement nos accords de n'avoir jamais à approcher de ma table à écrire et jamais à toucher aux meubles anciens. Huit jours après l'arrivée de Mamsell Agata sa santé donna des signes de déclin, ses mains se mirent à trembler, elle laissa tomber mon plus beau vase de vieux Faënza et, bientôt après, elle s'enfuit si précipitamment qu'elle en oublia même ses tabliers. Le jour même de son départ Mamsell Agata se mit au travail, frottant et astiquant mes délicates chaises Louis XVI, battant sans merci mes inestimables carpettes persanes avec un dur bâton, lavant la pâle figure de marbre de ma madone florentine à l'eau et au savon; elle avait même réussi à enlever le merveilleux lustre du vase de Gubbio sur la table à écrire. Si Mamsell Agata fût née il y a quatre cents ans, il ne resterait plus trace aujourd'hui de l'art du Moyen Age. Mais à quelle époque remontait sa naissance? Elle paraissait telle que je l'avais vue, dans ma vieille maison en Suède lorsque j'étais petit garçon. Mon frère aîné l'avait héritée quand le vieux foyer s'était éparpillé. Homme d'un courage exceptionnel il réussit à s'en défaire et à me la passer. Mamsell Agata, écrivit-il, était exactement ce qu'il me fallait, il n'existait pas de meilleure ménagère. En cela il avait raison. Depuis lors, à mon tour, j'avais tenté de m'en défaire. J'avais l'habitude d'inviter à déjeuner mes amis célibataires et des connaissances diverses, tous disaient que j'avais vraiment de la chance de posséder une cuisinière aussi remarquable. Je leur confiai que j'allais me marier, que Mamsell Agata n'aimait que les célibataires et cherchait une nouvelle place. Cela les intéressait tous et ils voulaient la voir. Aussitôt la cause était entendue, ils ne voulaient jamais plus la revoir de leur plein gré. La décrire telle qu'elle était est plus que je ne puis. Elle avait de minces boucles blondes arrangées à la première mode de l'époque victorienne – Rosalie disait que c'était une perruque mais je n'en sais rien. Un front d'une hauteur et d'une étroitesse exceptionnelles, pas de sourcils, de petits yeux blancs, presque pas de visage, rien qu'un long nez pendant au-dessus d'une étroite fente qui s'ouvrait rarement pour découvrir une rangée de dents longues et pointues comme celles d'un furet. La couleur de sa face et de ses doigts était d'un bleu cadavérique; au toucher sa main était visqueuse et froide comme celle d'un cadavre. Son sourire – non – je crois que je ne vous dirai pas ce qu'était son sourire – c'était ce que Rosalie et moi redoutions le plus. Mamsell Agata ne parlait que le suédois mais se querellait couramment en français et en anglais. Je pense qu'elle avait dû finir par comprendre un peu le français ou elle n'aurait pas pu ramasser tout ce qu'elle savait sur mes malades. Je l'ai souvent surprise à écouter derrière la porte de mon cabinet de consultation, surtout lorsque je recevais des dames. Elle avait un grand faible pour les morts, elle paraissait toujours plus gaie lorsqu'un de mes malades était sur le point de mourir, elle manquait rarement de paraître au balcon quand un enterrement descendait l'avenue de Villiers. Elle détestait les enfants et ne pardonna jamais à Rosalie d'avoir donné un morceau du gâteau de Noël à ceux de la concierge. Elle détestait mon chien, elle allait dans tous les coins souffler de la poudre à puces sur les tapis et se mettait à se gratter furieusement dès qu'elle m'apercevait, en signe de protestation. Mon chien la détesta à première vue, peut-être à cause de l'odeur très spéciale qui émanait de toute sa personne. Elle me rappelait l'odeur de souris du cousin Pons, de Balzac, mais avec une senteur spéciale qui lui était propre et que je n'ai remarquée qu'une seule fois dans mon existence. Ce fut bien des années plus tard, lorsque je pénétrai dans un tombeau abandonné de la Vallée des Rois à Thèbes, rempli de centaines de chauves-souris énormes suspendues en grappes noires contre les murs. Mamsell Agata ne quittait jamais la maison, sauf le dimanche où elle s'asseyait solitaire dans une stalle de l'église suédoise du boulevard Ornano pour prier le Dieu de colère. La stalle était toujours vide, personne n'osait s'asseoir auprès d'elle; mon ami, le pasteur suédois, me dit que la première fois qu'il lui mit le pain dans la bouche pour la sainte communion elle lui jeta un regard si sauvage qu'il eut peur qu'elle ne lui mordît le doigt.

Rosalie avait perdu toute sa gaieté d'antan, elle paraissait maigre et misérable, parlait d'aller vivre avec sa sœur mariée en Touraine. Évidemment c'était plus facile pour moi qui étais dehors toute la journée. Sitôt que je rentrais mon corps semblait se vider de toute sa force, une lassitude mortelle et grise tombait sur mes pensées comme de la poussière. Depuis que je m'étais aperçu que Mamsell Agata était somnambule, mes nuits étaient devenues encore plus agitées, je croyais souvent percevoir l'odeur de sa présence jusque dans ma chambre. A la fin j'ouvris mon cœur au pasteur suédois qui venait souvent me voir et avait, je crois, vaguement soupçon de la terrible vérité. « Pourquoi ne la renvoyez-vous pas ? » me dit-il un jour. « Vous ne pouvez pas continuer ainsi. Vraiment je commence à croire que vous avez peur d'elle. Si vous n'avez pas le courage de la renvoyer, je le ferai pour vous. » Je lui offris mille francs pour le fonds de son église s'il parvenait à la renvoyer.

« Je donnerai congé à Mamsell Agata ce soir, ne vous inquiétez de rien, venez demain à la sacristie après l'office et vous aurez de bonnes nouvelles. » Il n'y eut pas d'office à l'église suédoise le jour suivant. Le pasteur était brusquement tombé malade, la veille au soir, trop tard pour trouver un remplaçant. Je me rendis aussitôt à son domicile place des Ternes. Sa femme me dit qu'elle allait précisément m'envoyer chercher. Le pasteur était rentré le soir précédent sur le point de perdre connaissance, il avait l'air d'avoir vu un spectre, me dit-elle.

« Peut-être en a-t-il vu un », pensais-je en gagnant sa chambre. Il dit qu'il venait à peine de commencer à communiquer à Mamsell Agata son message, il s'attendait à la voir furieuse mais, tout au contraire, elle lui avait simplement souri. Tout d'un coup il sentit dans la pièce une odeur très spéciale, il eut l'impression qu'il allait s'évanouir, il était sûr que c'était l'odeur.

« Non », lui dis-je, « c'était le sourire. »

Je lui ordonnai de rester au lit jusqu'à mon retour. Il me demanda ce que cela pouvait bien être, je dis que je n'en savais rien. C'était faux, je savais parfaitement, je reconnaissais les symptômes. « A propos ! » fis-je en me levant pour partir « j'aimerais que vous me parliez un peu de Lazare. Vous qui êtes pasteur en savez certainement plus long que moi sur lui. N'y a-t-il pas une vieille légende... »

« Lazare », dit le pasteur d'une voix faible, « est celui qui rentra chez lui après être sorti de sa tombe où pendant trois jours et trois nuits il était resté couché sous le joug de la mort. Le miracle ne fait aucun doute, il fut constaté par Marie et par Marthe et beaucoup de ses amis d'autrefois. »

— « Je me demande de quoi il avait l'air. »

— « La légende dit que l'œuvre de mort sur son corps, arrêtée par un pouvoir miraculeux, se voyait encore au teint bleu cadavérique de son visage et à ses longs doigts froids du froid de la mort. Les ongles noirs de ses mains s'étaient allongés démesurément, l'odeur écœurante de la tombe imprégnait encore ses vêtements. Tandis que Lazare avançait parmi la foule qui était accourue le féliciter de son retour à la vie, leurs cris joyeux de bienvenue mouraient sur leurs lèvres, une ombre terrible tombait sur leurs pensées comme de la poussière. L'un après l'autre ils s'enfuirent, l'âme glacée d'épouvante. »

Tandis que le pasteur récitait la vieille légende sa voix devenait de plus en plus faible, il se retournait avec inquiétude dans son lit, sa figure devenait pâle comme l'oreiller sous sa tête.

« Êtes-vous sûr que Lazare est le seul qui se soit levé de sa tombe ? » dis-je, « êtes-vous sûr qu'il n'avait pas une sœur ? »

Le pasteur se cacha le visage dans les mains avec un cri d'épouvante.

Dans l'escalier je rencontrai le colonel Staaff, l'attaché militaire, qui précisément venait prendre des nouvelles du pasteur. Le colonel m'invita à rentrer en voiture avec lui, il désirait me parler d'une affaire pressante. Il avait servi avec distinction dans l'armée française en 70 et avait été blessé à Gravelotte. Il avait épousé une Française et était très en vue dans le monde à Paris.

– « Vous savez », me dit le colonel comme nous prenions le thé, « vous savez je suis votre ami et j'ai plus du double de votre âge; il ne faudra pas prendre de travers ce que je vais vous dire dans votre propre intérêt. Ma femme et moi-même avons souvent entendu dernièrement exprimer des plaintes au sujet de la façon tyrannique dont vous traitez vos malades. Personne n'aime s'entendre jeter à la figure à tout propos les mots de discipline et d'obéissance. Les dames, et surtout les dames françaises, ne sont pas habituées à être menées si rudement par un jeune homme comme vous; déjà elles vous ont surnommé Tibère. Ce qu'il y a de pis, je le crains, c'est qu'il vous paraît naturel pour vous de commander et pour les autres d'obéir. Vous vous trompez, mon jeune ami, personne n'aime obéir, tout le monde aime commander. »

– « Je proteste, la plupart des gens et presque toutes les femmes aiment obéir. »

– « Attendez d'être marié », dit mon vaillant ami en glissant un regard furtif vers la porte du salon. « Maintenant passons à un sujet plus grave », poursuivit-il. « Il court le bruit que vous vous préoccupez peu des apparences en ce qui touche votre vie privée; qu'il y a une personne mystérieuse vivant avec vous soi-disant comme gouvernante. La femme du consul d'Angleterre elle-même y a fait allusion devant ma femme qui vous a défendu énergiquement. Que diraient le ministre de Suède et sa femme, qui vous traitent comme leur propre fils, s'ils entendaient cette rumeur ? Ce qui arrivera sûrement tôt ou tard. Je vous le dis, mon ami, cela ne convient pas à un docteur dans votre situation que tant de dames anglaises et françaises viennent voir. Je vous le répète, cela ne convient pas! S'il vous faut une maîtresse allez-y, c'est votre affaire, mais au nom du ciel sortez-la de chez vous! Les Français eux-mêmes ne toléreraient pas un scandale pareil! »

Je remerciai le colonel, je lui dis qu'il avait parfaitement raison, que j'avais souvent tenté de la sortir de chez moi mais que je n'en avais pas la force.

– « Je sais que ce n'est pas facile », condescendit le colonel, « j'ai été jeune moi aussi. Si vous n'avez pas le courage de la sortir je vous aiderai. Je suis votre homme, je n'ai jamais eu peur de personne, homme ou femme, j'ai chargé les Prussiens à Gravelotte, j'ai affronté la mort dans six grandes batailles... »

– « Attendez d'affronter Mamsell Agata Swenson », dis-je.

– « Vous ne voulez pas dire qu'elle est Suédoise? Tant mieux! au pis aller je la ferai expulser de France par la légation. Je serai avenue de Villiers demain matin à dix heures; ne manquez pas d'y être. »

– « Non merci, pas moi, je ne l'approche jamais quand je peux l'éviter. »

– « Et pourtant tu couches avec elle! » s'écria le colonel en me jetant un regard stupéfait. J'étais sur le point de vomir sur son tapis lorsqu'il me tendit un brandy and soda bien tassé, juste à temps, et je sortis de la maison en titubant, après avoir accepté son invitation à dîner le lendemain pour célébrer la victoire. Le lendemain je dînai en tête à tête avec Mme Staaff. Le colonel n'allait pas très bien, je devais aller le voir après le dîner; la vieille blessure de Gravelotte le tracassait encore, pensait sa femme. Le valeureux colonel était allongé sur son lit, une compresse froide sur la tête. Il avait l'air très vieux et très faible, il y avait dans ses yeux un air égaré que je n'avais encore jamais vu.

– « A-t-elle souri? » lui demandai-je.

Il frissonna en étendant la main vers son brandy soda.

– « Avez-vous remarqué le long crochet noir sur l'ongle de son pouce, comme le crochet d'une chauve-souris? »

Il pâlit et essuya la sueur de son front.

– « Que faire? » dis-je anéanti, la tête entre les mains.

– « Il n'y a qu'une planche de salut possible pour vous », répondit le colonel d'une voix faible. « Mariez-vous ou vous vous mettrez à boire. »

CHAPITRE XIV

VICOMTE MAURICE

Je ne me mariai point et ne me mis pas à boire. Je pris une autre détermination. J'abandonnai définitivement l'avenue de Villiers. Rosalie m'apportait mon thé et mon *Figaro* dans ma chambre à 7 heures, une demi-heure après j'étais parti pour ne revenir qu'à deux heures pour ma consultation. Je partais de nouveau avec mon dernier client pour revenir le soir tard et me glisser dans ma chambre furtivement, comme un voleur. Les gages de Rosalie avaient été doublés. Elle demeura bravement à son poste, se plaignant seulement de n'avoir qu'à ouvrir la porte. Tout le reste, le battage des tapis, le raccommodage de mes vêtements, le nettoyage de mes chaussures, le lavage de mon linge, la cuisson de mes aliments était fait par Mamsell Agata.

Comprenant la nécessité d'une liaison entre elle et le monde extérieur et le besoin d'avoir toujours sous la main quelqu'un à quereller, Mamsell Agata tolérait maintenant la présence de Rosalie avec une sombre résignation. Elle lui avait même souri une fois, disait Rosalie, avec un léger tremblement dans la voix. Bientôt mon chien Tom se mit lui aussi à abandonner l'avenue de Villiers par crainte de Mamsell Agata. Il passait ses journées en voiture avec moi, à faire des visites aux malades, il prenait rarement un repas à la maison, il ne pénétrait jamais dans la cuisine, ce qui est la passion de tous les chiens. Dès qu'il revenait de son labeur quotidien il s'esquivait vers son panier, dans ma chambre, où il se savait relativement en sûreté.

A mesure que ma clientèle augmentait, il devenait de plus en plus malaisé de voler un moment pour notre escapade habituelle du dimanche après-midi au Bois. Les chiens comme les hommes ont besoin de temps à autre de renifler la terre pour se donner du cœur. Rien de tel qu'une vive promenade parmi des arbres accueillants, fussent-ils les arbres presque domestiqués du Bois et une partie de cache-cache improvisée avec un ami de rencontre parmi les buissons. Un jour que nous déambulions dans une allée écartée, heureux de nous trouver ensemble, nous entendîmes tout à coup loin derrière nous un halètement désespéré et poussif, accompagné de crises de toux et de suffocations. Je crus que c'était un asthmatique mais Tom comprit tout de suite que c'était un petit boule ou un carlin à demi étouffé qui arrivait à toute allure en nous suppliant, à bout de souffle, de l'attendre. L'instant d'après, Loulou s'affala à demi mort à mes pieds, trop gras pour respirer, trop épuisé pour parler, sa langue noire presque tombée de sa gueule, ses yeux injectés de sang presque désorbités par la joie et l'émotion.

« Loulou! Loulou!. » criait une voix désespérée, du fond d'un coupé qui passait sur l'allée principale. « Loulou! Loulou! » appelait un valet de pied qui courait vers nous derrière les taillis. Le valet dit qu'il escortait la marquise et Loulou pendant leur petite promenade de santé habituelle, en marchant à côté du coupé, lorsque brusquement Loulou se mit à renifler furieusement dans toutes les directions, et partit à un train tel à travers les buissons qu'on l'avait aussitôt perdu de vue. La marquise avait été remise en voiture par sa femme de chambre, presque évanouie; lui-même avait couru une demi-heure après Loulou tandis que le cocher montait et redescendait la grande allée demandant à tous les passants des nouvelles de Loulou. La marquise fondit en larmes dans sa joie, lorsque je déposai sur ses genoux Loulou toujours sans voix, la respiration coupée. Elle sanglotait, il allait avoir une attaque d'apoplexie. Je hurlai dans son cornet que c'était seulement de l'émotion. En vérité il était aussi près d'une attaque que peut l'être un vieux carlin obèse. Comme auteur involontaire du désastre j'acceptai l'invitation de sa maîtresse à une tasse de thé. Lorsque Tom sauta sur mes genoux, Loulou eut un accès de rage qui faillit l'étouffer. Pendant le reste de la promenade il resta allongé et immobile sur les genoux de sa maîtresse dans un état complet de prostration, défiant sauvagement Tom d'un œil et me clignant affectueusement de l'autre.

— « J'ai senti bien des choses dans ma vie », disait cet œil, « mais je n'ai jamais oublié ton odeur tout à fait particulière, je la préfère à l'odeur de n'importe qui. Quelle joie de t'avoir enfin retrouvé! Prends-moi, je t'en prie, sur tes genoux au lieu de ce noir bâtard. Sois tranquille, je lui réglerai son compte dès que j'aurai retrouvé mon souffle. »

– « Je me fiche bien de ce que tu dis, avorton, monstre au nez écrasé », dit Tom avec noblesse, « je n'ai jamais rien vu d'aussi ridicule! Ça vous donne presque honte d'être chien! Un caniche champion comme moi ne montre pas les dents à un saucisson, mais tu ferais bien de retenir ta langue noire, de crainte qu'elle ne tombe de ta vilaine gueule. »

Après notre deuxième tasse de thé M. l'Abbé entra au salon pour sa visite habituelle du dimanche. Le bon abbé me reprocha de ne pas l'avoir informé de mon retour à Paris. Le comte avait souvent demandé de mes nouvelles et serait enchanté de me voir. La comtesse était allée à Monte-Carlo pour changer d'air. Elle était en ce moment très bien physiquement et moralement. Malheureusement il ne pouvait en dire autant du comte qui avait repris sa vie sédentaire et passait des journées entières dans son fauteuil à fumer d'énormes cigares. L'abbé pensait bien faire de m'avertir que le vicomte était furieux contre moi pour l'avoir joué de la sorte à Château Rameaux. En les hypnotisant je les avais convaincus, lui et le petit docteur du village, qu'il avait la côlite, afin de l'empêcher de gagner la médaille d'or au concours de la Société de Tir de France. L'abbé me suppliait de l'éviter, il était connu pour son caractère violent et emporté, il était toujours à se quereller, le mois dernier encore il s'était battu en duel, Dieu sait ce qui pourrait arriver si nous nous rencontrions.

– « Il n'arriverait rien », dis-je, « je n'ai rien à craindre de cette brute car il a peur de moi. J'ai donné la preuve cet automne dans le fumoir de Château Rameaux que j'étais le plus fort et je suis heureux de vous entendre dire qu'il n'a pas oublié sa leçon. Sa seule supériorité sur moi, c'est qu'il est capable d'abattre une hirondelle ou une alouette avec son revolver à cinquante mètres, tandis que je manquerais probablement un éléphant à la même distance. Mais il y a peu de chances qu'il profite de cette supériorité, il ne me défiera jamais car il me considère comme son inférieur. Vous avez parlé d'hypnotisme! Ce mot seul me dégoûte, on me le jette tout le temps à la figure parce que j'ai été un élève de Charcot. Sachez, une fois pour toutes, que toutes ces sornettes sur le pouvoir hypnotique font partie d'un système périmé que la science moderne ne reconnaît pas. Il ne s'agit pas d'hypnotisme mais d'imagination.

« Cet imbécile s'imagine que je l'ai hypnotisé, ce n'est pas moi qui ai mis cette idée stupide dans sa tête, il l'y a mise lui-même, nous appelons cela de l'auto-suggestion. Tant mieux pour moi. Cela le rend impuissant à me nuire, tout au moins face à face. »

– « Mais pourriez-vous l'hypnotiser si vous le vouliez? »

– « Oui, facilement, c'est un excellent sujet. Charcot serait enchanté de l'avoir pour ses conférences expérimentales du mardi à la Salpêtrière. »

– « Puisque, dites-vous, le pouvoir hypnotique n'existe pas, admettez-vous par exemple que je pourrais moi l'obliger à m'obéir comme il vous a obéi ? »

– « Oui, à la condition qu'il croie que vous possédez ce pouvoir et certainement il ne le croit pas. »

– « Pourquoi donc ! »

– « Ici se présente la vraie difficulté, on ne peut actuellement vous répondre de façon satisfaisante. C'est une science relativement jeune, encore dans l'enfance. »

– « Pourriez-vous lui faire commettre un crime ? »

– « Non, à moins qu'il n'en fût capable de sa propre initiative. Puisque j'ai la conviction que cet homme a des instincts criminels, ma réponse dans ce cas particulier est affirmative. »

– « Pourriez-vous le faire renoncer à la comtesse ? »

– « Non, à moins qu'il ne le désirât lui-même et se soumît à un traitement méthodique de suggestion hypnotique. Même ainsi il faudrait un temps considérable car l'instinct sexuel est la force la plus agissante dans la nature humaine. »

– « Promettez-moi de l'éviter, il déclare qu'il vous cravachera à votre première rencontre. »

– « A son aise, qu'il essaie. Je sais me débrouiller en pareille occasion, soyez tranquille, je suis parfaitement capable de me défendre. »

– « Heureusement, il est à Tours avec son régiment et il y a peu de chances qu'il revienne à Paris avant longtemps. »

– « Mon cher abbé, vous êtes bien plus naïf que je ne pensais ; il est en ce moment à Monte-Carlo avec la comtesse et sera de retour à Paris quand elle reviendra de son changement d'air. »

Le lendemain même le comte me fit appeler comme médecin. L'abbé avait vu juste. Je le trouvai en fâcheuse condition à la fois physique et morale. Vous ne pouvez pas grand-chose pour un monsieur d'âge mûr qui passe des jours entiers dans son fauteuil à fumer d'innombrables cigares, à penser sans cesse à sa belle jeune femme qui est allée à Monte-Carlo pour changer d'air. Et vous ne pouvez pas grand-chose pour lui non plus quand elle revient prendre sa place parmi les femmes les plus admirées et les plus convoitées de la société parisienne, gaspiller son temps chez Worth à essayer des robes nouvelles, et ses soirées au théâtre et au bal après un baiser glacial à son mari pour bonne nuit. Plus je voyais le comte, plus je l'aimais. Il était le type le plus parfait du grand seigneur français de l'ancien régime que j'eusse rencontré. La véritable raison de ma sympathie était sans doute que je le plaignais. A cette époque je ne soupçonnais pas encore que je n'aimais vraiment que ceux que je plaignais. Je pense que c'est pourquoi je n'aimai pas la comtesse la première fois que je la revis après notre dernière rencontre sous le tilleul de Château Rameaux, quand la lune était pleine et que le hibou m'épargna de la trop aimer. Non, je ne l'aimai pas du tout tandis que je l'observais assise de l'autre côté de la table près de l'abbé, à rire gaiement des sottes plaisanteries du comte Maurice, dont beaucoup étaient à mes dépens comme je le devinais à ses œillades insolentes. Ni l'un ni l'autre ne m'adressèrent un mot. Le seul signe de reconnaissance que je reçus de la comtesse fut un serrement de main distrait avant le dîner. Le vicomte m'avait ignoré totalement. Elle était aussi belle que jamais mais n'était plus la même femme. Elle débordait de santé et de bonne humeur, la langueur de ses grands yeux n'y était plus. Je vis au premier coup d'œil qu'il y avait eu pleine lune à Monte-Carlo dans le jardin, et point de hiboux avertisseurs dans les tilleuls. Le vicomte paraissait fort satisfait de lui-même, il y avait dans toute son attitude une allure visible de héros conquérant qui vous donnait particulièrement sur les nerfs.

– « Ça y est », dis-je à l'abbé, comme nous nous asseyions au fumoir après dîner. « Assurément l'amour est aveugle, si on peut appeler ceci de l'amour. Elle méritait mieux que de tomber dans les bras de ce dégénéré imbécile. »

– « Savez-vous que le comte a payé ses dettes de jeu il y a moins d'un mois pour lui éviter d'être chassé de l'armée, on chuchote aussi au sujet d'un chèque protesté. On dit qu'il dépense des sommes fabuleuses pour une cocotte célèbre. Et penser que c'est cet homme-là qui va mener cette nuit la comtesse au bal masqué de l'Opéra ! »

– « Ah ! si seulement je savais tirer ! »

– « Pour l'amour du ciel ne parlez pas de la sorte ! Je voudrais tant vous voir partir ; il est sûr de venir ici pour son brandy et soda. »

– « Il ferait bien de se méfier de ses soda brandies ; avez-vous remarqué comme sa main tremblait quand il versait les gouttes de son médicament dans son verre à Bordeaux ? En tout cas c'est de bon augure pour les hirondelles et les alouettes. Ne regardez pas avec tant d'inquiétude vers la porte. Il est aux anges à faire la cour à la comtesse, au salon. D'ailleurs je pars ; ma voiture est devant la porte. »

Je montai un instant voir le comte avant de m'en aller, il était déjà en train de se coucher, il me dit qu'il avait très sommeil. Heureux homme! Comme je lui souhaitais bonne nuit j'entendis en bas les hurlements désespérés d'un chien. Je savais que Tom m'attendait dans le hall à son coin habituel que le comte, grand ami des chiens, lui avait réservé, et où il lui avait même fait disposer un petit bout de tapis particulier pour le mettre à l'aise. Je dégringolai l'escalier le plus vite que je pus. Tom, couché par terre, tout recroquevillé contre la porte d'entrée, gémissait faiblement, le sang coulait à flots de sa gueule. Debout et penché sur lui, le vicomte Maurice lui donnait des coups de pied furieux. Je tombai tellement à l'improviste sur cette brute qu'il perdit l'équilibre et roula à terre. Un second coup bien assené le renversa de nouveau comme il se relevait. Je saisis vivement mon chapeau et mon manteau et, le chien dans mes bras, je sautai dans ma voiture et me fis conduire grand train avenue de Villiers. Dès le premier moment il parut évident que mon pauvre chien souffrait de lésions internes graves. Je le veillai toute la nuit. Sa respiration devint de plus en plus pénible, l'hémorragie ne s'arrêta pas. Au matin j'abattis moi-même mon fidèle ami d'un coup de revolver pour lui épargner de nouvelles souffrances.

Ce fut un soulagement pour moi de recevoir dans l'après-midi une lettre de deux camarades de régiment du vicomte Maurice me priant de les mettre en rapport avec mes témoins, le vicomte s'étant décidé après quelque hésitation à me faire l'honneur de... etc..., etc.

J'eus de la peine à persuader le colonel Staaff, attaché militaire de Suède, de m'assister dans cette affaire. Mon ami Edelfeld, le peintre finlandais bien connu, devait être mon autre témoin. Norstrom m'apporterait son concours comme chirurgien.

– « Jamais, de toute ma vie, je n'ai eu autant de chance que depuis vingt-quatre heures », dis-je à Norstrom tandis que nous nous attablions comme d'habitude pour dîner au Café de la Régence. A vrai dire, j'avais affreusement peur d'avoir peur, mais tout au contraire la curiosité de savoir comment je goûterais la sauce absorba ma pensée au point que je n'eus pas le temps d'avoir peur. Vous savez combien je m'intéresse à la psychologie! De toute évidence Norstrom n'était pas le moins du monde intéressé par la psychologie ce soir-là, d'ailleurs il ne l'était jamais. Il était particulièrement silencieux et solennel, je remarquai dans ses yeux ternes une certaine expression de tendresse qui me donna presque honte de moi-même.

– « Écoute, Axel », me dit-il, d'une voix un peu rauque, « écoute-moi... »

– « Ne me regarde pas comme ça et surtout ne sois pas senti-
mental, ça ne convient pas à ton genre de beauté. Gratte ta vieille
tête d'imbécile et tâche de comprendre la situation. Comment
peux-tu t'imaginer une minute que je puisse être assez sot pour
rencontrer ce sauvage demain matin dans le bois de Saint-Cloud, si
je ne savais pas qu'il ne peut pas me tuer. L'idée est trop absurde
pour qu'on s'y arrête une seconde. D'abord ces duels sont une
simple blague, tu le sais aussi bien que moi. Comme médecins nous
avons l'un et l'autre assisté à plusieurs de ces représentations théâtrales où les acteurs ont parfois touché un arbre mais jamais leur
adversaire. Voyons! une bouteille de Chambertin et allons nous
coucher. Le Bourgogne me donne sommeil; c'est à peine si j'ai
dormi depuis la mort de mon pauvre chien, il faut à tout prix que je
dorme cette nuit. »

La matinée était froide et brumeuse. Mon pouls battait régulièrement à quatre-vingts mais j'éprouvais un tremblement étrange
dans les mollets et une grande difficulté à parler; malgré tous mes
efforts je ne pus avaler une goutte de cognac que Norstrom m'offrit
de sa gourde quand nous descendîmes de voiture. Les interminables
formalités préliminaires me parurent particulièrement énervantes
car je ne comprenais mot à ce qu'ils disaient. Que tout cela est bête
et quelle perte de temps! pensais-je; combien il serait plus simple
de lui donner une bonne raclée à l'anglaise et d'en finir. Quelqu'un
remarqua que le brouillard s'était suffisamment levé pour permettre
une bonne visibilité. J'en fus surpris, car il me semblait que la
brume était plus épaisse que jamais. Pourtant je voyais parfaitement
le vicomte Maurice debout en face de moi avec son air habituel de
nonchalance insolente, une cigarette aux lèvres, très à son aise à ce
qu'il me semblait. Au même instant un rouge-gorge se mit à chanter
dans un buisson derrière moi, j'étais en train de me demander ce
que le petit bonhomme pouvait faire à cette époque tardive dans le
bois de Saint-Cloud quand le colonel Staaff mit un long pistolet
dans ma main.

– « Visez bas », murmura-t-il.

– « Feu! » cria une voix perçante.

J'entendis une détonation. Je vis le vicomte qui laissait échapper
la cigarette de ses lèvres et le professeur Labbé qui se précipitait
vers lui. Une minute après je me retrouvai assis dans la voiture du
colonel Staaff avec Norstrom en face de moi, un large sourire sur
la figure. Le colonel me tapotait l'épaule mais personne ne disait
mot.

– « Qu'est-il arrivé? Pourquoi n'a-t-il pas tiré? Je n'accepterai pas de grâce de cette brute, je vais à mon tour le provoquer, je vais... »

– « Vous n'allez rien faire de pareil, vous allez remercier Dieu de votre salut miraculeux », interrompit le colonel. « En vérité il fit de son mieux pour vous tuer et sans doute y aurait-il réussi si vous lui aviez laissé le temps de tirer un second coup. Heureusement vous avez tiré ensemble. Si vous aviez tardé d'une fraction de seconde vous ne seriez pas assis près de moi en ce moment. N'avez-vous pas entendu siffler la balle au-dessus de votre tête? Regardez! »

Tout d'un coup, comme je regardais mon chapeau, le rideau tomba sur ma représentation d'un héros. Dépouillé de son déguisement mal ajusté d'homme brave l'homme vrai apparut, l'homme qui avait peur de la mort. Tremblant de tous mes membres je m'affalai dans le coin de la voiture.

– « Je suis fier de vous mon jeune ami », poursuivit le colonel. » Cela a fait du bien à mon vieux cœur de soldat de vous observer – je n'aurais pas pu mieux faire moi-même, quand nous avons chargé les Prussiens à Gravelotte... »

Le claquement de mes dents m'empêcha de saisir la fin de la phrase. J'avais mal au cœur et des vertiges, j'aurais voulu dire à Norstrom de baisser la glace pour avoir de l'air mais ne pus articuler un mot. J'aurais voulu ouvrir d'un coup la portière et bondir comme un lapin mais je ne pouvais remuer ni bras ni jambe.

– « Il perdait beaucoup de sang », ricana Norstrom, « le professeur Labbé a dit que la balle avait traversé de part en part la base du poumon droit, il aura de la veine s'il s'en tire avec deux mois de lit. »

Mon claquement de dents s'arrêta aussitôt, j'écoutai avec attention.

« Je ne vous savais pas si bon tireur », dit le vaillant colonel. « Pourquoi m'avez-vous dit que vous n'aviez jamais tenu un pistolet? »

Brusquement j'éclatai de rire sans savoir du tout pourquoi.

– « Il n'y a aucune raison de rire », dit le colonel sévèrement, « le vicomte est grièvement blessé, le professeur Labbé avait l'air très préoccupé, cela peut finir tragiquement. »

– « Tant pis pour lui », dis-je, recouvrant miraculeusement la parole, « il a tué à coups de pied mon pauvre chien sans défense, il occupe ses loisirs à tuer des hirondelles et des alouettes, il n'a que ce qu'il mérite. Savez-vous que l'aréopage d'Athènes a condamné à mort un jeune garçon pour avoir crevé les yeux à un oiseau? »

– « Mais vous n'êtes pas l'aréopage d'Athènes. »

– « Non, mais je ne suis pas non plus la cause de la mort de cet homme si les choses tournent au pis. Je n'ai pas même eu le temps de le viser, le pistolet est parti tout seul. Ce n'est pas moi qui lui ai envoyé cette balle à travers le poumon, c'est quelqu'un d'autre. Et puisque d'autre part vous plaignez tellement cette brute, puis-je vous demander si c'était pour me le faire manquer que vous m'avez chuchoté de tirer bas, en me donnant le pistolet. »

– « Je suis heureux de voir que votre langue s'est remise en place, vieux crâneur », sourit le colonel. « J'avais peine à comprendre un mot de ce que vous disiez pendant que je vous entraînais vers ma voiture et vous-même n'en compreniez pas davantage j'en suis sûr; vous alliez marmottant sans arrêt à propos d'un rouge-gorge. »

Comme nous franchissions la porte Maillot, j'avais déjà ressaisi la pleine maîtrise de mes nerfs stupides et me sentais très satisfait de moi-même. En approchant de l'avenue de Villiers, la tête de méduse de Mamsell Agata surgit de la brume matinale et me fixa menaçante de ses yeux blancs. Je regardai ma montre, sept heures et demie, le courage me revint.

– « Elle est précisément en train de gratter la patine de la table dans la salle à manger », pensai-je. « Encore un peu de chance et je réussirai à me glisser sans être vu dans ma chambre et à appeler Rosalie pour qu'elle m'apporte une tasse de thé. » Rosalie vint sur la pointe des pieds avec mon déjeuner et mon *Figaro*.

– « Rosalie, vous êtes une perle! Pour l'amour du ciel éloignez-la de l'antichambre, je veux m'esquiver dans une demi-heure. Bonne Rosalie, donnez-moi donc un petit coup de brosse avant de partir, j'en ai rudement besoin. »

– « Mais non, vraiment, Monsieur ne peut pas aller voir ses malades avec ce vieux chapeau. Regardez! il y a un trou tout rond par-devant et un autre par-derrière. Comme c'est curieux! Ça ne peut pas être les mites, toute la maison empoisonne la naphtaline depuis que Mamsell Agata est arrivée. Serait-ce une souris! La chambre de Mamsell Agata est pleine de souris. Mamsell Agata adore les souris. »

– « Non, Rosalie, c'est le hanneton à horloge de la mort qui a des dents aussi dures que le fer et peut faire un trou, tout pareil à celui du chapeau, dans le crâne d'un homme qui n'aurait pas la veine de son côté. »

– « Pourquoi Monsieur ne donnerait-il pas ce chapeau à Don Gaetano, le joueur d'orgue? C'est aujourd'hui son jour de venir jouer sous le balcon? »

– « Vous pouvez bien lui donner le chapeau que vous voudrez, mais pas celui-ci. J'ai l'intention de le garder, ça me fait du bien de regarder ces deux trous – la veine ! »

– « Pourquoi Monsieur ne sort-il pas avec un chapeau haut comme les autres docteurs ? C'est bien plus chic. »

– « Ce n'est pas le chapeau qui fait l'homme, c'est la tête. Ma tête est d'aplomb tant que vous tenez Mamsell Agata hors de ma vue. »

CHAPITRE XV

JOHN

Je m'assis pour déjeuner et lire mon *Figaro*. Rien de bien intéressant. Tout à coup mes yeux tombèrent sur un écho en gros
caractères : UNE VILAINE AFFAIRE.

« Madame Requin, sage-femme de première classe, rue Granet,
vient d'être arrêtée à la suite du décès d'une jeune fille survenu dans des circonstances suspectes. Un mandat d'arrêt a été
lancé également contre un docteur étranger. On craint qu'il
n'ait déjà passé la frontière. Madame Requin est en outre accu-
sée d'avoir fait disparaître plusieurs nouveau-nés confiés à ses
soins. »

Le journal me tomba des mains. Madame Requin sage-femme de
première classe, rue Granet! J'avais été entouré de tant de souffrances, tant de tragédies s'étaient déroulées devant mes yeux pendant ces dernières années, que j'avais entièrement oublié cette
affaire. Tandis que je restais assis sans pouvoir détacher mes yeux
de l'article du *Figaro*, tout me revint aussi nettement que si c'était
arrivé la veille au lieu d'il y a trois ans; cette nuit terrible où j'avais
fait la connaissance de Mme Requin. Tout en sirotant mon thé
et en relisant indéfiniment la nouvelle, j'éprouvais une vive satisfaction d'apprendre que cette horrible femme était enfin pincée. Je
n'étais pas moins satisfait de me rappeler, qu'au cours de cette
nuit inoubliable, il m'avait été accordé de sauver deux vies, la vie
d'une mère et la vie de son enfant que cette femme et son abominable complice allaient sacrifier. Soudain une autre pensée passa
comme un éclair dans ma cervelle. Qu'avais-je fait pour ces deux
êtres que j'avais fait vivre? Qu'avais-je fait pour cette mère, déjà
abandonnée par un autre homme à l'heure où elle avait le plus
besoin de lui?

John! John! » avait-elle crié sous le chloroforme avec l'accent du désespoir : « John! John! »

Avais-je agi mieux que lui? Ne l'avais-je pas, moi aussi, abandonnée à l'heure où elle avait le plus besoin de moi? Par quelles transes n'était-elle pas passée, avant de tomber entre les mains de cette terrible femme et de cette brute de confrère qui l'auraient assassinée sans mon intervention! Par quelles transes n'était-elle pas passée, lorsqu'en s'éveillant sa conscience la ramena devant la réalité effroyable de sa situation! Et l'enfant à demi asphyxié qui m'avait regardé de ses yeux bleus, en aspirant la première bouffée de l'air vivifiant que je lui soufflais dans les poumons, mes lèvres contre ses lèvres! Qu'avais-je fait pour lui? Je l'avais arraché aux bras de la mort pitoyable pour le jeter dans les bras de Mme Requin! Combien de nouveau-nés avaient déjà tété la mort à son énorme sein? Qu'avait-elle fait du bambin aux yeux bleus? Se trouvait-il parmi les quatre-vingts pour cent des petits voyageurs du train des nourrices, qui, d'après la statistique officielle, succombaient la première année de leur vie? Ou parmi le reliquat de vingt pour cent qui survivaient pour une destinée peut-être pire encore?

Une heure après j'avais sollicité et obtenu du directeur de la prison la permission de voir Mme Requin. Elle me reconnut aussitôt et me fit un accueil si chaleureux, que je me trouvai réellement gêné devant l'employé de la prison qui m'avait accompagné à sa cellule. Le petit garçon était en Normandie, parfaitement heureux, elle venait de recevoir de ses excellentes nouvelles par ses parents adoptifs qui l'aimaient tendrement. Malheureusement elle ne pouvait mettre la main sur leur adresse, il y avait eu quelque confusion dans son répertoire. Il était bien possible, quoique pas probable, que son mari puisse se rappeler leur adresse.

Je crus bien que l'enfant était mort mais, pour ne rien négliger, je lui dis sévèrement que, si je n'avais pas reçu dans les quarante-huit heures l'adresse des parents adoptifs, je la dénoncerais à la justice pour meurtre d'enfant et aussi pour vol d'une broche en diamants, de grande valeur, que je lui avais confiée. Elle réussit à tirer quelques larmes de ses yeux durs et jura n'avoir pas volé la broche; elle l'avait conservée en souvenir de cette belle jeune dame qu'elle avait soignée avec autant de tendresse que sa propre fille.

– « Vous avez quarante-huit heures », lui dis-je, et je laissai Mme Requin à ses méditations. Le surlendemain matin je reçus la visite du digne mari de Mme Requin avec la reconnaissance du Mont-de-Piété pour la broche et les noms de trois villages de Normandie où Madame avait envoyé ses bébés cette année-là. J'écrivis immédiatement aux trois maires des villages respectifs avec prière de découvrir si un petit garçon aux yeux bleus, âgé de trois ans environ, se trouvait parmi les enfants adoptés dans leurs villages. Après un grand délai je reçus des réponses négatives de deux d'entre eux et pas de réponse du troisième. J'écrivis alors aux trois curés de ces villages et, après plusieurs mois d'attente, le curé de Villeroy m'informa qu'il avait découvert chez la femme d'un cordonnier un petit garçon qui pourrait répondre à mon signalement. Il était arrivé de Paris il y a trois ans et avait certainement des yeux bleus. Je n'avais jamais été en Normandie ; c'était vers Noël, et je pensai que je méritais un petit congé. Le jour même de Noël je frappais à la porte du cordonnier. Pas de réponse. Je pénétrai dans une pièce sombre, l'établi bas du cordonnier devant la fenêtre, des chaussures boueuses et usées de toutes tailles éparpillées sur le sol ; des chemises et des jupons fraîchement lavés pendaient sur une corde en travers du plafond. Le lit n'avait pas été fait, les draps et les couvertures étaient sales. Sur les dalles de la cuisine nauséabonde un petit enfant, presque nu, était assis à manger une pomme de terre crue. Ses yeux bleus me lancèrent un regard terrifié, il laissa tomber sa pomme de terre, leva instinctivement son bras émacié, comme pour parer un coup et se sauva à quatre pattes aussi vite qu'il put dans la pièce voisine. Je le rattrapai juste comme il se glissait sous le lit et je m'assis à l'établi du cordonnier pour examiner ses dents. Oui, le petit garçon avait environ trois ans et demi, me semblait-il, un petit squelette aux bras et aux jambes décharnés, la poitrine étroite, le ventre ballonné et deux fois trop gros. Il resta assis immobile sur mes genoux et ne proféra pas un son lorsque j'ouvris sa bouche pour examiner ses dents. Aucun doute sur la couleur de ses yeux las et tristes ; ils étaient aussi bleus que les miens. La porte s'ouvrit brutalement et le cordonnier entra ivre mort, avec un juron. Derrière lui, dans l'encadrement de la porte, se tenait une femme, un bébé au sein et deux marmots accrochés à sa jupe, qui me regardait avec stupeur. Le cordonnier déclara qu'il serait bougrement content d'être débarrassé du gosse, mais qu'il faudrait avant lui payer l'argent en retard. Il avait écrit plusieurs fois à Mme Requin mais n'avait pas reçu de réponse. Se figurait-elle qu'il allait nourrir ce misérable marmot avec ce qu'il gagnait lui-même si péniblement ? Sa femme dit que maintenant qu'elle avait un enfant à elle et deux autres enfants en pension, elle ne serait que trop contente de se débarrasser du petit. Elle chuchota quelque chose à son mari et leurs regards se portèrent attentivement de mon visage à celui de l'enfant. La même expression de terreur se reflétait dans les yeux du bambin depuis qu'ils étaient rentrés; sa petite main, que je tenais dans la mienne, tremblait légèrement. Heureusement je me rappelai au bon moment que c'était Noël et je sortis de ma poche un cheval de bois. Il le prit silencieusement d'un geste désintéressé, bien différent de celui d'un enfant; il ne parut guère y tenir.

– « Regarde », dit la femme du cordonnier, « quel beau cheval ton papa t'a apporté de Paris! Regarde, Jules! »

– « Il s'appelle Jean », dis-je.

– « C'est un triste enfant », fit la femme du cordonnier, « il ne dit jamais un mot, pas même « maman », il ne sourit jamais. »

Je l'enveloppai dans la couverture de voyage et allai chez M. le Curé qui eut la bonté d'envoyer sa gouvernante acheter une chemise de laine et un châle bien chaud pour le voyage. Le curé me regarda attentivement et me dit :

– « Il est de mon devoir de condamner et de punir l'immoralité et le vice, mais je ne puis m'empêcher de vous dire, mon jeune ami, que je vous estime d'avoir tout au moins essayé d'atténuer votre péché, péché d'autant plus odieux que le châtiment retombe sur la tête de petits êtres innocents. Il est grand temps de l'emmener; j'ai enterré des dizaines de ces malheureux bébés abandonnés et j'aurais enterré votre petit garçon avant peu. Vous vous êtes bien conduit, je vous en remercie », dit le vieux curé avec une tape amicale sur mon épaule.

Nous étions sur le point de manquer l'express de nuit pour Paris, on n'avait pas le temps de s'expliquer. John dormit paisiblement toute la nuit dans son châle douillet; assis à côté de lui, je me demandais ce que je pourrais bien en faire. Je crois vraiment que sans Mamsell Agata je l'aurais emmené tout droit de la gare à l'avenue de Villiers. Au lieu de cela je me fis conduire rue de Seine à la crèche Saint-Joseph. Je connaissais bien les sœurs. Elles me promirent de garder le garçonnet vingt-quatre heures jusqu'à ce qu'elles lui eussent trouvé un home convenable. Les sœurs connaissaient un ménage respectable, l'homme travaillait dans une fabrique norvégienne de margarine à Pantin; ils venaient de perdre leur unique enfant. L'idée me plut, je m'y fis conduire aussitôt et, le lendemain, l'enfant était installé dans sa nouvelle demeure. La femme paraissait intelligente et capable, un peu emportée à en juger par son regard, mais les sœurs m'avaient dit qu'elle s'était montrée une mère dévouée pour son propre enfant. Je lui remis l'argent nécessaire pour le trousseau et trois mois de pension; moins que ne me coûtent mes cigarettes.

Je préférai ne pas lui donner mon adresse, Dieu sait ce qui aurait pu arriver si Mamsell Agata avait eu vent de son existence. Joséphine devait prévenir les sœurs si quelque chose n'allait pas ou si l'enfant était malade. Elle eut bientôt à les prévenir. Le petit attrapa la scarlatine et faillit mourir. Tous les enfants scandinaves de Pantin étaient au lit avec la scarlatine – je m'y rendais constamment. Les enfants qui ont la scarlatine n'ont besoin d'aucun médicament, simplement de soins attentifs et d'un joujou pour leur longue convalescence. John ne manqua ni de l'un ni des autres car sa mère nourricière fut incontestablement très bonne pour lui et j'avais depuis longtemps appris à inclure des poupées et des chevaux de bois dans ma pharmacopée.

« C'est un enfant étrange », dit Joséphine, « il ne dit jamais rien, pas même « maman », et il n'a jamais eu un sourire, pas même quand il a reçu le papa Noël que vous lui avez envoyé. »

Car c'était Noël encore! Le garçonnet avait été chez sa nouvelle mère nourricière durant toute une année de peines et de soucis pour moi mais de bonheur relatif pour lui.

Certainement Joséphine avait un caractère emporté, souvent impertinente avec moi quand je devais la gronder parce que le petit était mal tenu, ou qu'elle n'ouvrait jamais la fenêtre. Mais je ne l'ai jamais entendue lui parler avec rudesse et, bien qu'à mon avis il ne tînt pas à elle, je voyais à son regard qu'il n'en avait pas peur. Il paraissait étrangement indifférent à tout et à tous. Peu à peu je devins de plus en plus inquiet à son sujet et mécontent de sa mère nourricière. Le petit avait de nouveau dans les yeux son air effrayé et il était visible que Joséphine le négligeait de plus en plus. J'eus plusieurs scènes avec elle; elle finissait généralement par me déclarer avec colère que si je n'étais pas content je ferais mieux d'emmener le petit, elle en avait plus qu'assez. Je compris bien le motif, elle allait être mère. Les choses empirèrent après la naissance de son enfant, je finis par lui dire que j'étais décidé à emmener le petit aussitôt que je lui aurais trouvé un endroit convenable. Instruit par l'expérience j'étais résolu à ne plus faire de gaffes à son propos.

Deux jours plus tard, en rentrant pour ma consultation j'entendis en ouvrant la porte palière la voix irritée d'une femme provenant de mon salon d'attente. La pièce était pleine de personnes qui m'attendaient avec leur patience habituelle. John était assis, blotti dans le coin du canapé, près de la femme du pasteur anglais. Au milieu de la pièce Joséphine, debout, criait à tue-tête, et faisait de grands gestes. Dès qu'elle m'aperçut à la porte elle se précipita vers le canapé, saisit John et me le lança littéralement; j'eus tout juste le temps de l'attraper dans mes bras.

– Bien sûr, je ne suis pas digne d'élever un jeune Monsieur tel que vous, Maître Jean », hurla Joséphine, « vous ferez mieux de rester avec le docteur, j'en ai assez de ses reproches et de ses mensonges, orphelin! Il n'y a qu'à regarder vos yeux pour savoir qui est votre père. » Elle souleva la portière, sortit en courant et faillit renverser Mamsell Agata qui, d'un regard terrible de ses yeux blancs, me cloua sur place. La femme du pasteur se leva du canapé et sortit de la pièce; en passant devant moi elle serra ses jupes, scandalisée.

– « Ayez la bonté de mener cet enfant à la salle à manger et de le garder jusqu'à ce que je vienne », dis-je à Mamsell Agata. Elle étendit les bras en avant dans un geste d'horreur, comme pour se protéger d'une ordure, la fente sous son nez crochu s'ouvrit en un sourire effrayant et elle disparut dans le sillage de la femme du pasteur.

Je m'assis pour déjeuner, donnai une pomme à John et sonnai Rosalie.

– « Rosalie », lui dis-je, « prenez cet argent, allez vous acheter une robe de coton, deux tabliers blancs et tout ce qu'il vous faudra pour avoir l'air convenable. A dater d'aujourd'hui vous êtes promue bonne d'enfant de ce gosse. Il dormira dans ma chambre cette nuit; à partir de demain vous coucherez avec lui dans la chambre de Mamsell Agata. »

– « Mais Mamsell Agata? » demanda Rosalie frappée de terreur.

– « Mamsell Agata! Je la remercierai dès que j'aurai déjeuné. »

Je renvoyai mes malades et allai pour frapper à sa porte. Deux fois je levai la main pour frapper, deux fois je la laissai retomber. Je ne frappai pas. Je décidai qu'il était plus sage de remettre l'entrevue après dîner, quand mes nerfs se seraient un peu calmés. Mamsell Agata restait invisible. Rosalie me servit à dîner un pot-au-feu excellent et un pudding au lait que je partageai avec John – toutes les Françaises de sa condition sont bonnes cuisinières. Après quelques verres de vin supplémentaires pour calmer mes nerfs, j'allai pour frapper à la porte de Mamsell Agata, tremblant encore de colère. Je ne frappai pas. J'eus soudain l'intuition que c'en serait fait de mon sommeil pour la nuit, si j'avais une scène avec elle à cette heure, et que le sommeil m'était plus nécessaire que tout. Il valait mieux remettre l'entrevue à demain matin.

Tout en prenant mon petit déjeuner j'en vins à la conclusion que le vrai moyen était de la prévenir par écrit. Je m'assis pour lui écrire une lettre foudroyante mais je commençais à peine que Rosalie m'apportait un mot de la petite écriture tranchante de

Mamsell Agata, me disant qu'aucune personne convenable ne pouvait rester un jour de plus dans ma maison; elle partait pour de bon cet après-midi même et souhaitait ne plus jamais me revoir – exactement les mêmes mots que je m'étais proposé de lui dire dans ma lettre.

La présence invisible de Mamsell Agata hantait encore la maison, lorsque j'allai au Printemps acheter un petit lit pour John et un cheval à bascule en récompense de ce que je lui devais. La cuisinière revint le lendemain heureuse et satisfaite. Rosalie rayonnait de joie. John lui-même semblait content de son nouvel entourage quand j'allai, le soir, jeter un coup d'œil sur lui dans son petit lit douillet. Moi-même je me sentais heureux comme un écolier en vacances.

Mais de vacances il n'y en avait guère. Je travaillais dur du matin au soir près de mes malades et aussi, bien souvent, près des malades de certains confrères qui commençaient à m'appeler en consultation pour partager leurs responsabilités – à mon grand étonnement, car déjà alors aucune responsabilité ne semblait me faire peur. Je me rendis compte plus tard dans la vie que c'était là un des secrets de mon succès. Un autre secret de mon succès était ma chance persistante, plus frappante encore qu'autrefois, à tel point que je me mis à croire que j'avais une mascotte à la maison. Je commençais même à mieux dormir depuis que j'avais pris l'habitude de jeter un coup d'œil sur l'enfant endormi dans son petit lit, avant d'aller me coucher.

La femme du pasteur anglais m'avait lâché mais beaucoup de ses compatriotes avaient pris sa place sur le canapé dans mon salon d'attente. L'éclat qui rayonnait autour du nom du professeur Charcot était tel qu'un peu de sa clarté se reflétait même sur les plus petits satellites autour de lui. Les Anglais semblaient croire que leurs propres médecins en savaient moins long sur les maladies nerveuses que leurs confrères français. Peut-être avaient-ils raison, peut-être tort, mais en tout cas, c'était heureux pour moi. Je fus même, justement alors, appelé en consultation à Londres. Naturellement j'étais enchanté et résolu à faire de mon mieux. Je ne connaissais pas la malade mais j'avais eu beaucoup de chance auprès d'un membre de sa famille, ce qui me valait sans doute d'être convoqué auprès d'elle. C'était un mauvais cas, un cas désespéré, au dire de mes confrères anglais qui, debout près du lit, me considéraient d'un visage sombre tandis que j'examinais leur malade. Leur pessimisme avait empoisonné toute la maison; la volonté de guérir de la malade était paralysée par le découragement et la crainte de la mort. Très probablement mes deux confrères savaient leur pathologie bien mieux que moi. Mais je savais une chose qu'évidemment ils ne savaient pas. Qu'il n'y a pas de remède aussi puissant que l'espérance; que le moindre signe de pessimisme sur le visage ou dans la parole d'un docteur peut coûter la vie à son malade.

Sans entrer dans des détails médicaux il suffit de dire que de l'examen de la malade résulta pour moi la conviction que ses symptômes les plus graves provenaient de troubles nerveux et d'atonie mentale. Mes deux confrères m'observaient en haussant leurs larges épaules tandis qu'après avoir posé ma main sur son front je disais d'une voix tranquille qu'elle n'avait pas besoin de morphine pour la nuit. Elle dormirait bien tout de même, se sentirait beaucoup mieux au matin et serait hors de danger avant que je quitte Londres le lendemain. Quelques minutes plus tard elle dormait profondément; pendant la nuit la température baissa, presque trop vite à mon goût; le pouls devint régulier; au matin elle me sourit et dit qu'elle se sentait beaucoup mieux.

Sa mère me supplia de rester un jour de plus à Londres pour voir sa belle-sœur; ils étaient tous très inquiets d'elle. Son mari, le colonel, voulait qu'elle consultât un spécialiste des nerfs; elle-même avait tenté en vain de lui faire voir le docteur Phillips, elle était sûre qu'elle irait très bien si elle pouvait seulement avoir un enfant. Malheureusement elle avait une prévention inexplicable contre les médecins et certainement refuserait de me consulter, mais on pourrait s'arranger pour que je fusse assis à table auprès d'elle, afin de me faire au moins une opinion sur son cas. Peut-être Charcot pourrait-il quelque chose pour elle! Son mari l'adorait; elle possédait tout ce que la vie peut donner; un hôtel magnifique dans Grosvenor Square, une des plus belles vieilles demeures dans le Kent. Ils venaient de rentrer d'une longue croisière aux Indes sur leur yacht. Elle n'était jamais en repos, errait constamment d'un endroit à un autre comme à la recherche de quelque chose. Il y avait une tristesse obsédante et profonde dans ses yeux. Autrefois elle s'intéressait aux arts, elle peignait excellemment, elle avait même passé un hiver à Paris dans l'atelier de Julien. Maintenant elle ne s'intéressait à rien, ne tenait à rien; si, elle s'intéressait au bien-être des enfants, elle souscrivait largement aux œuvres de colonies de vacances et aux orphelinats.

Je consentis à rester avec regret, j'étais anxieux de retourner à Paris, je m'inquiétais de la toux de John. Mon hôtesse avait oublié de me dire que sa belle-sœur, qui était assise à mon côté pendant le dîner, était une des plus belles femmes que j'eusse jamais vues. Je fus également très frappé par l'expression de tristesse de ses magnifiques yeux noirs. Tout son visage était en quelque sorte sans vie. Elle paraissait excédée de mon voisinage et se gênait peu pour le dissimuler. Je lui dis qu'il y avait quelques bons tableaux au Salon de cette année, que j'avais appris de sa belle-sœur qu'elle avait étudié à l'atelier Julien. Y avait-elle rencontré Marie Baschkirtzeff? Non, mais elle en avait entendu parler. Oui, comme tout le monde. « Moussia » passait le meilleur de son temps à se mettre en avant. Je la connaissais fort bien, c'était une des jeunes personnes les plus intelligentes que j'eusse rencontrées, mais elle n'avait pas de cœur, c'était avant tout une poseuse incapable d'aimer un autre qu'elle-même.

Ma compagne paraissait plus excédée que jamais. Dans l'espoir d'avoir plus de chance je lui dis que j'avais passé l'après-midi dans l'hôpital d'enfants de Chelsea. Cela avait été une révélation pour moi qui fréquentais l'Hôpital des Enfants-Trouvés, à Paris.

Elle croyait que nos hôpitaux pour enfants étaient très bons.

Je lui répondis qu'il n'en était rien, qu'en France la mortalité infantile, dans et hors des hôpitaux, était effrayante. Je lui parlais des milliers de nouveau-nés abandonnés, expédiés en masse en province par le train des nourrices.

Pour la première fois ses yeux tristes se tournèrent vers moi, l'expression dure et sans vie avait disparu; je me dis qu'après tout c'était peut-être une femme au cœur tendre. En prenant congé de mon hôtesse, je l'assurai que ce n'était un cas ni pour moi ni pour Charcot lui-même – le docteur Philipps était l'homme; sa belle-sœur serait guérie quand elle aurait un bébé.

John parut content de me voir mais il avait l'air pâlot et maigre sur sa chaise auprès de moi, à déjeuner. Rosalie dit qu'il toussait beaucoup la nuit. Le soir, sa température monta légèrement et je le tins deux jours au lit. Bientôt il reprit le train-train quotidien de sa petite vie; assistait, silencieux et grave comme toujours, à mon déjeuner; l'après-midi, Rosalie l'emmenait au parc Monceau. Un jour, une quinzaine après mon retour de Londres, je fus surpris de trouver le colonel assis dans mon salon d'attente. Sa femme avait changé d'avis, elle désirait venir à Paris faire des achats et ils devaient rejoindre leur yacht à Marseille pour une croisière en Méditerranée. Il m'invita à déjeuner pour le lendemain à l'Hôtel du Rhin, sa femme serait enchantée si je voulais ensuite la mener visiter un hôpital d'enfants. Comme je ne pouvais aller déjeuner il fut convenu qu'elle passerait me prendre avenue de Villiers après ma consultation. Mon salon était encore plein quand son élégant landau s'arrêta devant ma porte. Je fis descendre Rosalie pour lui demander de faire un petit tour et de revenir dans une demi-heure, à moins qu'elle ne préférât attendre dans la salle à manger que j'en eusse terminé avec mes malades. Une demi-heure après, je la trouvai assise dans la salle à manger avec John sur ses genoux, vivement intéressée par ses explications sur ses différents joujoux.

– « Il a vos yeux », dit-elle, en portant son regard de John sur moi, « je ne savais pas que vous étiez marié. » Je dis que je n'étais pas marié. Elle rougit légèrement et se remit à parcourir le nouveau livre d'images de John. Bientôt, elle se ressaisit et, avec la curiosité tenace, propre aux femmes, elle me demanda si sa mère était Suédoise ; ses cheveux étaient si blonds, ses yeux si bleus !

Je voyais fort bien où elle voulait en venir. Je savais que Rosalie, la concierge, la laitière, le boulanger étaient convaincus que j'étais le père de John ; j'avais entendu mon cocher dire de lui : « le fils de Monsieur ». Je savais que toute explication eût été inutile, je ne les aurais pas détrompés, d'ailleurs j'avais fini par y croire presque moi même. Mais je pensai que cette dame si tendre avait le droit de savoir la vérité. Je lui dis d'un ton enjoué que je n'étais pas plus son père qu'elle n'était sa mère. Qu'il était orphelin, que son histoire était très triste. Elle ferait mieux de ne pas me la demander, cela ne pourrait que lui faire de la peine. Je relevai sa manche et lui montrai une vilaine cicatrice sur son bras. Il était en bonnes mains à présent entre Rosalie et moi mais je ne serais vraiment sûr qu'il eût oublié le passé que lorsque je l'aurais vu sourire. Il ne souriait jamais.

– « C'est vrai », dit-elle avec douceur, « il n'a pas souri une seule fois comme font les enfants quand ils montrent leurs joujoux. »

Je dis que nous connaissions peu de choses de la mentalité des enfants, nous étions étrangers au monde dans lequel ils vivaient. Seul l'instinct d'une mère pouvait de temps à autre s'orienter dans leurs pensées.

Pour toute réponse elle inclina la tête vers lui et l'embrassa tendrement. John la regarda de ses yeux bleus pleins de surprise.

– « C'est sans doute le premier baiser qu'il ait reçu », dis-je.

Rosalie parut pour l'emmener comme d'habitude à sa promenade de l'après-midi au parc Monceau, mais sa nouvelle amie proposa de l'emmener dans son landau. J'étais ravi d'échapper au projet de visite à l'hôpital, j'acceptai volontiers.

De ce jour une nouvelle vie commença pour John et aussi je crois pour quelqu'un d'autre. Tous les matins elle arrivait dans sa chambre avec un nouveau jouet, tous les après-midi elle le conduisait au Bois dans son landau, avec Rosalie dans sa plus belle robe du dimanche sur le siège arrière. Souvent il faisait un tour, gravement perché sur le dos d'un chameau du Jardin d'Acclimatation, escorté d'une bande de mioches rieurs.

– « Ne lui apportez pas tant de jouets coûteux », disais-je, « les enfants aiment tout autant les jouets bon marché et il y en a tant qui n'en ont point. J'ai souvent remarqué que la modeste poupée à treize sous a toujours un énorme succès dans les nurserys les plus huppées. Quand les enfants commencent à comprendre la valeur de l'argent ils sont chassés de leur Paradis, ils cessent d'être des enfants. D'ailleurs John a maintenant trop de jouets, il est temps de lui apprendre à en donner une partie à ceux qui n'en ont point. C'est une leçon quelque peu difficile à apprendre pour beaucoup d'enfants. La facilité plus ou moins grande avec laquelle ils apprennent cette leçon est une sûre indication sur l'homme ou la femme qu'ils deviendront. »

Rosalie me dit que lorsqu'ils revenaient de leur promenade en voiture la belle dame insistait toujours pour monter John elle-même dans ses bras. Bientôt elle resta pour assister à son bain, et peu après c'est elle qui le lui donna, le rôle de Rosalie fut réduit à lui passer les serviettes. Rosalie me dit une chose qui me toucha beaucoup. Après avoir séché son petit corps maigre, la dame mettait toujours un baiser sur la vilaine cicatrice de son bras avant de lui passer sa chemise. Bientôt ce fut elle qui le mit dans son lit et resta près de lui jusqu'à ce qu'il s'endormît. Quant à moi je la voyai peu, j'étais dehors tout le jour et je crains que le pauvre colonel ne la vît guère non plus, elle passait toute la journée avec l'enfant. Le colonel me dit qu'on avait renoncé à la croisière en Méditerranée, ils devaient rester à Paris, combien de temps il n'en savait rien; d'ailleurs cela lui était égal, pourvu que sa femme fût heureuse, elle n'avait jamais été mieux qu'en ce moment. Le colonel avait raison, l'expression de son visage avait complètement changé, une tendresse infinie brillait dans ses yeux noirs.

L'enfant dormait mal; souvent lorsque j'allais jeter un coup d'œil sur lui avant de me coucher il me semblait qu'il avait la fièvre; Rosalie disait que la nuit il toussait beaucoup. Un matin, j'entendis au sommet de son poumon droit le râle de mauvais augure. Je savais trop ce que cela voulait dire. Je dus l'avouer à sa nouvelle amie, elle me répondit qu'elle le savait déjà, elle le savait sans doute avant moi. Je voulus prendre une infirmière pour aider Rosalie mais elle ne voulut pas en entendre parler. Elle me supplia de la prendre comme infirmière et je cédai. En fait il n'y avait pas autre chose à faire, l'enfant semblait s'inquiéter, même dans son sommeil, dès qu'elle sortait de la chambre. Rosalie alla coucher avec la cuisinière sous les combles, la fille du duc coucha sur le lit de la femme de ménage dans la chambre de John. Deux jours après il eut une légère hémoptysie, le soir la température monta, il devint évident que la maladie aurait un cours rapide.

– « Il ne vivra pas longtemps », dit Rosalie en pressant son mouchoir sur ses yeux, « il a déjà le visage d'un ange. »

Il aimait rester assis sur les genoux de sa tendre infirmière tandis que Rosalie refaisait son lit pour la nuit. J'avais toujours considéré John comme un enfant intelligent au doux visage mais je ne l'aurais jamais appelé un bel enfant. En le regardant à présent les traits mêmes de sa figure semblaient changés, ses yeux paraissaient bien plus grands et plus beaux. Il était devenu un enfant beau, beau comme le Génie de l'Amour ou le Génie de la Mort. Je regardai ces deux visages, joue contre joue. Mes yeux s'emplirent d'étonnement. Était-il possible que l'amour infini rayonnant du cœur de cette femme vers cet enfant mourant pût refondre les doux contours de sa petite figure en une vague ressemblance avec la sienne ? Étais-je témoin d'un nouveau mystère insoupçonné de la Vie ? Ou était-ce la Mort, ce puissant sculpteur, à la main de maître, déjà à l'œuvre pour remodeler et ennoblir les traits de cet enfant avant de clore ses paupières. Le même front pur, la même courbe délicieuse des sourcils, les mêmes cils allongés. Jusqu'au contour des lèvres qui serait le même si jamais je pouvais le voir sourire comme je la vis sourire la nuit où, dans son sommeil, il murmura pour la première fois ce mot que tous les enfants adorent dire et que toutes les femmes adorent entendre : Maman! Maman! Elle le remit dans son lit, il passa une nuit agitée, elle ne quitta pas son chevet. Vers le matin sa respiration parut un peu plus facile, il s'assoupit tout doucement. Je lui rappelai sa promesse de m'obéir et l'obligeai avec peine à s'étendre une heure sur son lit. Rosalie la préviendrait dès qu'il s'éveillerait. Quand je retournai à sa chambre à l'aube, Rosalie un doigt sur ses lèvres me dit à voix basse qu'ils dormaient tous les deux.

« Regardez-le », murmura-t-elle, « regardez-le! Il rêve! »

Son visage était calme et serein, ses lèvres étaient entrouvertes dans un beau sourire. Je posai ma main sur son cœur. Il était mort. Mes yeux allèrent du visage souriant de l'enfant au visage de la femme endormie sur le lit de Rosalie. C'était le même visage.

Elle se leva et le vêtit pour la dernière fois. Rosalie elle-même ne fut pas autorisée à le coucher dans son cercueil. Par deux fois elle envoya chercher l'oreiller qu'il fallait trouvant que sa tête ne reposait pas bien.

Elle me supplia de retarder au lendemain la mise en place du couvercle. Je lui dis qu'elle connaissait l'amertume de la Vie, qu'elle connaissait peu l'amertume de la Mort – j'étais médecin, je les connaissais toutes deux. Je lui dis que la Mort avait deux visages, l'un beau et serein, l'autre repoussant et terrible. L'enfant avait quitté la Vie avec un sourire sur ses lèvres, la Mort ne l'y laisserait pas longtemps. Il était nécessaire de fermer le cercueil cette nuit même. Elle courba la tête et ne dit rien. Quand je soulevai le couvercle, elle sanglota et dit qu'elle ne pourrait se séparer de lui et le laisser seul dans un cimetière étranger.

– « Pourquoi vous séparer de lui ? » dis-je, « pourquoi ne pas l'emporter avec vous ? Il pèse si peu. Pourquoi ne pas l'emporter en Angleterre sur votre yacht pour l'enterrer près de votre belle église paroissiale dans le Kent ? »

Parmi ses larmes elle eut un sourire, le même sourire que le sourire de l'enfant. Elle bondit sur ses pieds.

– « Puis-je ? Puis-je ? » s'écria-t-elle presque avec joie.

– « Cela peut se faire, cela se fera si vous me laissez mettre ce couvercle à présent, il n'y a pas de temps à perdre sinon on l'emportera demain matin au cimetière de Passy. »

Comme je soulevais le couvercle elle posa un petit bouquet de violettes contre sa joue.

– « Je n'ai pas autre chose à lui donner », sanglota-t-elle, « oh ! si j'avais seulement quelque chose à lui donner qu'il pût emporter de moi ! »

– « Je pense qu'il aimerait emporter ceci », dis-je en sortant de ma poche la broche en diamants et en l'épinglant sur l'oreiller. « Elle appartenait à sa mère. »

Elle ne dit pas un mot, tendit les bras vers son enfant et tomba inanimée sur le parquet. Je la pris dans mes bras et l'étendis sur le lit de Rosalie ; je vissai le couvercle du cercueil et me fis conduire au Bureau des Pompes Funèbres. J'eus un entretien particulier avec l'entrepreneur ; hélas ! nous nous étions déjà rencontrés. Je l'autorisai à dépenser ce qu'il voudrait pourvu que le cercueil pût être embarqué sur un yacht anglais dans le port de Calais la nuit suivante. Il dit que c'était faisable si on ne regardait pas à la facture. Je lui répondis que personne n'y regardait. Ensuite je me fis conduire à l'Hôtel du Rhin, je réveillai le colonel et lui dis que sa femme désirait que le yacht fût à Calais dans les douze heures. Tandis qu'il rédigeait la dépêche au capitaine je m'assis pour écrire un petit mot hâtif à sa femme, l'avisant que le cercueil serait à bord de leur yacht dans le port de Calais la nuit suivante. J'ajoutai en post-scriptum que je devais quitter Paris le matin de bonne heure et que ceci était mon adieu.

J'ai vu la tombe de John – il repose dans le cimetière d'une des plus belles églises paroissiales du Kent. Des primeroses et des violettes poussaient sur sa tombe et des merles chantaient sur sa tête. Je n'ai plus jamais revu sa mère. C'est mieux ainsi.

CHAPITRE XVI

VOYAGE EN SUÈDE

Je crois vous avoir déjà dit un mot de la maladie du consul de Suède, ce fut précisément vers ce temps-là ; voici l'histoire. Le consul était un petit homme agréable et tranquille, marié à une Américaine, avec deux jeunes enfants. J'avais été chez lui dans l'après-midi. Un des enfants avait un rhume et de la fièvre mais voulut absolument se lever pour fêter le retour de son père ce soir-là. La maison était pleine de fleurs, et on avait permis aux enfants de rester à dîner en l'honneur de cet événement. Leur mère était ravie de me montrer deux dépêches extrêmement affectueuses de son mari, l'une de Berlin, l'autre de Cologne, annonçant son retour. Elles me parurent un tant soit peu longues. A minuit je reçus de sa femme un message urgent d'avoir à me rendre chez elle tout de suite. La porte fut ouverte par le consul lui-même, en chemise de nuit. Il dit qu'on avait retardé le dîner pour attendre l'arrivée du roi de Suède et du Président de la République française qui venait de le faire Grand-Croix de la Légion d'honneur. Il venait d'acheter le Petit Trianon comme séjour d'été pour sa famille. Il était furieux contre sa femme qui refusait de porter le collier de perles de Marie-Antoinette qu'il lui avait donné, appela son petit garçon le Dauphin et s'annonça lui-même comme Robespierre – folie des grandeurs. Les enfants poussaient des cris de terreur dans la nursery, sa femme était accablée de douleur, son chien fidèle hurlait de peur sous la table. Tout d'un coup mon pauvre ami devint furieux, je dus l'enfermer dans sa chambre où il brisa tout et faillit nous précipiter tous deux par la fenêtre. Au matin il fut transporté à l'asile du docteur Blanche à Passy. Le célèbre aliéniste pensa tout de suite à la paralysie générale. Deux mois après le diagnostic se confirma, c'était un cas incurable. La maison Blanche était très chère, je décidai de le transférer à l'asile gouvernemental de Lund, petite ville dans le sud de la Suède. Le Dr Blanche y était opposé. Il disait que c'était une entreprise coûteuse et risquée, qu'il ne fallait pas se fier à sa lucidité passagère, qu'en tout cas il devrait être accompagné de deux gardiens qualifiés. Je dis que le peu d'argent qui restait devait être économisé pour les enfants, le voyage serait effectué avec le moins de frais possible, je l'emmènerais seul en Suède. Lorsque je signai la feuille de sortie de l'asile, le Dr Blanche me réitéra ses recommandations par écrit mais naturellement j'en savais plus long. Je conduisis le consul en voiture tout droit à l'avenue de Villiers. Il fut parfaitement calme et raisonnable pendant le dîner, sauf qu'il essaya de faire la cour à Mamsell Agata qui certainement n'avait jamais eu pareille aubaine. Deux heures plus tard nous étions enfermés dans un compartiment de première classe de l'express de nuit de Cologne, il n'y avait pas de voitures à couloir en ce temps-là. Il se trouvait que j'étais le médecin d'un des Rothschild, les propriétaires des chemins de fer du Nord. On avait donné des ordres pour faciliter notre voyage de toutes manières, les conducteurs avaient la consigne de ne pas nous déranger, mon malade étant enclin à s'agiter à la vue d'un étranger. Il était très tranquille et docile et nous nous étendîmes sur nos couchettes pour dormir. Je fus éveillé par l'étreinte d'un fou à ma gorge, je le renversai deux fois, deux fois il bondit de nouveau sur moi agile comme une panthère, il faillit réussir à m'étrangler. Mon dernier souvenir est un coup que je lui assenai sur la tête et qui parut l'étourdir. En entrant à Cologne au matin, on nous trouva tous les deux allongés presque sans connaissance sur le plancher du compartiment, on nous transporta à l'hôtel du Nord où nous restâmes pendant vingt-quatre heures, chacun sur notre lit dans la même chambre. Comme je dus avouer la vérité au docteur qui était venu coudre ma blessure – il avait presque arraché mon oreille avec les dents – le propriétaire me fit prévenir que les fous n'étaient pas tolérés dans l'hôtel. Je décidai de continuer sur Hambourg par le train du matin. Il fut très aimable tout du long jusqu'à Hambourg, il chanta la *Marseillaise* dans la voiture en traversant la ville pour gagner la gare de Kiel. Nous embarquâmes sans encombre sur le vapeur pour Korsuer, à cette époque la voie la plus rapide entre le continent et la Suède. A deux milles de la côte danoise notre vapeur fut bloqué par de la glace compacte chassée du Kattegat par une furieuse rafale du Nord, aventure pas trop rare durant un hiver rigoureux. Nous dûmes marcher plus d'un mille sur des blocs de glace flottants, mon ami s'amusa énormément et on nous conduisit en barque à Korsuer. Comme nous entrions dans le port, mon ami sauta à la mer et moi derrière lui. Repêchés, nous restâmes assis dans un train, non chauffé, jusqu'à Copenhague, les vêtements glacés, par 20° centigrades sous zéro. Le reste du voyage se passa à merveille, le bain froid paraissait avoir fait un bien immense à mon ami. Une heure après la traversée à Malmœ je remis mon ami dans la gare de Lund à deux gardiens de l'asile des fous. Je me rendis en voiture à l'hôtel – il n'y avait qu'un hôtel à Lund à cette époque – je demandai une chambre et à déjeuner. On me dit que je pourrais avoir un déjeuner mais pas de chambre, toutes les chambres étaient retenues pour la troupe d'artistes de théâtre qui donnait une représentation de gala dans la salle de la mairie ce soir-là. Pendant que je déjeunais, le garçon, tout fier, m'apporta le programme de la représentation du soir de *Hamlet,* tragédie en 5 actes de W. Shakespeare. *Hamlet* à Lund! Je jetai un coup d'œil au programme : Hamlet, prince de Danemark... M. Erik Carolus Malmborg. Le programme me tomba des mains. Erik Carolus Malmborg! Était-il possible que ce fût l'ancien copain de nos années d'Université à Upsala! Dans ce temps-là Erik Carolus devait se faire prêtre. Je l'avais bourré pour ses examens, j'avais écrit son premier sermon d'essai, de même que ses lettres d'amour à sa fiancée, pendant tout un trimestre. Je l'avais rossé régulièrement tous les soirs quand il rentrait ivre pour dormir dans ma chambre de réserve; il avait été expulsé de son propre logement pour sa conduite déréglée. Je l'avais perdu de vue quand je quittai la Suède, il y a bien des années. Je savais qu'il avait été exclu de l'Université et était tombé de plus en plus bas. Tout à coup je me rappelai avoir entendu dire qu'il était monté sur les planches, bien sûr le Hamlet de ce soir devait être mon vieil ami à la mauvaise étoile. Je fis porter ma carte à sa chambre, il accourut comme une flèche, débordant de la joie de me revoir après tant d'années. Il me raconta une histoire navrante. Après une série désastreuse de représentations devant des salles vides à Malmœ, la troupe, réduite au tiers de son effectif, était arrivée à Lund le soir précédent pour livrer au destin la suprême bataille. La plupart de leurs costumes et de leurs effets mobiliers, les joyaux de la reine mère, la couronne du roi, la propre épée d'Hamlet qu'il devait passer au travers du corps de Polonius, jusqu'au crâne de Yorick, tout avait été saisi par leurs créanciers à Malmœ. Le roi avait une violente crise de sciatique et ne pouvait ni marcher ni s'asseoir sur son trône. Ophélie avait un rhume épouvantable, le spectre s'était enivré au souper d'adieu à Malmœ et avait manqué le train. Quant à lui, il était dans une forme magnifique, Hamlet était sa plus belle création – on aurait pu croire le rôle écrit pour lui. Mais comment pourrait-il, à lui seul, porter sur ses épaules le poids immense de la tragédie en 5 actes? Tous les billets pour la représentation de ce soir étaient vendus, s'il fallait rendre l'argent la débâcle serait inévitable. Peut-être pourrais-je lui prêter deux cents couronnes au nom de notre vieille amitié? Je fus à la hauteur de la situation. Je convoquai les étoiles de la troupe, infusai un sang nouveau dans leurs cœurs défaillants, grâce à plusieurs bouteilles de punch suédois, retranchai sans pitié toute la scène des acteurs, la scène des fossoyeurs, le meurtre de Polonius et déclarai qu'avec ou sans spectre la représentation aurait lieu.

Ce fut une soirée mémorable dans les annales théâtrales de Lund. A huit heures précises le rideau se leva sur le palais royal d'Elseneur, à vol d'oiseau à moins d'une heure de là. La salle comble, remplie surtout d'étudiants turbulents de l'Université, nous montra moins de sympathie que nous ne l'avions espéré. L'entrée du prince de Danemark passa presque inaperçue, même son fameux : « Être ou ne pas être » rata. Le roi se traîna à travers la scène en boitant et s'affala sur son trône avec un gémissement. Le rhume d'Ophélie avait pris des proportions terrifiantes. De toute évidence Polonius n'y voyait pas clair. Ce fut le spectre qui sauva la situation. C'était moi le spectre. Comme je m'avançais d'une allure spectrale sur les remparts lunaires du château d'Elseneur, en me frayant précautionneusement un chemin parmi les caisses d'emballage qui en formaient la charpente, l'édifice tout entier s'écroula d'un coup et je fus précipité jusqu'aux aisselles dans une des caisses. Qu'attendre d'un spectre en pareille occurrence? Devais-je plonger de la tête et disparaître tout entier dans la caisse ou devais-je rester comme j'étais et attendre les événements? Joli problème à résoudre! Une troisième solution me fut chuchotée par Hamlet lui-même d'une voix angoissée : pourquoi au nom du ciel ne pas sortir de cette infernale boîte? Ceci toutefois était au-dessus de mes moyens, mes jambes étaient embrouillées dans des rouleaux de cordes et dans toutes sortes d'accessoires de scène.

A tort ou à raison je décidai de rester où j'étais, prêt à tout événement. Ma disparition inattendue dans la caisse d'emballage avait été accueillie très favorablement par le public, mais ce n'était rien auprès de mon succès lorsque, ma tête émergeant seule de la caisse, je repris d'une voix lugubre ma tirade à Hamlet. Les applaudissements devinrent si frénétiques que je dus remercier d'un geste amical de la main, je ne pouvais faire plus dans la délicate posture où je me trouvais. Cela les rendit littéralement fous de joie, les applaudissements continuèrent jusqu'à la fin. Quand le rideau tomba après le dernier acte, je parus avec les étoiles de la compagnie pour saluer le public. On ne cessait de hurler : « Le Spectre! Le Spectre! » avec tant d'insistance que je dus m'avancer tout seul à plusieurs reprises pour recevoir les félicitations, la main sur mon cœur.

Nous étions tous enchantés. Mon ami Malmborg déclara qu'il n'avait jamais eu de soirée plus réussie. Nous eûmes un souper de minuit des plus animés. Ophélie fut tout à fait charmante avec moi et Hamlet en levant son verre à ma santé m'offrit, au nom de tous ses camarades, la direction de la troupe. Je dis que cela méritait réflexion. Tous m'accompagnèrent à la gare. Deux jours après, rentré à Paris, je reprenais mon travail, pas fatigué le moins du monde. Ah! Jeunesse! Jeunesse!

CHAPITRE XVII

MÉDECINS

Un grand nombre de médecins étrangers exerçaient à Paris à cette époque. Une vive jalousie de métier régnait parmi eux ; j'en avais ma part et c'était naturel. Nous n'étions guère plus aimés de nos confrères français, car nous accaparions la riche colonie étrangère, clientèle évidemment bien plus rémunératrice que la leur. Dernièrement, on avait créé un mouvement dans la presse pour protester contre le nombre toujours croissant de médecins étrangers à Paris dont beaucoup, insinuait-on, n'étaient pas même munis de diplômes régulièrement délivrés par des universités reconnues. Il en résulta une ordonnance du préfet de Police enjoignant à tous les médecins étrangers de présenter leurs diplômes à la vérification avant la fin du mois. Pour moi j'étais évidemment en règle avec mon diplôme de la Faculté de Paris ; je faillis oublier complètement cette histoire et me présentai le tout dernier jour au commissariat de mon quartier. Le commissaire, qui me connaissait vaguement, me demanda ce que je savais du Dr X... qui habitait la même avenue que moi. Je lui répondis que je savais seulement qu'il devait avoir une nombreuse clientèle, j'avais souvent entendu prononcer son nom et souvent admiré son élégant attelage l'attendant devant sa porte. Le commissaire me dit que je n'aurais plus longtemps l'occasion de l'admirer, il était sur la liste noire, il ne s'était pas présenté avec son diplôme car il n'en possédait pas, c'était un charlatan, on allait enfin le pincer. Il passait pour se faire deux cent mille francs par an, plus que la plupart des célébrités de Paris. Je lui dis qu'il n'y avait aucune raison qu'un charlatan ne fût pas un bon médecin, ses malades se souciaient peu de son diplôme pourvu qu'il fût capable de les soulager. J'appris la fin de l'histoire deux mois plus tard du commissaire lui-même. Le Dr X... s'était présenté à la toute dernière minute et avait sollicité un entretien particulier avec le commissaire. Tout en présentant un diplôme de M. D... d'une université allemande bien connue, il supplia le commissaire de lui garder le secret, il déclara qu'il devait son énorme clientèle au fait qu'il passait aux yeux de tous pour un charlatan. Je dis au commissaire que cet homme serait vite millionnaire pour peu qu'il fût aussi bon médecin que psychologue. En rentrant à pied chez moi, je n'enviais pas les deux cent mille francs de revenu de mon confrère mais je l'enviais de connaître le montant exact de son revenu. J'avais toujours désiré savoir ce que je gagnais. Que je faisais beaucoup d'argent me paraissait certain, j'avais toujours des disponibilités à discrétion quand j'en avais besoin pour quoi que ce fût. J'avais un bel appartement, un équipage chic, une excellente cuisinière; à présent, depuis le départ de Mamsell Agata, j'avais souvent mes amis à dîner avenue de Villiers et je leur offrais ce qu'il y avait de mieux. Deux fois j'étais accouru à Capri, la première pour acheter la maison de Mastro Vincenzo, la seconde pour offrir une forte somme au propriétaire inconnu de la petite chapelle en ruine de San Michele – il me fallut dix ans pour conclure cette affaire. J'étais déjà passionnément amoureux des choses d'art, les pièces de l'avenue de Villiers étaient remplies de trésors du temps passé et plus de douze pendules anciennes sonnaient les heures de mes nuits trop souvent sans sommeil. Pour quelque raison inexplicable, ces périodes de prospérité étaient fréquemment interrompues par des moments où je n'avais rien. Rosalie le savait, la concierge le savait, même les fournisseurs le savaient. Norstrom aussi le savait car je dus souvent lui emprunter de l'argent. Il disait que la seule explication était quelque défaut dans mon mécanisme mental, le remède était de tenir mes comptes à jour et d'envoyer mes notes d'honoraires à mes malades régulièrement comme tout le monde. Je dis qu'il n'y avait aucun espoir que je tinsse des comptes et quant à rédiger des notes, je ne l'avais jamais fait et n'allais pas le faire.

Notre profession n'était pas un commerce mais un art, cette façon de trafiquer sur la souffrance m'était une humiliation. Je devenais cramoisi quand un client posait un louis sur ma table et, s'il le mettait dans ma main, il me prenait envie de le frapper. Norstrom me dit que tout cela n'était que de l'orgueil et de la suffisance, que je devais m'emparer de tout l'argent sur lequel je pouvais mettre la main, comme tous mes confrères, même s'il m'était offert par l'entrepreneur des pompes funèbres. Je dis que notre profession était une mission sacrée, aussi haute sinon plus haute que celle du prêtre, dans laquelle des gains excessifs devraient être interdits par la loi.

Les médecins devraient être payés et bien payés par l'État, comme les juges en Angleterre. Ceux à qui cette combinaison ne plairait pas n'auraient qu'à renoncer à cette profession, à aller à la Bourse ou à ouvrir une boutique. Les médecins se promèneraient comme des sages, honorés et protégés de tous. Ils auraient le droit de prendre tout ce qu'ils voudraient à leurs malades riches pour les malades pauvres et pour eux-mêmes, mais pas de compter leurs visites ni de rédiger des notes. Que valait en espèces trébuchantes, pour le cœur d'une mère, la vie de son enfant que vous aviez sauvé ? Quel salaire méritait-on pour avoir dissipé la crainte de la mort dans un regard chargé d'épouvante par une parole apaisante ou le simple toucher de la main ? A combien de francs évaluer chaque seconde arrachée au bourreau dans la lutte contre la mort ? Combien de temps encore nous faudrait-il imposer à l'humanité souffrante tous ces coûteux médicaments et toutes ces drogues brevetées, aux étiquettes modernes mais dont les racines remontaient au superstitieux Moyen Age ? Nous savions pertinemment que les drogues efficaces pouvaient se compter sur les doigts, et nous avaient été fournies par la bienveillante Nature, notre Mère, à bas prix ! Pourquoi devais-je, moi, docteur à la mode, me promener dans un élégant équipage tandis que mon confrère des quartiers excentriques devait aller à pied ? Pourquoi l'État dépensait-il plusieurs centaines de fois plus d'argent pour enseigner l'art de tuer que l'art de guérir ? Pourquoi ne bâtissions-nous pas davantage d'hôpitaux et moins d'églises ? On peut prier Dieu partout mais on ne peut opérer dans le ruisseau ! Pourquoi construisions-nous tant de demeures confortables pour les assassins de profession et les cambrioleurs et si peu pour les sans-abri dans leurs bouges. Il n'y a pas d'homme et pas de femme qui ne soit capable, même enfermé dans une prison, de gagner son pain quotidien si c'est une question de manger ou ne pas manger. On nous répétait sans cesse que ceux qui peuplent les prisons sont pour la plupart des faibles d'esprit, inintelligents, des individus plus ou moins irresponsables. C'était une erreur. Leurs facultés intellectuelles étaient, en général, non pas inférieures mais supérieures à la moyenne. Tous ceux qui tombent pour la première fois devraient être condamnés à un emprisonnement beaucoup plus court, à un régime alimentaire très réduit, à des châtiments corporels répétés et rigoureux. Ils devraient céder la place aux pères des enfants illégitimes abandonnés et aux souteneurs actuellement en liberté parmi nous. La cruauté envers les animaux sans défense était, aux yeux de Dieu, un bien plus grand crime que le cambriolage, elle n'était punie que d'une faible amende. Nous savions tous que l'accumulation excessive de la richesse était le plus souvent un vol au détriment des pauvres, habilement dissimulé. Je n'avais jamais rencontré de millionnaire en prison. Le truc de faire de l'argent de n'importe quoi est un don spécial d'une valeur morale bien douteuse. Ceux qui possèdent cette faculté ne devraient être autorisés à s'en servir qu'aux mêmes conditions que les abeilles, une grosse tranche de leurs rayons d'or serait distribuée à ceux qui n'ont pas de miel à mettre sur leur pain.

Quant aux autres hôtes des prisons, criminels invétérés, assassins au sang froid, au lieu de passer leur vie dans une aisance relative, plus coûteuse que l'entretien d'un lit d'hôpital, on devrait les mettre à mort sans douleur, non comme punition, car nous n'avons pas le droit de juger ni de punir, mais par mesure de sécurité. Comme toujours l'Angleterre est dans le vrai. Même ainsi les malfaiteurs n'avaient en vérité aucun droit de se plaindre d'être traités cruellement par la société. Ils obtenaient pour prix de leurs crimes le plus précieux privilège qu'on puisse accorder à un homme, privilège refusé le plus souvent à leurs semblables pour prix de leurs vertus, une mort rapide.

Norstrom me conseilla de renoncer à réformer la société – il pensait que ce n'était pas de mon ressort – et de m'en tenir à la médecine. Jusque-là je n'avais pas le droit de me plaindre des résultats. Il doutait néanmoins très sérieusement de la réussite de ma méthode d'allées et venues parmi mes malades en échangeant mes soins contre des dons en nature. Il maintenait son point de vue que le vieux système d'envoyer des notes d'honoraires était plus sûr. Je répondis que je n'en étais pas aussi certain. Malgré qu'en vérité quelques-uns de mes clients, après m'avoir écrit par deux fois pour réclamer en vain leur note, fussent partis sans rien me payer, cela ne m'arriva jamais avec des Anglais; d'autres, le plus souvent, m'envoyaient des sommes supérieures à ce que j'aurais réclamé en envoyant ma note. Bien que la plupart de mes clients parussent préférer se séparer de leur argent que de leurs biens, j'avais à plusieurs reprises appliqué mon système avec succès. Un des objets dont la possession m'est la plus chère est une vieille cape en Loden que je pris à Miss C... le jour où elle partit pour l'Amérique. Tandis que nous nous promenions dans ma voiture pour lui permettre, sans perte de temps, de m'exprimer sa reconnaissance éternelle et l'impossibilité où elle était de reconnaître toutes mes bontés, je remarquai sur ses épaules une vieille cape en Loden. C'était précisément ce qu'il me fallait. Alors j'en enveloppai mes jambes et lui déclarai que je la gardais. Elle dit qu'elle l'avait achetée dix ans auparavant à Salzbourg et y tenait beaucoup. Moi aussi, lui répondis-je. Elle proposa d'aller tout de suite à Old England, elle serait enchantée de m'offrir la cape écossaise la plus riche qu'on pût trouver. Je dis que je ne voulais pas d'une cape écossaise. Il faut que je vous prévienne que Miss C... était une dame d'humeur plutôt irascible qui m'avait donné beaucoup de mal pendant des années. Elle se fâcha au point qu'elle sauta de la voiture sans même me dire adieu et s'embarqua le lendemain pour l'Amérique. Je ne la revis plus jamais.

Je me rappelle aussi le cas de lady Maud B. qui vint me voir avenue de Villiers avant son départ pour Londres. Elle me dit qu'elle m'avait écrit trois fois, sans succès, pour sa note, je la mettais dans le plus grand embarras, elle ne savait plus que faire. Elle se confondait en louanges sur mes mérites et ma bonté, l'argent n'avait rien à voir avec sa reconnaissance, tout ce qu'elle possédait ne saurait me récompenser de lui avoir sauvé la vie. Je trouvais délicieux d'entendre tout cela de la bouche d'une jeune femme aussi charmante. Tandis qu'elle parlait j'admirais sa robe neuve en soie rouge foncé, elle en faisait autant en se regardant de côté furtivement dans la glace vénitienne sur la cheminée. Sans quitter des yeux sa taille élancée et fine je lui dis que j'accepterais sa robe, c'était exactement ce que je voulais. Elle éclata d'un joyeux rire qui se mua en consternation lorsque je la prévins que j'enverrais Rosalie prendre la robe à son hôtel à sept heures. Elle se leva, pâle de colère, et dit qu'elle n'avait jamais entendu chose pareille. Je lui répondis que c'était très vraisemblable. Elle m'avait assuré qu'il n'y avait rien qu'elle ne m'eût donné, j'avais choisi la robe pour des raisons à moi. Elle fondit en larmes et sortit précipitamment. La semaine suivante je rencontrai la femme de l'ambassadeur d'Angleterre à la Légation suédoise. Cette femme charitable me dit qu'elle n'avait pas oublié l'institutrice anglaise poitrinaire que je lui avais recommandée, elle l'avait même invitée à la garden-party offerte par elle à la colonie anglaise. « Certainement elle paraît malade », me dit l'ambassadrice, « mais sûrement elle ne doit pas être aussi pauvre que vous dites – je suis convaincue qu'elle s'habille chez Worth. »

J'étais vivement blessé d'entendre dire à Norstrom que mon incapacité de rédiger des notes et d'empocher mes honoraires était due à mon orgueil et à ma suffisance. Si Norstrom était dans le vrai je dois reconnaître que tous mes confrères semblaient singulièrement exempts de ce défaut. Tous envoyaient leur note à la manière des tailleurs et empoignaient avec une parfaite aisance le louis d'or que leur tendaient leurs malades. Dans bien des cabinets de consultation il était même d'usage que le malade mît son argent sur la table avant d'ouvrir la bouche sur ses misères. Avant une opération il était de règle que la moitié de la somme fût payée d'avance. J'ai entendu parler d'un cas où le malade fut réveillé du chloroforme et l'opération remise pour permettre de vérifier la validité du chèque. Lorsque des étoiles de faible grandeur comme nous appelaient en consultation une célébrité, le grand homme mettait une tranche de ses honoraires dans la main du petit homme comme une chose naturelle. Je me rappelle ma stupéfaction la première fois que je fis appel à un spécialiste embaumeur et qu'il me remit cinq cents francs sur ses honoraires. Le tarif d'un embaumement était scandaleux.

Plusieurs des professeurs que je consultais dans les cas difficiles étaient des hommes de réputation universelle, spécialistes de tout premier plan, au diagnostic extraordinairement précis et prodigieusement rapide. Charcot, par exemple, était presque surnaturel tant il allait droit à la racine du mal, souvent après un seul regard, en apparence superficiel, de ses yeux froids d'aigle sur le malade. Il fut le plus illustre médecin de son siècle, le médecin idéal de tous les temps, le héros de ma jeunesse. L'influence que sa forte personnalité exerça sur moi pendant les années que j'ai suivi son enseignement à la Salpêtrière a duré toute ma vie.

Potain partageait avec Charcot la réputation de plus grand médecin de Paris à cette époque. Il n'y eut jamais deux hommes plus dissemblables que ces deux grands docteurs. Le fameux clinicien de l'hôpital Necker était laid, insignifiant, et aurait passé inaperçu dans une foule où la tête de Charcot se serait distinguée entre mille. A côté de son illustre confrère il avait l'air presque miteux dans sa vieille redingote mal coupée. Visage triste, parole rare, élocution difficile. Adoré comme un Dieu de tous ses malades, pauvres et riches lui étaient tout un. Il savait le nom de tous les malades de son immense hôpital, caressait la joue de chacun, jeunes et vieux, écoutait avec une patience infinie l'histoire de leurs misères et payait souvent de sa poche des friandises supplémentaires pour leur palais fatigué. Il examinait ses malades les plus pauvres, à l'hôpital, avec la même attention minutieuse que les têtes couronnées et les millionnaires qui ne lui faisaient point défaut. Il semblait qu'aucun symptôme de lésion des poumons ou du cœur ne pût échapper à son oreille prodigieusement fine. Je pense qu'il n'y eut jamais homme qui sût mieux que lui ce qui se passait dans la poitrine d'autrui. Le peu que je sais des maladies du cœur c'est à lui que je le dois. Le professeur Potain et Guéneau de Mussy étaient à peu près les seuls médecins consultants auxquels j'osais m'adresser quand j'avais besoin d'un conseil pour un malade indigent.

Le professeur Tillaux, le célèbre chirurgien, en était un autre. Sa clinique à l'Hôtel-Dieu était organisée de la même façon que celle de Potain à l'hôpital Necker. Il était comme un père pour ses malades, plus ils étaient pauvres plus il semblait s'intéresser à leur bien-être. De professeur, je n'en ai jamais rencontré de meilleur. Son ouvrage sur l'anatomie topographique est d'ailleurs ce qu'on a écrit de mieux sur ce sujet. C'était un opérateur merveilleux, il faisait tous les pansements lui-même. On l'aurait presque pris pour un hommme du Nord grâce à ses manières droites et simples et à ses yeux bleus; en fait il était Breton. Il était plein de bonté et de patience pour moi et pour mes nombreuses fautes. A dire vrai je lui dois beaucoup et suis convaincu même que je lui dois de pouvoir encore marcher. D'ailleurs je ferais bien de vous raconter ici cette histoire.

J'avais rudement travaillé au cours de cet été long et chaud, sans un jour de repos, harassé par l'insomnie et son compagnon inévitable le découragement. J'étais irritable avec mes malades, de mauvaise humeur avec tout le monde et quand vint l'automne mon flegmatique ami Norstrom lui-même commença à perdre patience. Enfin il me prévint, un jour que nous dînions ensemble, que si je n'allais pas faire immédiatement une cure de repos de trois semaines dans un endroit frais je m'effondrerais complètement. Capri était trop chaud, la Suisse était l'endroit rêvé. Je m'étais toujours incliné devant le grand bon sens de mon ami. Je savais qu'il avait raison bien que son point de départ fût faux. Ce n'était point le surmenage, mais une tout autre chose qui m'avait réduit à cet état lamentable. Mais ne parlons pas de ça ici.

Trois jours plus tard j'arrivai à Zermatt et me mis aussitôt à rechercher si la vie au-dessus des neiges éternelles était plus réjouissante qu'au-dessous. Le piolet fut pour moi le jouet nouveau dans la vieille partie de qui perd gagne entre la Vie et la Mort. Je débutai par où la plupart des grimpeurs finissent : le Cervin. Encordé à mon piolet, fiché dans un roc incliné deux fois grand comme la table de ma salle à manger, je passai la nuit sous l'échine de la montagne hargneuse au milieu d'un furieux chasse-neige. J'appris avec intérêt de mes deux guides que nous étions accrochés au rocher même d'où Hadow, Hudson, Lord Francis Douglas et Michel Croz furent précipités sur le glacier à quatre mille pieds plus bas au cours de la première ascension de Whymper. A l'aube nous découvrîmes Burckhardt. Je grattai la neige fraîche sur son visage paisible et immobile comme celui d'un homme endormi. Il était mort gelé. Au pied de la montagne nous rattrapâmes ses deux guides qui traînaient son compagnon à demi étourdi, Davies, dont ils avaient sauvé la vie au péril de la leur.

Deux jours plus tard le Schreckhorn, géant grincheux, lança comme à son habitude son avalanche de roches contre les intrus. Il nous manqua mais c'était bien visé en tout cas à une distance pareille, un bloc de roche qui aurait pulvérisé une cathédrale nous passa à moins de vingt mètres. Deux jours plus tard, comme l'aube pénétrait dans la vallée à nos pieds, nos yeux émerveillés contemplaient la Jungfrau revêtant sa robe de neige immaculée. Nous apercevions à peine la joue rosée de la vierge sous son voile blanc. Je partis aussitôt à la conquête de l'enchanteresse. Au début il semblait qu'elle allait dire oui, mais lorsque je tentai de cueillir quelques edelweiss sur l'ourlet de sa cape elle devint tout à coup timide et alla se cacher derrière un nuage. J'eus beau faire, je ne parvins jamais à approcher de la bien-aimée. Plus j'avançais, plus elle paraissait s'éloigner de moi. Bientôt un voile de vapeur et de buée, tout illuminé de rayons solaires, la déroba complètement à notre vue, comme l'écran de feu et de fumée qui descend autour de sa sœur la vierge Brunnhilde dans le dernier acte de la Walkyrie. Une vieille sorcière, dont la fonction était de veiller sur la belle jeune fille comme une vieille nourrice jalouse, nous égara de plus en plus de notre but parmi des rochers désolés et des précipices béants prêts à nous engloutir à tout instant. Bientôt les guides déclarèrent qu'ils avaient perdu leur chemin, qu'il ne restait qu'à retourner d'où nous venions et le plus tôt possible. Vaincu et dépité je fus traîné vers la vallée au bout de la solide corde de mes guides. Pas étonnant que je fusse désemparé! Pour la seconde fois de l'année j'étais repoussé par une jeune femme. Mais la jeunesse est une grande guérisseuse des blessures du cœur. Avec un peu de sommeil et une tête solide on s'en remet vite. De sommeil je n'en avais guère, mais heureusement je ne perdis pas la tête. Le dimanche suivant – je me rappelle même la date car c'était mon anniversaire – je fumais ma pipe au sommet du mont Blanc où, au dire de mes guides, la plupart des gens tirent la langue, haletants et essoufflés. J'ai raconté ailleurs ce qui m'arriva ce jour-là, mais le petit livre étant épuisé il me faut vous le raconter ici pour vous apprendre ce que je dois au professeur Tillaux.

L'ascension du mont Blanc, en hiver comme en été, est comparativement aisée. Il n'y a qu'un imbécile pour la tenter en automne avant que le soleil du jour et le gel de la nuit aient fixé la neige fraîche sur les vastes flancs de la montagne. Le roi des Alpes compte sur ses avalanches de neige contre les intrus, tout comme le Schreckhorn compte sur ses projectiles de rochers. Il était l'heure du déjeuner lorsque j'allumai ma pipe au sommet. Dans les hôtels de Chamonix, tous les étrangers observaient à tour de rôle dans leurs télescopes les trois mouches qui se traînaient sur la calotte blanche dont la tête du vieux géant des montagnes était recouverte. Tandis qu'ils déjeunaient, nous nous frayions un passage à travers la neige du couloir sous le mont Maudit pour bientôt réapparaître dans leurs télescopes sur le Grand Plateau. Nous ne parlions pas, nous savions tous que le son même de la voix pourrait déclencher une avalanche. Tout à coup Boisson se retourna et de son piolet nous désigna une ligne noire tirée comme par la main d'un géant en travers du versant blanc.

– « Nous sommes perdus », murmura-t-il tandis que l'immense champ de neige se fendait en deux et déclenchait l'avalanche avec un grondement de tonnerre, nous précipitant au bas de la pente à une vitesse vertigineuse.

Je ne sentis rien, ne compris rien. Soudain le même réflexe qui, dans l'expérience fameuse de Spallanzani, obligea la grenouille décapitée à diriger sa patte vers le point qu'il piquait avec une épingle, ce même réflexe força la grosse bête inconsciente à lever la main pour atténuer la vive douleur de son crâne. L'obtuse sensation périphérique éveilla dans mon cerveau l'instinct de la conservation, le dernier à disparaître. D'un effort désespéré je travaillai à me libérer de la couche de neige sous laquelle je gisais enseveli. Je voyais autour de moi les murailles brillantes de glace bleue, je voyais sur ma tête la lumière du jour à travers la fente de la crevasse dans laquelle m'avait précipité l'avalanche. Étrange souvenir – je n'éprouvais aucune crainte, je n'avais conscience ni du passé, ni du présent, ni de l'avenir. Peu à peu j'éprouvai une sensation confuse qui, à travers mon cerveau engourdi, frayait lentement son chemin pour atteindre enfin mon entendement. Je la reconnus aussitôt, c'était ma vieille marotte, ma curiosité incurable de savoir tout ce que l'on peut savoir de la Mort. Enfin mon heure était venue, si je pouvais seulement garder ma lucidité et la regarder en face sans flancher! Je savais qu'Elle était là, je m'imaginais presque la voir s'avancer vers moi dans son suaire de glace. Qu'allait-Elle me dire? Serait-Elle dure et implacable ou aurait-Elle pitié de moi et m'abandonnerait-Elle tout simplement là, étendu où j'étais, dans la neige et me laisserait-Elle geler d'un sommeil éternel? Pour incroyable que cela paraisse, je pense vraiment que ce fut cette survivance de ma mentalité normale, ma curiosité de la Mort, qui me sauva la vie. Tout à coup je sentis l'étreinte de mes doigts sur le piolet, je sentis la corde autour de mes reins. La corde! Où étaient mes deux compagnons? Je tirai la corde vers moi aussi vite que je pus, il y eut une secousse brusque, la tête à barbe noire de Boisson jaillit de la neige. Il respira profondément, enroula vivement la corde autour de ses reins et tira de son tombeau son camarade à demi évanoui.

– « Combien de temps faut-il pour être gelé à mort? » demandai-je.

Les yeux vifs de Boisson firent le tour des murs de notre prison et s'arrêtèrent, rivés sur un mince pont de glace qui reliait les murs inclinés de la crevasse comme le contrefort aérien d'une cathédrale gothique.

– « Si j'avais un piolet et que je pusse atteindre ce pont », dit-il, « je pense que je pourrais me tailler une sortie. »

Je lui tendis le piolet que mes doigts enserraient d'une étreinte presque cataleptique.

– « Tenez ferme, bon Dieu, tenez ferme! » répétait-il, juché sur mes épaules et, d'un élan, il atteignit le pont sur nos têtes. Suspendu par les mains à la muraille inclinée il se tailla un chemin degré par degré hors de la crevasse et me tira avec la corde. Nous hissâmes à grand-peine l'autre guide encore à demi étourdi. L'avalanche avait balayé les points de repère connus, nous ne possédions qu'un seul piolet pour nous protéger d'une chute dans quelque crevasse dissimulée sous la neige fraîche. D'avoir atteint la cabane après minuit était, au dire de Boisson, un plus grand miracle encore que d'être sortis de la crevasse. La cabane était presque ensevelie sous la neige, nous dûmes faire un trou dans le toit pour y pénétrer. Nous tombâmes tout de notre long sur le sol. Je bus jusqu'à la dernière goutte d'huile rance de la petite lampe, tandis que Boisson frottait mes pieds gelés avec de la neige, après avoir fendu avec son couteau mes gros brodequins d'alpiniste. L'équipe de secours partie de Chamonix, après avoir passé toute la matinée à chercher vainement nos corps sur le parcours de l'avalanche, nous trouva profondément endormis sur le sol de la cabane. Le jour suivant on me mena dans un char à foin jusqu'à Genève où on me mit dans le rapide de nuit pour Paris.

Le professeur Tillaux, entre deux opérations, se lavait les mains quand j'entrai en chancelant dans l'amphithéâtre de l'Hôtel-Dieu le lendemain matin. Comme on enlevait l'ouate qui enveloppait mes jambes, il considérait avec ébahissement mes pieds et j'en faisais autant, ils étaient aussi noirs que des pieds de nègre.

– « Sacré Suédois! D'où diable arrives-tu? » tonna le professeur. Ses bons yeux bleus me lancèrent un regard anxieux qui me remplit de honte. Je lui dis que j'avais fait une cure de repos en Suisse, j'avais eu un petit accident de montagne, ce qui aurait pu arriver au premier touriste venu. J'en étais désolé.

– « Mais c'est lui! » s'écria un interne, « pour sûr c'est lui! » Tirant le *Figaro* de la poche de sa blouse il se mit à lire à haute voix une dépêche de Chamonix relatant le sauvetage miraculeux d'un étranger qui avec ses deux guides avait été emporté par une avalanche en descendant le mont Blanc.

– « Nom de tonnerre! Nom de nom de nom! Fiche-moi la paix, sacré Suédois, qu'est-ce que tu viens faire ici, va-t'en à l'asile Sainte-Anne, chez les fous. Laissez-moi vous présenter le crâne d'un ours lapon », poursuivit-il, tout en pansant la vilaine entaille au sommet de mon crâne. « Un coup effroyable qui aurait étourdi un éléphant mais pas la moindre fracture, pas même une commotion cérébrale. Pourquoi as-tu fait ce long voyage à Chamonix? Pourquoi ne pas grimper au sommet d'une tour de Notre-Dame pour te précipiter sur le parvis sous nos fenêtres? Aucun danger tant que tu tombes sur la tête. »

J'étais toujours ravi quand le professeur me blaguait. C'était le signe certain que j'étais dans ses bonnes grâces. Je voulais me faire conduire incontinent à l'avenue de Villiers, mais Tillaux pensa que je serai mieux deux jours à l'hôpital dans une chambre particulière. J'étais certainement son plus mauvais élève et pourtant il m'avait appris assez de chirurgie pour que je pusse deviner son intention de m'amputer. Cinq jours de suite et trois fois par jour il vint examiner mes jambes, le sixième jour je me trouvai sur mon canapé avenue de Villiers, hors de tout danger.

En tout cas la punition fut sévère, je restai allongé six semaines, je devins si nerveux que je dus écrire un livre; rassurez-vous, il est épuisé. Pendant un mois encore je sautillai sur deux cannes puis tout alla bien.

CHAPITRE XVIII

INSOMNIE

Nous dînions ensemble, Norstrom et moi, à notre table habituelle au Café de la Régence. Dîner lugubre. Norstrom se grattait la tête, silencieux et pensif, à chercher le moyen de se procurer pour le lendemain les 3.000 francs qu'il devait à son propriétaire et moi, qui depuis deux nuits n'avais pas dormi, j'étais aussi silencieux que lui.

Soudain, mon regard se porta miraculeusement de la bouteille de Médoc, entre nous, aux mains gigantesques de Norstrom.

– « As-tu jamais fait du massage ? » lui demandai-je à brûle-pourpoint.

Pour toute réponse Norstrom ouvrit ses larges mains d'honnête homme et me montra avec beaucoup de fierté ses énormes paumes, grosses comme des oranges. Il n'y avait pas à douter qu'il disait vrai en déclarant qu'il avait fait jadis beaucoup de massage en Suède.

Je dis au garçon d'apporter une bouteille de Clicquot, la meilleure qu'il pourrait trouver, et je levai mon verre à sa victoire prochaine.

– « Il me semble que tu me disais tout à l'heure que tu étais fauché », dit Norstrom en regardant la bouteille de champagne.

– « Ça ne fait rien », dis-je en riant, « une idée lumineuse qui vaut plus de cent bouteilles de Clicquot vient de me passer par la tête ; encore un verre ! Temps que je la creuse. »

Norstrom disait toujours que j'avais deux cerveaux fonctionnant à tour de rôle dans ma tête, le cerveau bien développé d'un imbécile et le cerveau mal développé d'une sorte de génie. Il me regarda stupéfait quand je lui dis que j'irais rue Pigalle le lendemain à l'heure de sa consultation, entre deux et trois, pour tout lui expliquer. Il répondit que c'était le meilleur moment pour une conversation tranquille. J'étais sûr de le trouver seul. Nous quittâmes, bras dessus, bras dessous, le Café de la Régence, Norstrom continuant à se demander duquel de mes deux cerveaux avait jailli mon idée lumineuse, moi tout emballé par mon nouveau projet.

A deux heures tapant, le lendemain, j'entrais rue du Cirque dans le somptueux cabinet du professeur Guéneau de Mussy, le médecin fameux de la famille d'Orléans dont il avait partagé l'exil, alors une des célébrités médicales de Paris. Le professeur, qui avait toujours été très bon pour moi, me demanda en quoi il pouvait m'être utile. Je lui dis que lors de ma visite la semaine précédente il m'avait fait l'honneur de me présenter à Monseigneur le duc d'Aumale, au moment où il quittait le salon, soutenu par son valet et pesamment appuyé sur sa canne. Il m'avait dit que le duc souffrait de sciatique, que ses genoux fléchissaient, qu'il était presque incapable de marcher, qu'il avait consulté vainement les meilleurs chirurgiens de Paris. Je m'étais permis de venir aujourd'hui dire au professeur, que je me tromperais beaucoup si le massage ne parvenait pas à guérir le duc. Un de mes compatriotes, autorité reconnue en matière de sciatique et de massage, était actuellement à Paris ; je prenais la liberté de conseiller qu'on l'appelât pour examiner le duc. Guéneau de Mussy, comme la plupart des médecins français du moment, ignorait presque tout du massage et accepta aussitôt. Comme le duc partait le lendemain pour son château de Chantilly, il fut convenu que je me rendrais immédiatement avec mon illustre compatriote à son hôtel. Plus tard dans l'après-midi Norstrom et moi fûmes reçus à notre arrivée à l'hôtel par le professeur Guéneau. Norstrom avait été stylé par moi, il devait faire de son mieux pour donner l'impression d'un spécialiste notoire de la sciatique, mais tout en évitant, pour l'amour du ciel, de discourir sur ce sujet. Un examen rapide nous révéla clairement, à tous deux, que c'était un cas où le massage et les mouvements passifs seraient excellents. Le duc partit pour son château, le lendemain, accompagné de Norstrom. Quinze jours plus tard je lus dans le *Figaro* que le Dr Norstrom, de réputation mondiale, avait été appelé à Chantilly pour soigner le duc d'Aumale. On avait vu Monseigneur se promener sans aide dans le parc du château, c'était une guérison merveilleuse. Le Dr Norstrom soignait également le Duc de Montpensier, perclus de goutte depuis des années et qui allait déjà beaucoup mieux.

Puis vint le tour de la princesse Mathilde, suivie bientôt de Don Pedro empereur du Brésil, de deux Grands-Ducs de Russie, d'une archiduchesse autrichienne et de l'infante Eulalie d'Espagne.

Mon ami Norstrom qui, après son retour de Chantilly, m'obéissait aveuglément, s'était vu défendre par moi d'accepter d'autres malades que les membres de familles royales. Je l'assurai que c'était une tactique sage, basée sur des faits psychologiques solides.

Deux mois plus tard Norstrom était revenu dans son appartement luxueux du boulevard Haussmann, son cabinet était bondé de malades de tous les pays, Américains en tête. A l'automne, parut son « Manuel de massage suédois », par le Dr Gustave Norstrom, Paris, Librairie Hachette, cuit et recuit par nous, en hâte fiévreuse, avec divers ingrédients d'origine suédoise; une édition américaine paraissait à la même heure à New York. Au commencement de l'hiver, Norstrom fut appelé à Newport pour donner ses soins au vieux M. Vanderbilt; il devait fixer lui-même ses honoraires. A son ébahissement je lui interdis de partir; un mois après, le vieillard multi-millionnaire était embarqué vers l'Europe pour s'enrôler parmi les malades de Norstrom, réclame vivante en lettres gigantesques, visibles de tous les points des E. U. – Norstrom travaillait rudement du matin au soir à frotter ses malades de ses énormes paumes, qui prenaient peu à peu la dimension d'un petit melon. Bientôt même, il dut renoncer à ses soirées du samedi au club scandinave où, ruisselant de sueur, il avait l'habitude de galoper autour de la salle avec chacune de ces dames à tour de rôle, pour le bien de son foie. Il disait qu'il n'y avait pas mieux que la danse et la transpiration pour faire fonctionner le foie.

Le succès de Norstrom me rendit si heureux qu'il me sembla presque que je dormais mieux, mais cela dura peu. Bientôt je cessai complètement de dormir, j'eus une crise aiguë d'insomnie, si terrible que je faillis en perdre la raison. L'insomnie ne tue pas son homme, à moins qu'il ne se tue lui-même – le manque de sommeil est une des causes les plus fréquentes de suicide. Mais elle tue la joie de vivre, elle sape ses forces, elle suce le sang de son cerveau et de son cœur comme un vampire. Elle lui rappelle au cours de la nuit ce que le sommeil bienfaisant devait lui faire oublier. Elle lui fait oublier au cours du jour ce qu'il devait se rappeler. La mémoire sombre la première; bientôt l'amitié, l'amour, le sens du devoir, la pitié elle-même sont balayés l'un après l'autre. Le désespoir seul reste accroché au navire condamné pour le diriger sur les rochers vers sa destruction complète. Voltaire avait raison de mettre sur le même plan le sommeil et l'espérance.

Je ne perdis pas la raison, je ne me tuai pas. Je continuai en chancelant à travailler de mon mieux, négligent, sans souci de moi-même, sans souci de mes malades. Méfiez-vous d'un médecin qui souffre d'insomnie. Mes malades commençaient à se plaindre de ma brusquerie, de mon impatience, beaucoup me quittèrent, beaucoup me restèrent fidèles et ce fut bien tant pis pour eux. C'est seulement lorsqu'ils étaient sur le point de mourir que je paraissais sortir de ma torpeur, car je prenais un vif intérêt à la Mort, bien longtemps après avoir perdu tout intérêt à la Vie. Je pouvais encore guetter l'approche de mon sinistre collègue, avec autant d'âpreté que du temps où j'étais étudiant à la salle Sainte-Claire, espérant contre toute espérance lui arracher son terrible secret. Je pouvais encore rester toute une nuit assis auprès d'un malade à l'agonie, après l'avoir négligé au moment où j'aurais pu le sauver. On disait que j'étais bien compatissant de veiller ainsi toute une nuit quand les autres docteurs s'en allaient. Mais que m'importait de rester assis sur une chaise près du lit d'un autre, plutôt que de rester allongé sans sommeil sur mon propre lit? Heureusement pour moi ma méfiance grandissante des drogues et des narcotiques me sauva d'une destruction complète. Il était rare que je prisse moi-même un des nombreux soporifiques que je devais prescrire tout le jour à d'autres. Rosalie était mon conseiller médical. J'avalais scrupuleusement tisanes sur tisanes, élaborées par elle à la mode de France au moyen de son inépuisable pharmacopée d'herbes miraculeuses. Rosalie se tourmentait beaucoup pour moi. Je découvris même que fréquemment, de sa propre initiative, elle renvoyait mes malades quand elle pensait que j'étais trop fatigué. J'essayai de me fâcher mais je n'avais plus la force de la gronder. Norstrom aussi était très inquiet à mon sujet. Nos positions respectives maintenant avaient changé. Il escaladait l'échelle glissante du succès, moi je la descendais. Cela le rendait meilleur que jamais – je m'émerveillais toujours de sa patience envers moi. Il venait souvent partager mon dîner solitaire à l'avenue de Villiers. Je ne dînais jamais dehors, n'invitais jamais personne à dîner, n'allais jamais dans le monde où je fréquentais beaucoup autrefois. J'estimais que c'était du temps perdu; je ne tenais qu'à la solitude et au sommeil.

Norstrom voulait que j'aille à Capri quelques semaines pour un repos complet; il était convaincu que je reviendrais reprendre mon travail parfaitement remis. Je déclarai que jamais plus je ne retournerais à Paris si je m'en allais maintenant, je détestais de plus en plus cette vie artificielle d'une grande ville. Je ne voulais pas gaspiller davantage mon temps dans cette atmosphère de nausée et de pourriture. Je voulais m'en aller pour de bon. Je ne voulais plus être un docteur à la mode; plus j'avais de malades plus mes chaînes me paraissaient lourdes. J'avais d'autres sujets d'intérêt dans la vie que de m'occuper de richards américains ou de femelles neurasthéniques. Qu'avait-il besoin de dire que je sacrifiais « mes splendides chances »? Il savait parfaitement que je n'avais pas l'étoffe d'un médecin de premier ordre. Il savait tout aussi bien que je ne savais ni faire de l'argent ni le garder. D'ailleurs je n'en voulais pas de l'argent, je ne saurais qu'en faire, j'avais peur de l'argent, je le haïssais. Je désirais mener une vie simple au milieu de gens simples et naturels. S'ils ne savaient ni lire ni écrire tant mieux. Tout ce qu'il me fallait était une chambre blanchie à la chaux, une table de bois blanc, deux chaises et un piano, le pépiement des oiseaux devant ma fenêtre ouverte et la voix lointaine de la mer.

Toutes les choses auxquelles je tenais vraiment pouvaient s'obtenir pour bien peu d'argent, je serais tout à fait heureux dans le milieu le plus modeste à la condition de n'avoir rien de laid autour de moi.

Les yeux de Norstrom firent lentement le tour de la pièce, allant des tableaux de primitifs sur fond d'or sur les murs à la Madone florentine du Cinquecento sur le prie-Dieu, des tapisseries flamandes au-dessus de la porte aux vases vernis de Cafaiolo et aux fragiles verres de Venise sur l'étagère et de là aux carpettes persanes sur le sol.

– « Je suppose que tu as acheté tout ça au Bon Marché », dit Norstrom en contemplant avec malice l'inestimable vieux Boukhara sous la table.

– « Je te le donnerais avec plaisir pour une seule nuit de vrai sommeil. Accepte je t'en prie ce vase unique d'Urbino, signé de Maestro Givogio lui-même, si tu parviens à me faire rire. Je ne veux plus de tout ce fatras, ça ne me dit rien, j'en suis dégoûté. Quitte ce sourire exaspérant, je sais ce que je dis... Je vais te le prouver. Sais-tu ce que j'ai fait quand j'étais à Londres la semaine dernière pour cette consultation au sujet de la dame à l'angine de poitrine? Eh bien! j'eus une autre consultation le même jour sur un cas bien plus grave, un homme cette fois. Cet homme était moi ou plutôt mon double, mon Doppelgänger comme l'appelait Heine.

– « Dis donc, mon ami », fis-je à mon Doppelgänger comme nous quittions Saint James's Club, bras dessus, bras dessous, « je veux faire un examen soigné de ton intérieur. Tiens-toi bien, nous allons flâner dans New Bond Street, de Piccadilly à Oxford Street. Maintenant écoute-moi bien : mets tes meilleures lunettes et regarde attentivement toutes les devantures, examine bien tous les objets que tu verras. C'est une magnifique occasion pour toi qui aimes les belles choses; voici les plus somptueux magasins de Londres. Tout ce que l'argent peut acheter sera exposé devant tes yeux à portée de ta main. Tout ce que tu désireras posséder te sera offert, tu n'auras

qu'à dire que tu désires le posséder. Mais à une seule condition :
ce que tu choisiras devra demeurer pour ton usage personnel et ta
propre satisfaction, tu ne pourras pas le donner! » Nous tournâmes
le coin de Piccadilly, l'épreuve commença. Je surveillais soigneusement mon Doppelgänger du coin de l'œil, tandis que nous montions
Bond Street en flânant, regardant toutes les devantures. Il s'arrêta
un moment devant Agnew, l'antiquaire, considéra attentivement
une Madone ancienne sur fond d'or, déclara que c'était un très beau
tableau de l'école de Sienne, peut-être Simone di Martino lui-
même. Il eut un geste vers la vitrine, comme pour saisir le vieux
tableau, puis il secoua la tête avec découragement, mit la main dans
sa poche et continua son chemin. Il admira beaucoup une vieille
pendule Cromwell, chez Hunt et Roskell, mais avec un haussement
d'épaules il dit qu'il ne se souciait point de l'heure, qu'il pouvait
d'ailleurs la deviner en regardant le soleil. Chez Asprey, devant
l'étalage de tous les bibelots imaginables, de toutes les fantaisies en
argent, en or, en pierres précieuses, il eut un haut-le-cœur et déclara
qu'il briserait la glace et tout ce qu'il y avait derrière, s'il lui fallait
plus longtemps regarder tout ce maudit bric-à-brac. Comme nous
passions devant le tailleur de Son Altesse Royale le Prince de Galles,
il dit qu'il pensait que les vieux vêtements étaient plus confortables
que les neufs. A mesure que nous montions la rue il se montra de
plus en plus indifférent, et parut prendre plus d'intérêt à s'arrêter
pour caresser les nombreux toutous qui trottinaient derrière leurs
maîtres sur le trottoir, qu'à explorer les devantures de magasins.
Quand nous parvînmes enfin à Oxford Street il tenait une pomme
dans une main et un bouquet de muguet dans l'autre. Il déclara
qu'il n'avait envie de rien de ce qu'il avait vu dans Bond Street, sauf
peut-être du petit terrier d'Aberdeen qui était assis à attendre
patiemment son maître devant Asprey. Il commença à manger sa
pomme et dit que c'était une pomme excellente, et il regarda tendrement son bouquet de muguet disant qu'il lui rappelait la vieille
maison familiale en Suède. Il me demanda si j'avais terminé mon
examen et si j'avais découvert de quoi il souffrait – était-ce la tête?

« Je dis : « Non! C'est le cœur. »

« Il dit que j'étais un médecin bien habile, il avait toujours eu
idée que c'était le cœur. Il me pria de respecter le secret professionnel et de ne pas le dire à ses amis, il ne tenait pas à ce qu'ils
apprissent ce qui ne les concernait pas.

« Nous rentrâmes à Paris le lendemain matin. Il parut enchanté de
la traversée de Douvres à Calais, il dit qu'il adorait la mer. Depuis
il n'a presque jamais quitté l'avenue de Villiers, errant fiévreuse-

ment d'une pièce à l'autre comme s'il ne pouvait s'asseoir une minute. Il traîne constamment dans mon cabinet de consultation, se faufilant parmi les richards américains pour me demander un réconfortant, il dit qu'il est si las. Le reste du temps il va en voiture avec moi d'un endroit à l'autre, et m'attend avec le chien, patiemment, dans la voiture tandis que je fais mes visites à mes malades. Pendant le dîner, il reste assis en face de moi dans la chaise où vous êtes assis en ce moment, me fixant de ses yeux fatigués ; il déclare qu'il n'a pas d'appétit et n'a besoin que d'un profond narcotique. La nuit il vient pencher sa tête sur mon oreiller, me suppliant pour l'amour de Dieu de l'emmener, il dit qu'il ne pourra plus le supporter bien longtemps ou qu'alors...

– « Moi non plus », interrompit Norstrom furieux, « pour l'amour du ciel ! Finis-en avec ces sottises sur ton Doppelgänger ; la vivisection mentale est un jeu dangereux pour un homme qui ne peut dormir. Si tu continues encore un peu, vous finirez toi et ton Doppel à l'asile Sainte-Anne. Je t'abandonne. Si tu veux renoncer à ta carrière, si tu ne veux ni de la renommée ni de l'argent, si tu préfères ta chambre à la chaux de Capri à ton luxueux appartement de l'avenue de Villiers, sans hésitation va-t'en, le plus tôt sera le mieux, vers ton île bien-aimée et sois heureux là-bas plutôt que de devenir fou ici. Quant à ton Doppelgänger, je te prie de lui dire de ma part avec tous mes respects qu'il est un farceur. Je te parie ce que tu veux qu'il découvrira avant peu une nouvelle carpette de Boukhara à étendre sous la table de travail, une Madone de Sienne et un gobelet flamand pour pendre au mur de ta chambre à la chaux, une assiette de Gubbio du Cinquecento pour manger tes macaroni et un vieux verre de Venise pour boire ton Capri Bianco ! »

CHAPITRE XIX

LE MIRACLE DE SANT'ANTONIO

Sant'Antonio avait fait un nouveau miracle; je vivais dans une petite maison paysanne à Anacapri, blanchie à la chaux et propre, avec une pergola ensoleillée devant mes fenêtres ouvertes et des gens aimables, simples, tout autour de moi. La vieille Maria Porta-Lettere, la Bella Margherita, Annarella et Gioconda étaient toutes ravies de me voir revenu parmi elles. Le Capri Bianco de Don Dionisio était meilleur que jamais, et je me rendais compte de plus en plus que le Capri Rosso du parroco était tout aussi bon.

Du lever au coucher du soleil je travaillais dur dans ce qui avait été le jardin de Mastro Vincenzo, creusant les fondations des grandes arches de la loggia devant ma demeure future. Mastro Nicola et ses trois fils creusaient à mes côtés et une demi-douzaine de filles aux yeux rieurs, aux hanches cadencées, emportaient la terre dans de vastes corbeilles sur leurs têtes. A un mètre de profondeur, nous avions rencontré les murs romains, opus reticulatum, durs comme le granit, avec leurs nymphes et leurs bacchantes dansant sur l'intonaco de rouge pompéien. Dessous apparut le sol de mosaïque encadré de fleurs de vigne de nero antico et un dallage brisé de magnifique palombino, aujourd'hui au centre de la grande loggia. Une fine colonne de cipollino, qui supporte à présent la petite loggia dans la cour intérieure, gisait en travers du dallage où elle était tombée il y a deux mille ans, écrasant dans sa chute un grand vase en marbre de Paros dont l'anse à tête de lion est sur ma table. « Roba di Timberio », dit Mastro Nicola, ramassant une tête mutilée d'Auguste, fendue par le milieu, « vous pouvez aujourd'hui la voir dans la loggia. » Quand les macaronis dans la cuisine du parroco Don Antonio furent à point, les cloches de l'église sonnaient midi. Nous nous assîmes tous pour un gai repas autour d'un énorme plat d'insalata di pomidoro, minestrone ou macaroni, pour bientôt nous remettre au travail jusqu'au coucher du soleil. Quand les cloches de Capri au-dessous sonnèrent l'Ave Maria, mes compagnons firent le signe de la croix et s'en allèrent avec leurs « Buon riposo, Eccellenza, buona notte, signorino ». Leur vœu fut entendu par Sant'Antonio; il fit un nouveau miracle, je dormis profondément toute la nuit comme je n'avais dormi depuis des années. Je me levai avec le soleil, dégringolai vivement vers le phare pour mon bain matinal, et j'étais de retour au jardin comme les autres rentraient de la messe de 5 h. pour prendre leur travail.

Aucun de mes aides ne savait lire ni écrire, aucun n'avait jamais travaillé à la construction d'autres maisons que de celles de paysans, toutes plus ou moins pareilles. Mais Mastro Nicola savait construire une arche, tout comme son père et son grand-père depuis des générations sans nombre; les Romains avaient été leurs maîtres. Que celle-ci serait une maison différente de toutes celles qu'ils eussent encore vues, commençait déjà à leur venir à l'esprit; tous étaient extrêmement intéressés, personne encore ne savait de quoi elle aurait l'air. Moi non plus. Tout ce que nous avions pour nous guider était une sorte d'esquisse rudimentaire, faite par moi avec un morceau de mâchefer sur le mur blanc du jardin; je ne sais rien dessiner, on l'aurait dite tracée par une main d'enfant.

– « Ceci est ma maison », leur expliquai-je, « avec de grosses colonnes romaines supportant les pièces voûtées et naturellement de petites colonnes gothiques dans toutes les fenêtres. Ceci est la loggia avec ses arches puissantes, plus tard nous déciderons combien il y aura d'arches. Voici la pergola, plus de cent colonnes, conduisant à la chapelle; ne vous inquiétez pas du chemin public qui coupe ma pergola au beau milieu à présent, je le ferai disparaître. Ici, prenant vue sur le Castello Barbarossa, vient une autre pergola, je ne vois pas très bien actuellement à quoi elle ressemble, je suis sûr qu'elle jaillira de mon cerveau au bon moment. Ceci est une petite cour intérieure toute en marbre blanc, une sorte d'atrium avec une fontaine fraîche au centre et des têtes d'empereurs romains dans des niches contre les murs. Ici, derrière la maison, nous allons jeter bas le mur du jardin et construire un cloître dans le genre du cloître de Latran à Rome. Voici une grande terrasse où vous toutes, les filles, vous danserez la tarentelle les soirs d'été. En haut du jardin, nous ferons sauter la montagne, et nous bâtirons un théâtre grec ouvert de toutes parts au soleil et au vent. Ceci est une avenue de cyprès conduisant à la chapelle, que nous rebâtirons évidemment comme une chapelle avec des stalles de cloître et des vitraux de couleur aux fenêtres, je compte en faire ma bibliothèque. Ceci est une colonnade gothique entourant la chapelle et ici, dominant du regard la baie de Naples, nous allons hisser un énorme Sphinx de granit rouge plus vieux que Tibère lui-même. C'est l'endroit rêvé pour un Sphinx. Je ne vois pas pour le moment où je le prendrai, mais je suis sûr qu'il surgira à l'heure voulue. »

Ils étaient tous enchantés et désireux de terminer la maison sur-le-champ. Mastro Nicola voulait savoir d'où viendrait l'eau pour les fontaines.

Bien sûr du ciel d'où venait toute l'eau dans l'île. D'ailleurs je comptais acheter la montagne de Barbarossa tout entière, et y construire une énorme citerne pour recueillir l'eau de pluie et alimenter tout le village en eau qui actuellement faisait tellement défaut : c'était le moins que je pusse faire pour reconnaître toutes leurs bontés pour moi. Lorsque je traçai les grandes lignes du petit cloître avec ma canne sur le sable, je le vis d'un seul coup tel qu'il existe aujourd'hui, avec ces arcades gracieuses, sa petite cour de cyprès, et dans son centre le faune dansant. Quand nous trouvâmes le vase d'argile rempli de pièces romaines, ils devinrent extrêmement excités, tous les paysans de l'île ont été à la recherche du trésor de Timberio depuis deux mille ans. Ce ne fut que plus tard en lavant ces pièces que je trouvai parmi elles la pièce d'or, aussi fraîche que frappée d'aujourd'hui, vraie « fleur de coin » [1], assurément la plus saisissante image du vieil Empereur que j'eusse jamais vue. Auprès de là, nous trouvâmes les deux sabots de bronze d'une statue équestre dont l'un est encore en ma possession, l'autre m'a été volé dix ans plus tard par un touriste.

Tout le jardin était plein de mille et mille morceaux de marbre coloré, africano, pavonazetto, giallo antico, verde antico, cipollino, alabastro, qui tous font partie aujourd'hui du sol de la grande loggia, de la chapelle et de quelques-unes des terrasses. Une coupe d'agate brisée de forme exquise, plusieurs vases grecs, les uns brisés les autres entiers, d'innombrables fragments de sculptures romaines de la première époque, comprenant, au dire de Mastro Nicola, « la gamba di Timberio »; des dizaines d'inscriptions grecques et romaines vinrent au jour durant nos fouilles. Comme nous plantions les cyprès en bordure de la petite allée vers la chapelle, nous rencontrâmes un tombeau avec un squelette d'homme, il avait une pièce de monnaie grecque dans la bouche, les os sont encore où nous les avons trouvés, le crâne repose sur ma table de travail.

1. *En français dans le texte.*

Les hautes arcades de la grande loggia surgirent rapidement de terre, une à une les cent colonnes blanches de la pergola se dressèrent dans le ciel. Ce qui fut jadis la maison de Mastro Vincenzo, et son atelier de menuisier, se transforma et s'agrandit peu à peu pour devenir ma demeure future. Comment cela se fit, je n'ai jamais pu le comprendre, pas plus que tous ceux qui connaissent l'histoire du San Michele d'aujourd'hui. Je ne savais absolument rien de l'architecture, pas plus qu'aucun de mes compagnons de travail, personne qui sût lire ou écrire n'eut jamais à s'occuper du travail, aucun architecte ne fut jamais consulté, aucun dessin, aucun plan détaillé ne fut jamais exécuté, aucune mesure exacte ne fut jamais prise. Tout fut fait « *all'occhio* » [1], comme disait Mastro Nicola.

Souvent le soir, quand les autres étaient partis, j'avais l'habitude de m'asseoir seul sur le parapet brisé auprès de la petite chapelle où devait se dresser mon sphinx, mon imagination contemplait le château de mes rêves surgissant du crépuscule. Souvent, quand j'étais assis là, il me semblait voir une haute silhouette en long manteau rouge errant sous les voûtes à demi finies de la loggia au-dessous, examinant avec soin le travail de la journée, éprouvant la force des nouvelles constructions, se penchant sur les dessins rudimentaires tracés par moi sur le sable. Quel était ce mystérieux contremaître ? Était-ce le vénérable Sant'Antonio lui-même qui était descendu en sourdine de sa châsse dans l'église pour faire ici un nouveau miracle ? Ou était-ce le tentateur de ma jeunesse, qui, il y a douze ans, debout près de moi en cet endroit même, m'avait offert son aide en échange de mon avenir ?

L'obscurité était devenue si profonde que je ne pouvais plus voir son visage, mais je crus voir briller la lame d'une épée sous son manteau rouge. Quand nous retournâmes travailler le lendemain matin, au point même où nous nous étions arrêtés brusquement la veille au soir en grande perplexité sur ce qu'il fallait faire et la façon de le faire, toutes mes difficultés parurent avoir été écartées pendant la nuit. Toute hésitation m'avait quitté. Je voyais tout dans mon rêve aussi clairement que si c'eût été dessiné par un architecte dans ses plus menus détails.

Maria Porta-Lettere m'avait apporté deux jours avant une lettre de Rome. Je l'avais jetée sans l'ouvrir, dans le tiroir de ma table de travail, parmi une douzaine de lettres pas encore lues. Je n'avais pas de loisirs pour le monde en dehors de Capri, il n'y a pas de poste au Paradis. Alors se produisit une chose sans nom. Il arriva un

1. *A vue d'œil.*

télégramme à Anacapri. Laborieusement transmis depuis 48 heures par le sémaphore de Massa Lubrense il avait à la longue gagné le sémaphore de Capri près de l'Arco Naturale. Don Ciccio, le sémaphoriste, après avoir en vain cherché à le déchiffrer, l'avait offert tour à tour à plusieurs habitants de Capri. Personne n'y comprenait mot, personne n'en voulait entendre parler. On avait alors décidé de l'essayer à Anacapri et on l'avait mis sur le dessus du panier à poisson de Maria Porta-Lettere. Maria, qui n'avait encore jamais vu un télégramme, le tendit avec mille précautions au parroco. Il Reverendo Don Antonio, inaccoutumé à lire ce qu'il ne savait pas par cœur, dit à Maria Porta-Lettere de le porter au maître d'école, Il Reverendo Don Natale, l'homme le plus instruit du village. Don Natale était sûr que c'était de l'hébreu mais ne pouvait le traduire à cause de la mauvaise orthographe. Il dit à Maria Porta-Lettere de le porter au Reverendo Don Dionisio qui avait été à Rome baiser la main du pape et c'était l'homme indiqué pour déchiffrer le mystérieux message. Don Dionisio, la plus grande autorité du village pour la roba antica, reconnut aussitôt qu'il était écrit dans le code télégraphique secret de Timberio lui-même, pas étonnant que personne ne pût le comprendre. Son opinion fut confirmée par celle du farmacista, mais violemment combattue par le barbier qui jura qu'il était écrit en anglais. Il proposa qu'on le portât à la Bella Margherita dont la tante avait épousé un lord inglese. La Bella Margherita fondit en larmes dès qu'elle vit le télégramme, elle avait rêvé dans la nuit que sa tante était malade, elle était sûre que le télégramme était pour elle et lui était envoyé par le lord inglese pour lui annoncer la mort de sa tante. Tandis que Maria Porta-Lettere errait de porte en porte avec le télégramme, la surexcitation au village grandissait de plus en plus et bientôt tout travail cessa. La rumeur que la guerre venait d'éclater entre l'Italie et la Turquie fut contredite à midi par la rumeur venue de Capri, sur les pieds nus d'un gamin, que le roi venait d'être assassiné à Rome. Le conseil municipal fut convoqué d'urgence, mais Don Diego le sindaco décida de surseoir à la mise en berne du drapeau jusqu'à confirmation officielle de la triste nouvelle par un autre télégramme. Peu avant le coucher du soleil Maria Porta-Lettere, escortée d'une foule de notables des deux sexes, arriva avec le télégramme à San Michele. Je le regardai et dis qu'il n'était pas pour moi. Pour qui était-il? Je dis que je ne savais pas, je n'avais jamais entendu qu'un être vivant ou mort fût affligé d'un nom pareil. Ce n'était pas un nom, c'était, semblait-il, un alphabet dans une langue inconnue. Ne consentirais-je pas à essayer de lire le télégramme pour dire ce qu'il contenait? Non, je ne le ferais point, je détestais les télégrammes. Je ne voulais pas m'en mêler ~u tout. Était-il vrai qu'il y avait guerre entre l'Italie et les Turcs ? hurlaient les notables sous le mur du jardin.

Je n'en savais rien, je ne me souciais pas le moins du monde qu'il y eût une guerre pourvu qu'on me laissât en paix creuser mon jardin.

La vieille Maria Porta-Lettere s'écroula découragée sur une colonne de cipollino, elle dit qu'elle avait été sur ses jambes avec le télégramme depuis l'aurore sans rien manger, elle n'en pouvait plus. Et puis il lui fallait aller traire la vache. Voudrais-je garder le télégramme jusqu'à demain matin ? Il ne serait pas prudent de le laisser à sa garde, avec tous ses petits-enfants à jouer dans la cuisine, sans parler des poules et du cochon. La vieille Maria Porta-Lettere était une grande amie à moi, j'eus pitié d'elle et de la vache. Je mis le télégramme dans ma poche ; elle devait reprendre ses allées et venues le lendemain matin.

Le soleil s'enfonça dans la mer, les cloches sonnèrent l'Ave Maria, nous rentrâmes chacun chez nous dîner. Comme j'étais assis sous ma pergola devant un flacon du meilleur vin de Don Dionisio, soudain une idée terrible traversa mon cerveau comme un éclair, imaginez qu'après tout le télégramme fût pour moi! M'étant donné du cœur avec un autre verre de vin, je posai le télégramme sur la table devant moi et me mis à l'œuvre pour tenter de traduire son sens mystérieux en un langage humain. Il fallut le flacon tout entier pour me convaincre qu'il n'était pas pour moi ; je m'endormis, la tête sur la table, le télégramme dans la main.

Je dormis tard le lendemain matin. Pas besoin de se presser, personne ne travaillait aujourd'hui dans mon jardin, ils étaient tous certainement à l'église depuis la messe du matin, c'était Vendredi saint. Quand je montai tranquillement à San Michele deux heures plus tard je fus fort étonné de trouver Mastro Nicola avec ses trois fils et toutes les filles travaillant ferme comme d'habitude dans le jardin. Sans doute ils savaient combien j'étais désireux de pousser le travail à toute vitesse, mais je n'aurais jamais rêvé de leur demander de travailler le Vendredi saint. Vraiment c'était aimable de leur part, je leur dis que j'étais très reconnaissant. Mastro Nicola me regarda avec un étonnement manifeste et dit que ce n'était point « festa » aujourd'hui.

– « Pas fête aujourd'hui ? » Ne savait-il pas que c'était Vendredi saint, le jour de la mise en croix de Notre-Seigneur Jésus-Christ ?

– « Va Bene », dit Mastro Nicola, « mais Jésus-Christ n'était pas un saint. »

– « Bien sûr il était un saint – le plus grand de tous les saints. »

– « Mais pas aussi grand que Sant'Antonio qui a fait plus de cent miracles. Combien avait-il fait de miracles, Gesu Cristo ? » demandat-il avec un regard malicieux.

Personne ne savait mieux que moi qu'en fait de miracles Sant'-Antonio n'était pas facile à battre. Quel plus grand miracle avait-on jamais fait que de me ramener à son village ? Éludant la question de Mastro Nicola, je déclarai qu'avec tout le respect dû à Sant'Antonio il n'était qu'un homme, tandis que Jésus-Christ était le Fils de Notre-Seigneur au ciel et que, dans le but de nous sauver tous de l'Enfer, il avait souffert la mort sur la croix ce jour même.

– « Non è vero », dit Mastro Nicola se remettant à piocher ferme. « L'hanno fatto morire ieri per abbreviare le funzioni nella chiesa. » Ce n'est pas vrai, on l'a fait mourir hier pour abréger les cérémonies à l'église.

A peine avais-je eu le temps de me remettre de cette révélation, une voix bien connue m'appelait par mon nom derrière le mur du jardin. C'était mon ami, le nouveau ministre de Suède à Rome. Il était furieux de n'avoir pas eu de réponse à sa lettre annonçant son intention de passer Pâques avec moi, et plus offensé encore que je ne fusse pas allé à sa rencontre à la Marina, avec un âne, pour l'arrivée du bateau-poste comme il m'en avait prié dans son télégramme. Jamais il ne serait venu à Anacapri s'il avait su qu'il aurait à grimper tout seul ces sept cent soixante-dix-sept marches phéniciennes qui montaient à mon misérable village. Aurai-je le front de dire que je n'avais pas reçu son télégramme ?

Bien sûr je l'avais reçu, tous nous l'avions reçu, je m'étais presque saoulé en le recevant. Il s'adoucit un peu quand je lui tendis le télégramme, il voulait le porter à Rome pour le montrer au Ministero delle Poste e Telegrafi. Je le lui arrachai en le prévenant que toute tentative d'améliorer les communications télégraphiques entre Capri et la terre ferme serait énergiquement combattue par moi. J'étais enchanté de tout montrer à mon ami et de lui expliquer toutes les merveilles futures de San Michele me referant, à l'occasion, à mon croquis sur le mur afin de lui faire comprendre plus clairement, ce qui, disait-il, était bien nécessaire. Il était rempli d'admiration, et quand, de la chapelle, il jeta les yeux sur la belle île à ses pieds, il dit qu'il pensait que c'était la vue la plus magnifique du monde. Quand je lui désignai du doigt l'emplacement du grand sphinx égyptien de granit rouge, il me lança de côté un regard inquiet; quand je lui montrai où j'allais faire sauter la montagne pour y élever mon théâtre grec, il dit qu'il se sentait un peu de vertige et me demanda de l'emmener à ma villa, de lui donner un verre de vin; il voulait causer avec moi sans être dérangé. Son regard parcourut ma chambre blanchie à la chaux. Il me demanda si c'était là ma villa; je lui dis que je n'avais jamais de ma vie été aussi confortablement installé. Je posai un flacon de vin de Don Dionisio sur la table de bois blanc, l'invitai à s'asseoir sur ma chaise et me jetai sur le lit, prêt à écouter ce qu'il avait à dire. Mon ami me demanda si je n'avais pas passé une grande partie de mon temps ces dernières années à la Salpêtrière parmi des gens plus ou moins ébranlés de la tête.

Je dis qu'il n'était pas loin de la vérité mais que j'avais complètement abandonné la Salpêtrière. Il était enchanté de l'apprendre, il pensait que c'était grand temps, je ferais bien de m'attacher à une autre spécialité. Il m'aimait beaucoup; au fait il était venu jusqu'ici pour essayer de me convaincre de retourner immédiatement à ma splendide situation à Paris au lieu de gaspiller mon temps au milieu de ces paysans à Anacapri. Maintenant, depuis qu'il m'avait vu, il avait changé d'avis; il en venait à penser que j'avais besoin d'un repos complet.

J'étais enchanté qu'il approuvât ma décision, vraiment je ne pouvais plus supporter cette tension, j'étais très fatigué.

– « De la tête? » demanda-t-il avec sympathie.

Il était inutile de me demander de retourner à Paris, j'allais passer le restant de mes jours à Anacapri.

– « Voulez-vous dire que vous allez passer votre vie dans ce misérable petit village, tout seul parmi ces paysans qui ne savent ni lire ni écrire? Vous qui êtes un homme cultivé, qui allez-vous fréquenter? »

– « Moi-même, mes chiens et peut-être un singe. »

– « Vous dites toujours que vous ne pouvez vivre sans musique. Qui va chanter pour vous? Qui va jouer pour vous? »

– « Les oiseaux dans le jardin, la mer tout autour de moi. Écoutez! Entendez-vous ce merveilleux mezzo soprano? C'est le loriot doré; sa voix n'est-elle pas plus belle que la voix de notre célèbre compatriote Christine Nilsen ou de la Patti elle-même? Entendez-vous l'andante solennel des vagues? N'est-ce pas plus beau que le lent mouvement de la Neuvième Symphonie de Beethoven? »

Changeant brusquement de conversation mon ami me demanda qui était mon architecte et dans quel style allait être bâtie la maison. Je n'avais pas d'architecte et jusqu'à ce jour j'ignorais dans quel style la maison serait bâtie, tout cela s'arrangerait à mesure que le travail avancerait.

De nouveau il me lança un regard de côté. Il était du moins heureux de savoir que j'avais quitté Paris riche; sûrement il fallait une grosse fortune pour bâtir une villa aussi magnifique que celle que je lui avais décrite.

J'ouvris le tiroir de ma table de bois blanc et lui montrai un paquet de billets fourrés dans un bas, tout ce que je possédais au monde après douze ans de travail pénible à Paris, je pensais qu'il y en avait pour une quinzaine de mille francs, peut-être un peu plus, peut-être un peu moins, probablement un peu moins.

– « Incorrigible rêveur, écoutez la voix d'un ami », dit le ministre suédois. Se tapant le front avec le doigt il continua, « vous n'y voyez pas plus droit que vos malades de la Salpêtrière ; évidemment, c'est un mal contagieux. Faites un effort pour voir les choses telles qu'elles sont dans la réalité et non dans vos rêves. A l'allure où vous allez votre bas sera vide dans un mois, et je n'ai encore aperçu aucune pièce habitable, rien que des loggias à demi terminées, des terrasses, des cloîtres et des pergolas. Avec quoi construisez-vous votre maison ? »

– « Avec mes mains ! »

– « Quand vous y serez installé de quoi vivrez-vous ? »

– « De macaroni. »

– « Il vous en coûtera au moins un demi-million pour construire votre San Michele tel que vous le voyez dans votre imagination. Où allez-vous prendre cet argent ? »

J'étais muet de stupeur. Je n'y avais jamais pensé. C'était un point de vue tout nouveau. « Que diable vais-je faire ? » dis-je enfin en regardent fixement mon ami.

– « Je vais vous le dire », dit mon ami de sa voix résolue. « Vous allez immédiatement arrêter les travaux de votre insensé San Michele, quitter votre chambre à la chaux et, puisque vous refusez de retourner à Paris, allez à Rome reprendre votre métier de docteur. Rome est l'endroit indiqué pour vous. Vous n'aurez à y passer que l'hiver, vous aurez les longs été pour continuer votre bâtisse. Vous avez San Michele dans la tête mais vous n'êtes pas un imbécile, ou en tout cas, la plupart des gens ne s'en sont pas encore aperçus. D'autre part, vous avez de la veine dans tout ce que vous touchez. On me dit qu'il y a quarante-quatre docteurs étrangers qui exercent à Rome ; si vous vous ressaisissez et si vous vous mettez au travail sérieusement, vous pouvez les battre tous de votre gauche. Si vous travaillez dur et si vous me passez vos économies, je vous parie ce que vous voulez, qu'en moins de cinq ans vous aurez fait assez d'argent pour terminer votre San Michele et mener une vie heureuse en compagnie de vos chiens et de vos singes. »

Après que mon ami fut parti, je passai une nuit terrible à errer de long en large dans ma petite chambre paysanne, comme une bête en cage. Je n'osai même pas monter à la chapelle dire bonne nuit au sphinx de mes rêves comme c'était mon habitude. J'avais peur que le nouveau tentateur au manteau rouge ne surgît à nouveau à mes côtés dans le crépuscule. Quand le soleil se leva je descendis en courant vers le phare et me jetai à la mer. Aussitôt ma tête devint claire et fraîche comme les eaux du golfe. Quinze jours après j'étais établi comme médecin à Rome dans la maison de Keats, Piazza di Spagna

CHAPITRE XX

Ma toute première cliente fut Mrs. P., la femme du banquier anglais bien connu à Rome. Elle était alitée depuis près de trois ans, à la suite d'une chute de cheval en suivant les chiens dans la « campagna ». Tous les docteurs étrangers de Rome l'avaient soignée tour à tour. Dès que je l'examinai, je compris que la prophétie du ministre de Suède allait s'accomplir. Je sentis qu'une fois encore la Fortune se dressait à mon côté, invisible à tous, sauf à moi. Vraiment c'était un cas heureux pour le lancement de ma clientèle romaine : la malade était la femme la plus en vue de la colonie étrangère. Je me rendis compte que c'était le choc, et non une lésion de la colonne vertébrale, qui avait paralysé ses membres, et que la foi et le massage la remettraient sur pied en quelques mois. Je le lui dis, ce que personne n'avait osé, et je tins parole. Elle commença d'aller mieux avant que j'eusse commencé le massage. En moins de trois mois la moitié de la haute société romaine put la voir descendre de voiture à la Villa Borghèse et se promener sous les arbres appuyée sur sa canne. Ce fut considéré comme un succès miraculeux; en vérité c'était un cas très simple et facile, pourvu que la malade eût la foi et le médecin de la patience. Cela m'ouvrit les portes de toutes les maisons de la nombreuse colonie anglaise à Rome et de bien dès maisons italiennes. L'année suivante, je devins le médecin de l'ambassade d'Angleterre et j'eus plus de malades anglais que les onze docteurs anglais réunis – je vous laisse à imaginer leurs sentiments à mon égard. Un vieil ami à moi de l'École des Beaux-Arts, aujourd'hui pensionnaire de la Villa Médicis, me mit en contact avec la colonie française. Mon vieil ami le comte Giuseppe Primoli chanta mes louanges dans la société romaine, un écho affaibli de l'avenue de Villiers fit le reste pour remplir mon cabinet de clients. Le professeur Weir-Mitchell, le premier spécialiste des nerfs en Amérique avec qui j'avais été en relation déjà quand j'exerçais à Paris, continua de m'envoyer son excédent de millionnaires épuisés, accompagnés de leurs épouses hystériques; leurs exubérantes filles, qui avaient placé leur vanité dans le premier prince romain disponible, commencèrent également à m'appeler dans leurs sombres palais pour me consulter sur les symptômes variés de leurs désillusions. Le reste de la foule d'Américains suivit comme un troupeau de moutons. Les douze médecins américains partagèrent bientôt le sort de leurs collègues anglais. Les centaines de modèles, sur les marches de Trinità dei Monti, sous mes fenêtres, dans leurs costumes pittoresques des montagnes autour de Montecassino, étaient toutes des clientes à moi. Les vendeuses de fleurs de la Piazza di Spagna jetaient un petit bouquet de violettes dans ma voiture quand je passais devant elles en échange d'un sirop antitoux pour un de leurs innombrables bébés.

Mon dispensaire au Transtevere répandit ma renommée par tous les quartiers pauvres de Rome. J'étais sur mes jambes du matin au soir, je dormais comme un roi du soir au matin à moins d'être appelé au-dehors, aussi souvent oui que non; cela m'était égal, j'ignorais le sens du mot fatigue à cette époque. Bientôt, pour gagner du temps et satisfaire mon amour du cheval, je parcourus Rome à toute allure dans une élégante victoria au train rouge attelée de deux splendides hongrois, mon fidèle Tappio, le chien lapon, assis à mon côté.

Je m'aperçois maintenant que c'était peut-être un peu tape-à-l'œil et aurait pu être pris à tort pour de la réclame si je n'avais déjà dépassé le point où elle est nécessaire. En tout cas, cela blessa cruellement la vue de mes quarante-quatre collègues, ce n'est pas douteux. Les uns se traînaient dans des coches sombres du temps de Pio Nono, qui avaient tout l'air de pouvoir être transformés en temps voulu en corbillards pour leurs clients défunts. D'autres allaient à pied à leurs lugubres besognes en longues redingotes, le chapeau haut de forme enfoncé sur leur front, comme s'ils méditaient profondément sur celui qu'ils devaient embaumer la prochaine fois. Tous me dévisageaient farouchement sur mon passage, tous me connaissaient de vue. Bientôt il leur fallut me connaître en personne, qu'ils le voulussent ou non, je commençais à être appelé en consultation par leurs malades agonisants. Je fis de mon mieux pour observer rigoureusement l'étiquette de notre profession, et dire à leurs malades qu'ils étaient vraiment heureux d'être en si bonnes mains; mais ce n'était pas toujours facile. Nous étions en vérité une triste équipe ; naufragés de tous les continents et de toutes les mers, rescapés à Rome avec notre maigre bagage de savoir. Il nous fallait vivre quelque part, il n'y avait sûrement aucune raison pour ne pas vivre à Rome pourvu que nous fissions vivre les autres. Bientôt il devint bien difficile à un étranger de mourir à Rome sans que je fusse appelé pour l'aider à trépasser. Je devins pour les étrangers mourants ce que l'Illustrissimo Professore Baccelli était pour les Romains − l'espoir suprême, hélas si rarement exaucé. Un autre personnage manquait rarement de paraître en de telles occasions, Signor Cornacchia, entrepreneur de pompes funèbres de la colonie étrangère, et directeur du cimetière protestant près de la Porta San Paolo. Il semblait qu'on n'eût jamais besoin de l'appeler, il apparaissait toujours au moment voulu, son grand nez recourbé semblait flairer les morts à distance comme le vautour. Correctement vêtu d'une longue redingote et d'un chapeau haut de forme, tout comme un confrère, il traînait toujours dans le corridor à attendre son tour d'être appelé. Il semblait s'être pris d'une grande sympathie pour moi, me saluait en agitant cordialement son chapeau haut chaque fois qu'il me rencontrait dans la rue. Il m'exprimait toujours ses regrets quand je quittais Rome le premier au printemps, il m'accueillait toujours à bras tendus avec un amical : « Ben tornato Signor Dottore », lorsque je rentrais à l'automne. Il y avait eu un léger malentendu à Noël dernier lorsqu'il m'envoya douze bouteilles de vin en souhaitant que notre coopération fût féconde la saison prochaine. Il parut profondément blessé que je ne pusse accepter son cadeau ; il dit qu'aucun de mes confrères n'avait jamais refusé ce petit témoignage de sympathie. Ce même infortuné malentendu avait également rafraîchi pour quelque temps mes cordiales relations avec les deux pharmaciens étrangers.

Un jour, je fus extrêmement étonné de recevoir la visite du vieux Dr Pilkington, qui avait des raisons très particulières pour me détester. Il me dit que lui et ses confrères avaient vainement attendu, jusqu'à ce jour, que je me présentasse à eux conformément aux règles tacites de l'étiquette. Puisque la montagne n'était pas venue à Mahomet : Mahomet venait à la montagne. Il n'avait rien de commun avec Mahomet sauf sa longue, blanche et vénérable barbe ; il avait plus l'air d'un faux prophète que d'un véritable. Il dit qu'il était venu comme doyen des médecins étrangers résidant à Rome, pour m'offrir de devenir membre de la Société de Protection mutuelle qu'ils venaient de constituer dans le but de mettre fin à la guerre qui avait fait rage parmi eux depuis si longtemps. Tous ses confrères étaient devenus membres sauf ce vieux bandit de

Dr Campbell à qui aucun n'adressait la parole. La question épineuse de leurs honoraires avait déjà été réglée à la satisfaction de tous, par un accord mutuel fixant le minimum à vingt lires, et le maximum à la discrétion de chacun des membres, suivant les circonstances. Aucun embaumement d'homme, de femme, ou d'enfant ne devait être fait au-dessous de cinq mille lires. Il regrettait de devoir me dire que la Société avait dernièrement reçu plusieurs plaintes, au sujet de ma grave négligence à toucher mes honoraires, et même à ne pas les toucher du tout. Pas plus tard qu'hier Signor Cornacchia, l'entrepreneur, lui avait confié, presque en larmes, que j'avais embaumé la femme du pasteur suédois pour cent lires, un manque de loyauté des plus déplorables envers mes confrères. Il était convaincu que j'apprécierais les avantages pour moi-même à devenir membre de leur Société de Protection mutuelle, et serait heureux de me souhaiter la bienvenue à leur prochaine assemblée, demain. Je répondis que j'étais désolé de ne voir d'avantage ni pour moi ni pour eux à devenir membre ; qu'en tout cas je voulais bien discuter avec eux d'un maximum d'honoraires mais non d'un minimum. Quant aux injections de sublimé qu'ils appelaient embaumement, leur coût ne dépassait pas cinquante lires. En ajoutant cinquante lires pour le temps perdu, la somme que j'avais demandée pour embaumer la femme du pasteur était correcte. J'entendais gagner ma vie des vivants et non des morts. J'étais un médecin et non une hyène.

Il se leva au mot hyène, en me priant de ne pas me déranger si le désir me prenait jamais de l'appeler en consultation ; il n'était pas disponible.

Je dis que c'était un coup dur à la fois pour moi et pour mes malades, mais que nous essayerions de nous passer de lui.

Je regrettais d'avoir perdu mon sang-froid et je le lui dis à notre prochaine rencontre, cette fois dans sa propre maison Via Quattro Fontane. Le pauvre Dr Pilkington avait eu une légère attaque le lendemain même de notre entrevue, et m'avait fait appeler pour le soigner. Il me dit que la Société de Protection mutuelle s'était dissoute, ils étaient tous de nouveau à couteaux tirés, il se sentait plus en sûreté dans mes mains que dans les leurs. Heureusement il n'y avait aucun motif d'inquiétude, en fait il me semblait qu'il avait l'air le plus gaillard après qu'avant son attaque. J'essayai de le remonter le mieux que je pus, lui dis qu'il n'y avait aucune raison de s'alarmer et que j'avais toujours pensé qu'il avait déjà eu plusieurs attaques avant celle-là. Il fut bientôt sur ses jambes, plus actif que jamais, il était encore florissant quand je quittai Rome.

Quelque temps après, je fis la connaissance de son ennemi mortel le Dr Campbell, qu'il avait appelé le vieux bandit. A en juger par ma première impression il semblait cette fois être tombé sur un diagnostic exact. De vieux monsieur plus sauvage d'aspect, je n'en ai jamais vu! Des yeux de fauve injectés de sang et des lèvres cruelles; le visage congestionné d'un ivrogne, tout couvert de poils comme un singe et une longue barbe inculte. On disait qu'il avait plus de quatre-vingts ans; le vieux pharmacien anglais en retraite me dit qu'il était exactement le même il y a trente ans quand il arriva à Rome. Nul ne savait d'où il venait; on croyait qu'il avait été chirurgien dans l'armée des Sudistes dans la guerre américaine. La chirurgie était sa spécialité, en fait il était le seul chirurgien parmi les docteurs étrangers; il n'adressait la parole à aucun. Un jour je le trouvai auprès de ma voiture à caresser Tappio.

– « Je vous envie ce chien », fit-il brusquement d'une voix rude. « Aimez-vous les singes ? » Je lui dis que j'aimais les singes.

Il dit que j'étais son homme et me pria de venir examiner son singe, qui avait été presque ébouillanté à mort en renversant une marmite d'eau.

Nous grimpâmes à son étage au plus haut de la maison du coin de la Piazza Mignanelli. Il me pria de l'attendre dans son salon et reparut au bout d'une minute avec un singe dans les bras, un gros babouin enveloppé de bandages.

– « Je crains qu'il ne soit très mal », dit le vieux docteur d'une voix toute changée en caressant tendrement la figure émaciée de son singe. « Je ne sais pas ce que je ferai s'il meurt, il est mon seul ami à Rome. Je l'ai élevé au biberon depuis qu'il n'était qu'un bébé, sa chère mère est morte en lui donnant le jour. Elle était presque aussi grosse qu'un gorille, vous n'avez jamais vu de bijou pareil, elle était absolument humaine. Je ne crains pas du tout de tailler en pièces mes semblables, cela me plaît plutôt, mais je n'ai de courage pour panser son petit corps écorché; il souffre si atrocement quand j'essaye de désinfecter ses plaies que je ne puis le supporter plus longtemps. Je suis sûr que vous aimez les animaux. Voulez-vous le prendre en main. »

Nous défîmes les bandages trempés de sang et de pus, c'était un spectacle pitoyable, tout son corps n'était qu'une plaie terrible.

– « Il sait que vous êtes un ami sans quoi il ne resterait pas assis si tranquillement, il ne permet jamais qu'un autre que moi le touche. Il sait tout, il a plus d'intelligence que tous les docteurs étrangers de Rome mis ensemble. »

« Il n'a rien mangé depuis quatre jours », continua-t-il avec une expression de tendresse dans ses yeux injectés de sang. « Billy, mon fils, veux-tu faire à ton papa le plaisir de goûter cette figue ? »

Je dis que j'aimerais avoir une banane ; il n'y a rien que les singes aiment davantage. Il déclara qu'il allait immédiatement télégraphier à Londres pour un régime de bananes à n'importe quel prix.

L'essentiel était de soutenir ses forces. Nous versâmes un peu de lait chaud dans sa bouche mais il le cracha aussitôt.

– « Il ne peut pas avaler », gémit son maître, « je sais ce que cela veut dire, il est en train de mourir. » Nous improvisâmes avec une sonde une sorte de tube nourrisseur et cette fois il garda le lait à la joie du vieux médecin.

Peu à peu Billy alla mieux. Je le vis chaque jour pendant une quinzaine et je finis par me prendre d'une réelle amitié pour lui et son maître. Bientôt je le trouvai assis sur la chaise à bascule spécialement établie pour lui sur la terrasse ensoleillée auprès de son maître, une bouteille de whisky entre eux. Le vieux docteur avait grande confiance dans le whisky pour s'affermir la main avant une opération. A en juger par le nombre de bouteilles vides dans un coin de la terrasse il devait avoir une très nombreuse clientèle. Hélas ! l'un et l'autre étaient voués à la boisson, j'avais souvent surpris Billy à se régaler d'un peu de whisky et soda dans le verre de son maître. Le docteur m'avait dit que le whisky était le meilleur des toniques pour les singes, il avait sauvé la vie de la mère chérie de Billy après sa pneumonie. Un soir je les trouvai tous deux sur leur terrasse ivres morts. Billy exécutait une sorte de danse nègre sur la table autour de la bouteille de whisky ; le vieux docteur, assis à la renverse sur sa chaise, battait la mesure avec les mains en chantant d'une voix éraillée : « Billy mon fils, Billy mon fiston onononon !... » Ils ne m'entendirent ni ne me virent venir. Je contemplai consterné l'heureuse famille. Le visage du singe intoxiqué était devenu absolument humain, le visage du vieil ivrogne était tout pareil à celui d'un gorille géant. L'air de famille était indiscutable.

– « Billy mon fils, Billy mon fils, mon fi fils ! » Était-ce possible ? Non – certainement ce n'était pas possible mais cela me donna la chair de poule.

Deux mois après je trouvai de nouveau le vieux docteur debout auprès de ma voiture parlant à Tappio. Non ! Dieu merci, Billy allait très bien, c'était sa femme cette fois qui était malade ; lui rendrais-je le service de venir la voir ?

Une fois de plus nous grimpâmes à son étage, je n'avais jamais encore eu l'idée qu'il le partageât avec une autre personne que

Billy. Sur le lit était étendue une jeune fille, presque une enfant, les yeux clos, évidemment sans connaissance.

– « J'ai cru que vous m'aviez dit que c'était votre femme qui était malade. Est-ce votre fille ? »

Non, c'était sa quatrième femme ; la première s'était suicidée, la seconde et la troisième étaient mortes d'une pneumonie, il était convaincu que celle-ci prenait le même chemin.

Ma première impression fut qu'il avait raison. Elle avait une pneumonie double mais une énorme effusion dans la plèvre gauche avait sans doute échappé à son attention. Je lui fis deux injections sous-cutanées d'huile camphrée et d'éther avec sa seringue malpropre, et nous nous mîmes à frictionner vigoureusement ses membres sans résultat apparent.

– « Essayez de la remonter, parlez-lui », dis-je. Il se pencha sur son visage livide et hurla à son oreille : « Sally, ma chérie, ressaisis-toi, guéris vite ou je ne me remarierai ! »

Elle respira profondément et ouvrit les yeux avec un frisson.

Le lendemain nous fîmes une ponction à sa plèvre, la jeunesse fit le reste, elle se rétablit lentement, comme à regret. Mon soupçon d'un mal chronique dans ses poumons se trouva bientôt confirmé. Elle était tuberculeuse à un degré avancé. Je la vis tous les jours pendant deux semaines. Je ne pouvais qu'avoir une grande pitié pour elle. Elle avait visiblement une terreur du vieil homme, et c'était naturel car il était horriblement brutal avec elle, bien qu'involontairement peut-être. Il m'avait dit qu'elle venait de la Floride. Comme l'automne arrivait je lui conseillai de l'y ramener, le plus tôt serait le mieux, elle ne survivrait pas à un hiver à Rome. Il parut accepter, je devinai bientôt que la principale difficulté était : que faire de Billy ! Cela finit par l'offre que je lui fis de garder le singe pendant son absence, dans ma petite cour sous les escaliers de la Trinità dei Monti, déjà occupée par divers animaux. Il devait revenir dans trois mois. Il ne revint jamais. Je ne sus jamais ce qu'il était devenu et nul ne le sut. J'entendis raconter qu'il avait été tué au cours d'une bagarre dans un assommoir, mais j'ignore si cela était vrai. Je me suis souvent demandé qui était cet homme et s'il était le moins du monde docteur. Je le vis un jour amputer une jambe avec une rapidité stupéfiante, il devait avoir eu quelques notions d'anatomie, mais certainement fort peu de l'art de panser et de désinfecter une plaie, et ses instruments étaient incroyablement primitifs.

Le pharmacien anglais me dit qu'il rédigeait toujours les mêmes ordonnances, souvent avec des fautes d'orthographe et des dosages erronés. Mon opinion personnelle est qu'il n'était rien moins qu'un docteur, mais un ancien boucher ou peut-être un infirmier d'ambulance qui avait eu une bonne raison pour quitter son pays.

Billy resta avec moi Piazza di Spagna jusqu'au printemps, alors je l'emmenai à San Michele où il me donna un tintouin du diable jusqu'à la fin de sa bienheureuse existence.

Je le guéris de sa dipsomanie, il devint à bien des égards un singe respectable. Vous en entendrez davantage plus tard.

CHAPITRE XXI

ENCORE DES MÉDECINS

Un jour parut, dans mon cabinet, une dame en grand deuil avec une lettre de recommandation du pasteur anglais. Elle était franchement d'âge mûr, de dimensions fort volumineuses, attifée de vêtements lâches et flottants, d'une coupe inusitée. S'étant assise avec mille précautions sur le canapé, elle me dit qu'elle était une étrangère dans Rome. Le décès du Révérend Jonathan, son mari regretté, l'avait laissé seule sans protection au monde. Le Révérend Jonathan avait été tout pour elle : époux, père, amant, ami...

Je considérai avec sympathie son visage stupide au regard vide et je dis que je la plaignais beaucoup.

Le Rév. Jonathan avait...

– « Malheureusement je suis très pressé », lui dis-je; le salon d'attente était plein de monde, que pouvais-je pour elle? Elle déclara qu'elle venait se mettre entre mes mains, elle allait avoir un bébé. Elle savait que le Rév. Jonathan veillait sur elle du haut de son paradis mais elle ne pouvait s'empêcher d'être très angoissée, c'était son premier enfant. Elle avait beaucoup entendu parler de moi; maintenant, depuis qu'elle m'avait vu, elle était convaincue qu'elle serait aussi en sûreté entre mes mains qu'entre les mains du Rév. Jonathan. Elle avait toujours eu un grand faible pour les Suédois, elle avait même été fiancée une fois à un pasteur suédois, coup de foudre qui cependant n'avait pas duré. Elle était étonnée de me trouver l'air si jeune, juste le même âge que le pasteur suédois, elle pensait même qu'il y avait une certaine ressemblance entre lui et moi. Elle éprouvait une sensation étrange comme si nous nous étions déjà vus, comme si nous pouvions nous comprendre sans nous parler. En disant cela elle me lançait des œillades qui auraient mis le Rév. Jonathan fort mal à l'aise, s'il l'avait surveillée juste à ce moment de son paradis.

Je me hâtai de lui dire que je n'étais pas accoucheur, mais que j'étais certain qu'elle serait bien entre les mains de l'un quelconque de mes confrères qui, à ma connaissance, étaient tous spécialistes dans cette branche de notre profession, comme dans toutes les autres.

Il y avait par exemple mon éminent collègue le Dr Pilkington...

Non! elle me voulait moi et personne autre. Assurément je n'aurais pas le cœur de la laisser seule sans protection au milieu d'étrangers, seule avec un enfant sans père. D'autre part, il n'y avait pas de temps à perdre, le bébé était attendu d'un jour à l'autre, à tout moment. Je me levai vivement et proposai d'envoyer chercher un fiacre pour la conduire tout de suite à l'Hôtel de Russie où elle résidait.

Que n'eût donné le Rév. Jonathan s'il lui eût été accordé de voir leur enfant! Lui qui avait aimé si passionnément la mère. Leur amour avait été un amour ardent s'il y en eût jamais, la fusion en une seule de deux vies brûlantes, de deux âmes harmonieuses. Elle éclata en une crise de larmes suraiguë, qui se termina par un accès convulsif dont tout son corps était secoué de façon tout à fait alarmante. Soudain elle pâlit et demeura assise, immobile, serrant son abdomen entre ses mains dans un geste de défense. Mes craintes se changèrent en épouvante. Giovannina et Rosina étaient à la Villa Borghèse avec les chiens, Anna aussi était loin, il n'y avait pas de femme dans la maison, le salon d'attente était plein de monde. Je bondis de ma chaise et la regardai attentivement. Tout d'un coup je reconnus ce visage; je le connaissais bien, ce n'était pas pour rien que j'avais passé quinze années de ma vie au milieu de femmes hystériques de tous pays et de tout âge. Je lui dis avec rudesse d'essuyer ses larmes, de se ressaisir et de m'écouter sans m'interrompre. Je lui posai quelques questions professionnelles; ses réponses évasives excitèrent ma curiosité au sujet du Rév. Jonathan et de sa mort intempestive. Intempestive certes, car il se trouvait que la disparition de son époux regretté avait eu lieu à une époque gênante de l'année précédente à mon point de vue de médecin. Je finis par lui dire, aussi doucement que je pus, qu'elle n'allait pas du tout avoir un bébé. Elle bondit du canapé le visage cramoisi de fureur et s'élança hors de la pièce en hurlant à tue-tête que « j'avais insulté à la mémoire du Rév. Jonathan ».

Deux jours plus tard je rencontrai le pasteur anglais sur la Piazza et le remerciai de m'avoir recommandé à Mrs. Jonathan, tout en lui exprimant mon regret de n'avoir pu me charger d'elle. Je fus frappé de l'air réservé du pasteur. Je lui demandai ce qu'était devenue Mrs. Jonathan. Il me quitta brusquement en disant qu'elle était entre les mains du Dr Jones, elle attendait son bébé d'un instant à l'autre.

Tout éclata en moins de vingt-quatre heures. Tout le monde le savait, tous les docteurs étrangers le savaient et s'en frottaient les mains, tous leurs malades le savaient, les deux pharmaciens anglais le savaient, le boulanger anglais de Via Babuino le savait, Cook's le savait, toutes les pensions de Via Sistina le savaient, dans tous les tea-rooms anglais on ne parlait que de ça. Bientôt chaque membre de la colonie britannique à Rome sut que j'avais commis une gaffe colossale, que j'avais insulté à la mémoire du Rév. Jonathan. Tout le monde sut que le Dr Jones n'avait plus quitté l'Hôtel de Russie et que la sage-femme avait été appelée à minuit. Le lendemain la colonie anglaise de Rome se partagea en deux camps hostiles. Y aurait-il un bébé ou n'y aurait-il pas de bébé? Tous les médecins anglais et leurs malades, le clergé et la fidèle congrégation, le pharmacien anglais de Via Condotti, tous étaient certains qu'il y aurait un bébé. Tous mes malades, le pharmacien concurrent de Piazza Mignanelli, toutes les vendeuses de fleurs de Piazza di Spagna, tous les modèles sur les escaliers de Trinità dei Monti sous mes fenêtres, tous les marchands de roba antica, tous les scalpellini de Via Margutta, niaient véhémentement qu'il y aurait un bébé. Le boulanger anglais était flottant. Mon ami le consul d'Angleterre dut, quoique à regret, prendre parti contre moi pour des raisons patriotiques. La position du Signor Cornacchia, l'entrepreneur de pompes funèbres était particulièrement délicate, nécessitant un doigté attentif. D'une part, il y avait sa foi inébranlée en ma valeur comme son principal collaborateur. D'autre part, il y avait le fait indéniable que ses perspectives, en tant qu'entrepreneur, étaient bien plus brillantes si je me trouvais avoir tort que si j'avais raison. Bientôt le bruit courut que le vieux Dr Pilkington avait été appelé en consultation à l'Hôtel de Russie, et qu'il avait découvert qu'il y aurait deux bébés au lieu d'un. Signor Cornacchia se rendit compte que la vraie politique était d'attendre et voir venir. Quand on sut que le chapelain anglais avait été avisé de se tenir prêt à toute heure du jour et de la nuit pour un baptême « in articulo mortis », vu la durée des douleurs, il n'y eut plus de place pour l'hésitation. Signor Cornacchia passa dans le camp ennemi avec armes et bagages, m'abandonnant à mon sort. Pour Signor Cornacchia, à son point de vue professionnel d'entrepreneur, un bébé valait un adulte. Mais après tout pourquoi pas deux bébés? Et même aussi pourquoi pas?...

Déjà lorsqu'une nourrice, au pittoresque costume des montagnes sabines, avait été aperçue entrant à l'Hôtel de Russie, des signes indiscutables de découragement devinrent visibles parmi mes alliés. Quand une poussette arriva d'Angleterre et fut placée dans le hall de l'hôtel, ma position devint presque critique. Toutes les dames touristes dans l'hôtel jetaient un regard bienveillant sur la poussette en traversant le hall, tous les garçons offraient des paris à deux contre un pour des jumeaux, tous les paris sur « point de bébé » ayant cessé.

Plusieurs personnes m'évitèrent à la garden-party de l'ambassade d'Angleterre, où le Dr Pilkington et le Dr Jones formaient le centre d'un groupe animé, aux écoutes des dernières nouvelles de l'Hôtel de Russie. Le ministre de Suède me prit à part et me dit d'un ton irrité qu'il ne voulait plus rien avoir à faire avec moi, qu'il en avait plus qu'assez de mes excentricités pour employer un terme modéré. La semaine passée on lui avait dit que j'avais traité un vieux docteur anglais, des plus respectables, d'hyène. Hier, la femme du chapelain anglais avait dit à sa femme que j'avais « insulté » à la mémoire d'un pasteur écossais. Si j'avais l'intention de continuer de la sorte, je ferais mieux de retourner à Capri avant que toute la colonie étrangère ne me tournât le dos.

Après une nouvelle semaine d'attente, des signes de réaction se manifestèrent. Les paris parmi les garçons de l'hôtel étaient à égalité avec quelques offres timides de cinq lires sur « point de bébé du tout ». Quand la nouvelle se répandit que les deux docteurs s'étaient querellés, et que le Dr Pilkington s'était retiré avec le deuxième bébé sous sa longue redingote, tous les paris sur les jumeaux s'arrêtèrent. A mesure que le temps passait le nombre des déserteurs augmentait de jour en jour, le chapelain anglais et sa congrégation continuant bravement à monter la garde autour de la poussette. Le Dr Jones, la sage-femme et la nourrice couchaient encore à l'hôtel mais Signor Cornacchia prévenu par son flair pénétrant avait déjà abandonné le navire qui coulait.

Puis vint le coup de grâce, sous la forme d'un vieil Écossais à l'air madré, qui entra un beau jour dans mon cabinet et s'assit sur le canapé où s'était assis sa sœur. Il me dit qu'il avait le malheur d'être le frère de Mrs. Jonathan. Il était arrivé la veille au soir directement de Dundee. Il paraissait n'avoir pas perdu son temps. Il avait réglé son compte avec le Dr Pilkington en lui payant le tiers de sa note ; il avait chassé le Dr Jones et venait me demander l'adresse d'une maison de fous pas chère. Le docteur, pensait-il, devrait être enfermé ailleurs. Je lui dis que malheureusement pour lui sa sœur n'était pas un cas pour un asile d'aliénés. Si elle ne l'était pas, il se demandait qui pouvait l'être!

Le Rév. Jonathan était mort de vieillesse et de ramollissement cérébral il y avait plus d'un an, il y avait peu de chances que la vieille toquée eût été exposée à de nouvelles tentations. Elle avait déjà été la risée de tout Dundee de la même façon et maintenant elle était la risée de tout Rome. Il dit qu'il en avait assez, qu'il ne voulait plus en entendre parler. Moi non plus, j'avais été entouré de femelles hystériques pendant quinze ans, je voulais du repos. Il ne restait qu'à la ramener à Dundee.

Quant au docteur je suis sûr qu'il avait agi du mieux qu'il pouvait. J'appris qu'il était un médecin de l'armée des Indes en retraite avec une expérience limitée de l'hystérie. Je pense que ce que nous nommons la « tumeur fantôme » se manifestait rarement là où il y avait des soldats anglais à portée de la main. Le cas n'était pas rare chez les femmes hystériques.

Savais-je qu'elle avait eu l'audace de commander la poussette au magasin en son nom à lui? Il avait dû la payer cinq livres; elle aurait pu en trouver une excellente d'occasion à Dundee pour deux livres. Pourrais-je l'aider à trouver un acquéreur pour la poussette? Il ne tenait pas à faire un bénéfice, mais il aimerait rentrer dans son argent. Je lui dis que s'il laissait sa sœur à Rome elle était parfaitement capable de commander au magasin une deuxième poussette. Il parut très impressionné par cet argument. Je lui prêtai ma voiture pour conduire sa sœur à la gare. Je ne les ai jamais revus.

Jusque-là la prophétie du ministre de Suède s'était réalisée, j'avais triomphé sans peine. Bientôt cependant j'eus affaire à un rival bien plus sérieux qui venait de s'installer à Rome. On me dit, et je le crus, que c'était mon succès rapide qui l'avait fait abandonner sa clientèle lucrative sur la Côte d'Azur et s'installer dans la capitale. Il jouissait auprès de ses compatriotes d'une réputation excellente de médecin capable et d'homme charmant. Il devint bientôt un personnage en vue dans la société romaine d'où je m'effaçais de plus en plus, car j'avais appris ce que je voulais savoir. Il circulait dans une voiture aussi élégante que la mienne, il recevait beaucoup dans son appartement somptueux du Corso, son ascension était aussi rapide que l'avait été la mienne. Il m'avait fait une visite, nous tombâmes d'accord qu'il y avait place pour l'un et l'autre à Rome, il était toujours très courtois quand nous nous rencontrions.

Il est certain qu'il avait une très grande clientèle, composée surtout de riches Américains dont beaucoup, me dit-on, accouraient en troupeau vers Rome pour recevoir ses soins. Il avait son équipe d'infirmières, sa clinique hors de la Porta Pia. Je crus d'abord qu'il était gynécologue, mais j'appris par la suite qu'il était spécialiste des maladies du cœur. Il possédait sans conteste le don d'inspirer confiance à ses malades ; je n'ai jamais entendu prononcer son nom qu'avec éloge et reconnaissance. Cela ne me surprenait pas car, comparé à nous tous, il était réellement une personnalité plutôt frappante ; un beau front, des yeux extraordinairement intelligents et pénétrants, une facilité de parole extraordinaire, des façons très enjôleuses. Il ignorait totalement ses autres collègues, mais il m'avait appelé deux fois en consultation pour des accidents nerveux. Il paraissait posséder assez bien son Charcot et il avait également visité quelques hôpitaux allemands. Nous étions presque toujours d'accord pour le diagnostic et le traitement, j'en vins bientôt à la conclusion qu'il connaissait son affaire au moins aussi bien que moi.

Un jour il m'envoya un mot griffonné à la hâte pour me demander de venir immédiatement à l'Hôtel Constanzi pour une consultation. Il paraissait plus surexcité que d'habitude. Il me dit, en quelques mots rapides, que le malade était soigné par lui depuis plusieurs semaines et avait d'abord beaucoup bénéficié de son nouveau traitement. Ces derniers jours son état s'était modifié en mal, l'état du cœur n'était pas satisfaisant, il désirait avoir mon avis. Avant tout il ne fallait pas alarmer le malade ni sa famille. Jugez de ma surprise lorsque je reconnus en son malade un homme que j'aimais et que j'admirais depuis des années comme tous ceux qui l'avaient connu, l'auteur de « Human Personality and its Survival of bodily Death »[1], Frederic Myers. Sa respiration était superficielle et très pénible, son visage était cyanotique et usé, seuls ses yeux admirables étaient les mêmes. Il me donna la main et dit qu'il était heureux que je fusse enfin venu, il avait langui dans l'attente de mon retour. Il me rappela notre dernière rencontre à Londres quand je dînai avec lui à la Society for Psychical Research[2] et comment nous avions passé toute la nuit à causer de la mort et de l'au-delà. Avant que j'aie eu le temps de répondre, mon collègue lui dit de ne pas parler de

1. *La personnalité humaine et sa survivance à la mort.*
2. *Société pour les recherches psychiques.*

crainte d'une nouvelle attaque et me passa son stéthoscope. Il n'était point besoin d'un examen prolongé ; ce que j'avais vu me suffisait. Prenant mon collègue à l'écart je lui demandai s'il avait prévenu la famille. A mon extrême surprise il ne parut pas se rendre compte de la situation, proposa de répéter les injections de strychnine à intervalles plus courts, d'essayer son sérum le lendemain matin, d'envoyer chercher au Grand Hôtel une bouteille de Bourgogne d'un certain cru. Je dis que j'étais opposé à tout stimulant, le seul effet possible étant de renforcer une fois de plus la capacité de souffrance déjà atténuée par la nature charitable. Il ne nous restait plus qu'à l'aider à ne pas trop souffrir. Tandis que nous parlions, le professeur William James, le célèbre philosophe américain, un de ses amis les plus intimes, entra dans la chambre. Je lui répétai que la famille devait être avisée tout de suite, c'était une question d'heures. Comme ils semblaient tous avoir plus confiance en mon collègue qu'en moi, j'insistai pour appeler immédiatement un autre médecin en consultation. Deux heures après arriva le professeur Baccelli, le premier des docteurs consultants de Rome. Son examen fut plus sommaire encore que le mien, son verdict plus bref encore.

« Il va mourir aujourd'hui », dit-il de sa voix profonde.

William James me parla du pacte solennel entre lui et son ami, que celui des deux qui mourrait le premier devrait envoyer un message à l'autre au moment où il passerait dans l'inconnu ; tous deux croyaient à la possibilité d'une telle communication. Il était tellement accablé de douleur qu'il ne put entrer dans la chambre, il se laissa tomber sur une chaise près de la porte ouverte, son carnet de notes sur les genoux, sa plume à la main, prêt à inscrire le message avec son exactitude et sa méthode habituelles. Dans l'après-midi parut la respiration Cheyne-Stokes, symptôme poignant de la mort qui approche. Le mourant demanda à me parler. Son regard était calme et serein.

– « Je sais que je vais mourir, je sais que vous m'aiderez. Est-ce aujourd'hui, est-ce demain ? »

– « Aujourd'hui. »

– « J'en suis heureux, je suis prêt, je n'ai aucune crainte. Je vais enfin savoir. Dites à William James, dites-lui... »

Sa poitrine haletante s'arrêta pendant une terrible minute de vie en suspens.

« M'entendez-vous ? » demandai-je en me penchant sur le moribond, « souffrez-vous ? »

« Non ! » murmura-t-il, « je suis très las et très heureux. » Ce furent ses derniers mots.

Quand je partis, William James était toujours penché en arrière sur sa chaise, les mains sur la figure, son carnet de notes encore sur les genoux. La page était blanche.

Je vis beaucoup mon collègue et plusieurs de ses malades durant cet hiver. Il parlait sans cesse des résultats merveilleux de son sérum et d'un nouveau remède pour l'angine de poitrine, dont il avait fait usage dernièrement dans sa clinique avec un succès prodigieux. Quand je lui dis combien je m'étais toujours intéressé à l'angine de poitrine, il consentit à m'emmener à sa clinique pour me montrer quelques-uns de ses malades guéris par le nouveau remède. Je fus vivement surpris de reconnaître dans l'un d'eux une de mes anciennes malades, une riche Américaine, avec tous les signes caractéristiques de l'hystérie, classée par moi comme malade imaginaire et paraissant en parfaite santé comme toujours. Elle était au lit depuis plus d'un mois, soignée nuit et jour par deux infirmières ; prise de température toutes les quatre heures, injections hypodermiques de drogues inconnues plusieurs fois par jour, les détails de son régime réglés avec la plus extrême minutie, des soporifiques la nuit, en fait tout ce qu'elle pouvait désirer. Elle n'avait pas plus d'angine de poitrine que moi. Heureusement pour elle, elle était forte comme un cheval et parfaitement capable de résister à n'importe quel traitement. Elle me dit que mon confrère lui avait sauvé la vie. Bientôt la lumière se fit pour moi ; la plupart des malades de la clinique étaient des cas plus ou moins similaires, soumis au même régime sévère d'hôpital, sans autre mal qu'une vie oisive, trop d'argent et une fringale de maladie et de visites de médecin. Ce que je voyais me parut au moins aussi intéressant que l'angine de poitrine. Comment était-ce fait ? Quelle était sa méthode ? Autant que je pus m'en rendre compte elle consistait à mettre des femmes au lit à première vue avec l'écrasant diagnostic de quelque maladie grave et de leur permettre de se rétablir lentement en soulevant par degrés le poids de la suggestion de leurs cerveaux brouillés. Classer mon confrère comme le médecin le plus dangereux que j'eusse rencontré était facile. Le classer comme simple charlatan je ne le pouvais encore. Le fait de le considérer comme un habile médecin était parfaitement compatible avec le fait qu'il fût un charlatan, les deux vont bien ensemble, c'est là le danger principal des charlatans.

Mais le charlatan opère tout seul, comme le pickpocket, et cet homme m'avait conduit à sa clinique pour me montrer ses cas les plus accablants avec une grande fierté. Évidemment, c'était un charlatan, mais un charlatan d'un type inusité, bien digne d'une étude plus serrée. Plus je le voyais, plus j'étais frappé de la rapidité anormale de tout son mécanisme mental, ses yeux sans repos, l'extraordinaire précipitation de sa parole. Mais ce fut la façon dont il maniait la digitale, notre arme la plus puissante mais la plus dangereuse pour combattre les maladies du cœur, qui fit retentir à mon oreille le premier son d'alarme. Une nuit je reçus un mot de la fille d'un de ses malades me priant de venir aussitôt sur la prière urgente de l'infirmière. L'infirmière me prit à part et dit qu'elle m'avait appelé car elle craignait que quelque chose n'allât de travers, elle se sentait très inquiète de ce qui se passait. En cela elle avait raison. Le cœur avait été maintenu trop longtemps sous l'action de la digitale, le malade était en danger immédiat de perdre la vie par l'effet de la drogue. Mon confrère était sur le point de lui faire une nouvelle injection quand je lui arrachai la seringue et lus la terrible vérité dans son œil égaré. Ce n'était pas un charlatan. C'était un fou.

Que faire ? Le dénoncer comme charlatan ? Cela ne ferait qu'augmenter le nombre de ses malades et peut-être de ses victimes. Le dénoncer comme fou ? Cela signifierait la ruine irréparable de toute sa carrière. Quelles preuves pouvais-je produire ? Les morts ne pouvaient pas parler, les vivants ne voudraient pas parler. Ses malades, ses infirmières, ses amis se ligueraient tous contre moi, moi qui entre tous devais profiter le plus de sa chute. Ne rien faire ? Le laisser à sa place, arbitre insensé de vie et de mort ?

Après bien des hésitations, je résolus de parler à son ambassadeur que je savais en excellents termes avec lui. L'ambassadeur refusa de me croire. Il connaissait mon confrère depuis des années, il l'avait toujours considéré comme un médecin habile et sérieux, lui-même avait tiré grand profit de ses soins et sa famille pareillement. Il l'avait toujours jugé excitable et quelque peu excentrique, mais quant à la lucidité de son cerveau, il était sûr que sa tête était aussi d'aplomb que la nôtre. Soudain l'ambassadeur éclata d'un de ses rires formidables qui lui étaient habituels. Il dit qu'il ne pouvait se retenir, c'était trop drôle, il pensait bien que je ne le prendrais pas en mal, il savait que je ne manquais pas d'un certain sens de l'humour. Il ajouta que mon confrère lui avait fait une visite ce matin même, pour lui demander une lettre d'introduction pour le ministre de Suède à qui il voulait parler d'une affaire très grave. Il estimait de son devoir de prévenir le ministre d'avoir l'œil sur moi, il était convaincu que j'avais la tête dérangée. Je fis remarquer à l'ambassadeur que c'était une preuve de valeur, c'était exactement ce que ferait un fou dans des circonstances pareilles; on ne pouvait jamais surestimer l'astuce d'un aliéné.

En arrivant chez moi, on me remit un mot presque illisible de mon confrère que je déchiffrai comme une invitation à déjeuner pour le lendemain. L'altération de son écriture avait déjà attiré mon attention. Je le trouvai dans mon cabinet, debout devant la glace, ses yeux saillants fixés sur le léger renflement de sa gorge, l'hypertrophie de sa glande thyroïde que j'avais déjà remarquée. La rapidité extraordinaire de son pouls rendit le diagnostic aisé. Je lui dis qu'il avait la maladie de Basedow. Il dit qu'il s'en était douté lui-même et me pria de le prendre en main. Je lui dis qu'il était surmené et devait renoncer à sa profession quelque temps, le mieux qu'il eût à faire était de retourner dans son pays pour un long repos. Je réussis à le tenir au lit jusqu'à l'arrivée d'un de ses parents. Il quitta Rome une semaine après et n'y revint jamais. Il mourut l'année suivante.

CHAPITRE XXII

GRAND HOTEL

Lorsque le Dr Pilkington se présenta à moi comme doyen des médecins étrangers, il usurpait un titre qui appartenait à un autre homme, bien supérieur à nous tous, les autres médecins étrangers de Rome. Laissez-moi écrire ici son vrai nom en toutes lettres tel qu'il est écrit dans ma mémoire en lettres d'or – le vieux docteur Erhardt, un des meilleurs médecins et un des plus grands cœurs que j'aie jamais rencontrés. Dernier survivant de la Rome disparue de Pio Nono, sa réputation avait résisté à l'usure et aux égratignures de plus de quarante ans de métier dans la Ville éternelle. Bien qu'âgé de plus de soixante-dix ans il était encore en possession de toute sa vigueur intellectuelle et physique, jour et nuit sur pied, toujours prêt à secourir, riches et pauvres tous égaux pour lui. Il était le type le plus parfait que j'eusse jamais vu du médecin de famille des temps passés, maintenant presque disparu et c'est tant pis pour l'humanité souffrante. Il était impossible de n'avoir pas confiance en lui. Je suis sûr qu'il n'avait jamais eu d'ennemi durant sa longue vie, sauf le professeur Baccelli. Il était Allemand de naissance et s'il y en avait eu beaucoup comme lui dans sa patrie en 1914 il n'y aurait jamais eu de guerre. Que tant de gens, même de ses anciens malades, vinssent à la maison de Keats me demander conseil alors qu'un homme comme le vieil Erhardt habitait la même Piazza, demeurera toujours pour moi un mystère. Il était le seul de mes collègues que j'eusse l'habitude de consulter dans l'embarras, il avait souvent raison et moi souvent tort, mais il ne me laissa jamais tomber, il me défendit chaque fois qu'il en eut l'occasion et il l'eut assez fréquemment.

Peut-être était-il peu au courant des derniers tours de passe-passe de notre profession et se tenait-il à l'écart de beaucoup des nouvelles drogues brevetées et miraculeuses de toutes origines et de toutes religions. Mais il maniait sa vieille pharmacopée, dûment éprouvée, avec une maîtrise consommée; ses yeux pénétrants découvraient le mal où qu'il se cachât, il ne restait plus de secrets dans un poumon ou dans un cœur sitôt qu'il avait appliqué son stéthoscope à sa vieille oreille. Aucune découverte moderne de quelque importance n'échappait à son attention. Il s'intéressait vivement à la bactériologie et à la sérothérapie, science presque nouvelle à ce moment; il possédait son Pasteur au moins aussi bien que moi. Il fut le premier médecin en Italie à essayer le sérum antidiphtérique de Behring et Roux, qui n'était pas encore sorti de la période expérimentale et ne pouvait s'obtenir dans le commerce, et qui de nos jours sauve la vie de centaines de milliers d'enfants chaque année.

Il y a peu de chances que j'oublie jamais cette affaire. Un soir, tard, je fus convoqué au Grand Hôtel par un message urgent d'un monsieur américain, accompagné d'une lettre de recommandation du Prof. Weir Mitchell. Je fus accueilli dans le hall par un tout petit homme à la mine furibonde qui me dit avec beaucoup d'agitation qu'il venait d'arriver de Paris par le train de luxe. Au lieu du plus bel appartement qu'il avait retenu ils avaient été, lui et les siens, empilés dans deux petites chambres sans salon, sans même de salle de bains. La dépêche du directeur, que l'hôtel était complet, avait été expédiée trop tard et ne l'avait jamais rejoint. Il venait précisément de télégraphier à Ritz pour protester contre un pareil traitement.

Circonstance aggravante, son petit garçon souffrait d'un refroidissement et avait la fièvre, sa femme l'avait veillé toute la nuit dans le train, aurais-je la bonté de venir immédiatement le voir? Deux jeunes enfants dormaient dans le même lit, face à face, presque bouche à bouche. La mère me regarda avec angoisse et dit que le petit garçon n'avait pas pu avaler son lait, elle craignait qu'il n'eût un mal de gorge. Il respirait avec peine, la bouche grande ouverte, son visage était presque bleu. Je mis la petite fille, toujours endormie, sur le lit de la mère à qui je déclarai que son garçon avait la diphtérie et qu'il me fallait tout de suite envoyer chercher une infirmière. Elle me dit qu'elle voulait soigner l'enfant elle-même. Je passai la nuit à gratter les membranes dans sa gorge, il étouffait presque. Vers le lever du jour, je fis appeler le Dr Erhardt pour m'aider à faire la trachéotomie; le petit était sur le point de suffoquer. L'état du cœur était déjà si inquiétant qu'il n'osa pas lui donner le chloroforme, nous hésitions tous deux à opérer, nous craignions qu'il ne mourût sous le bistouri. Je fis venir le père; au mot de diphtérie il se précipita hors de la chambre, la conversation se poursuivit par la porte entrebâillée. Il ne voulait pas entendre parler d'opération, offrait de faire appeler toutes les sommités médicales de Rome pour avoir leur avis. Je dis que c'était inutile et d'ailleurs trop tard, opérer ou ne pas opérer dépendait de la décision d'Erhardt et de moi. J'enveloppai la petite fille dans une couverture et lui dis de l'emporter dans sa chambre. Il déclara qu'il donnerait un million de dollars pour sauver son fils, je lui répondis qu'il n'était pas question de dollars et lui fermai violemment la porte au nez. La mère resta auprès du lit, nous suivant de ses yeux terrifiés, je lui dis que l'opération pourrait s'imposer d'un moment à l'autre, il faudrait au moins une heure pour avoir une infirmière, elle aurait à nous aider. Elle fit oui de la tête sans un mot, son visage se crispait dans un effort pour retenir ses larmes, c'était une courageuse et admirable femme. Tandis que je plaçais un drap propre sur la table sous la lampe et préparais les instruments, Erhardt raconta que par une coïncidence étrange il avait reçu le matin même, par l'ambassade d'Allemagne, un échantillon du nouveau sérum antidiphtérique de Behring que lui envoyait, sur sa demande, le laboratoire de Marburg. Je savais qu'il avait déjà été essayé avec un remarquable succès dans plusieurs cliniques allemandes. L'essayerons-nous? Il n'était plus temps de discuter, l'enfant baissait rapidement, nous pensions tous deux qu'il lui restait bien peu de chances. Avec le consentement de la mère nous décidâmes l'injection de sérum. La réaction fut terrifiante et presque instantanée. Tout son corps devint noir, sa température monta à 40° pour tomber brusquement au-dessous de la normale dans un violent frisson. Il saignait du nez et de l'intestin, la marche du cœur devint très irrégulière, des symptômes de défaillance immédiate apparurent. Aucun de nous ne quitta la chambre de toute la journée, nous nous attendions à tout instant à voir l'enfant mourir. A notre étonnement sa respiration devint plus facile vers le soir, l'état local de la gorge paraissait un peu meilleur, le pouls moins irrégulier. Je suppliai le vieil Erhardt de rentrer prendre deux heures de sommeil, il me dit qu'il était trop intéressé par l'observation du cas pour sentir la fatigue. Avec l'arrivée de sœur Philippine, la Sœur Bleue anglaise, une des meilleures infirmières que j'aie jamais eues, le bruit que la diphtérie avait éclaté à l'étage supérieur se répandit comme une traînée de poudre par tout l'hôtel bondé. Le directeur m'envoya un mot pour dire que l'enfant devait être immédiatement transporté dans un hôpital ou une clinique. Je répondis que ni Erhardt ni moi n'en prendrions la responsabilité, il mourrait certainement en route. D'autre part, nous ne connaissions aucun endroit où le transporter, les installations pour traiter un tel cas étaient à cette époque désespérément inadéquates. L'instant d'après, le millionnaire de Pittsburg me dit par la porte entre-bâillée qu'il avait donné ordre au directeur de vider tout l'étage supérieur à ses frais, il préférerait acheter le Grand Hôtel tout entier plutôt que de voir emmener son fils au péril de sa vie. Vers le soir il devint évident que la mère avait contracté le mal. Le lendemain matin toute l'aile de l'étage supérieur était évacuée. Même les garçons et les femmes de chambre avaient fui. Seul, Signor Cornacchia, l'entrepreneur, montait la garde d'un bout à l'autre du corridor désert, son chapeau haut à la main. De temps en temps le père jetait un coup d'œil par la porte entrouverte, presque fou de terreur. La mère allait de plus en plus mal, on la transféra dans la chambre voisine aux soins d'Erhardt et d'une autre infirmière, moi et sœur Philippine restions avec le petit garçon. Vers midi il eut une défaillance et mourut d'une paralysie du cœur. L'état de la mère était à ce moment si critique, que nous n'osâmes pas le lui dire, nous décidâmes d'attendre le lendemain matin.

Quand je dis au père que le corps de l'enfant devait être transporté au dépositoire du cimetière protestant le soir même et qu'il fallait qu'il fût enterré dans les vingt-quatre heures, il chancela et faillit tomber dans les bras de Signor Cornacchia qui se tenait près de lui respectueusement incliné. Il dit que sa femme ne lui pardonnerait jamais d'avoir laissé l'enfant dans une terre étrangère, il fallait l'enterrer dans le caveau de famille à Pittsburg. Je répondis que c'était impossible, la loi interdisant dans un cas pareil que le corps fût transporté. Un moment après, le millionnaire de Pittsburg me tendit par la porte entrouverte un chèque de mille livres à ma discrétion, il était disposé à en remplir un autre de telle somme qu'il me plairait mais il fallait que le corps fût envoyé en Amérique. Je m'enfermai dans une autre pièce avec Signor Cornacchia et lui demandai le prix approximatif d'un enterrement de première classe et une concession perpétuelle dans le cimetière protestant à Rome. Il dit que les temps étaient durs, il y avait eu dernièrement une hausse sur les cercueils, aggravée par une diminution imprévue du nombre de clients. C'était pour lui un point d'honneur que l'enterrement fût un succès; dix mille lires, pourboires non compris, couvriraient tous les frais. Il y avait encore le fossoyeur qui, je le savais bien, avait huit enfants; naturellement les fleurs seraient en plus. Les pupilles oblongues et félines de Signor Cornacchia s'élargirent visiblement quand je lui dis que j'étais autorisé à lui offrir le double, s'il pouvait s'arranger pour que le corps fût envoyé à Naples et embarqué sur le prochain bateau pour l'Amérique. Il me fallait sa réponse dans deux heures, je savais que c'était contraire à la loi, il devait consulter sa conscience. J'avais déjà consulté la mienne. J'allais embaumer le corps moi-même cette nuit et je ferais souder le cercueil de plomb devant moi. M'étant ainsi assuré que tout danger d'infection possible était écarté, je signerais un certificat de décès pour cause de pneumonie infectieuse suivie de paralysie du cœur, en évitant le mot diphtérie. La consultation de Signor Cornacchia avec sa conscience prit moins de temps que je n'avais prévu ; il revint au bout d'une heure, il acceptait le marché à condition que la moitié de la somme serait payée d'avance et sans reçu. Je lui tendis l'argent. Une heure après je pratiquais la trachéotomie sur la mère ; il n'est pas douteux que l'opération lui sauva la vie.

Le souvenir de cette nuit me hante encore, chaque fois que je visite le beau petit cimetière de la Porta San Paola. Giovanni, le fossoyeur, m'attendait à la grille avec une lanterne falote. Je me doutai à la façon dont il m'accueillit qu'il s'était accordé un verre de plus pour se mettre d'aplomb pour le travail de nuit. Il devait être mon seul aide, j'avais de bonnes raisons pour ne vouloir personne autre. La nuit était orageuse et très noire avec une pluie battante. Une brusque bouffée de vent éteignit la lanterne, nous dûmes chercher notre chemin à tâtons du mieux possible. A mi-chemin dans le cimetière, mon pied heurta un tas de terre et je tombai de tout mon long dans une tombe à demi creusée. Giovanni me dit qu'il avait fossoyé durant cet après-midi sur l'ordre de Signor Cornacchia ; heureusement ce n'était pas très profond, la tombe d'un petit enfant.

L'embaumement fut une tâche malaisée et même dangereuse. Le corps était déjà dans un état de décomposition avancé, la lumière insuffisante et, horreur! je me coupai légèrement au doigt. Un gros hibou hulula sans arrêt derrière la Pyramide de Cestius, je me le rappelle bien, car c'était la première fois que ce cri me déplut, à moi qui toujours ai eu un grand faible pour les hiboux.

Je fus de retour au Grand Hôtel le matin de bonne heure. La mère avait passé une bonne nuit, sa température était revenue à la normale, Erhardt la considérait hors de danger. Il n'était plus possible de tarder davantage de lui dire que son fils était mort. Comme ni le père ni Erhardt ne voulaient le lui dire, il m'échut de le faire. L'infirmière pensait qu'elle le savait déjà. Tandis qu'elle était assise auprès d'elle, la mère s'était éveillée brusquement et avait essayé de sauter de son lit avec un cri de détresse, mais était retombée sans connaissance. L'infirmière crut qu'elle était morte et se précipitait pour m'appeler, au moment où j'entrais pour dire que l'enfant venait de mourir. L'infirmière avait vu juste. Avant que j'eusse pu parler la mère me regarda droit dans les yeux et dit qu'elle savait que son fils était mort. Erhardt paraissait absolument abattu par la mort de l'enfant, il se reprochait d'avoir recommandé le sérum. Telles étaient l'intégrité et la droiture de ce beau vieillard, qu'il voulait écrire une lettre au père où il s'accusait presque d'avoir causé la mort de son fils. Je lui dis que j'étais seul responsable puisque j'étais chargé du malade, et qu'une lettre pareille risquerait de faire perdre complètement la raison au père déjà à demi fou de chagrin. Le lendemain matin, la mère fut descendue et emmenée dans ma voiture à la clinique des Sœurs Bleues, où j'avais réussi également à trouver une chambre pour sa petite fille et pour son mari. Sa crainte de la diphtérie était telle, qu'il me fit cadeau de toute sa garde-robe, deux grandes malles pleines de vêtements, sans compter son manteau et son chapeau haut. J'étais enchanté, des vêtements d'occasion sont souvent plus utiles que des remèdes. Je le persuadai difficilement de conserver sa montre à répétition; son baromètre de poche est toujours en ma possession. Avant de quitter l'hôtel le millionnaire de Pittsburg régla sans sourciller la gigantesque note qui me fit vaciller. Je surveillai moi-même la désinfection des chambres et, me rappelant mon aventure de l'Hôtel Victoria à Heidelberg, je passai une heure à ramper sur les genoux dans la chambre où l'enfant était mort pour enlever le tapis de Bruxelles cloué au parquet; qu'il pût encore subsister dans ma tête un petit coin pour songer aux Petites Sœurs des Pauvres à ce moment cela passe ma compréhension. Je vois encore la figure du directeur de l'hôtel quand je fis descendre le tapis à ma voiture pour l'envoyer à l'établissement municipal de désinfection sur l'Aventin. Je dis au directeur que le millionnaire de Pittsburg, après avoir payé le tapis plus du triple de sa valeur, me l'avait offert en souvenir.

Enfin je rentrai en voiture à Piazza di Spagna. Je plaçai sur la porte d'entrée un avis en français et en anglais que le docteur était malade, de bien vouloir s'adresser au Dr Erhardt, Piazza di Spagna 28. Je me fis une injection sous-cutanée d'une double dose de morphine et m'écroulai sur le divan de mon cabinet de consultation, la gorge enflée et 40° de température. Anna était très effrayée et voulait absolument appeler le Dr Erhardt. Je lui dis que j'étais très bien, je n'avais besoin que de vingt-quatre heures de sommeil et qu'elle ne devait me déranger que s'il y avait le feu à la maison. La drogue bénie se mit à répandre l'oubli et la paix dans mon cerveau épuisé, même la terrifiante hantise de mon doigt coupé quitta ma pensée engourdie. Je m'endormais.

Soudain la sonnette d'entrée tinta obstinément, rageusement. J'entendis dans le hall la forte voix d'une femme dont la nationalité ne faisait aucun doute, discutant avec Anna dans un italien massacré.

– « Le docteur est malade, je vous prie de vous adresser au Dr Erhardt à la porte à côté. »

Non, il lui faut parler tout de suite au Dr Munthe pour affaire très urgente.

– « Le docteur est au lit, je vous prie de partir. »

Non! Il faut qu'elle le voie tout de suite.

– « Portez-lui ma carte. »

– « Le docteur dort, je vous prie... »

Dort? Avec cette terrible voix qui crie dans le vestibule? Oh non! Anna n'eut pas le temps de la retenir, elle souleva la portière de ma chambre, l'image de la santé, forte comme un cheval : Mrs. Charles W. Washington Longfellow Perkins Junior.

– « Que vous faut-il? »

Il lui fallait savoir s'il y avait quelque danger d'attraper la diphtérie au Grand Hôtel; on lui avait donné une chambre à l'étage supérieur, était-il vrai que le petit garçon était mort au premier, elle ne voulait courir aucun risque.

– « Le numéro de votre chambre? »

– « Trois cent trente-cinq. »

– « A tout prix restez où vous êtes. C'est la chambre la plus propre de tout l'hôtel. Je l'ai désinfectée moi-même. C'est la chambre où l'enfant est mort. »

Je retombai sur le lit, à travers le lit me sembla-t-il; la morphine se remit à agir.

La sonnette retentit de nouveau. De nouveau j'entendis la même voix impitoyable dire à Anna qu'elle venait de se rappeler l'autre question qu'elle était venue me demander! Extrêmement importante.

– « Jetez-la dans l'escalier », hurlai-je à Anna qui ne faisait pas la moitié d'elle.

Non elle ne s'en irait pas, il fallait qu'elle me posât cette question.

– « Que vous faut-il? »

– « Je me suis cassé une dent, je crains qu'il ne faille l'arracher, quel est le meilleur dentiste à Rome ? »

– « Mrs. Washington Perkins Junior, m'entendez-vous bien ? »
Oui, elle m'entendait très bien.

« Mrs. Perkins Junior, pour la première fois de ma vie je suis désolé de n'être pas dentiste, j'aurais bien aimé vous arracher toutes vos dents. »

CHAPITRE XXIII

LES PETITES SŒURS DES PAUVRES

Les Petites Sœurs des Pauvres de San Pietro in Vincoli, environ une cinquantaine et la plupart Françaises, étaient toutes mes amies; étaient aussi mes amis beaucoup des trois cents vieux hommes et femmes, abrités dans le vaste bâtiment. Le docteur italien, qui était supposé soigner tout ce monde, ne me témoigna jamais aucun signe de jalousie professionnelle, pas même lorsque le tapis du millionnaire de Pittsburg du Grand Hôtel, dûment désinfecté, fut étendu sur le dallage glacial de la chapelle à l'immense joie des Petites Sœurs. Comment ces Sœurs parvenaient à procurer de la nourriture et des vêtements à tous leurs pensionnaires était pour moi un mystère. Leur vieille carriole cahotante, se traînant d'hôtel en hôtel pour recueillir les moindres rognures d'aliments, était un spectacle familier à tous ceux qui visitaient Rome à cette époque. Vingt Petites Sœurs des Pauvres, deux par deux, étaient sur leurs jambes du matin au soir avec leur aumônière et leur cabas. Deux d'entre elles se tenaient le plus souvent debout dans un coin de mon antichambre à l'heure de ma consultation, beaucoup de mes anciens malades se le rappellent sans doute.

Comme toutes les religieuses elles étaient très enjouées et pleines de gaieté enfantine, elles se réjouissaient du moindre petit bavardage quand l'occasion se présentait. Toutes deux étaient jeunes et plutôt jolies, la Mère Supérieure m'avait depuis longtemps confié que les religieuses âgées et laides ne valaient rien pour quêter. Confidence pour confidence, je luis dis qu'une jeune et jolie infirmière avait beaucoup plus de chances d'être obéie par mes malades qu'une laide, et qu'une infirmière maussade n'était jamais une bonne infirmière. Ces religieuses qui savaient si peu du monde extérieur savaient beaucoup de la nature humaine. Elles savaient à première vue qui allait mettre quelque chose dans leur tronc et qui n'y mettrait rien. Les jeunes, me disent-elles, donnent généralement plus que les vieux; les enfants, hélas! donnent rarement, sauf sur l'ordre de leurs bonnes anglaises. Les hommes donnent plus que les femmes, les gens à pied plus que ceux en voiture. Les Anglais étaient les meilleurs clients, puis venaient les Russes. De touristes français il y en avait si peu! Les Américains et les Allemands hésitaient davantage à se séparer de leur argent; les Italiens des hautes classes étaient encore pires, mais les Italiens pauvres étaient très généreux. Les altesses et le clergé de tous pays n'étaient pas en général de très bons clients. Les cent cinquante vieux sous leur garde étaient en somme faciles à manier mais non pas les cent cinquante femmes qui étaient toujours à se disputer et à se chamailler entre elles. De terribles drames passionnels surgissent fréquemment entre les deux ailes du refuge et alors les Petites Sœurs devaient s'efforcer d'éteindre les incendies, qui couvaient sous les cendres, au mieux de leur compréhension limitée.

Le chou-chou de la maison était M. Alphonse, le plus minuscule Français que vous ayez jamais vu, qui vivait derrière une paire de rideaux bleus dans l'angle de la grande salle, soixante lits en tout. Aucun autre lit n'avait de rideaux, ce privilège était accordé à M. Alphonse seul, en sa qualité de doyen de toute la maison. Lui-même disait avoir soixante-quinze ans, les Sœurs pensaient qu'il en avait plus de quatre-vingts, à le juger d'après ses artères je lui en assignai près de quatre-vingt-dix. Il était venu là il y a quelques années avec un petit sac à main, en redingote élimée et chapeau haut, nul ne savait d'où. Il passait ses journées derrière ses rideaux, rigoureusement à l'écart de tous les autres pensionnaires, pour se montrer seulement le dimanche trottinant vers la chapelle, son chapeau haut à la main. Ce qu'il faisait tout le jour derrière ses rideaux nul n'en savait rien. Les sœurs disaient que lorsqu'elles lui apportaient son assiette à soupe ou sa tasse de café, un privilège encore, il était toujours assis sur son lit à farfouiller parmi son amas de paperasses dans le vieux sac ou à brosser son chapeau haut. M. Alphonse était très méticuleux avec ses visiteurs. Vous étiez tenu de frapper d'abord à la petite table auprès de son lit. Alors il enfermait soigneusement tous ses papiers dans son sac et s'écriait de sa voix flûtée : « Entrez, Monsieur », puis, d'un geste d'excuse de la main, il vous invitait à vous asseoir auprès de lui sur le lit. Il paraissait prendre plaisir à mes visites et bientôt nous devînmes de grands amis. Tous mes efforts pour apprendre quelque chose de son passé furent inutiles, tout ce que je sus c'est qu'il était

Français mais je ne dirai pas Parisien. Il ne parlait pas un mot d'italien et semblait ne rien connaître de Rome. Il n'avait même pas été à St-Pierre mais il comptait y aller un de ces quatre matins, aussitôt qu'il en aurait le temps. Les sœurs dirent qu'il n'irait jamais, qu'il n'irait nulle part, bien qu'il fût capable de trotter un peu partout s'il l'eût voulu. La vraie raison pour laquelle il restait à la maison le jeudi, jour de sortie pour les hommes, était la ruine irrémédiable de son chapeau haut et de sa vieille redingote, par suite de son incessant brossage.

Le jour mémorable où on lui fit essayer le chapeau et la redingote toute neuve du millionnaire de Pittsburg, à la dernière mode américaine, inaugura le dernier chapitre de la vie de M. Alphonse et peut-être le plus heureux. Toutes les sœurs des salles, même la Mère Supérieure, étaient en bas à la porte d'entrée le jeudi suivant pour le voir partir quand il monta dans mon élégante victoria, levant avec solennité son nouveau chapeau haut à ses admiratrices. « Est-il chic ! » riaient-elles comme nous démarrions. « On dirait un milord anglais ! » Nous descendîmes le Corso et fîmes une courte apparition sur le Pincio avant de nous arrêter Piazza di Spagna où M. Alphonse avait été invité par moi à déjeuner.

J'aimerais voir la tête de celui qui aurait résisté à la tentation de rendre cette invitation valable pour tous les jeudis à la suite. A une heure tapant chaque jeudi de cet hiver, ma victoria déposait M. Alphonse au 26 Piazza di Spagna. Une heure après, lorsque ma consultation commençait, Anna l'accompagnait à la voiture qui l'attendait pour sa promenade accoutumée autour du Pincio. Puis un arrêt d'une demi-heure au Café Aragno où M. Alphonse s'asseyait dans son coin réservé avec sa tasse de café et son *Figaro*, de l'air d'un vieil ambassadeur. Puis une autre demi-heure de vie glorieuse à descendre le Corso dans ma voiture, en cherchant avidement des connaissances de la Piazza di Spagna à qui lever son haut-de-forme tout neuf. Puis de nouveau l'éclipse derrière les rideaux bleus jusqu'au jeudi suivant où, au dire des sœurs, il recommençait à brosser son chapeau dès le lever du jour. Le plus souvent un ami ou deux arrivaient pour partager le déjeuner, à la grande joie de M. Alphonse. Plus d'un se le rappellera sans doute. Aucun n'eut jamais le moindre soupçon d'où il venait. D'ailleurs il avait l'air très soigné dans sa longue et élégante redingote, dans son chapeau haut tout neuf dont il se séparait à grand regret même à table. Ne sachant pas moi-même ce qu'était M. Alphonse j'avais fini par en faire un diplomate en retraite. Tous mes amis l'appelaient « Monsieur le Ministre », et Anna lui donnait invariablement du « Vostra

Eccellenza »; il fallait voir sa figure. Heureusement il était très sourd et la conversation se bornait généralement à quelques réflexions polies sur le pape ou le « scirocco ». Cependant je devais ouvrir l'œil et l'oreille, toujours prêt à intervenir pour écarter le carafon, ou aller à son secours lors d'une question embarrassante ou d'une réponse plus embarrassante encore après son second verre de Frascati. M. Alphonse était un ardent royaliste prêt à renverser la République française à tout prix. Il attendait d'un jour à l'autre un message d'origine très secrète pour rentrer à Paris sur l'heure. Jusque-là nous étions sur la terre ferme, j'avais entendu beaucoup de Français abolir la République, mais quand il se mettait à parler d'affaire de famille, je devais être bien attentif de crainte qu'il ne laissât échapper de son sac le secret jalousement gardé de son passé. Heureusement j'étais toujours prévenu à temps par : « Mon beau-frère le sous-préfet. » C'était entre mes amis et moi une convention tacite, que dès l'évocation de ce mystérieux personnage, le carafon devait être écarté et plus une goutte de vin ne tomber dans le verre de M. Alphonse.

Je me le rappelle parfaitement, Waldo Storey, le sculpteur américain bien connu et ami tout spécial de M. Alphonse, déjeunait avec nous ce jour-là. M. Alphonse était d'une humeur folle et particulièrement loquace. Déjà avant d'avoir vidé son premier verre de Frascati, il consultait Waldo au sujet de l'armée d'ex-Garibaldiens à lever pour marcher sur Paris et renverser la République. Après tout, ce n'était qu'une question d'argent, cinq millions suffiraient largement, il était disposé à en procurer personnellement un million au pis aller. Il me parut un peu congestionné, j'étais sûr que son beau-frère n'était pas loin. Je fis à Waldo le signe convenu de ne plus lui donner une goutte de vin.

— « Mon beau-frère le sous-préfet... »

Il s'arrêta court lorsque je poussai le carafon hors de sa portée et mit son nez dans son assiette comme lorsqu'il était un peu vexé.

— « Ça ne fait rien », dis-je, « voici encore un verre à votre santé, désolé de vous avoir vexé, et à bas la République! puisque c'est votre désir ». A ma surprise il ne tendit pas la main vers son verre. Il resta tout à fait immobile à fixer son assiette. Il était mort.

Personne mieux que moi ne savait ce que vaudrait d'embarras à M. Alphonse et à moi-même de suivre la procédure habituelle et d'envoyer chercher la police conformément à la loi. L'examen du corps par le médecin légiste, peut-être une autopsie, l'intervention du consulat de France, et le dernier mais non le moindre, le vol au décédé de son unique bien, le secret de son passé. J'envoyai

Anna en bas dire au cocher de relever la capote, M. Alphonse avait eu un évanouissement, j'allais le ramener moi-même chez lui. Cinq minutes après M. Alphonse était assis à côté de moi dans la voiture à son coin habituel, le col du pardessus du millionnaire de Pittsburg bien relevé sur ses oreilles, son chapeau haut bien enfoncé sur son front comme à son habitude. Il avait exactement le même aspect que toujours, sauf qu'il paraissait bien plus petit que vivant. Tous les morts sont ainsi.

– « Par le Corso ? » demanda le cocher.

– « Oui, bien sûr par le Corso, c'est la promenade favorite de M. Alphonse. »

La Mère Supérieure fut d'abord un peu inquiète, mais mon certificat de « mort à la suite d'une défaillance cardiaque » daté de l'asile mit tout en ordre avec les règlements de police. Vers le soir M. Alphonse fut mis dans son cercueil, son sac sous sa vieille tête en guise d'oreiller, la clef toujours à son ruban autour de son cou. Les Petites Sœurs ne posent jamais de questions aux vivants ni aux morts. Tout ce qu'elles veulent savoir de ceux qui viennent leur demander abri, c'est qu'ils sont vieux et ont faim. Le reste regarde Dieu mais pas elles, ni personne. Elles savent parfaitement que beaucoup de leurs pensionnaires vivent et meurent chez elles sous des noms d'emprunt. Je voulais lui laisser emporter son chapeau haut-de-forme tant chéri dans le cercueil, mais les sœurs dirent que cela ne convenait pas; j'étais désolé, j'étais sûr qu'il en eût été heureux.

Une nuit je fus réveillé par un message urgent des Petites Sœurs des Pauvres de venir tout de suite. Toutes les salles du vaste bâtiment étaient obscures et silencieuses mais j'entendais prier les sœurs dans la chapelle. Je fus introduit dans une petite chambre du quartier des sœurs où je n'étais jamais encore allé. Sur le lit était étendue une religieuse, jeune encore, le visage blanc comme l'oreiller sous sa tête, les yeux clos, le pouls presque imperceptible. C'était La Mère Générale des Petites Sœurs des Pauvres qui était arrivée le soir même de Naples, en route pour Paris, après un voyage d'inspection autour du monde. Elle était en danger de mort immédiate par suite d'une grave maladie de cœur. Je me suis trouvé au chevet des rois et de reines et d'hommes célèbres à l'heure où leur vie était en jeu, peut-être même entre mes mains. Mais je ne sentis jamais aussi lourdement le poids de ma responsabilité professionnelle que cette nuit lorsque cette femme ouvrit ses yeux merveilleux et me regarda :

– « Faites ce que vous pourrez, monsieur le Docteur », murmurat-elle, « car quarante mille pauvres dépendent de moi [1]. »

Les Petites Sœurs des Pauvres peinent nuit et jour à leur tâche, la plus utile et la plus ingrate des charités que je connaisse. Vous n'avez pas besoin de venir à Rome pour les trouver. Pauvreté et vieillesse sont partout dans le monde et de même les Petites Sœurs des Pauvres avec leur aumônière vide et leur cabas vide. Mettez donc vos vieux effets dans leur cabas ; qu'importe la taille ! Toutes les tailles feront l'affaire des Petites Sœurs. Les chapeaux hauts passent de mode, donnez-leur aussi votre haut-de-forme. Il y aura toujours dans leurs salles un M. Alphonse caché derrière ses rideaux bleus, occupé à brosser son chapeau cabossé, dernier vestige d'une prospérité passée. Envoyez-le donc, son jour de sortie, faire une promenade sur le Corso, dans votre élégante victoria. Il vaut bien mieux pour votre foie faire une longue marche dans la campagne avec votre chien. Invitez-le donc à déjeuner jeudi prochain, il n'est pas de stimulant meilleur de l'appétit perdu que la vue d'un homme affamé prenant son compte. Donnez-lui un verre de Frascati pour l'aider à oublier, mais éloignez le carafon quand il commence à se souvenir.

Mettez donc un peu de vos économies dans le tronc des Petites Sœurs, même un sou suffit, croyez-moi vous n'avez jamais fait un placement plus sûr. Rappelez-vous ce que j'ai écrit à une autre page de ce livre ; ce que vous gardez vous le perdrez, ce que vous donnez vous le gardez à jamais.

D'ailleurs vous n'avez aucun droit de garder cet argent pour vous, il ne vous appartient pas, l'argent appartient au Diable qui est assis nuit et jour à son comptoir derrière ses sacs d'or à trafiquer d'âmes humaines. Ne vous accrochez pas trop longtemps à l'écu malpropre qu'il vous met dans la main, débarrassez-vous-en le plus tôt que vous pourrez ou le métal maudit vous brûlera bientôt les doigts, pénétrera dans votre sang, aveuglera vos yeux, infectera votre pensée et endurcira votre cœur. Mettez-le dans le tronc des Petites Sœurs ou jetez-le maudit dans l'égout le plus proche, c'est sa véritable place. A quoi bon entasser votre argent ! Il vous sera

1. *En français dans le texte.*

enlevé de toute façon. La mort a une seconde clef de votre coffre. Les dieux vendent toutes choses un prix raisonnable, a dit un poète ancien. Il aurait pu ajouter qu'ils vendent les meilleures au plus bas prix. Tout ce qui nous est vraiment utile peut s'acheter pour peu d'argent, seul le superflu est mis en vente à un prix élevé. Tout ce qui est vraiment beau n'est pas mis en vente du tout mais nous est offert en don par les dieux immortels. Il nous est accordé de contempler le lever et le coucher du soleil, les nuages qui voguent dans le ciel, les forêts et les champs, la mer merveilleuse, tout cela sans dépenser un centime. Les oiseaux chantent pour nous pour rien, nous avons le droit de cueillir les fleurs sauvages en nous promenant, sur le bord du chemin. Il n'y a pas de prix d'entrée sous la voûte illuminée d'étoiles de la nuit. Le pauvre dort mieux que le riche. Le nourriture simple a meilleur goût à la longue que celle du Ritz. Contentement et paix intérieure prospèrent mieux dans une petite maison de campagne que dans un palais à la ville. Quelques amis, quelques livres, vraiment très peu, et un chien, voilà tout ce qu'il vous faut posséder autour de vous tant que vous vous posséderez vous-même. Mais vous devez vivre à la campagne. La première ville fut conçue par le Diable, voilà pourquoi Dieu voulut détruire la tour de Babel.

Avez-vous jamais vu le Diable? Mais oui! Il était debout, les bras appuyés sur le parapet d'une tour de Notre-Dame. Ses ailes étaient repliées, sa tête reposait dans les paumes de ses mains. Ses joues étaient creuses, sa langue pendait entre ses lèvres ignobles. Pensif et grave il contemplait Paris à ses pieds. Immobile et rigide comme s'il fût de pierre il était là, debout depuis près de mille ans, contemplant son Paris comme s'il ne pouvait arracher ses yeux de ce qu'il voyait. Était-ce là ce suprême ennemi dont le nom seul m'avait rempli de terreur depuis que j'étais enfant! Le formidable champion du Mal dans la lutte éternelle entre le Bien et le Mal?

Je le regardais avec étonnement. Je pensais qu'il avait l'air bien moins mauvais que je n'avais imaginé, je connaissais des visages pires que le sien. Il n'y avait aucune lueur de triomphe dans ces yeux de pierre, il paraissait vieux et las, las de ses faciles victoires, las de son Enfer.

Pauvre vieux Belzébuth! Peut-être, tout bien considéré, n'est-ce pas tout de votre faute lorsque les choses vont mal ici-bas dans notre monde. Après tout ce n'est pas vous qui avez donné la vie à notre monde, ce n'est pas vous qui avez lâché la douleur et la mort parmi les hommes. Vous êtes né avec des ailes et non avec des griffes, c'est Dieu qui vous fit Diable et vous précipita dans son Enfer pour y garder ses damnés. Sûrement vous ne seriez pas resté debout ici sous l'orage et la pluie au sommet d'une tour de Notre-Dame pendant mille années, si vous aviez aimé votre métier. Sûrement il doit être malaisé d'être le Diable quand on est né avec des ailes. Prince des Ténèbres! pourquoi n'éteignez-vous pas le feu dans votre royaume souterrain pour venir vous établir parmi nous dans une grande ville – croyez-moi, la campagne n'est pas votre place – comme un bourgeois cossu, sans autre souci que de manger, boire et empiler votre argent tout le jour? Ou si vous devez augmenter votre capital et vous faire la main dans quelque nouveau métier, pourquoi n'ouvrez-vous pas un nouvel enfer de jeu à Monte-Carlo ou ne lancez-vous pas un nouveau lupanar, ou ne vous faites-vous pas usurier des pauvres, ou propriétaire d'une ménagerie ambulante avec des fauves sans défense mourant de faim derrière leurs barreaux de fer? Ou si vous avez besoin d'un changement d'air, pourquoi n'allez-vous pas chez les Allemands ouvrir une nouvelle usine pour votre dernier gaz empoisonné? Qui, si ce n'est vous, eût pu diriger leur raid aveugle sur Naples pour y laisser tomber leur bombe incendiaire sur la maison des Petites Sœurs des Pauvres au milieu de leurs trois cents vieux et vieilles! Mais en échange du conseil que je viens de vous donner, permettez-vous que je vous pose une question? Pourquoi tirez-vous ainsi la langue? J'ignore ce qu'on en pense aux Enfers mais, avec tout le respect que je vous dois, parmi nous c'est considéré comme un geste de défi et de mépris. Pardonnez-moi, Sire, à qui tirez-vous toujours la langue?

CHAPITRE XXIV

MISS HALL

Certainement beaucoup de mes malades de cette époque se rappellent Miss Hall; de fait, après l'avoir vue, on l'oubliait difficilement. Seule la Grande-Bretagne, la Grande-Bretagne dans son meilleur jour, avait pu produire ce type unique de vieille fille de la première époque victorienne; six pieds trois pouces, sèche et raide comme un bâton, *arida nutrix* d'au moins trois générations d'Écossais jamais conçues. Durant les quinze années où je connus Miss Hall, je ne vis aucun changement dans son aspect, toujours le même visage glorieux, enchâssé dans les mêmes boucles d'or fané, toujours la même robe aux couleurs vives, toujours la même tonnelle de roses sur son chapeau. Combien d'années d'une vie sans histoire, Miss Hall avait-elle passées dans des pensions de second ordre à Rome à la recherche d'une aventure? Je ne sais, mais je sais que le jour où elle rencontra Tappio et moi dans la Villa Borghèse, naquit sa mission véritable dans l'existence, elle s'était enfin trouvée. Elle passait ses matinées à brosser et à peigner mes chiens dans la chambre glacée sous l'escalier de Trinità dei Monti, et ne rentrait à sa pension que pour le déjeuner. A trois heures elle voguait de la maison de Keats à travers la Piazza, encadrée de Giovannina et de Rosina qui lui arrivaient à la taille, dans leurs sabots de bois, leurs mouchoirs rouges sur la tête, entourées de mes chiens qui aboyaient joyeusement en prévision de leur promenade à la Villa Borghèse; spectacle familier à toute la Piazza di Spagna à cette époque. Giovannina et Rosina appartenaient au personnel de San Michele, je n'eus jamais de meilleures servantes, main légère et pied léger, chantant tout le jour au travail. Évidemment nul autre que moi n'eût imaginé d'amener à Rome ces deux fillettes d'Anacapri à moitié apprivoisées. D'ailleurs cela n'aurait jamais marché si Miss Hall n'était survenue à propos pour leur servir, si l'on peut dire, de mère adoptive, et les surveiller comme une vieille poule ses poussins. Miss Hall disait ne pouvoir comprendre pourquoi je ne permettais pas à ces filles de se promener seules à la Villa Borghèse, elle s'était promenée partout dans Rome pendant bien des années sans que personne la remarquât ni lui adressât la parole. Fidèle à son type, Miss Hall n'avait jamais réussi à prononcer un mot d'italien intelligible, mais les filles la comprenaient parfaitement et l'aimaient beaucoup; pourtant je crains qu'elles ne l'aient pas prise au sérieux plus que moi. Miss Hall me voyait fort peu et je la voyais moins encore, je ne la regardais jamais sans y être obligé. Dans les rares circonstances où Miss Hall était invitée à assister à mon déjeuner, un grand vase de fleurs se trouvait toujours placé entre nous sur la table. Bien qu'il fût strictement interdit à Miss Hall de me regarder, elle réussissait néanmoins de temps en temps à dominer de la tête le vase de fleurs et à me décocher une œillade du coin de son vieil œil. Miss Hall ne parut jamais se rendre compte combien j'étais bassement égoïste et ingrat envers elle malgré ce qu'elle faisait pour moi. A considérer la précarité de ses moyens de communication, – elle n'était pas autorisée à me poser des questions, – je ne sais comment elle réussit à découvrir pas mal de ce qui se passait à la maison et qui je recevais. Elle surveillait d'un œil vigilant mes dames malades, et montait la garde pendant des heures sur la Piazza durant ma consultation pour les regarder entrer et sortir. En inaugurant le Grand Hôtel, Ritz avait porté le dernier coup de grâce à la simplicité expirante de la vie romaine. La dernière invasion des barbares commençait, la Ville éternelle devenait à la mode. Le vaste hôtel était envahi par la clique élégante de Londres et de Paris, d'Américains millionnaires et de rastas notoires de la Riviera. Miss Hall connaissait de nom tous ces gens-là; depuis des années elle les suivait dans la rubrique mondaine du *Times*. Elle était aussi une parfaite encyclopédie de la noblesse anglaise, elle savait par cœur la date de naissance et de la majorité de ses fils et héritiers; des fiançailles et des mariages de ses filles; les toilettes qu'elles avaient portées lors de leur présentation à la cour, leurs bals, leurs dîners, leurs déplacements à l'étranger. Beaucoup de ces gens chics devenaient mes clients, bon gré mal gré, à la grande joie de Miss Hall. D'autres, incapables de rester seuls même un instant, m'invitaient à déjeuner ou à dîner. D'autres venaient Piazza di Spagna voir la chambre où mourut Keats. D'autres arrêtaient leur voiture dans la Villa Borghèse pour caresser mes chiens avec des compliments à Miss Hall sur leur bonne mine. Peu à peu Miss Hall et moi surgîmes, la main dans la main, de notre obscurité naturelle vers les plus hautes sphères de la société. Je sortis beaucoup cet hiver-là. J'avais encore fort à apprendre sur ces oisifs sans soucis; leur capacité à ne rien faire; leur bonne humeur, leur bon sommeil m'intriguaient. Miss Hall tenait maintenant un journal particulier des événements mondains de ma vie quotidienne. Rayonnante d'orgueil, elle allait, trottinant dans sa plus belle robe, déposer mes cartes à droite et à gauche. L'éclat de notre étoile montante devenait de plus en plus vif, notre route s'élevait de plus en plus, rien ne pouvait plus nous arrêter. Un jour que Miss Hall se promenait avec les chiens à la Villa Borghèse, une dame avec un caniche noir sur les genoux lui fit signe d'approcher de sa voiture. La dame caressa le chien de Laponie et dit que c'était elle qui avait donné Tappio tout petit au docteur. Miss Hall sentit trembler ses vieux genoux, c'était S. A. R. la princesse héritière de Suède. Un beau monsieur assis auprès de son illustre personne lui tendit la main avec un charmant sourire et lui dit textuellement : « Allô! Miss Hall, le docteur m'a beaucoup parlé de vous. »

C'était S. A. R. le prince Max de Bade, l'époux de rien de moins que la nièce de sa bien-aimée reine Alexandra. A dater de ce jour mémorable, Miss Hall abandonna la clique élégante du Grand Hôtel pour consacrer tous ses loisirs aux altesses, il y en avait au moins une douzaine cet hiver à Rome. Elle restait debout des heures devant leurs hôtels, attendant une occasion de les voir entrer ou sortir, tête inclinée elle les surveillait à la promenade du Pincio ou de la Villa Borghèse, elle les suivait comme un policier dans les églises et dans les musées. Le dimanche elle s'asseyait dans l'église anglaise rue Babuino, aussi près du banc de l'ambassadeur qu'elle osait, un œil sur son livre de prières, l'autre sur une altesse royale, tendant sa vieille oreille pour discerner le son particulier de la royale voix dans le chant de l'assemblée, priant pour la famille royale et leurs parents en tous pays avec la ferveur des premiers chrétiens.

Bientôt Miss Hall commença un nouveau journal entièrement consacré à nos relations avec les altesses. Le lundi précédent elle avait eu l'honneur de porter une lettre du docteur à S. A. R. la grande-duchesse de Weimar à l'Hôtel Quirinale. Le portier lui avait remis une réponse ornée de la couronne grand-ducale de Saxe Weimar. L'enveloppe lui fut offerte galamment par le docteur comme un souvenir précieux. Le mercredi on lui avait confié une lettre pour S. A. R. l'infante Eulalie d'Espagne au Grand Hôtel. Malheureusement il n'y eut pas de réponse. Un après-midi qu'elle était avec les chiens à la Villa Borghèse, Miss Hall remarqua une dame élancée, vêtue de noir, qui allait et venait d'un pas rapide dans une allée écartée. Elle la reconnut aussitôt pour la dame qu'elle avait vue dans le jardin de San Michele, debout, immobile auprès du sphinx, ses beaux yeux tristes perdus au-dessus de la mer. En passant devant elle, la dame dit un mot à sa compagne et tendit la main pour caresser Gialla, la barzoï. Jugez de la consternation de Miss Hall, quand un policier s'approcha d'elle et lui dit de s'éloigner immédiatement avec les chiens – c'étaient S. A. I. l'impératrice d'Autriche et sa sœur, la comtesse Trani! Comment le docteur avait-il pu être assez cruel pour ne pas le lui dire cet été! Beaucoup plus tard seulement, elle apprit par un simple hasard qu'une semaine après la visite de la dame à San Michele, le docteur avait reçu de l'ambassade d'Autriche à Rome une offre d'achat, l'acheteur éventuel n'était pas moins que l'impératrice. Heureusement le docteur avait décliné l'offre, c'eût été vraiment pitié de vendre un endroit comme San Michele avec de pareilles occasions d'y rencontrer des altesses. N'avait-elle pas, l'été dernier pendant des semaines, observé à distance respectueusement une petite-fille de sa propre reine bien-aimée Victoria peignant sous la pergola? Une cousine du tsar n'y avait-elle pas demeuré tout un mois? N'avait-elle pas eu l'honneur de se tenir derrière la porte de la cuisine, pour voir passer l'impératrice Eugénie à une longueur de bras lors de sa première visite à San Michele? N'avait-elle pas, de ses oreilles, entendu S. A. I. dire au docteur qu'elle n'avait jamais vu ressemblance plus frappante avec Napoléon le Grand que la tête d'Auguste qu'il venait de déterrer dans son jardin! N'avait-elle pas entendu, quelques années plus tard, la voix de commandement du Kaiser en personne discourant devant sa suite sur les différentes antiquités et œuvres d'art, tandis qu'ils défilaient en compagnie du docteur qui ouvrait à peine la bouche. Près de l'endroit où elle se tenait cachée, derrière les cyprès, S. A. I. avait désigné un torse de femme, à moitié recouvert de lierre, et avait dit à sa suite que ce qu'ils voyaient là était digne d'une place d'honneur dans son musée à Berlin; à son avis cela pourrait être un chef-d'œuvre inconnu de Phidias lui-même. Miss Hall saisie d'horreur entendit le docteur dire que c'était la seule pièce à San Michele qui ne valût rien. Elle lui avait été imposée par un malade bien intentionné qui l'avait achetée à Naples, c'était du plus mauvais Canova. Au grand regret de Miss Hall la compagnie partit presque aussitôt s'embarquer sur leur aviso, le *Sleipner*, pour Naples.

A propos de l'impératrice d'Autriche, je dois vous dire que Miss Hall était commandeur de l'Ordre impérial de San Stefan. Cette haute distinction lui avait été conférée par moi, un jour où ma conscience devait être particulièrement troublée, comme une récompense de ses loyaux services envers moi-même et mes chiens. Pourquoi me l'avait-on conférée je n'ai jamais pu le comprendre. Miss Hall reçut cette décoration de mes mains en baissant la tête et les yeux pleins de larmes. Elle dit qu'elle l'emporterait avec elle dans la tombe. Je dis que je n'y voyais pas d'objection, elle était assurée d'aller au ciel de toute façon. Mais qu'elle la porterait avec elle à l'ambassade d'Angleterre je ne l'avais pas prévu. J'avais réussi à obtenir, de la bonté de Lord Dufferin, une invitation pour Miss Hall à la réception de l'ambassade en l'honneur de l'anniversaire de la reine ; toute la colonie anglaise de Rome avait été invitée excepté la pauvre Miss Hall. Grisée de joie à l'avance, Miss Hall demeura plusieurs jours invisible, tout entière à sa toilette. Jugez de ma consternation lorsqu'en la présentant à son ambassadeur je vis Lord Dufferin visser son monocle et contempler sans pouvoir dire un mot le sternum de Miss Hall. Heureusement, Lord Dufferin n'était pas Irlandais pour rien. Il se borna à me prendre à part en éclatant de rire, et à me faire promettre de tenir Miss Hall éloignée de la vue de son collègue autrichien. Comme nous rentrions en voiture, Miss Hall me dit que ç'avait été le jour le plus grandiose de sa vie. Lord Dufferin avait été on ne peut plus aimable, tout le monde lui avait fait des sourires, elle avait bien vu que sa toilette avait eu beaucoup de succès.

Oui, moquez-vous tant qu'il vous plaira de Miss Hall ! Mais j'aimerais savoir ce que deviendront toutes les altesses, quand il n'y aura plus de Miss Hall pour tenir un journal de leurs faits et gestes, pour les regarder, les genoux tremblants et la tête inclinée, se promener en voiture au Pincio et à la Villa Borghèse, pour prier avec eux dans l'église anglaise de Via Babuino ? Que deviendront leurs étoiles et leurs bouts de ruban, quand les hommes auront passé l'âge où l'on s'amuse avec des bêtises ? Pourquoi ne pas les offrir tous en bloc à Miss Hall et qu'on n'en parle plus jamais ! Il restera toujours la Victoria Cross. Tous nous levons notre chapeau au courage devant la Mort. Savez-vous pourquoi la V. C. est si rare dans l'armée anglaise ? Parce que la bravoure sous sa forme la plus haute, le « courage de la nuit [1] » de Napoléon, obtient rarement la V. C., et parce que le courage que la chance n'a pas secondé perd son sang jusqu'à la dernière goutte sans trouver sa récompense.

Après la V. C., la décoration anglaise la plus enviée est la Jarretière

1. *En français dans le texte.*

– ce serait pour l'Angleterre un jour néfaste qui verrait supprimer l'ordre.

« J'aime la Jarretière », disait Lord Melbourne, « parce qu'elle n'a rien à voir avec le sacré mérite. »

Mon ami le ministre de Suède à Rome me montra, il y a quelques jours à peine, la copie d'une lettre que je lui avais écrite voici bientôt vingt ans. Il me dit qu'il avait envoyé l'original au ministère des Affaires étrangères de Suède pour être lu et médité. C'était une réponse tardive à la requête officiellement répétée de la légation de Suède, que je devrais, au moins par décence, accuser réception avec remerciements de la médaille de Messine, que le gouvernement italien m'avait attribuée pour ce que j'étais censé avoir fait lors du tremblement de terre. Ma lettre était ainsi conçue :

« Excellence,

« En matière de décorations, le principe qui m'a toujours guidé jusqu'ici a été de n'accepter une décoration que lorsque je n'avais absolument rien fait pour la mériter. Un coup d'œil sur le Registre officiel vous permettra de constater le résultat remarquable de mon respect rigoureux de ce principe depuis nombre d'années. La méthode nouvelle proposée par la lettre de Votre Excellence : à savoir de rechercher une reconnaissance publique des légers services que j'ai tenté de rendre, me paraît une entreprise hasardeuse, de valeur pratique douteuse. Cela ne ferait que bouleverser ma philosophie et pourrait irriter les dieux immortels. Je me suis glissé sans être aperçu, hors des faubourgs de Naples infestés de choléra, j'entends me tirer de même des ruines de Messine. Je n'ai pas besoin d'une médaille commémorative pour me rappeler ce que j'ai vu. »

CHAPITRE XXV

MESSINE

En vérité je dois confesser que cette lettre n'est qu'une blague. Le ministre de Suède n'a jamais renvoyé ma médaille de Messine au gouvernement italien, je l'ai dans un tiroir quelque part, ma conscience est restée pure et ma philosophie n'est pas plus bouleversée qu'avant. Au fait il n'y avait aucune raison pour moi de refuser cette médaille; ce que j'avais fait à Messine était bien peu de chose à côté de ce que je vis faire à des centaines de gens inconnus, et oubliés, au risque de leur vie. Moi-même je ne courus jamais de risque sauf de mourir de faim et par ma propre stupidité. Il est vrai que je ramenai à la vie pas mal de gens à demi asphyxiés, au moyen de la respiration artificielle, mais il y a peu de médecins, d'infirmières ou de gardes-côtes qui n'en aient fait autant, pour rien.

Je sais que j'ai retiré à moi tout seul une vieille femme de ce qui avait été sa cuisine, mais je sais aussi que je l'abandonnai dans la rue, criant au secours, les deux jambes brisées. Il n'y avait vraiment rien d'autre à faire, jusqu'à l'arrivée du premier navire hôpital, impossible de se procurer du matériel de pansement ou des remèdes. Il y eut aussi le bébé tout nu que j'avais trouvé un soir dans une cour, je l'emportai dans ma cave où il dormit paisiblement toute la nuit, serré sous mon manteau et suçant de temps en temps son pouce dans son sommeil. Au matin je le portai aux sœurs de Santa Teresa dans ce qui restait de leur chapelle, où déjà plus d'une douzaine de bébés étaient couchés par terre, hurlant de faim, car pendant toute une semaine on ne put trouver une goutte de lait à Messine. Je me suis toujours émerveillé du nombre de nourrissons qu'on ramassa sains et saufs dans les ruines ou qu'on trouva dans les rues, il semblait presque que le Tout-Puissant eût eu pour eux un peu plus de pitié que pour les grands. L'aqueduc ayant été rompu il n'y avait pas d'eau non plus, sauf dans quelques puits puants, souillés par les milliers de cadavres en putréfaction répandus dans toute la ville. Ni pain ni viande, presque pas de macaroni, ni légumes ni poisson, la plupart des barques de pêche ayant été englouties ou fracassées par le raz de marée qui avait balayé la plage, emportant plus de mille personnes, serrées les unes contre les autres, se croyant en sûreté. Des centaines de corps furent rejetés sur le sable où ils restèrent pendant des jours à pourrir au soleil. Le plus gros requin que j'aie jamais vu — le détroit de Messine en est rempli — fut également jeté sur le sable encore vivant. Je surveillai son dépeçage avec des yeux affamés dans l'espoir moi aussi d'en attraper une tranche. On m'avait toujours dit que la chair du requin était excellente. Il y avait dans son ventre une jambe de femme tout entière, en bas de laine rouge et grosse chaussure, comme amputée par le bistouri d'un chirurgien. Il est fort possible que d'autres que des requins aient goûté à de la chair humaine pendant ces journées – mais n'insistons pas. Naturellement les milliers de chiens et de chats errants ne vivaient que là-dessus, jusqu'au moment où ils étaient pris et dévorés par les vivants quand c'était possible. Moi-même ai rôti un chat sur ma lampe à alcool. Heureusement il y avait beaucoup d'oranges, de citrons et de mandarines à voler dans les jardins. Le vin abondait, le pillage des milliers de caves et de magasins de vin commença dès le premier jour, presque tout le monde vers le soir était un peu saoul... moi aussi; c'était une vraie bénédiction qui dissipait la sensation épuisante de la faim et bien peu auraient osé s'endormir s'ils n'avaient point bu. Des secousses se produisaient presque toutes les nuits, suivies du fracas de maisons écroulées et de nouveaux cris de terreur des gens dans la rue. Tout compte fait, je dormis assez bien à Messine malgré l'ennui d'avoir à changer sans cesse de quartier de nuit. Sans doute les caves étaient l'endroit le plus sûr pour dormir, si l'on pouvait surmonter la crainte obsédante d'y être enfermé comme un rat par un mur écroulé. Il valait encore mieux dormir sous un arbre dans une orangerie, mais après deux jours de pluie torrentielle, les nuits étaient devenues trop fraîches pour un homme dont tout l'équipement tenait dans un havresac. J'essayai de me consoler de la perte de ma cape écossaise bien-aimée par la pensée que, sans doute, elle couvrait des haillons pires que les miens. Pourtant je ne les aurais pas échangés pour de meilleurs, même si je l'avais pu. Seul un homme très courageux se serait senti à l'aise dans un costume convenable, au milieu de tous ces gens dans leurs chemises de nuit, comme on les avait sauvés, fous de terreur, de faim et de froid – d'ailleurs il ne l'aurait pas gardé longtemps. Que les vivants et les morts fussent volés, qu'il y eût des attaques et même des meurtres avant l'arrivée de la troupe et la proclamation de la loi martiale, il ne faut pas s'en étonner. Je ne connais pas de pays où cela ne serait point arrivé dans des circonstances pareilles, indescriptibles. Pour aggraver les choses, l'ironie du sort voulut que, sur les huit cents gendarmes du Collegio Militari, quatorze seulement purent s'échapper vivants tandis que la première secousse ouvrait les cachots de la prison des Capuccini à quatre cents professionnels du vol et de l'assassinat, indemnes. Que ce gibier de potence, après avoir pillé les magasins de vêtements et les armuriers, s'en soit donné à cœur joie parmi les restes de la riche cité n'est pas surprenant. Ils éventrèrent même le coffre-fort de la Banco di Napoli après avoir assassiné deux gardiens de nuit. Cependant l'épouvante était telle chez tous, que beaucoup de ces bandits préférèrent se rendre pour être enfermés dans la coque d'un vapeur au port, plutôt que de rester dans la ville condamnée, malgré les occasions uniques qui s'offraient à eux. Quant à moi je ne fus jamais molesté par personne, au contraire tout le monde fut pour moi d'une bonté et d'une aide touchantes comme pour l'un des leurs. Ceux qui avaient mis la main sur quelque vêtement ou quelque nourriture étaient toujours heureux de le partager avec ceux qui ne possédaient rien. Un voleur à l'étalage, inconnu, m'offrit même une élégante douillette de dame, un des cadeaux que j'aie reçus avec le plus de reconnaissance. Un soir que je passais près des ruines d'un palazzo, je remarquai un homme bien vêtu qui jetait des bouts de pain et un paquet de carottes à deux chevaux et à un petit âne emprisonnés dans leur écurie souterraine, j'apercevais tout juste les bêtes condamnées à travers une étroite fissure dans le mur. Il me dit qu'il venait là deux fois par jour avec les quelques bribes de nourriture qu'il pouvait trouver. La vue de ces malheureuses bêtes mourant de faim et de soif lui était si pénible qu'il aurait préféré les tuer à coups de revolver s'il en avait eu seulement le courage, mais il n'avait jamais eu le courage de tuer un animal, pas même une caille [1]. Je regardai avec étonnement son beau visage intelligent, plutôt sympathique, et lui demandai s'il était Sicilien. Il dit que non, mais qu'il habitait la Sicile depuis plusieurs années. Il se mit à pleuvoir fort et nous nous éloignâmes. Il me demanda où 'habitais et je répondis : n'importe où; il regarda mes vêtements

---

1. *Sans doute les amis des bêtes apprendront avec plaisir que les deux chevaux et le petit âne furent retirés vivants dix-sept jours après le séisme et se rétablirent.*

trempés et offrit de m'héberger pour la nuit, il vivait tout près avec deux amis. Nous nous frayâmes un chemin au milieu de blocs énormes de maçonnerie et d'amoncellements de meubles de toutes sortes, descendîmes un escalier et nous trouvâmes dans une grande cuisine souterraine, faiblement éclairée par une lampe à huile, sous une gravure coloriée de la Madonna fixée au mur. Il y avait trois matelas par terre, Signor Amedeo m'invita à dormir sur le sien, lui et ses deux amis seraient absents toute la nuit à la recherche d'objets sous les débris de leurs maisons. J'eus un excellent souper, le deuxième repas convenable depuis mon arrivée à Messine. J'avais eu le premier deux jours avant, lorsque j'étais tombé à l'improviste sur un joyeux déjeuner dans le jardin du consulat d'Amérique, présidé par mon vieil ami Winthrop Chanler qui était arrivé le matin même sur son yacht bondé de provisions pour la ville affamée. Je dormis à poings fermés toute la nuit sur le matelas de Signor Amedeo pour ne m'éveiller qu'au matin, lors du retour heureux de mon hôte et de ses deux amis de leur périlleuse expédition nocturne – périlleuse assurément, car je savais que la troupe avait ordre de tirer à vue sur quiconque tenterait d'emporter quoi que ce fût, même des décombres de sa propre maison. Ils lancèrent leurs ballots sous la table, se jetèrent eux-mêmes sur les matelas et étaient endormis profondément quand je partis. Bien qu'il parût mort de fatigue, mon bon hôte n'oublia pas de me dire qu'il aurait plaisir à m'avoir chez lui autant que je voudrais, et naturellement je ne demandais pas mieux. Le lendemain soir je soupai encore avec Signor Amedeo, ses deux amis dormaient déjà profondément sur leurs matelas, tous trois devaient encore partir après minuit pour le travail nocturne. D'homme meilleur que mon hôte je n'en avais jamais vu. Quand il sut que j'étais sans argent, il m'offrit de me prêter cinq cents lires, j'avoue à regret que je les lui dois encore Je ne pus m'empêcher de lui exprimer ma surprise de le voir disposé à prêter son argent à un étranger dont il ne savait rien. Il me répondit avec un sourire que je ne serais pas assis auprès de lui s'il n'avait pas confiance en moi.

Le lendemain après-midi vers le tard, comme je me traînais à quatre pattes parmi les décombres de l'Hôtel Trinacria à la recherche du corps du consul de Suède, je me trouvai brusquement nez à nez avec un soldat qui me tenait en joue avec son fusil. Je fus arrêté et conduit au poste de police le plus proche. Après avoir surmonté la difficulté première de situer mon pays mal connu, et avoir passé au crible mon permis visé par le préfet, l'officier de service me relâcha, mon seul *corpus delicti* étant un registre à demi carbonisé du consulat de Suède. Je quittai le poste assez mal à l'aise, car j'avais remarqué une certaine méfiance dans le regard de l'officier quand je lui avais dit que je ne pouvais pas lui donner mon adresse exacte, je ne savais même pas le nom de la rue où demeurait mon bon hôte. Il faisait déjà tout à fait noir, bientôt je me mis à courir car il me semblait entendre derrière moi des pas pesants comme si quelqu'un me suivait, mais j'atteignis mes quartiers de nuit sans autres aventures. Signor Amedeo et ses deux amis dormaient déjà sur leurs matelas. Affamé comme toujours, je m'assis pour manger la soupe que mon bon hôte m'avait laissée sur la table. J'avais l'intention de me tenir éveillé jusqu'au moment où ils seraient prêts à partir et d'offrir à Signor Amedeo de l'aider cette nuit-là dans la recherche de ses biens. J'étais en train de me dire que c'était le moins que je pusse faire en reconnaissance de sa bonté pour moi, lorsque j'entendis soudain un coup de sifflet strident et un bruit de pas. Quelqu'un descendait l'escalier. En un clin d'œil les trois hommes endormis sur leurs matelas bondirent sur pied. J'entendis une détonation, un carabinier dégringola l'escalier et tomba de tout son long à mes pieds sur le sol. Tandis que je me penchais sur lui pour voir s'il était mort, je vis distinctement Signor Amedeo qui me visait avec son revolver. Au même instant la pièce fut envahie par des soldats, j'entendis une seconde détonation; après une lutte désespérée les trois hommes furent maîtrisés. En passant devant moi, menotté, une corde solide autour des bras et des jambes, mon hôte leva la tête et me lança un regard terrible, étincelant de haine et de reproche qui glaça mon sang dans mes veines. Une demi-heure plus tard j'étais de retour au même poste de police où je fus enfermé pour la nuit. Au matin, je fus interrogé de nouveau par le même officier à l'intelligence et à la bonté de qui je suis redevable sans doute de la vie. Il me dit que les trois individus étaient des prisonniers condamnés à perpétuité, évadés de la prison voisine des Capuccini, tous « peri-colosissimi [1] ». Amedeo était un bandit fameux, qui pendant des années avait terrorisé le pays autour de Girgenti et avait à son actif huit meurtres. C'était lui aussi, avec sa bande, qui avait pénétré par effraction dans la Banco di Napoli et y avait assassiné le veilleur la nuit précédente, tandis que je dormais à poings fermés sur son matelas. Les trois hommes venaient d'être fusillés à l'aube. Ils avaient demandé un prêtre, avaient confessé leurs crimes et étaient morts en braves. L'officier de police dit qu'il tenait à me féliciter pour le rôle important que j'avais joué dans leur capture. Je le

1. *Des plus dangereux.*

regardai en face et dis que je n'étais pas fier de mon exploit. Je m'étais rendu compte, depuis longtemps, que je n'étais point fait pour jouer le rôle d'accusateur et encore moins celui d'exécuteur. Ce n'était pas mon travail, peut-être était-ce le sien, peut-être ne l'était-ce pas. Dieu savait frapper quand Il voulait, Il savait prendre une vie aussi bien que la donner.

Malheureusement pour moi, mon aventure parvint aux oreilles de quelques correspondants de journaux qui rôdaient autour de la zone militaire – aucun correspondant de journal ne pouvait entrer ces jours-là dans la ville et à juste titre – en quête de nouvelles à sensation, les plus invraisemblables étant les meilleures; et sûrement cette histoire paraîtrait suffisamment invraisemblable à ceux qui n'étaient pas à Messine durant la semaine qui suivit le tremblement de terre. Seule, une mutilation heureuse de mon nom me sauva de la célébrité, mais, quand je fus averti par ceux qui connaissaient le bras long de la Maffia qu'elle ne me sauverait pas de l'assassinat si je restais à Messine, je m'embarquai dès le lendemain avec des garde-côtes et traversai le détroit vers Reggio.

Reggio même, où vingt mille personnes avaient été tuées d'un seul coup par la première secousse, était indescriptible et inoubliable. Plus terrifiante encore était la vue des petites villes de la côte, disséminées parmi les orangeraies, Scilla, Canitello, Villa S. Giovanni, Gallico, Archi, S. Gregorio, jadis peut-être la plus belle terre de l'Italie, aujourd'hui cimetière immense de plus de trente mille morts et de milliers de blessés couchés au milieu des ruines depuis deux nuits de pluie torrentielle suivies d'une tramontana glaciale, sans aucun secours, et de milliers d'êtres à demi nus, courant par les rues comme des fous, hurlant de faim. Plus au sud l'intensité de la convulsion sismique semblait avoir atteint son apogée. A Pellaro, par exemple, où peut-être deux cents habitants sur cinq mille se sauvèrent, je ne pus même découvrir où avaient été les rues. L'église, bondée de gens terrifiés, s'écroula à sa seconde secousse les écrasant tous. Le cimetière était jonché de cercueils brisés, littéralement projetés hors de leurs fosses; j'avais déjà vu ce spectacle macabre dans le cimetière de Messine. Sur le monceau de ruines qui fut l'église une douzaine de femmes assises grelottaient dans leurs haillons. Elles ne pleuraient pas, elles ne parlaient pas, elles restaient assises là immobiles, la tête penchée, les yeux mi-clos. De temps en temps l'une levait la tête et tournait un œil vague vers un vieux prêtre miteux qui près de là gesticulait violemment au milieu d'un groupe d'hommes. De temps en temps, il levait le poing avec un horrible juron dans la direction de Messine au-delà des eaux,

Messine la ville de Satan, Sodome et Gomorrhe réunies, cause de tous leurs malheurs. N'avait-il pas toujours prophétisé que la ville finirait par?... Une série de gestes trépidants et ondulatoires des mains dans l'espace ne laissaient aucun doute sur la nature de sa prophétie. « Castigo di Dio! Castigo di Dio! »

Je donnai à ma voisine, avec un bébé sur les genoux, un petit pain sec de mon havresac. Elle le saisit sans un mot, me tendit aussitôt une orange de sa poche, coupa avec les dents un morceau de pain pour le mettre dans la bouche d'une femme derrière elle sur le point d'être mère et se mit à dévorer le reste voracement comme une bête affamée. Elle me dit d'une voix basse et monotone comment, son bébé au sein, elle s'était sauvée sans savoir comment lorsque la maison s'était écroulée à la première « staccata »[1], comment elle avait travaillé jusqu'au jour suivant pour tirer ses deux autres enfants et leur père des décombres, elle avait entendu leurs gémissements jusqu'au plein jour. Puis vint une nouvelle « staccata » et tout fut silence. Elle avait une vilaine coupure en travers du front mais sa « creatura », le nom touchant qu'ici les mères donnent à leurs nourrissons, était saine et sauve, « grazie a Dio ».

Tout en parlant elle donna le sein au nourrisson, magnifique petit garçon entièrement nu, fort comme Hercule enfant et de toute évidence nullement éprouvé par les événements. Dans un panier près d'elle dormait un autre bébé sous quelques brins de paille pourrie; elle l'avait ramassé dans la rue, personne ne savait à qui il était. Quand je me levai pour partir, le bébé qui n'avait plus de mère commença à s'agiter, elle l'enleva vivement du panier et lui donna son autre sein. Je regardai l'humble paysanne calabraise aux membres puissants, à la poitrine large, avec les deux superbes bébés suçant vigoureusement ses seins et brusquement je me rappelai son nom. Elle était la Demeter de la Magna Græcia où elle était née, la Magna Mater des Romains. Elle était Mère Nature; de sa large poitrine continuait de couler le fleuve de vie sur les tombes des cent mille morts; ô Mort, où est Ton dard? ô Tombe, où est Ta victoire?

[1]. *Secousse.*

CHAPITRE XXVI

FIN DE LA SAISON ROMAINE

Revenons à Miss Hall. Avec toutes ces altesses sur les bras il lui devenait de plus en plus difficile de contrôler les allées et venues de mes clientes. Mon espoir d'en avoir fini avec toutes ces névrosées en quittant Paris ne s'était pas réalisé, mon cabinet de consultation de la Piazza di Spagna en regorgeait. Quelques-unes étaient de vieilles connaissances redoutées de l'avenue de Villiers, d'autres de plus en plus nombreuses m'avaient été jetées à la tête par divers neurologues à bout de force et en état de légitime défense. Les dames de tout âge, désemparées et désaxées, que le Prof. Weir Mitchell à lui seul me transmettait à la douzaine, auraient suffi à éprouver le cerveau et la patience de tout homme. Le Prof. Kraft Ebing de Vienne, l'auteur bien connu de « Psychopathia Sexualis, » ne cessait lui aussi de m'envoyer des malades des deux sexes et sans sexe, plus difficiles à manier les uns que les autres, surtout les femmes. Beaucoup de ces malades étaient des cas mal définis et tangents, plus ou moins irresponsables de leurs actes. Quelques-uns n'étaient que des fous déguisés, capables de tout. Il est facile d'être patient avec les fous, j'avoue une secrète sympathie pour eux. Avec un peu de bonté on arrive à s'entendre le plus souvent avec la plupart d'entre eux. Mais il n'est pas facile d'être patient avec des femmes hystériques et quant à être bon avec elles, il vaut mieux réfléchir à deux fois pour ne pas l'être trop, elles ne demandent que ça. D'ordinaire vous ne pouvez pas grand-chose pour ces malades, tout au moins en dehors de l'hôpital. Vous pouvez engourdir leurs centres nerveux par des sédatifs mais vous ne pouvez pas les guérir. Elles demeurent ce qu'elles sont, un déroutant composé de désordres mentaux et physiques, une peste pour elles-mêmes et leurs familles, une malédiction et un danger pour leurs médecins. Le traitement par l'hypnotisme, si efficace dans bien des troubles mentaux incurables auparavant, est souvent contre-indiqué dans le traitement de l'hystérie de la femme à tout âge; l'hystérie n'a pas de limite d'âge. En tout cas il devrait être borné à « la suggestion à l'état de veille » de Charcot. D'autre part il est inutile car ces femmes sans défense sont en tout cas déjà trop désireuses d'être influencées par leur médecin, de compter sur lui à l'excès, de s'imaginer qu'il est le seul à pouvoir les comprendre, de le vénérer comme un héros. Tôt ou tard apparaissent les photographies; rien à faire, « il faut passer par là »[1], disait Charcot avec son sourire grave. Depuis toujours j'ai détesté les photographies, personnellement je ne me suis jamais prêté à être photographié depuis l'âge de seize ans, sauf pour les inévitables instantanés pour mon passeport quand je servis dans la Croix-Rouge anglaise pendant la guerre. Je n'ai jamais pris aucun intérêt même aux photographies de mes amis, je puis à mon gré reproduire leurs traits sans retouches sur ma rétine avec bien plus de fidélité que le meilleur des photographes. Pour celui qui étudie la psychologie une photographie courante d'un visage humain est de mince valeur. Mais la vieille Anna s'intéressait prodigieusement aux photographies. Depuis le jour mémorable où, la plus modeste des vendeuses de fleurs de la Piazza di Spagna, elle fut promue à ouvrir la porte de la maison de Keats, Anna devint une ardente collectionneuse de photographies. Souvent, lorsque je l'avais secouée un peu trop rudement pour une de ses nombreuses gaffes, je dépêchais la colombe de paix une photo dans le bec à la petite cave d'Anna sous l'escalier de Trinità dei Monti.

Quand enfin épuisé par l'insomnie, je quittai pour de bon la maison de Keats, Anna s'empara de tout un tiroir de ma table à écrire rempli de photos de toutes grandeurs et de toutes sortes. Pour dire la vérité, je dois avouer que j'étais content de m'en débarrasser. Anna est tout à fait innocente, je suis le seul coupable. Pendant un court séjour à Londres et à Paris le printemps suivant, je fus frappé de la réserve, pour ne pas dire de la froideur, de plusieurs de mes anciens malades et de leurs familles. En traversant Rome à mon retour à Capri j'eus juste le temps de dîner à la légation de Suède. Je trouvai que le ministre était plutôt boudeur, même ma charmante hôtesse fut particulièrement silencieuse. Comme je partais pour la gare prendre le train de nuit pour Naples, mon vieil ami me dit qu'il était grand temps pour moi de retourner à San Michele passer mes derniers jours parmi mes chiens et mes singes;

1. *En français dans le texte.*

j'étais indigne de toute autre compagnie, je m'étais surpassé moi-même de la façon dont j'avais quitté la maison de Keats. D'une voix furibonde il continua en me racontant que, le soir de Noël, il passait par la Paziza di Spagna encombrée de touristes comme d'habitude ce jour-là ; il était tombé sur Anna, sur le pas de la porte de la maison de Keats devant une table couverte de photographies, interpellant les passants d'une voix aiguë :

– « Venite a vedere questa bellissima signora coi capelli ricci, ultimo prezzo due lire! »

« Guardate la Signora americana, guardate che collana di perle, guardate que orecchini con brillanti, ve la do per due cinquanta, una vera combinazione! »

« Non vi fate scappare questa nobile marchesa, tutta in pelliccia! »

« Guardate questa duchessa, tutta scollata, in veste di ballo e con la corona in testa, quattro lire, un vero regalo! »

« Ecco la Signora Bocca Aperta, prezzo ridotto una lira e mezzo! »

« Ecco la Signora Mezza Pazza, rideva sempre, ultimo prezzo una lira! »

« Ecco la Signora Capa Rossa che puzzava sempre di liquore, una lira e mezzo. »

« Ecco la signorina dell'Albergo di Europa che era impazzita per il Signor Dottore, due lire e mezzo. »

« Vedete la Signora Francese que portava via il porta sigarette sotto il mantello, povera signora, non era colpa sua, non aveva la testa apposto, prezzo ristretto una lira. »

« Ecco la Signora Russa que volera ammazzare la civetta, due lire, ne anche un soldo di meno. »

« Ecco la Baronessa mezzo uomo mezza donna, mamma mia, non si capisce niente; il signor Dottore diceva que era nata cosi, due lire venti cinque, una vera occasione. »

« Ecco la Contessina Bionda che il Signor Dottore voleva tanto bene, guardate com'e carina, non meno di ter lire! »

« Ecco la... »

Au milieu de toutes ces dames trônait sa propre photographie, grand format, tenue de gala, décorations, bicorne et, dans l'angle : A. M. de la part de son vieil ami C. B. Anna déclara qu'elle voulait bien s'en défaire au prix réduit de une lire car elle se spécialisait surtout dans les photos de dames. La légation avait reçu des monceaux de lettres de mes anciennes malades, de leurs pères, de leurs maris, de leurs amoureux, pleines de protestations indignées contre ce scandale. Un Français fou de rage, qui durant sa lune de miel à Rome avait découvert une grande photo de son épouse dans la vitrine d'un barbier Via Croce, y était venu demander mon adresse, il allait me provoquer en duel au pistolet à la frontière. Le ministre souhaitait que le Français fût un tireur émérite, d'ailleurs il avait toujours prédit que je ne mourrais pas de mort naturelle.

La vieille Anna vend toujours des fleurs Piazza di Spagna, vous feriez bien de lui acheter un bouquet de violettes à moins que vous ne préfériez lui donner votre photographie. Les temps sont durs, la vieille Anna a une cataracte double.

Autant que je sache il n'est pas de moyen de se débarrasser de ces malades-là, je serais reconnaissant de toute suggestion à ce sujet. Écrire à leur famille de venir et de les ramener est inutile. Tous leurs parents en sont excédés depuis longtemps et n'hésiteraient devant aucun sacrifice pour les faire demeurer auprès de vous. Je me rappelle fort bien un petit homme d'aspect déprimé qui entra dans mon cabinet un jour, après le départ de mes autres malades. Il se laissa tomber sur une chaise et me tendit sa carte. Son nom m'était odieux. Mr. Charles W. Washington Longfellow Perkins, Junior. Il s'excusa de n'avoir pas répondu à mes deux lettres et à mon câble, il avait préféré venir en personne me supplier une dernière fois. Je renouvelai ma demande, je dis qu'il n'était pas juste de m'imposer à moi seul le fardeau de Mrs. Perkins Junior, je n'en pouvais plus. « Moi non plus », dit-il. Il était un homme d'affaires et désirait traiter la chose comme une affaire. Il était disposé à sacrifier la moitié de son revenu annuel, payable d'avance. Je lui répondis que ce n'était pas une question d'argent, j'avais besoin de repos. Savait-il que depuis plus de trois mois elle me bombardait de lettres à une moyenne de trois par jour et que le soir je devais couper mon téléphone ? Savait-il qu'elle avait acheté les meilleurs trotteurs de Rome, pour me suivre par toute la ville ? Que j'avais dû abandonner mes promenades du soir au Pincio ? Savait-il qu'elle avait loué un étage dans la maison à l'angle opposé, Via Condotti, pour surveiller avec une puissante lunette les dames qui entraient ou sortaient de chez moi ?

Oui, c'était une excellente lunette. Le Dr Jenkins de St-Louis avait dû déménager à cause de cette lunette.

Savait-il que j'avais été appelé trois fois, la nuit, au Grand Hôtel pour vider son estomac d'un excès de laudanum ? Il dit qu'elle employait toujours le véronal avec le Dr Lippincott, il me conseilla d'attendre le matin la prochaine fois qu'elle m'appellerait, elle faisait toujours très attention à la dose.

Y avait-il une rivière dans la ville ? Oui, nous l'appelons le Tibre.

Le mois dernier elle s'y était jetée du Ponte Sant'Angelo, un agent avait sauté derrière elle et l'avait repêchée.

Il dit que ce n'était pas nécessaire; elle était une nageuse remarquable; elle s'était maintenue à flot plus d'une demi-heure à Newport. Il s'étonna d'apprendre que sa femme était toujours au Grand Hôtel, d'ordinaire elle ne restait jamais nulle part plus d'une semaine.

Je lui dis que c'était sa dernière ressource, elle avait déjà été dans tous les hôtels à Rome. Le directeur venait de me prévenir qu'il était impossible de la garder plus longtemps. Elle se disputait avec tous les garçons et toutes les femmes de chambre du matin au soir et déplaçait les meubles de son salon toute la nuit.

Ne pourrait-il lui supprimer son allocation? Son salut serait d'avoir à gagner sa vie en travaillant dur.

Elle avait dix mille dollars par an en propre et autant de son premier mari qui s'en était tiré à bon compte.

Ne pouvait-il pas la faire enfermer en Amérique? Il l'avait tenté en vain, on ne la considérait pas assez folle, il aimerait bien savoir ce qu'on voudrait qu'elle fît de plus. Ne pourrais-je pas la faire enfermer en Italie?

Je craignais que non.

Nous nous regardâmes avec une sympathie grandissante.

Il me dit que d'après les statistiques du Dr Jenkins, elle n'avait jamais été amoureuse d'un docteur plus d'un mois, la moyenne était quinze jours, en tout cas j'aurais bientôt fini mon temps, n'aurais-je pas pitié de lui et ne tiendrais-je pas jusqu'au printemps?

Hélas! les statistiques du Dr Jenkins se révélèrent fausses, elle demeura mon plus grand tortionnaire durant tout mon séjour à Rome. Elle envahit Capri en été. Elle voulut se noyer dans la Grotte bleue. Elle escalada le mur du jardin de San Michele. Dans mon exaspération je faillis la jeter dans le précipice. Je crois presque que je l'aurais fait si, avant de nous séparer, son mari ne m'avait averti qu'une chute de mille pieds ne compterait pas pour elle.

J'avais de bonnes raisons pour le croire; deux mois plus tôt à peine, une jeune fille allemande à demi folle avait sauté le mur célèbre du Pincio et s'en était tirée avec une cheville brisée. Après qu'elle eut épuisé tous les docteurs allemands établis à Rome, j'étais devenu sa proie. C'était un cas particulièrement ardu car Fraulein Klara avait une incroyable facilité pour écrire des poésies, son débit lyrique atteignait dix pages par jour en moyenne, toutes à mon encontre. Je tins bon tout un hiver. Quand vint le printemps – ces cas empirent tous au printemps – je dis à son imbécile de mère que si elle ne retournait pas avec Fraulein Klara là d'où elles étaient venues, je n'hésiterais devant rien pour la faire enfermer. Elles devaient partir au matin pour l'Allemagne. Dans la nuit je fus réveillé par l'arrivée des pompiers Piazza di Spagna. Le premier étage de l'Hôtel de l'Europe à côté de chez moi était en feu. Fraulein Klara, en chemise, passa le reste de la nuit dans mon salon à écrire des poésies, très exaltée. Elle avait obtenu ce qu'elle voulait. Elles durent rester une semaine entière à Rome pour l'enquête de la police et le règlement des dégâts, le feu ayant pris dans leur salon. Fraulein Klara avait trempé un torchon dans du pétrole, l'avait jeté dans le piano et y avait mis le feu.

Un jour, comme je sortais, je fus arrêté sur ma porte par une jeune Américaine à la mine florissante, l'image même de la santé; rien de détraqué dans les nerfs cette fois, Dieu merci! Je lui dis qu'elle paraissait pouvoir remettre la consultation au lendemain, j'étais pressé. Elle me dit qu'elle l'était aussi; elle était venue à Rome voir le pape et le docteur Munthe qui avait empêché tante Sally de faire des bêtises pendant toute une année, ce qu'aucun autre docteur n'avait pu réussir. Je lui offris une très jolie reproduction en couleur de la Primavera de Botticelli pour qu'elle consentît à ramener sa tante en Amérique; elle me répondit ne pas vouloir s'en occuper même si je lui offrais l'original. On ne pouvait pas se fier à la tante. J'ignore si la Keats Society, qui acheta la maison quand je la quittai, a mis des portes neuves à la chambre où mourut Keats et où j'aurais pu mourir moi-même si mon heure avait sonné. Si la vieille porte est encore là, il y a également un petit trou de balle dans l'angle gauche à peu près à la hauteur de ma tête, rempli de stuc et recouvert par moi de peinture.

Une autre habituée de mon cabinet était une dame à l'air timide d'ailleurs fort bien élevée, qui un jour avec un gracieux sourire enfonça une longue épingle à chapeau dans la jambe d'un monsieur anglais assis à côté d'elle sur le canapé. La troupe comprenait encore deux kleptomanes, qui avaient l'habitude d'emporter sous leurs manteaux tous les objets qu'elles pouvaient atteindre, à la consternation de mes domestiques. Quelques-unes de mes malades ne pouvaient absolument être admises dans mon salon d'attente; il fallait les installer dans la bibliothèque ou dans la salle à manger sous l'œil vigilant d'Anna, étonnamment patiente avec elles, bien plus que moi. Pour gagner du temps, certaines étaient admises dans ma salle à manger, pour me raconter leurs malheurs pendant que je déjeunais. Elle donnait sur une petite cour, sous l'escalier de Trinità dei Monti, transformée par moi en une sorte d'infirmerie et de maison de convalescence pour mes divers animaux. Parmi eux il y avait un amour de petite chouette qui descendait directement de la chouette de Minerve. Je l'avais trouvée dans la Campagna avec une aile cassée, à moitié morte de faim. Son aile guérit; je l'avais rapportée deux fois où je l'avais trouvée et mise en liberté; deux fois elle était revenue à ma voiture en volant, se percher sur mon épaule, elle ne voulait pas entendre parler de se séparer de moi. Depuis lors la petite chouette, assise sur son perchoir dans un coin de la salle à manger, me regardait tendrement de ses yeux d'or. Elle avait même renoncé à dormir le jour afin de ne pas me perdre de vue. Lorsque je caressais sa douce petite personne elle fermait à demi les yeux de bonheur et mordillait doucement mes lèvres avec son petit bec tranchant, un baiser, un baiser de chouette.

Parmi les malades admis dans la salle à manger, il y avait une jeune dame russe très prompte à s'énerver qui me donnait beaucoup de mal. Le croiriez-vous? Cette dame devint si jalouse de la chouette, elle lançait à la petite bestiole des regards si féroces, que je dus donner à Anna la consigne sévère de ne jamais les laisser seules toutes les deux dans la pièce. Un jour je rentrais déjeuner, Anna me dit que la dame russe venait d'apporter une souris morte enveloppée dans du papier. Elle l'avait attrapée dans sa chambre et était persuadée que la chouette l'apprécierait pour son déjeuner. La chouette vit clair; ayant détaché la tête d'un coup de bec, à la mode chouette, elle refusa de la manger. Je la portai chez le pharmacien anglais, elle contenait de l'arsenic de quoi tuer un chat.

Pour régaler Giovannina et Rosina, j'avais invité leur vieux père à venir à Rome passer les fêtes de Pâques avec nous. Le vieux Pacciale était depuis des années pour moi un ami intime. Dans sa jeunesse il avait été pêcheur de corail comme la plupart des hommes de Capri à cette époque. Après toutes sortes de vicissitudes, il était devenu le fossoyeur attitré d'Anacapri; métier commode dans un pays où les gens ne meurent jamais tant qu'ils évitent le médecin. Même après que je l'eus installé à San Michele avec ses enfants, il ne voulut pas admettre de renoncer à son métier de fossoyeur. Il éprouvait un plaisir étrange à manipuler les morts; c'était vraiment pour lui une joie de les mettre en terre.

Le vieux Pacciale arriva le Jeudi saint dans un état d'ahurissement complet. Il n'avait encore jamais voyagé par le chemin de fer, n'avait jamais vu de ville, ne s'était jamais assis dans une voiture.

Il lui fallait se lever tous les matins à trois heures pour aller se laver les mains et la figure sur la Piazza dans la fontaine de Bernini sous ma fenêtre. Quand Miss Hall et ses enfants l'eurent mené baiser le pied de bronze de St Pierre et escalader la Scala Santa, que son collègue Giovanni, du cimetière protestant, lui eut fait visiter les différents cimetières de Rome, il dit qu'il ne voulait pas en voir davantage. Il passait le reste du temps assis devant la fenêtre qui donnait sur la Piazza, coiffé de son long bonnet de pêcheur phrygien qui ne quittait jamais sa tête. Il disait que c'était la plus belle vue de Rome, rien ne pouvait surpasser la Piazza di Spagna. Je pensais comme lui quant à ça. Je lui demandai pourquoi il préférait la Piazza di Spagna à tout. « Parce qu'il y a toujours des enterrements qui passent », m'expliqua le vieux Pacciale.

CHAPITRE XXVII

ÉTÉ

Le printemps était venu et parti, l'été romain approchait. Les derniers étrangers disparaissaient des rues étouffantes. Les déesses de marbre dans leurs musées vides jouissaient de leurs vacances, au frais et à l'aise avec leurs feuilles de vigne. St Pierre faisait la sieste sous l'ombre des jardins du Vatican. Le Forum et le Colisée s'abîmaient dans leurs rêves hantés de souvenirs. Giovannina et Rosina avaient l'air pâles et fatiguées, les roses du chapeau de Miss Hall pendaient épuisées. Mes chiens haletaient, mes singes sous l'escalier de Trinità dei Monti réclamaient à grands cris un changement d'air et de paysage. Mon joli petit cutter dansait sur son ancre à Porto d'Anzio, attendant le signal de hisser les voiles vers San Michele où Mastro Nicola et ses trois fils scrutaient l'horizon du haut du parapet de la chapelle pour mon retour. Ma dernière visite avant de quitter Rome fut pour le cimetière protestant près de la Porta San Paolo. Les rossignols chantaient encore pour les morts qui ne semblaient pas se soucier d'être oubliés dans un lieu si doux, si parfumé de lis, de roses et de myrte tout en fleur. Les huit enfants de Giovanni avaient tous la malaria; il y avait beaucoup de malaria dans la banlieue de Rome à cette époque, quoi qu'en dît Baedeker. La fille aînée, Maria, était tellement épuisée par des accès répétés de fièvre que je dis à son père qu'elle ne survivrait pas à l'été si on la laissait à Rome. Je lui offris de lui faire passer l'été à San Michele avec mon personnel. Il commença par hésiter; les Italiens de la classe pauvre ont une grande répugnance à se séparer de leurs enfants malades, ils préfèrent les voir mourir à la maison que de les envoyer à l'hôpital. Il finit par accepter quand je lui dis d'emmener lui-même sa fille à Capri pour voir de ses propres yeux comme elle serait bien soignée par mes gens. Miss

Hall avec Giovannina et Rosina et tous les chiens allèrent à Naples par le train comme d'habitude. Moi, Billy le babouin, la mangouste et la petite chouette, nous fîmes une traversée merveilleuse sur le yacht. Nous doublions Monte Circeo au lever du soleil, attrapions la brise matinale de la baie de Gaète, bondissions à une allure de course sous le château d'Ischi et jetions l'ancre à la Marina de Capri comme les cloches sonnaient Mezzogiorno. Deux heures plus tard j'étais au travail dans le jardin de San Michele, à peine vêtu.

Après cinq longs étés de labeur incessant, du lever au coucher du soleil, San Michele était plus ou moins achevé mais il restait encore fort à faire dans le jardin. Il fallait établir une nouvelle terrasse derrière la maison, construire une autre loggia au-dessus des deux petites chambres romaines que nous avions découvertes à l'automne. Quant à la petite cour du cloître, je dis à Mastro Nicola que nous ferions bien de la démolir, elle ne me plaisait plus. Mastro Nicola me supplia de la laisser telle quelle, nous l'avions déjà démolie deux fois, si nous continuions à démolir aussitôt tout ce que nous venions de construire, San Michele ne serait jamais achevé. Je dis à Mastro Nicola que la vraie façon de bâtir sa maison était de tout jeter par terre autant de fois qu'il faudrait, et de recommencer jusqu'au moment où notre œil nous dirait que tout allait bien. L'œil en savait bien plus sur l'architecture que les bouquins. L'œil était infaillible pourvu qu'on se fiât à son œil et non à celui des autres. Comme je le revoyais il me semblait que San Michele était plus beau que jamais. La maison était petite, il y avait peu de pièces mais des loggias, des terrasses, des pergolas tout autour pour contempler le soleil, la mer, les nuages – l'âme a besoin de plus d'espace que le corps. Pas beaucoup de mobilier dans les chambres mais ce que l'argent tout seul n'aurait pu acheter. Rien de superflu, rien de laid, pas de bric-à-brac, pas de bibelots. Quelques tableaux de primitifs, une eau-forte de Dürer et un bas-relief grec sur les murs blanchis, deux tapis anciens sur le sol de mosaïque, quelques livres sur les tables, des fleurs partout dans les jarres lumineuses de Faënza et d'Urbino. Les cyprès de la Villa d'Este conduisant à la chapelle formaient déjà une avenue d'arbres majestueux, les plus nobles de tous les arbres. La chapelle elle-même, qui avait donné son nom à ma demeure, était enfin devenue mienne. Elle devait être ma bibliothèque. De belles stalles de cloître anciennes entouraient les murs blancs ; au centre se dressait une grande table de réfectoire chargée de livres et de fragments de terracotta ; sur une colonne en giallo antico était posé un Horus de basalte, le plus grand que j'eusse vu, apporté de la terre des Pharaons par quelque collectionneur romain, peut-être par Tibère lui-même. Au-dessus de ma table à écrire la tête de marbre de la Méduse me regardait, quatrième siècle avant J. C., trouvée par moi au fond de la mer; sur la grande cheminée florentine du Cinquecento se dressait la Victoire ailée; sur une colonne d'africano, devant la fenêtre, la tête mutilée de Néron regardait le golfe où il avait fait battre sa mère à mort par ses rameurs. Au-dessus de la porte d'entrée, brillait le magnifique vitrail en couleurs offert à Eleonora Duse par la ville de Florence et qu'elle m'avait donné en souvenir de son dernier séjour à San Michele. Dans une petite crypte, à cinq pieds au-dessous du dallage romain de marbre de couleur, dormaient en paix deux moines que j'avais trouvés tout par hasard quand nous creusions les fondations de la cheminée. Ils reposaient là les bras en croix, tels qu'ils furent ensevelis sous leur chapelle, il y a près de cinq cents ans. Leurs robes étaient presque tombées en poussière, leurs corps desséchés étaient légers comme du parchemin mais leurs traits étaient encore bien conservés, leurs mains serraient toujours leurs crucifix; l'un d'eux portait de jolies boucles d'argent à ses souliers. J'étais désolé de les avoir dérangés dans leur sommeil, et avec des précautions infinies, je les déposai de nouveau dans leur petite crypte.

La haute voûte d'entrée, avec ses colonnes gothiques, à l'extérieur de la chapelle, me parut tout à fait bien. Où trouver aujourd'hui des colonnes pareilles?

En regardant du parapet l'île à mes pieds je dis à Mastro Nicola qu'il nous fallait tout de suite préparer l'emplacement pour le sphinx, il n'y avait pas de temps à perdre. Mastro Nicola était transporté de joie. Pourquoi n'allions-nous pas tout de suite chercher le sphinx? Où se trouvait-il?

Je lui dis qu'il gisait sous les ruines de la villa oubliée d'un empereur romain, quelque part sur le continent. Il gisait là à m'attendre depuis deux mille ans. Un homme au manteau rouge m'avait tout révélé la première fois que j'avais contemplé la mer de l'endroit même où nous nous trouvions. Jusqu'à ce jour je ne l'avais vu qu'en rêve. Mon regard descendit vers le petit yacht blanc devant la Marina à mes pieds et je dis que j'étais sûr de découvrir le sphinx au moment voulu. La difficulté serait de lui faire traverser la mer, il était en effet une charge beaucoup trop lourde pour mon bateau; tout en granit, et pesait je ne sais combien de tonnes. Mastro Nicola se gratta la tête et se demanda qui allait le hisser jusqu'à San Michele? Lui et moi, pour sûr!

Les deux petites chambres romaines, sous la chapelle, étaient toujours pleines de débris des plafonds écroulés mais les murs étaient intacts à hauteur d'homme, les guirlandes de fleurs et les nymphes dansant sur l'intonaco rouge avaient l'air peintes d'hier. « Roba di Timberio? » demanda Mastro Nicola.

– « Non », dis-je en regardant attentivement le dessin délicat du dallage en mosaïque avec sa gracieuse bordure de feuilles de vigne en nero antico, « ce dallage est plus ancien, il date d'Auguste. Le vieil empereur était lui aussi un grand adorateur de Capri, il avait commencé à bâtir une villa ici; où? Dieu seul le sait! Mais il mourut à Nola en rentrant à Rome avant qu'elle ne fût terminée. Il fut un grand homme et un grand empereur, mais, crois-moi, Tibère fut le plus grand de tous. »

La pergola était déjà couverte de jeunes vignes; les roses, le chèvrefeuille et l'époméa enserraient de leurs grappes la longue perspective de colonnes blanches. Parmi les cyprès, dans la petite cour du cloître, le faune dansant se dressait sur sa colonne de cipollino; au centre de la grande loggia était assis l'Hermès en bronze d'Herculanum. Dans la petite cour de marbre devant la salle à manger, flamboyante de soleil, se tenait assis Billy, le babouin, très occupé à attraper les puces de Tappio, entouré de tous les autres chiens attendant en sommeillant leur tour pour ce complément habituel de leur toilette matinale. Billy avait un tour de main prodigieux pour attraper les puces; rien de ce qui saute ou de ce qui rampe n'échappait à son œil vigilant; les chiens le savaient parfaitement et goûtaient ce sport autant que lui. C'était le seul sport autorisé par la loi de San Michele. La mort était foudroyante et probablement sans douleur, Billy avait avalé sa proie avant qu'elle eût le temps de deviner le danger. Billy avait renoncé à boire et était devenu un singe respectable dans le plein épanouissement de sa virilité, ressemblant d'une façon inquiétante à un être humain; en somme il était bien élevé quoiqu'un peu turbulent quand j'avais le dos tourné, se moquant de tout le monde. Je me suis souvent demandé quelles idées de derrière la tête les chiens pouvaient avoir sur lui. Je ne suis pas sûr qu'ils n'en eussent pas peur; d'ordinaire ils détournaient la tête quand il les regardait. Billy n'avait peur de personne que de moi. Je pouvais toujours voir sur sa figure quand sa conscience était mauvaise, ce qui le plus souvent était le cas. Si, je crois qu'il avait peur de la mangouste qui ne cessait de courir furtivement dans le jardin sur ses pattes infatigables, silencieuse et fureteuse. Billy était très viril, il n'y pouvait rien, son créateur l'avait fait ainsi. Billy n'était pas du tout insensible aux attraits de l'autre sexe; il avait ressenti à première vue une grande inclination pour Élisa, la femme de mon jardinier, qui restait des heures, fascinée, à le regarder sur son figuier réservé tandis qu'il faisait claquer ses lèvres à son intention. Élisa attendait un bébé comme d'habitude, je ne l'ai jamais connue autrement. Je ne sais pourquoi cette soudaine intimité avec Billy ne me plaisait pas beaucoup ; je lui avais même dit qu'elle ferait mieux de regarder quelqu'un d'autre.

Le vieux Pacciale était descendu à la Marina recevoir son collègue de Rome qui devait arriver à midi avec sa fille par le bateau à voiles de Sorrente. Comme il fallait qu'il fût de retour à son travail au cimetière protestant le lendemain soir, on devait le mener dans l'après-midi visiter les deux cimetières de l'île. Le soir mes gens devaient offrir un dîner avec « vino à volontà », sur la terrasse du jardin à leur hôte distingué.

Les cloches de la chapelle sonnèrent l'Ave Maria. J'avais été sur pied depuis cinq heures du matin à travailler dur sous le soleil ardent. Fatigué et affamé, je m'assis pour mon souper frugal dans la loggia supérieure, reconnaissant envers Dieu de cette belle journée. Sur la terrasse du jardin au-dessous, mes hôtes étaient assis, dans leurs habits du dimanche, autour d'un gigantesque plat de macaroni et d'un énorme flacon du meilleur vin de San Michele. A la place d'honneur au haut de la table était assis le fossoyeur de Rome entre les deux fossoyeurs de Capri. Puis venaient Baldassare mon jardinier, Gaetano mon marin, et Mastro Nicola avec ses trois fils, parlant tous à tue-tête. Autour de la table les femmes restaient debout à les admirer, selon la coutume napolitaine. Le soleil se couchait lentement sur la mer ; pour la première fois de ma vie j'éprouvai comme un soulagement lorsqu'il disparut enfin derrière Ischia. Pourquoi désirais-je le crépuscule et les étoiles, moi l'adorateur du soleil qui avais toujours eu peur de l'obscurité et de la nuit depuis mon enfance ? Pourquoi mes yeux ont-ils brûlé quand je levai mon regard vers le glorieux Dieu Soleil ? Était-il fâché contre moi ? Allait-il détourner de moi son visage et me laisser dans l'obscurité, moi qui travaillais sur les genoux à lui bâtir un nouveau sanctuaire ? Était-ce vrai ce que le tentateur au manteau rouge m'avait dit il y a vingt ans, lorsque pour la première fois je regardai l'île ravissante du haut de la chapelle de San Michele ? Était-ce vrai que trop de lumière fût funeste aux yeux des mortels ?

« Méfiez-vous de la lumière, méfiez-vous de la lumière! » Son sinistre avertissement résonnait à mes oreilles. J'avais accepté son marché, j'avais payé son prix, j'avais sacrifié mon avenir pour obtenir San Michele. Que voulait-il de plus de moi ? Quel était cet autre prix que j'aurais à payer avant ma mort ? avait-il dit.

Un nuage sombre descendit tout d'un coup sur la mer et sur le jardin à mes pieds. Mes paupières brûlantes se fermèrent avec épouvante...

« Écoutez compagnons! » cria le fossoyeur de Rome de la terrasse au-dessous, « écoutez ce que je vous dis! Vous autres paysans qui le voyez seulement se promener dans ce misérable petit village, pieds nus et aussi peu vêtu que vous-mêmes, savez-vous qu'il parcourt les rues de Rome dans une voiture à deux chevaux? On raconte même qu'il est allé voir le pape quand il avait l'influenza. Je vous le dis, compagnons, il n'y a personne comme lui, il est le plus grand docteur de Rome, venez avec moi à mon cimetière et vous verrez par vous-mêmes! Sempre lui! Sempre lui! Quant à moi et aux miens j'ignore ce que nous ferions sans lui, il est notre bienfaiteur. A qui pensez-vous que ma femme vende toutes ses couronnes et ses fleurs sinon à sa clientèle? Et tous ces étrangers qui sonnent la cloche à la grille et donnent des sous à mes enfants pour entrer, pourquoi croyez-vous qu'ils sont venus là? Que pensez-vous qu'ils cherchent? Naturellement mes enfants ne comprennent pas ce qu'ils disent et ils ont dû souvent parcourir tout le cimetière avant de trouver ce qu'ils cherchaient. Maintenant dès que des étrangers sonnent la cloche mes enfants savent aussitôt ce qu'ils veulent, ils les mènent tout droit à sa rangée de tombes; ils sont toujours très contents et donnent aux enfants des sous en plus. Sempre lui! Sempre lui! Il se passe rarement un mois sans qu'il ouvre quelques-uns de ses morts dans la chapelle mortuaire pour tâcher de découvrir ce qu'ils avaient. Il me donne chaque fois cinquante lires pour les remettre dans leurs cercueils. Je vous le dis, compagnons, il n'y a que lui! Sempre lui! Sempre lui! »

Le nuage s'était déjà retiré, la mer une fois de plus rayonnait d'une lumière d'or, mon épouvante avait disparu. Le diable lui-même ne peut rien contre l'homme qui sait rire.

Les dîneurs se séparèrent. Heureux de vivre, la tête pleine de vin, chacun gagna son lit pour s'endormir du sommeil du juste.

A peine endormi, je me vis debout dans une plaine déserte, jonchée de débris de maçonnerie en ruine, d'énormes blocs de travertin, de fragments de marbre à moitié cachés sous le lierre, le romarin, le chèvrefeuille sauvage, le ciste et le thym. Sur un mur croulant d'opus reticulatum, un vieux berger était assis jouant de de la flûte de Pan pour son troupeau de chèvres. Son visage âpre et long barbu était recuit par le soleil et le vent, ses yeux brûlaient comme de la braise sous ses sourcils broussailleux, son corps maigre et émacié tremblait de fièvre sous sa longue cape bleue de berger calabrais. Je lui offris un peu de tabac, il me tendit une tranche de fromage de chèvre et un oignon. Je le comprenais difficilement.

Quel était le nom de ce lieu étrange?

Il n'avait pas de nom!

D'où venait-il?

De nulle part, il avait toujours été ici, c'était sa demeure.

Où dormait-il?

Il me désigna de son long bâton un escalier sous une arche écroulée. Je descendis à tâtons les marches taillées dans le roc et me trouvai dans une salle obscure et voûtée. Dans un angle une paillasse avec deux peaux de mouton en guise de couvertures. Pendues aux murs et au plafond, des grappes d'oignons secs et de tomates; une cruche d'argile pleine d'eau sur la table grossière. Voilà sa demeure, voilà ses biens. C'est ici qu'il a vécu toute sa vie, ici qu'il se couchera un jour pour mourir. Devant moi s'ouvrait un noir passage souterrain à demi comblé des débris du toit écroulé. Où menait-il? Il ne savait pas, il n'y était jamais allé. Petit garçon on lui avait dit qu'il conduisait à une caverne hantée par un mauvais génie, qui y vivait depuis des milliers d'années sous la forme d'un énorme loup-garou prêt à dévorer quiconque approcherait de sa caverne.

J'allumai une torche et descendis en tâtonnant un escalier de marbre. Le passage s'élargissait de plus en plus, une bouffée d'air glacé me souffla à la figure. J'entendis une plainte étrange qui glaça mon sang dans mes veines. Brusquement je me trouvai dans une salle immense. Deux grandes colonnes de marbre d'Afrique soutenaient encore une partie de la voûte, deux autres étaient couchées en travers du sol de mosaïque, arrachées de leurs socles par le tremblement de terre. Des centaines de grosses chauves-souris pendaient en grappes noires le long des murs, d'autres battaient des ailes autour de ma tête dans une fuite éperdue, aveuglées par la lueur soudaine de la torche. Au centre de la salle était accroupi un grand sphinx de granit qui me fixait de ses yeux de pierre grands ouverts.

Je sursautai dans mon sommeil. Le songe s'évanouit. J'ouvris les yeux. Le jour pointait. J'entendis l'appel de la mer, impérieux, irrésistible comme un commandement. Je bondis sur mes pieds, enfilai mes habits, m'élançai vers le parapet de la chapelle et hissai le signal pour que le yacht se prépare à partir. Deux heures plus tard, je ralliais le bord avec des provisions pour une semaine, des rouleaux de grosse corde, des pics, des pelles, un revolver, tout mon argent liquide, un paquet de torches de bois résineux, de celles qu'emploient les pêcheurs pour la pêche de nuit. L'instant d'après nous hissions la voile vers l'aventure la plus étrange de ma vie. La nuit suivante nous jetions l'ancre dans une anse solitaire, connue seulement de quelques pêcheurs et contrebandiers. Gaetano devait m'attendre là une semaine avec le yacht, et courir se réfugier au port le plus proche s'il survenait du gros temps. Nous connaissions bien cette côte dangereuse sans mouillage sûr pendant cent milles. Je connaissais aussi le merveilleux pays de l'intérieur, jadis la Magna Græcia à l'âge d'or de l'art et de la culture helléniques, aujourd'hui la province la plus désolée de l'Italie, abandonnée par les hommes à la malaria et aux tremblements de terre.

Trois jours après je me trouvais dans la plaine déserte de mon songe, jonchée de décombres de maçonnerie, de gros blocs de travertin et de fragments de marbre à demi cachés sous le lierre, le romarin, le chèvrefeuille sauvage, le ciste et le thym. Sur le mur croulant de l'*opus reticulatum* était assis le vieux berger jouant de la flûte à son troupeau de chèvres. Je lui offris un peu de tabac, il me tendit une tranche de fromage de chèvre et un oignon. Le soleil était déjà descendu derrière les montagnes, le brouillard mortel de la malaria glissait lentement sur la plaine désolée. Je lui dis que j'avais perdu mon chemin, je n'osais pas m'aventurer seul dans cette solitude, pourrais-je passer la nuit avec lui ?

Il me guida vers ses quartiers de nuit souterrains que je connaissais si bien par mon rêve. Je m'étendis sur ses peaux de mouton et m'endormis.

Tout ceci est trop étrange, trop fantastique pour être traduit par des mots écrits, d'ailleurs vous ne me croiriez pas si je l'essayais. Je sais à peine moi-même où finit le songe et où commença la réalité. Qui dirigea le yacht vers cette anse dissimulée et solitaire ? Qui conduisit mes pas à travers ce désert sans piste vers les ruines ignorées de la villa de Néron ? Le berger était-il de chair et d'os où n'était-il pas Pan lui-même, revenu hanter son séjour préféré de jadis pour jouer de la flûte à son troupeau de chèvres ?

Ne me posez pas de questions, je ne puis rien vous dire, je n'ose rien vous dire. Vous pouvez interroger le grand sphinx de granit accroupi sur le parapet de la chapelle à San Michele. Mais vous l'interrogerez en vain. Le sphinx a gardé son secret cinq mille ans. Le sphinx gardera le mien.

Je revins de la grande aventure émacié par la faim et les tribulations de toutes sortes et grelottant de la malaria. Une fois je fus enlevé par des brigands, la Calabre en était infestée à cette époque. Mes haillons m'avaient sauvé. Deux fois je fus arrêté par les gardes-côtes comme contrebandier. A plusieurs reprises je fus piqué par des scorpions, ma main gauche était encore bandée à la suite d'une morsure de vipère. En doublant Punta Licosa, où Leucosia, la Sirène sœur de Parthénope, est ensevelie, nous rencontrâmes une tempête du sud-ouest et serions allés au fond avec notre pesante cargaison si Sant'Antonio n'avait saisi la barre juste à temps. Des chandelles votives brûlaient encore devant sa châsse dans l'église d'Anacapri, quand je rentrai à San Michele. La rumeur avait couru dans toute l'île que nous avions coulé à pic pendant la tempête. Tout mon monde était dans la joie de me revoir.

Oui, tout allait bien à San Michele, « grazie a Dio ». Il n'était rien survenu à Anacapri. Comme toujours personne n'était décédé. Le Parroco s'était foulé la cheville, les uns disaient qu'il avait glissé en descendant de la chaire dimanche dernier, d'autres que c'était le parroco de Capri qui lui avait fait le mal occhio, chacun savait que le parroco de Capri avait le mauvais œil. Hier matin le Canonico Don Giacinto avait été trouvé mort dans son lit en bas à Capri. Le Canonico était très bien en se couchant, il était mort dans son sommeil. On l'avait laissé étendu dans ses habits d'apparat toute la nuit devant le maître-autel, on devait l'enterrer ce matin en grande pompe, les cloches sonnaient depuis le lever du jour.

Dans le jardin le travail s'était poursuivi comme d'habitude. Mastro Nicola avait trouvé une nouvelle « testa di cristiano » en démolissant le mur du cloître et Baldassare était tombé sur une autre jarre d'argile, pleine de monnaies romaines, en arrachant les pommes de terre nouvelles. Le vieux Pacciale, qui avait pioché dans la vigne à Damecuta, me prit à part avec un air de grand mystère et d'importance. Après s'être assuré que personne ne pouvait nous entendre il tira de sa poche une petite pipe en argile, noire de fumée; elle pouvait avoir appartenu à quelque soldat du régiment de Malte qui avait campé à Damecuta en 1808.

« La pipo di Timberio! » dit le vieux Pacciale.

Les chiens avaient eu leur bain tous les jours à midi, et leurs os deux fois par semaine conformément au règlement. La petite chouette était de bonne humeur, la mangouste était sur pied le jour et la nuit, toujours à la recherche de quelque chose ou de quelqu'un. Les tortues avaient l'air très heureuses à leur façon flegmatique.

Billy avait-il été sage? Oui, s'empressa de répondre Élisa, Billy avait été très sage, « un vero angelo ».

Il me sembla qu'il n'en avait pas trop l'air, tandis que je l'observais me faisant des grimaces du haut de son figuier. Contrairement à son habitude il ne descendit pas pour m'accueillir. J'étais sûr qu'il avait fait quelque sottise, son expression ne me plaisait pas. Est-ce que vraiment Billy avait été sage?

Peu à peu la vérité transpira. Le jour même où je m'étais embarqué, Billy avait jeté une carotte à la tête d'un «forestiere»[1] qui passait sous le mur du jardin et avait brisé son lorgnon. Le forestiere était fort en colère et allait porter une plainte à Capri. Élisa protesta avec énergie, c'était tout de la faute du forestiere, il n'avait pas besoin de rester là à se moquer ainsi de Billy, tout le monde savait qu'il se fâchait quand on se moquait de lui. Le lendemain il y avait eu une terrible bataille entre Billy et le fox-terrier; tous les chiens s'étaient jetés dans la mêlée, Billy s'était battu comme il Demonio et avait même voulu mordre Baldassare lorsque ce dernier tenta de séparer les belligérants. La bataille s'arrêta soudainement à l'arrivée de la mangouste, Billy bondit sur son arbre et les chiens s'étaient défilés comme d'habitude lorsque la petite mangouste survenait. Billy et les chiens étaient demeurés à couteaux tirés depuis lors, il avait même refusé de continuer à attraper leurs puces. Billy avait poursuivi le petit chat siamois tout autour du jardin, avait fini par l'emporter au sommet de son figuier et s'était mis en devoir de lui arracher tous les poils. Billy avait constamment taquiné les tortues; Amanda, la plus grosse tortue, avait pondu sept œufs aussi gros que des œufs de pigeons qui devaient éclore au soleil à la mode tortue. Billy les avait gobés instantanément.

Au moins avait-on veillé à ne pas laisser traîner des bouteilles de vin? Il y eut un lourd silence. Pacciale qui était le plus loyal de mes serviteurs finit par admettre que, par deux fois, on avait aperçu Billy se glissant hors de la cave, une bouteille à chaque main. Trois jours auparavant, on en avait découvert deux autres dans un coin de sa cage soigneusement enterrées sous le sable.

Suivant le règlement, Billy avait été immédiatement enfermé dans sa cage avec du pain et de l'eau en attendant mon retour. Le

1. *Étranger, touriste.*

lendemain matin on avait trouvé la cage vide, Billy s'était échappé pendant la nuit on ne sait comment, les barreaux étaient intacts, la clef du cadenas se trouvait dans la poche de Baldassare. Tout le personnel avait couru en vain après lui dans tout le village. Baldassare l'avait découvert finalement ce matin même, très haut sur le mont Barbarossa, profondément endormi, un oiseau mort dans la main. Pendant que l'enquête se poursuivait, Billy au sommet de son arbre me regardait avec défi, sans aucun doute il comprenait tout ce que nous disions. Des sanctions sévères s'imposaient. Les singes comme les enfants doivent apprendre à obéir avant qu'ils puissent apprendre à commander. Billy commençait à paraître mal à l'aise. Il savait que j'étais le maître, il savait que je pouvais l'attraper avec le lasso comme je l'avais déjà fait, il savait que le fouet dans ma main était pour lui. Les chiens aussi le savaient, assis en cercle autour de l'arbre de Billy, remuant leurs queues, la conscience pure, vivement amusés par la situation – les chiens aiment assez voir fouetter quelqu'un d'autre. Tout d'un coup Élisa porta ses mains à son ventre avec un cri déchirant et fut entraînée sur son lit dans sa maisonnette, juste à temps par Pacciale et moi tandis que Baldassare courait chercher la sage-femme. Quand je retournai vers son arbre Billy avait disparu, tant mieux pour lui et tant mieux pour moi, j'ai horreur de punir les bêtes.

J'avais d'ailleurs d'autres préoccupations. Je m'étais toujours vivement intéressé à Don Giacinto. J'étais très désireux d'avoir des détails sur sa mort, j'en possédais suffisamment sur sa vie. Don Giacinto avait la réputation d'être l'homme le plus riche de l'île, on disait qu'il avait un revenu de vingt-cinq lires par heure, « anche quando dorme », même quand il dormait. Depuis des années je le voyais pressurer jusqu'au dernier sou ses paysans pauvres, les expulser de leur foyer quand les olives avaient manqué et qu'ils ne pouvaient payer leur loyer, les laisser mourir de faim quand ils devenaient vieux et n'avaient plus la force de peiner pour lui. Ni moi ni personne n'avions jamais entendu dire qu'il eût donné un sou. Je savais que je cesserais de croire à la justice divine de ce côté de la tombe si le Tout-Puissant accordait à ce vieux vampire le plus grand bienfait qu'il puisse accorder à un homme – de mourir dans son sommeil. Je résolus d'aller voir mon vieil ami le Parroco d'Anacapri, Don Antonio, sûrement il serait en mesure de me dire ce que je voulais savoir, Don Giacinto avait été son mortel ennemi pendant un demi-siècle.

Le Parroco était assis dans son lit, le pied enveloppé dans un énorme paquet de couvertures, le visage rayonnant. La chambre était pleine de prêtres; au milieu d'eux se trouvait Maria Porta-Lettere, la langue pendante d'émotion. Le feu avait éclaté dans l'église de San Costanzo pendant la nuit tandis que Don Giacinto était étendu dans ses vêtements d'apparat sur le catafalque; le cercueil avait été dévoré par les flammes. Les uns disaient que c'était Il Demonio qui avait renversé le candélabre et son cierge auprès du catafalque pour brûler Don Giacinto. D'autres disaient que le coup avait été fait par une bande de brigands venus voler la statue d'argent de San Costanzo. Le Parroco était sûr que c'était Il Demonio qui avait renversé les candélabres et leurs cierges, il avait toujours été convaincu que Don Giacinto finirait dans les flammes.

Le récit de Maria Porta-Lettere sur la mort de Don Giacinto paraissait assez plausible. Il Demonio avait apparu à la fenêtre pendant que Il Canonico lisait ses prières du soir. Don Giacinto avait appelé au secours et on l'avait porté sur son lit à demi évanoui, il était mort de frayeur peu après.

J'étais vivement intéressé, je jugeais que je ferais mieux de descendre moi-même à Capri pour enquêter sur l'événement. Sur la piazza les gens s'entassaient, hurlant tous à tue-tête. Au milieu d'eux se tenaient le Sindaco et les conseillers municipaux attendant impatiemment l'arrivée des carabinieri [1] de Sorrento. Sur les marches conduisant à l'église une douzaine de prêtres gesticulaient violemment. L'église était fermée en attendant l'arrivée des autorités.

Oui, dit le Sindaco s'avançant vers moi le visage grave, c'était parfaitement exact! Le sacristain en venant ouvrir l'église au matin l'avait trouvée pleine de fumée. Le catafalque était à demi consumé par le feu, le cercueil lui-même était profondément brûlé; du précieux drap de velours brodé et de la douzaine de couronnes offertes par les parents du Canonico et ses enfants désolés, il ne restait qu'un tas de cendres encore chaudes. Trois des grands candélabres autour du catafalque brûlaient encore, le quatrième de toute évidence avait été renversé par une main sacrilège pour mettre le feu au drap. Pour le moment il était impossible d'affirmer avec certitude si c'était l'œuvre de Il Demonio ou de quelque criminel, mais le Sindaco remarqua malicieusement que le fait qu'aucun des bijoux précieux autour du cou de San Costanzo ne manquait, le faisait pencher, « parlando con rispetto », vers la première hypothèse. Le mystère devint de plus en plus profond comme je poursuivais mon enquête.

Dans le café Zum Hiddigeigei, quartier général de la colonie allemande, le sol était jonché de verres brisés, de bouteilles, de

1. *Gendarmes.*

vaisselle de toute sorte; sur une table était une bouteille de whisky à moitié vide. Dans la farmacia des dizaines de pots de Faënza aux drogues précieuses, aux mixtures secrètes, avaient été précipités de leurs étagères; de l'huile de ricin partout. Il Professore Raffaele Parmigiano me montra lui-même la dévastation de sa nouvelle salle d'exposition, orgueil de la Piazza. Son « Éruption du Vésuve », sa « Procession de San Costanzo», son « Salto di Tiberio », sa « Bella Carmela » gisaient tous en tas par terre, leurs cadres brisés, leurs toiles déchirées. Son « Tiberio nageant dans la Grotte bleue » était encore sur son chevalet, tout éclaboussé de taches d'outremer en un barbouillage fou. Le Sindaco m'informa que jusqu'à présent l'enquête des autorités locales n'avait conduit à aucun résultat. La thèse des brigands avait été abandonnée par le parti libéral, depuis qu'on avait la certitude qu'aucun objet de réelle valeur n'avait été emporté. Les deux dangereux camorristes napolitains eux-mêmes, en villégiature dans la geôle de Capri depuis plus d'un an, avaient réussi à établir leur alibi. On avait fait la preuve que, par suite de la pluie torrentielle, ils étaient restés toute la nuit en prison au lieu d'effectuer leur promenade habituelle dans le village après minuit comme c'était leur coutume. D'ailleurs ils étaient bons catholiques, très populaires, pas gens à se déranger pour de pareilles vétilles.

La thèse de Il Demonio avait été écartée par le parti clérical par respect pour la mémoire de Don Giacinto. Quels étaient donc les auteurs de ces lâches outrages ? Il restait une hypothèse. Il restait l'ennemi séculaire, presque à leur porte, Anacapri! Naturellement tout cela était l'œuvre des Anacapresi! Cela expliquait tout! Il Canonico était l'ennemi mortel des Anacapresi qui ne lui avaient jamais pardonné de s'être gaussé du dernier miracle de Sant' Antonio dans son fameux sermon le jour de San Costanzo. La haine féroce entre Zum Hiddigeigei et le nouveau café à Anacapri était de notoriété publique. Du temps de Caesar Borgia, Don Petruccio, l'apothicaire de Capri, aurait réfléchi à deux fois avant d'accepter une invitation de son collègue d'Anacapri à partager ses macaroni. La rivalité du Prof. Raffaele Parmigiano de Capri et du Prof. Michelangelo d'Anacapri pour l'exclusivité du « Tiberio nageant dans la Grotte bleue », s'était transformée dernièrement en une guerre furieuse. L'ouverture de la « Sala di Esposizione » avait porté un vilain coup au Professore Michelangelo, la vente de sa « Procession de Sant'Antonio » était tombée presque à zéro.

Évidemment Anacapri était au fond de toute l'affaire.

Abbasso Anacapri! Abbasso Anacapri!

Je me dis que je ferais mieux de retourner d'où j'étais venu, je commençais à me sentir très mal à l'aise. Je ne savais moi-même que penser. La guerre au couteau, qui régnait entre Capri et Anacapri et faisait rage depuis les temps des vice-rois espagnols de Naples, se poursuivait encore à cette époque avec une fureur égale. Les deux sindaci ne se parlaient pas. Les paysans se détestaient, les notables se détestaient, les prêtres se détestaient, les deux saints patrons Sant'Antonio et San Costanzo se détestaient. Deux ans plus tôt, j'avais de mes yeux vu une bande de Capresi danser en rond autour de notre petite chapelle, après qu'un énorme rocher tombé du Monte Barbarossa eut fracassé l'autel et la statue de Sant'-Antonio.

A San Michele on avait déjà suspendu les travaux, tous mes gens dans leurs habits du dimanche se rendaient à la Piazza où la musique devait jouer pour célébrer l'événement, déjà on avait recueilli cent lires pour le feu d'artifice. Le Sindaco m'avait fait dire qu'il espérait que j'y assisterais en ma qualité de « cittadino onorario », – cette distinction suprême m'avait été en effet décernée l'année précédente. Au milieu de la pergola, Billy était assis à côté de la plus grosse tortue, trop absorbé par son jeu préféré pour remarquer ma venue. Le jeu consistait en une série de coups rapides à la porte arrière de la maison de la tortue, là où sort la queue. A chaque coup la tortue projetait par la porte avant sa tête ensommeillée pour voir de quoi il s'agissait et recevoir aussitôt sur le nez le poing étourdissant de Billy, prompt comme l'éclair. Ce jeu était interdit par la loi de San Michele. Billy le savait parfaitement et cria comme un enfant quand, plus prompt que lui pour une fois, je l'empoignai par sa ceinture.

« Billy », lui dis-je sévèrement, « j'ai à causer avec vous en tête à tête sous votre figuier, nous avons plusieurs comptes à régler. Inutile de me regarder comme ça en faisant claquer vos lèvres, vous savez que vous méritez une correction soignée et que vous l'aurez.

« Billy vous avez encore bu! On a trouvé deux bouteilles de vin vides dans un coin de votre cabane, une bouteille de whisky a disparu. Toute votre conduite pendant mon absence en Calabre a été déplorable. Vous avez brisé le lorgnon d'un forestiere avec une carotte. Vous avez désobéi à mes domestiques. Vous vous êtes disputé et battu avec les chiens, vous avez même refusé d'attraper leurs puces. Vous avez insulté la mangouste. Vous avez manqué de respect à la petite chouette. Vous avez constamment flanqué des claques à la tortue. Vous avez à moitié étranglé le chaton siamois. Enfin et surtout vous vous êtes échappé de San Michele en état d'ébriété. La cruauté envers les animaux est dans votre nature ou vous ne seriez pas candidat au genre humain, mais les Seigneurs de la Création ont seuls le droit de se saouler. Je vous le dis, j'ai assez de vous, je vais vous renvoyer en Amérique à votre vieil ivrogne de maître le docteur Campbell; vous n'êtes pas digne de frayer avec des gens convenables; vous êtes une honte pour vos père et mère! Billy vous êtes un méprisable homunculus, un saoulard invétéré, un... »

Il y eut un silence sinistre.

Ayant mis mes lunettes pour examiner de plus près les ongles de Billy à l'outremer et sa queue roussie, je dis à la fin :

« Billy, j'aime assez tes retouches au « Tiberio nageant dans la Grotte bleue »; l'original me semble y avoir gagné. Cela me rappelle un tableau que j'ai vu l'année dernière à Paris au Salon des Futuristes. Ton ancien maître m'a parlé souvent de ta mère regrettée, une bien remarquable guenon, je crois. Je suppose que c'est d'elle que tu as hérité tes talents artistiques. Ta belle tournure et ton sens de l'humour, je gage que tu les tiens de ton père dont l'identité a été pleinement établie par les derniers événements et qui ne saurait être que le Diable en personne. Dis-le-moi, Billy, simplement pour satisfaire ma curiosité, est-ce toi ou ton père qui avez renversé le candélabre et mis le feu au cercueil de Don Giacinto? »

CHAPITRE XXVIII

LE SANCTUAIRE DES OISEAUX

Le brusque départ du Rev. Canonico Don Giacinto pour l'autre monde, au milieu de flammes et de fumée, avait eu un effet des plus remontants sur l'état général physique et moral de notre Parroco Don Antonio. Sa cheville foulée s'améliora rapidement et il put bientôt reprendre ses promenades du matin à San Michele pour assister à mon petit déjeuner. Je l'invitais toujours, à la mode napolitaine, à « mangiare con me » mais il refusait invariablement ma tasse de thé avec un aimable : « No, grazie, sto bene ». Le seul but de sa visite était de s'asseoir en face de moi à table et de me regarder manger. Don Antonio n'avait encore jamais vu un forestiere de près et, presque tout ce que je disais ou faisais, était pour lui une source de curiosité perpétuelle. Il savait que j'étais protestant, mais après quelques vagues tentatives pour discuter sur ce sujet, nous avions convenu d'exclure la théologie de nos entretiens et de laisser les protestants tranquilles. De sa part c'était une grande concession, car il avait coutume une fois par semaine, du haut de sa chaire, d'envoyer tous les protestants morts ou vifs aux enfers avec les invectives les plus terribles. Les protestants étaient sa spécialité, son ancre de salut dans ses difficultés oratoires, je ne sais ce qu'il serait devenu sans ses protestants. La mémoire du vieux Parroco était un peu chancelante, le fil ténu de son argumentation se brisait aux moments les plus critiques, au beau milieu de ses sermons il y avait de grands silences. Ses fidèles ouailles le savaient bien, ne s'en inquiétaient nullement, et chacun poursuivait paisiblement ses méditations sur ses propres affaires, ses olives, ses vignes, ses vaches et ses cochons. On connaissait aussi la suite, Don Antonio se mouchait en série de coups de tonnerre pareils aux trompettes du Jugement dernier, il reprenait pied sur la terre ferme. « Ma questi maladetti protestanti, ma questo camorrista Lutero! Puisse Il Demonio arracher de leurs bouches leurs langues maudites! Puisse-t-il leur rompre les os et les rôtir vivants. *In æternitatem!* » Une fois, un dimanche de Pâques, il m'arriva d'entrer par hasard dans l'église avec un de mes amis au moment même où le Parroco perdait pied, c'était le grand silence bien connu. Je murmurai à l'oreille de mon ami que c'était maintenant notre tour. « Ma questo camorrista Luteri, questi maledetti protestanti! Che Il Demonio...

Tout à coup Don Antonio m'aperçut dans l'encadrement de la porte. Le poing fermé, qu'il venait de lever pour abattre les maudits infidèles, se desserra pour me faire de la main un signe amical et s'excuser envers moi : « Mais évidemment pas Il Signor Dottore! Évidemment pas Il Signor Dottore! »

Je manquais rarement d'aller à l'église le jour de Pâques pour prendre ma place près de la porte à côté du vieil aveugle Cecatiello, le mendiant officiel d'Anacapri. Tous deux nous tendions la main à ceux qui entraient, lui pour son sou et moi pour l'oiseau dans la poche des hommes, dans les plis de la mantille noire des femmes, dans la paume des mains d'enfants. C'est une bien grande preuve de la popularité exceptionnelle dont je jouissais à cette époque parmi les villageois, qu'ils aient accepté sans ressentiment mon ingérence dans leur manière de célébrer la résurrection de Notre-Seigneur consacrée par une tradition de près de deux mille ans, et toujours encouragée par leurs prêtres. Depuis le premier jour de la semaine sainte les pièges étaient tendus dans toutes les vignes, sous chaque olivier pendant des jours des centaines de petits oiseaux, l'aile attachée à une ficelle, avaient été traînés dans les rues par tous les gamins du village. Et aujourd'hui, symboles mutilés de la Divine Colombe, on devait les lâcher dans l'église pour jouer leur humble rôle dans la solennelle commémoration du retour du Christ au ciel. Eux ne retournaient jamais à leur ciel, ils voletaient un moment impuissants et effarés, brisant leurs ailes contre les fenêtres avant de tomber pour mourir sur les dalles de l'église. A l'aube j'étais monté sur le toit de l'église, tandis que Mastro Nicola m'aidait à contrecœur en tenant l'échelle, pour casser quelques carreaux aux fenêtres, mais bien peu des oiseaux condamnés trouvèrent le chemin de la liberté.

Les oiseaux, les oiseaux! Combien ma vie eût été plus heureuse dans cette île enchanteresse si je ne les avais pas tant aimés! J'adorais les voir chaque printemps arriver par milliers, c'était pour moi une joie de les entendre chanter dans le jardin de San Michele. Mais il vint un temps où je souhaitais presque qu'ils ne fussent point venus, où je souhaitais pouvoir leur faire signe au loin sur la mer de voler encore, de voler avec la bande d'oies sauvages au-dessus de leurs têtes, tout droit vers ma patrie, loin dans le nord où ils seraient à l'abri de l'homme. Car je savais que l'île bien-aimée qui était pour moi un paradis était pour eux un enfer, tout comme cet autre enfer qui les attendait plus loin sur leur Via Crucis [1], Héligoland. Ils arrivaient juste avant le lever du soleil, ils ne demandaient qu'un court repos après leur long vol à travers la Méditerranée; le but du voyage était si lointain, la terre où ils étaient nés et où ils devaient élever leurs petits. Ils venaient par milliers : pigeons ramiers, grives, tourterelles, échassiers, cailles, loriots dorés, alouettes, rossignols, hochequeues, pinsons, hirondelles, fauvettes, rouges-gorges, et bien d'autres petits artistes, en route pour donner aux forêts et aux champs silencieux du nord leurs concerts printaniers. Deux heures plus tard ils se débattaient impuissants dans les filets que la ruse de l'homme avait tendus sur toute l'île, depuis les falaises au bord de la mer jusqu'aux pentes les plus hautes de Monte Solaro et Monte Barbarossa. Le soir même, ils étaient entassés par centaines dans des petites caisses en bois, sans nourriture et sans eau, expédiés par vapeur à Marseille pour être mangés avec délices dans les restaurants chics de Paris. C'était un commerce lucratif; depuis plusieurs centaines d'années, Capri était la résidence d'un évêque dont toutes les charges étaient couvertes par la vente des oiseaux pris aux pièges. « Il vescovo delle quaglie » [2], comme on l'appelait à Rome. Savez-vous comment on les prend dans les filets? Cachés dans les fourrés, entre des poteaux, sont placés des appelants encagés qui répètent incessamment, automatiquement, leur appel monotone. Ils ne peuvent s'arrêter, ils continuent d'appeler nuit et jour, jusqu'à mourir. Longtemps avant que la science eût appris à localiser les divers centres nerveux dans le cerveau humain, le diable avait révélé à l'homme, son disciple favori, son horrible découverte qu'en crevant les yeux d'un oiseau avec une aiguille rougie l'oiseau chanterait automatiquement. C'est une vieille histoire déjà connue des Grecs et des Romains. Cela se fait encore tout le long des côtes méridionales de l'Espagne, de l'Italie [3] et de Grèce. Peu d'oiseaux sur une centaine survivent à l'opération; tout de même c'est une bonne affaire, une caille aveuglée vaut actuellement vingt-cinq lires à Capri. Pendant six semaines au printemps et six semaines à l'automne tout le versant de Monte Barbarossa était couvert de filets, depuis

1. *Chemin de croix.*
2. *L'évêque des cailles.*
3. *Interdit aujourd'hui.*

le château en ruine du sommet jusqu'au mur du jardin de San Michele en bas au pied de la montagne. C'était considéré comme la meilleure « caccia » de l'île, on y prenait parfois mille oiseaux dans la journée. La montagne appartenait à un homme du continent, ancien boucher, spécialiste renommé pour aveugler les oiseaux, mon seul ennemi à Anacapri en dehors du docteur. Depuis que j'avais commencé à construire San Michele, la guerre entre lui et moi s'était poursuivie sans répit. J'avais fait appel au préfet de Naples, au gouvernement à Rome, on m'avait répondu qu'il n'y avait rien à faire, la montagne était à lui, la loi était pour lui. J'avais obtenu une audience de la plus haute dame du pays, elle m'avait souri de son sourire enchanteur qui lui avait conquis le cœur de toute l'Italie, elle m'avait fait l'honneur d'une invitation à déjeuner, le premier mot que je lus sur le menu était : « Pâté d'alouettes farcies ». Je fis appel au pape et il me fut répondu par un cardinal obèse que le Saint-Père avait été, ce matin même, descendu dans sa portantina à l'aube dans les jardins du Vatican pour surveiller le piégeage des oiseaux; la « caccia » avait été bonne, on en avait pris plus de deux cents. J'avais gratté la rouille du petit canon abandonné par les Anglais dans le jardin en 1808 et me mis à tirer un coup toutes les cinq minutes de minuit au lever du soleil dans l'espoir d'éloigner les oiseaux de la fatale montagne. L'ancien boucher m'avait poursuivi pour avoir troublé l'exercice légal de son industrie, je fus condamné à deux cents lires de dommages et intérêts. J'avais dressé tous les chiens à aboyer toute la nuit, au grand dam du peu de sommeil qui me restait. Quelques jours après mon gros chien de Maremma mourut subitement, je trouvai des traces d'arsenic dans son estomac. J'aperçus l'assassin la nuit suivante tapi derrière le mur du jardin et je l'assommai. Il me poursuivit de nouveau, je fus condamné à cinq cents lires pour coups et blessures. Je vendis mon magnifique vase grec et ma bien-aimée Madonna de Desiderio di Settignagno pour réunir la somme énorme qu'il demandait pour la montagne, plusieurs centaines de fois sa valeur. Quand j'allai le trouver avec l'argent il renouvela sa vieille tactique et me dit en ricanant qu'il avait doublé son prix. Il connaissait son homme. Mon exaspération en était venue au point que j'aurais été capable de sacrifier tout ce que je possédais pour devenir le propriétaire de la montagne. Le massacre des oiseaux continua comme par le passé. J'avais perdu mon sommeil, je ne pouvais penser à autre chose. Dans mon désespoir je m'enfuis de San Michele pour Monte Cristo sur mon yacht pour ne revenir qu'après le passage des derniers oiseaux.

La première chose que j'appris à mon retour fut que l'ancien boucher était sur le point de mourir. On disait des messes pour son salut deux fois par jour dans l'église à trente lires l'une, c'était un des hommes les plus riches du village. Vers le soir le Parroco vint me demander au nom du Christ d'aller voir le mourant. Le docteur du village craignait une pneumonie, le pharmacien était sûr que c'était une attaque, le barbier pensait que c'était un « colpo di sangue », la sage-femme pensait que c'était une « paura ». Le Parroco lui-même, toujours obsédé par le mauvais œil, opinait pour le mal'occhio. Je refusai. Je dis que je n'avais jamais pratiqué à Capri sauf pour les pauvres et que les médecins résidant dans l'île étaient parfaitement capables de soigner l'une ou l'autre de ces diverses maladies. J'irais à une seule condition qu'il jurerait sur son crucifix, dans le cas où il s'en tirerait, de ne jamais plus aveugler un oiseau et de me vendre la montagne à son prix exorbitant d'il y a un mois. L'homme refusa. Dans la nuit on lui administra les derniers sacrements. Au point du jour le Parroco parut de nouveau. Mon offre était acceptée, il avait juré sur le crucifix. Deux heures plus tard je tirai un demi-litre de pus de sa plèvre gauche à la consternation du médecin du village et à la gloire de Sant'Antonio car, contrairement à mon attente, il guérit. Miracolo! Miracolo!

La montagne de Barbarossa est à présent un sanctuaire pour les oiseaux. Des milliers d'oiseaux de passage se reposent sur ses pentes au printemps et à l'automne à l'abri des hommes et des bêtes. Il est interdit aux chiens de San Michele d'aboyer pendant leur repos sur la montagne. Les chats ne sont jamais lâchés de la cuisine sans un grelot d'alarme autour du cou, Billy le vagabond est enfermé dans sa cabane, sait-on jamais ce que va faire un singe ou un écolier!

Jusqu'à ce jour je n'ai pas dit un mot pour amoindrir le dernier miracle de Sant'Antonio qui, au bas mot, a sauvé pendant bien des années la vie à des milliers d'oiseaux par an. Mais quand tout sera fini pour moi, j'ai l'intention de murmurer à l'oreille de l'ange le plus proche que, avec tout le respect dû à Sant'Antonio, ce fut moi et non lui qui pompai le pus de la plèvre gauche du boucher et d'implorer du bon ange un mot de recommandation pour moi si personne ne veut le faire. Je suis sûr que le Tout-Puissant aime les oiseaux, il ne leur aurait pas donné sans cela les mêmes ailes qu'à ses propres anges.

CHAPITRE XXIX

LE BAMBINO

Sant'Anna secoua la tête, et voulut savoir s'il était sage de faire sortir un enfant si jeune par un si grand vent et si c'était au moins une maison respectable où on allait conduire son petit-fils. La Madonna dit qu'il n'y avait pas à s'inquiéter, l'enfant serait bien enveloppé, dans son berceau, elle était sûre qu'il ne manquerait de rien, et tout le monde savait que les enfants étaient bien accueillis à San Michele. Il valait mieux permettre au petit garçon d'y aller puisqu'il le désirait, ne savait-elle pas que, pour petit qu'il fût, il avait déjà sa volonté? Saint-Joseph ne fut même pas consulté, il est vrai qu'il n'avait pas souvent voix au chapitre dans la famille. Don Salvatore, le plus jeune prêtre d'Anacapri, souleva le berceau de sa châsse, le sacristain alluma les cierges et on se mit en route [1].

En tête marchait un petit enfant de chœur faisant tinter une clochette, puis venaient deux Figlie di Maria en robes blanches et voiles bleus, puis venait le sacristain balançant l'encensoir, puis venait Don Salvatore portant le berceau. Sur leur passage dans le village les hommes se découvraient, les femmes élevaient leurs petits pour leur montrer l'Enfant Dieu, une couronne dorée sur la tête, son hochet d'argent contre le mauvais œil, en forme de sirène, autour du cou; des uns aux autres les gamins criaient : « Il Bambino! Il Bambino! » Sur la porte de San Michele tout le personnel debout, les mains pleines de roses, souhaitait la bienvenue à notre hôte. La meilleure chambre de la maison avait été transformée

---

1. *Il se peut que vous n'ayez jamais entendu parler de cette curieuse coutume ancienne. Durant mon séjour à San Michele je recevais chaque année la visite du Bambino, le plus grand honneur qu'on pût me faire. Il restait d'ordinaire à San Michele une semaine.*

en nursery, remplie de fleurs et enguirlandée de romarin et de lierre. Sur une table, couverte de notre plus belle nappe, deux chandelles étaient allumées, les petits enfants n'aiment pas être laissés dans l'obscurité. Dans un coin de la nursery, se dressait ma Madonna florentine serrant son propre enfant dans ses bras et sur les murs deux putti de Luca della Robbia et une Sainte Vierge de Mino da Fiesole veillaient sur le berceau. Au plafond brûlait la lampe sainte; malheur sur la maison si jamais elle vacillait et venait à s'éteindre, c'était signe que son propriétaire mourrait dans l'année. Auprès du berceau se trouvaient quelques modestes jouets de notre village, pour distraire le Bambino; une poupée chauve, seule survivante de l'enfance de Giovannina et de Rosina, un âne en bois prêté par la fille aînée d'Élisa, un hochet en forme de corne contre le mauvais œil. Dans un panier sous la table dormait la chatte d'Élisa avec ses six chatons nouveau-nés apportés exprès pour la circonstance. Dans une grosse jarre de terre cuite, posée par terre, se dressait un vrai buisson de romarin en fleur. Savez-vous pourquoi du romarin? Parce que la Madonna, lorsqu'elle lava la petite chemise de l'Enfant Jésus, la mit à sécher sur un buisson de romarin. Don Salvatore déposa le berceau dans sa châsse et laissa le Bambino aux soins de mes femmes, en recommandant mille fois de bien le surveiller et de veiller à ce qu'il ne manquât de rien. Les enfants d'Élisa jouèrent par terre autour de lui toute la journée pour lui tenir compagnie et, à l'*Ave Maria*, tous les gens de la maison s'agenouillèrent devant le berceau pour réciter leurs prières. Giovannina ajouta un peu d'huile dans la lampe pour la nuit, on attendit un peu que le bambin fût endormi puis chacun s'en alla sur la pointe des pieds. Quant tout fut silencieux dans la maison, je montai à la nursery jeter un regard sur le Bambino avant d'aller me coucher. La lumière de la lampe sainte descendait sur le berceau, je l'apercevais à peine qui souriait dans son sommeil.

Pauvre petit enfant au doux sourire, combien peu se doutait-il que le jour viendrait où nous tous qui étions agenouillés autour de son berceau nous le délaisserions, où ceux qui disaient qu'ils l'aimaient le trahiraient, où des mains cruelles arracheraient la couronne d'or de son front, la remplaceraient par une couronne d'épines et le cloueraient sur une croix, abandonné de Dieu même!

La nuit où il mourut, un vieillard sombre allait et venait sur ces mêmes dalles de marbre où je me tenais à présent. Il s'était levé de sa couche, arraché de son sommeil par un rêve qui le hantait. Son visage était ténébreux comme le ciel sur sa tête, l'épouvante brillait dans ses yeux. Il convoqua ses astronomes et ses sages venus de l'Orient et leur ordonna de lui révéler le sens de ce songe mais, avant qu'ils eussent pu déchiffrer les lettres d'or dans le ciel, l'une après l'autre les étoiles vacillèrent et s'éteignirent. Qui pouvait-il craindre, lui, le Souverain du monde! Que lui importait la vie d'un homme, à lui, l'arbitre de millions de vies humains! Qui pourrait lui demander compte d'avoir fait mettre à mort cette nuit un homme innocent par un de ses procurateurs au nom de l'Empereur de Rome? Et son procurateur, dont le nom exécré est encore sur nos lèvres, était-il plus responsable que son impérial maître pour avoir signé la sentence de mort d'un homme innocent? Pour lui, ferme soutien de la loi et de la tradition romaines dans une province indisciplinée, était-ce même un innocent qu'il mettait à mort? Et le Juif maudit qui erre encore de par le monde en quête de pardon savait-il ce qu'il faisait? Et Judas lui-même, le plus grand malfaiteur de tous les temps, lorsqu'il trahit son Maître par un baiser d'amour, aurait-il pu faire autrement? Le fit-il de sa propre volonté? Cela devait se faire, il dut le faire, pour obéir à une volonté supérieure. N'y eut-il pas, cette nuit-là sur le Golgotha, plus d'un homme condamné à souffrir pour un crime qui n'était point le sien?

CHAPITRE XXX

LA FÊTE DE SANT'ANTONIO

La fête de Sant'Antonio était le plus beau jour de l'année pour Anacapri. Depuis des semaines le petit village avait été tout agité en prévision de la commémoration solennelle de notre Saint Patron. Les rues avaient été nettoyées, les maisons où devait passer la procession avaient été blanchies, on avait décoré l'église de tentures de soie rouge et de tapisseries, on avait commandé le feu d'artifice à Naples; la fanfare, clou de la fête, avait été louée à Torre Annunziata. La série des réjouissances débutait par l'arrivée de la musique la veille du grand jour, au soir. A mi-chemin dans la baie les artistes devaient commencer à souffler de tous leurs poumons, bien trop loin pour que nous puissions les entendre d'Anacapri mais assez près pour pouvoir, par vent favorable, irriter les oreilles des Capriotes dans le village abhorré, en dessous. En débarquant à la Marina, la fanfare et ses instruments gigantesques étaient chargés sur deux grands chars et conduits aussi loin que la route était carrossable. Pour le reste du chemin, il leur fallait grimper à la débandade les hautes marches phéniciennes tout en soufflant sans arrêt. Sous le mur de San Michele au haut des escaliers, ils étaient reçus par une députation du Municipio. Le magnifique tambour-major, au somptueux uniforme garni de galons d'or à la Murat, levait son bâton et, précédée de tous les gamins du village, la fanfare faisait son entrée solennelle à Anacapri, à tempo di marcia, soufflant furieusement dans leurs cors, clarinettes et hautbois, tapant sur leurs tambours et leurs cymbales et faisant vibrer leurs triangles le plus fort qu'ils pouvaient. Le concert inaugural sur la Piazza, toute décorée de drapeaux et grouillante de monde, durait sans arrêt jusqu'à minuit. Quelques heures de sommeil sans rêves dans la vieille caserne où étaient cantonnés les soldats anglais en 1806, interrompu par l'éclatement des premières fusées annonçant l'aube du grand jour. A 4 heures le réveil soufflait joyeux par tout le village dans la fraîche brise du matin. A 5 heures la messe habituelle à l'église récitée comme toujours par le Parroco, assisté pour la circonstance de la fanfare au ventre creux. 7 heures « merenda », une tasse de café noir, un demi-kilo de pain et du fromage de chèvre frais. A 8 heures l'église était déjà pleine à craquer, les hommes d'une part, les femmes de l'autre, leurs enfants endormis sur les genoux. Au milieu la fanfare sur la tribune dressée pour elle. Les douze prêtres d'Anacapri, dans leurs stalles du chœur derrière le maître-autel, s'embarquaient bravement dans la *Missa Solemnis* de Pergolesi se fiant à la providence et au soutien de la fanfare, pour les tirer d'affaire. Un intermède musical, galop furieux joué par la fanfare avec une grande bravura, très goûté par les fidèles. A 10 heures, Messa Cantata au maître-autel, accompagnée de plaintifs soli du pauvre vieux Don Antonio, de trémolos de protestation et de brusques cris de détresse jaillis des entrailles du petit orgue, épuisé par l'usure de trois siècles. A 11 heures, sermon du haut de la chaire en commémoration de Sant'Antonio et de ses miracles, chaque miracle illustré et évoqué par mimique spéciale appropriée à la circonstance. Tantôt l'orateur en extase levait les mains vers les saints dans le ciel, tantôt il désignait du doigt les dalles qui couvraient les demeures souterraines des damnés, tantôt il tombait à genoux, en muette prière à Sant'Antonio, pour bondir tout à coup, prêt à se précipiter de la chaire et à jeter à terre de son poing fermé un railleur invisible, tantôt, en silence recueilli, il penchait la tête pour écouter les chants bienheureux des anges, tantôt, pâle d'horreur, il portait les mains à ses oreilles pour ne pas entendre les grincements de dents d'Il Demonio et les hurlements des pécheurs dans leurs chaudrons. A la fin, trempé de sueur, épuisé par deux heures de larmes, de sanglots et de malédictions par une chaleur de 40° centigrades, il s'écroulait sur le plancher de la chaire avec un juron terrifiant à l'adresse des protestants. Midi! Grande agitation sur la Piazza. Esce la processione! Esce la processione! La procession sort! En tête venaient douze petits enfants, presque des bébés, se tenant par la main. Les uns en courtes tuniques blanches et des ailes d'ange comme les putti de Raphaël. D'autres, entièrement nus, décorés de guirlandes de pampres et de couronnes de roses autour du front, semblaient détachés d'un bas-relief grec. Puis venaient les Figlie di Maria, grandes et belles filles en robes blanches, aux longs voiles bleus, la médaille d'argent de la Madonna sur un ruban bleu autour du cou. Puis venaient les « *bizzocche* », en robes et voiles noirs, vieilles filles desséchées, restées fidèles à leur premier amour, Jésus! Puis venait la « congrega di carita », précédés de leur bannière, vieux bonhommes aux visages graves dans leurs tuniques noires et blanches, du temps de Savonarole.

La musica! La musica!

Alors venaient les musiciens dans leurs uniformes garnis de galons d'or du temps des Bourbons de Naples, précédés de leur tambour-major, soufflant de tous leurs poumons une polka enragée, morceau favori entre tous du saint, à ce que je compris.

Puis, entouré de tous les prêtres en vêtements de gala et salué de mille pétards, apparut Sant'Antonio debout sur son trône, la main tendue dans le geste de la bénédiction. Sa robe était couverte de dentelles de prix, parsemée de bijoux et d'ex-voto, son manteau de splendide brocatello ancien était retenu sur sa poitrine par une fibule de saphirs et de rubis. D'un rang de perles de verre multicolores autour de son cou pendait un corail énorme en forme de corne pour le protéger contre le mauvais œil. Sur les talons de Sant'Antonio je venais moi-même, tête nue, cierge en main, côte à côte avec le sindaco, honneur que m'avait accordé par permission spéciale l'archevêque de Sorrente. Puis venaient les conseillers municipaux, soulagés pour ce jour de leurs graves responsabilités. Puis venaient les notables d'Anacapri : le médecin, le notaire, l'apothicaire, le barbier, le marchand de tabac, le tailleur. Puis venait le peuple : marins, pêcheurs, contadini, suivis à distance respectueuse de leurs femmes et de leurs enfants. A la queue de la procession marchaient modestement une demi-douzaine de chiens, deux chèvres avec leurs chevreaux trottinant à côté d'elles et un ou deux cochons à la recherche de leurs propriétaires. Des maîtres de cérémonie spécialement choisis, leurs cannes dorées à la main, huissiers d'honneur au service du Saint, s'affairaient sans cesse tout le long de la procession pour maintenir l'ordre dans les rangs et régler l'allure. Tandis que la procession cheminait par les ruelles, des corbeilles entières de ginestra au parfum de miel, fleur préférée du Saint, étaient lancées de toutes les fenêtres. Le genêt s'appelle d'ailleurs Fiore di Sant'Antonio. De loin en loin une corde était tendue en travers de la rue d'une fenêtre à l'autre, et, à l'instant où le Saint passait, un ange en carton aux couleurs vives s'enfuyait en battant des ailes tout le long de la corde, à la grande joie de la foule. Devant San Michele la procession s'arrêtait et le Saint était déposé respectueusement sur une estrade préparée à son intention, pour un moment de repos. Le clergé essuyait la sueur de son front, la fanfare continuait à souffler fortissimo comme elle n'avait cessé depuis deux heures qu'elle était sortie de l'église. Sant'Antonio, du haut de son estrade, regardait avec bienveillance, tandis que mes gens lançaient des poignées de roses des fenêtres, que le vieux Pacciale sonnait les cloches de la chapelle et que Baldassare amenait le drapeau qui flottait sur le toit. C'était pour nous tous un grand jour, nous étions tous fiers de l'honneur qu'on nous faisait. Les chiens suivaient la scène de la pergola, bien élevés et corrects comme toujours, bien qu'un peu agités. Dans le jardin les tortues impassibles continuaient à méditer sur leurs affaires personnelles, et la mangouste était trop occupée pour donner cours à sa curiosité. La petite chouette, assise sur son perchoir, clignait des yeux en pensant à autre chose. Billy le païen était enfermé dans sa cabane où il faisait un vacarme infernal, criant à tue-tête, choquant sa bouteille contre sa timbale de fer-blanc, secouant sa chaîne, ébranlant ses barreaux et proférant les paroles les plus grossières.

Retour à la Piazza où Sant'Antonio, salué par une formidable détonation de pétard, était replacé dans sa châsse à l'église et toute la procession rentrait à la maison pour les macaroni. La fanfare s'attablait pour le banquet offert par les autorités sous la pergola de l'Hôtel Paradisio, une livre de macaroni par tête et vino à volonté. A quatre heures on ouvrait les portes de San Michele et une demi-heure plus tard tout le village se trouvait dans le jardin; riches et pauvres, hommes, femmes, enfants, nouveau-nés, estropiés, idiots, aveugles, boiteux; ceux qui ne pouvaient venir par eux-mêmes étaient portés sur les épaules des autres. Seul le clergé était absent, mais bien malgré lui. Épuisés par leur longue randonnée, les douze prêtres s'étaient affaissés dans leurs stalles du chœur derrière le maître-autel, en prières ferventes à Sant'Antonio, perceptibles peut-être pour le Saint lui-même dans sa châsse mais rarement pour ceux qui auraient jeté un coup d'œil dans l'église déserte et silencieuse. Une longue rangée de tables portant d'énormes piretti du meilleur vin de San Michele s'allongeait d'un bout à l'autre de la pergola. Le vieux Pacciale, Baldassare et Mastro Nicola étaient affairés à remplir les verres et Giovannina et Rosina et Élisa faisaient la tournée en offrant des cigares aux hommes, du café aux femmes, des gâteaux et des bonbons aux enfants. La fanfare qui, après entente avec les autorités, m'était prêtée pour l'après-midi, ne cessait pas une seconde de souffler dans ses instruments du haut de la loggia supérieure. La maison tout entière était ouverte, rien n'était sous clef, tous mes objets précieux se trouvaient à leur place ordinaire dans leur désordre apparent sur les tables, sur les chaises, et par terre. Plus de mille personnes se promenaient librement d'une pièce à l'autre, jamais rien ne fut touché, jamais rien ne manqua. Quand les cloches sonnaient *Ave Maria* la réception prenait fin, et chacun s'en allait avec force poignées de main, plus heureux que jamais. C'est bien pour cela que le vin est fait. La fanfare plus en forme que jamais marchait en tête vers la piazza. Les douze prêtres, reposés et rafraîchis par leur vigile à Sant'Antonio, attendaient déjà en formation serrée devant la porte de l'église. Le sindaco, les conseillers et les notables s'asseyaient sur la terrasse du Municipio. Les musiciens, hors d'haleine, se hissaient avec leurs instruments sur l'estrade érigée spécialement à cet effet. Le popolo se tenait sur la piazza serré comme des harengs. Le majestueux tambour-major levait son bâton, le « grand concerto » commençait. Rigoletto, Il Trovatore, Gli Ughenotti I Puritani, Il Ballo in Maschera, une sélection choisie de chansons napolitaines populaires, des polkas, des mazurkas, des menuets, des tarentelles se succédaient sans interruption à une cadence toujours accélérée jusqu'à onze heures où 2.000 lires de fusées, de chandelles romaines, de soleils et de pétards éclataient dans les airs à la gloire de Sant'Antonio. A minuit le programme officiel des réjouissances était épuisé mais les Anacapresi ne l'étaient point ni la fanfare. Personne n'allait se coucher, le village résonnait de chants, de rires et de musique toute la nuit. Evviva la gioia! Evviva il Santo! Evviva la musica!

La fanfare devait partir par le bateau du matin à six heures. En route pour la Marina elle s'arrêtait à l'aube sous les fenêtres de San Michele pour jouer en mon honneur leur « Serenata d'Addio » accoutumée. Je vois encore Henry James penché à sa fenêtre se tordant de rire dans son pyjama. La fanfare, au cours de la nuit, avait fondu lamentablement en nombre et en efficacité. Le tambour-major délirait. Deux des meilleurs hautboïstes avaient craché le sang, le basson avait eu une hernie, le gros tambour s'était disloqué l'omoplate droite, le cymbalier avait les deux tympans crevés. Deux autres membres de la fanfare, paralysés par l'émotion, durent être descendus à la Marina à dos d'âne. Les survivants, allongés au milieu du chemin, exhalaient dans un dernier souffle leur plaintive « Serenata d'Addio a San Michele ». Ranimés par une tasse de café noir, ils se relevaient péniblement sans un mot, et, avec un signe amical de la main, ils descendaient en titubant les marches phéniciennes jusqu'à la Marina. La festa di Sant'Antonio était terminée.

CHAPITRE XXXI

LA RÉGATE

C'était le cœur de l'été, une longue et radieuse journée de soleil immaculé. L'ambassade d'Angleterre était descendue de Rome établir son quartier général à Sorrente. Sur le balcon de l'Hôtel Vittoria l'ambassadeur était assis, coiffé de sa casquette marine, guettant à l'horizon à travers son monocle le mistral, qui caressait de son éventail le miroir étincelant du golfe. Dans le petit port à ses pieds « Lady Hermione », son bien-aimé cutter, dansait sur son ancre, aussi impatient que lui de partir.

Lord Dufferin l'avait dessiné et gréé lui-même avec une ingéniosité et une habileté technique merveilleuses en croiseur rapide à une place. Il disait souvent qu'il n'hésiterait pas à traverser l'Atlantique avec lui; il en était plus fier que de tous ses brillants succès diplomatiques. Il passait toutes ses journées sur son bateau; sa figure était aussi bronzée que celle d'un pêcheur de Sorrente. Il connaissait la côte de Civita Vecchia à Punta Licosa presque aussi bien que moi. Un jour il me porta un défi à courir jusqu'à Messine et me battit honteusement, par vent arrière et grosse mer, à sa grande joie.

« Attendez que j'aie mon nouveau hunier à pavillon et ma misaine de soie », lui dis-je.

Il adorait Capri, il trouvait que San Michele était le plus bel endroit qu'il eût jamais vu, et il en avait vu beaucoup; il savait peu de chose de la longue histoire de l'île, mais il était aussi avide qu'un écolier d'en savoir davantage.

J'explorais précisément à cette époque la Grotte bleue. Par deux fois Mastro Nicola m'avait retiré presque évanoui du fameux souterrain qui, d'après la légende, montait à travers les entrailles de la terre vers la villa de Tibère, à six cents pieds au-dessus de la plaine de Damecuta, corruption peut-être de « Domus Augusta ».

Je passais des journées entières dans la grotte où lord Dufferin venait souvent dans son you-you me voir travailler. Après une baignade délicieuse dans les eaux bleues nous restions assis pendant des heures, près du tunnel mystérieux, à parler de Tibère et des orgies de Capri. Je dis à l'ambassadeur que, tout comme les autres potins de Suétone, c'était une absurdité de prétendre que Tibère fût descendu à la grotte par le souterrain pour jouer avec ses garçons et ses filles avant de les étrangler. Le tunnel n'avait pas été creusé par la main de l'homme mais par la lente infiltration de l'eau de mer à travers la roche. Je m'y étais traîné à quatre pattes pendant plus de quatre-vingts mètres et m'étais convaincu, au péril de ma vie, qu'il ne menait nulle part. Que la grotte fût connue des Romains était attesté par de nombreuses traces de maçonnerie romaine. L'île s'étant affaissée d'environ seize pieds depuis lors, on entrait dans la grotte, en ce temps-là, par l'énorme voûte submergée qu'on aperçoit à travers l'eau transparente. La petite ouverture par laquelle il avait passé avec son you-you était à l'origine une fenêtre, servant à la ventilation de la grotte, qui naturellement n'était pas bleue à cette époque mais toute pareille aux autres grottes, si nombreuses dans l'île. L'assertion de Baedeker, que la Grotte bleue avait été découverte en 1826 par le peintre allemand Kopisch, était erronée. La grotte était connue au dix-septième siècle sous le nom de Grotta Gradula et fut découverte de nouveau en 1822 par le pêcheur Angelo Ferraro de Capri, à qui il fut même accordé une pension viagère pour sa découverte. Quand à la sinistre légende de Tibère, léguée à la postérité par les Annales de Tacite, je dis à Lord Dufferin que l'histoire n'avait jamais commis pire bévue que de vouer ce grand empereur à l'infamie sur le témoignage de son principal accusateur, « un détracteur de l'humanité », comme l'appelait Napoléon.

Tacite était un écrivain brillant mais ses *Annales* étaient un roman historique, non de l'histoire. Il avait dû insérer au hasard ses vingt lignes sur les orgies de Capri pour compléter le tableau du tyran type de l'école rhétoricienne à laquelle il appartenait. On n'avait aucune peine à découvrir la source plus que suspecte d'où il avait tiré ses honteuses rumeurs. Il ressortait d'ailleurs de ma « Psychological study of Tiberius » qu'elle ne se rapportait même pas à la vie de l'empereur à Capri. Que Tacite lui-même n'ajoutait pas foi aux orgies de Capri est évident d'après son propre récit, puisqu'elles n'affaiblissent en rien son opinion générale de Tibère comme grand empereur et grand homme, « admirable de caractère et tenu en grande estime », pour employer ses propres paroles. Même Suétone raconte ses histoires les plus dégoûtantes en faisant remarquer qu'elles sont « à peine racontables et encore moins vraisemblables ». Avant la publication des *Annales* – quatre-vingts ans après la mort de Tibère – il n'y avait pas dans l'histoire de Rome un homme d'État qui eût laissé une aussi belle réputation de vie noble et sans taches que le vieil empereur. Aucun des divers historiographes de Tibère, dont quelques-uns, ses contemporains, placés au premier rang pour recueillir tous les bavardages des mauvaises langues de Rome, n'a fait la moindre allusion aux orgies de Capri. Philon, le Juif pieux et érudit, parle clairement de la vie pure et simple que Caligula dut mener lors de son séjour auprès de son grand-père adoptif à Capri. Même Suétone le chacal, oubliant le sage précepte de Quintilien qu'un menteur doit avoir bonne mémoire, laisse échapper que Caligula, entraîné dans quelque débauche à Capri, dut se déguiser avec une perruque pour échapper à l'œil sévère du vieil empereur. Sénèque, le flagellateur du vice, et Pline, – tous deux ses contemporains – parlent de l'austère solitude de Tibère à Capri. Dion Cassius, il est vrai, fait quelques légères allusions à ces vilaines rumeurs mais ne peut s'empêcher de remarquer lui-même les contradictions inexplicables dans lesquelles il tombe. Juvénal lui aussi, cet amateur de scandale, parle de la vieillesse tranquille de l'empereur dans son île, au milieu de ses doctes amis et de ses astronomes. Plutarque, le sévère défenseur de la morale, parle de la solitude si digne du vieillard pendant les dix dernières années de sa vie. Voltaire avait déjà compris que l'histoire des orgies de Capri était absolument inadmissible. Tibère était dans sa soixante-huitième année lorsqu'il se retira de Capri, après une existence de moralité parfaite de l'aveu même de ses pires ennemis. Le diagnostic possible de quelque sinistre démence sénile est exclu par le fait que tous les auteurs ont admis que le vieillard était en pleine possession de sa santé et de sa vigueur mentale jusqu'à sa mort, dans sa soixante-dix-neuvième année. D'ailleurs la folie qui courait dans les veines des Julien était absente de celles de Claude. Sa vie dans l'île fut celle d'un vieillard solitaire, maître fatigué d'un monde ingrat, idéaliste taciturne et amer au cœur brisé (un hypocondriaque, aurait-on dit peut-être aujourd'hui), sa magnifique intelligence et son exceptionnel sens de l'humour ayant survécu à sa foi en l'humanité. Il se méfiait de ses contemporains, il les méprisait, et ce n'est pas étonnant car les hommes et les femmes en qui il eut confiance le trahirent presque tous. Tacite a noté les paroles par lesquelles, l'année avant sa retraite à Capri, il rejeta la pétition ayant pour objet de lui élever un temple où on l'eût adoré comme un Dieu, ainsi qu'il avait été fait pour Auguste. Quel autre que le compilateur des *Annales*, le brillant maître du sarcasme et de l'insinuation subtile, aurait eu l'audace de citer en ricanant l'appel si grave du vieil empereur à un jugement équitable de la postérité :

« Quant à moi, Pères conscrits, je vous déclare que je ne suis rien de plus qu'un mortel et que je remplis seulement mes devoirs d'homme; qu'il me suffit d'occuper dignement la première place parmi vous; je désire que ceci ne soit pas oublié de ceux qui vivront après moi. Ils rendront justice, et plus que justice, à ma mémoire s'ils jugent que j'ai été digne de mes ancêtres, soucieux de vos intérêts, ferme dans le danger, inébranlable devant les inimitiés rencontrées, au service du pays. Voilà les temples que j'aimerais élever dans vos cœurs, voilà les plus belles statues et celles qui dureront le plus. Quand aux monuments de pierre, si le jugement de la postérité se tourne en haine, ils ne sont plus que des sépulcres déshonorés.

« J'invoque donc les dieux, pour qu'ils m'accordent jusqu'à la fin de mes jours un cœur ferme et conscient de mes devoirs envers eux et envers l'humanité; et je demande donc à nos concitoyens et à nos alliés, lorsque j'aurai quitté cette terre, d'honorer ma vie et mon nom de leur approbation et de leur souvenir bienveillant. »

Nous grimpâmes jusqu'à Damecuta. Le vieil empereur savait ce qu'il faisait en y construisant sa plus grande villa; après San Michele, Damecuta jouit de la plus belle vue dans l'île de Capri.

Je dis à l'ambassadeur que de nombreux fragments découverts ici étaient devenus la propriété de son collègue Sir William Hamilton, ambassadeur d'Angleterre à Naples à l'époque de Nelson, et se trouvaient maintenant au British Museum. Beaucoup d'autres étaient encore cachés sous les vignes; je comptais l'été prochain faire des fouilles sérieuses, la vigne m'appartenait maintenant. Lord Dufferin ramassa un bouton de soldat rouillé, parmi les débris de mosaïque et de marbre de couleur. Tirailleurs corses! Oui, deux cents tirailleurs corses campèrent ici en 1808, mais malheureusement le gros de la garnison anglaise à Anacapri consistait en troupes maltaises, qui se retirèrent en désordre lorsque les Français attaquèrent le camp. Comme nous regardions les falaises du côté d'Orico je montrai à l'ambassadeur le point où les Français avaient débarqué et escaladé le rocher escarpé; nous tombâmes d'accord que c'était véritablement une entreprise merveilleuse. Certes oui, les Anglais s'étaient battus, avec leur bravoure habituelle, mais avaient dû se retirer à la faveur de la nuit sur l'emplacement actuel de San Michele, où leur commandant, le major

Hamill, Irlandais comme lui-même, était mort de ses blessures; il repose au cimetière d'Anacapri. Le petit canon qu'ils durent abandonner, dans leur retraite forcée vers Capri par les marches phéniciennes, est encore dans mon jardin. Au lever du jour les Français ouvrirent le feu sur Capri des hauteurs de Monte Solaro; on a peine à comprendre comment ils s'y prirent pour y amener un canon.

Le commandant anglais établi dans la « Casa inglese » à Capri ne put que signer l'acte de reddition. L'encre était à peine sèche que la flotte anglaise, retardée par le calme derrière les îles Ponza, apparut au large. L'acte de reddition portait le nom d'un homme exeptionnellement malchanceux, le futur geôlier de l'aigle captif dans une autre île, Sir Hudson Lowe.

Comme nous traversions le village pour aller à San Michele, je désignai du doigt une modeste maison dans un petit jardin et je dis à l'ambassadeur que la propriétaire était une tante de la Bella Margherita, la beauté d'Anacapri. La tante avait épousé un « milord inglese » qui, si je ne me trompais, était un de ses parents. Oui, il se rappelait bien qu'un de ses cousins avait épousé une petite paysanne italienne, à la consternation de sa famille et qu'il l'avait emmenée en Angleterre, mais il ne l'avait jamais vue et ignorait ce qu'elle était devenue depuis la mort de son mari. Il était prodigieusement intéressé et voulut que je lui dise tout ce que je savais d'elle, ajoutant qu'il en savait assez sur son mari. Je lui dis que c'était avant mon époque, je ne l'avais connue que longtemps après son retour d'Angleterre, déjà veuve et âgée. Tout ce que je pouvais lui dire, je le tenais du vieux Don Crisostomo, qui avait été son confesseur et son tuteur. Naturellement elle ne savait ni lire ni écrire mais, avec la vivacité d'esprit des Capresiens, elle avait vite appris un peu d'anglais. Afin de la préparer à vivre en Angleterre comme épouse d'un milord inglese on avait chargé Don Crisostomo, qui était un homme instruit, de lui donner quelques leçons sur des sujets divers en vue d'agrandir le champ de sa conversation. La grâce et les bonnes manières elle les possédait déjà, par droit de naissance, comme toutes les filles de Capri. Quand à sa beauté on pouvait sans crainte se fier à l'affirmation de Don Crisostomo qu'elle était la plus jolie fille d'Anacapri, car je l'avais toujours regardé comme un fin connaisseur. Tous ses efforts pour l'intéresser à quoi que ce fût d'étranger à son île ayant échoué, on résolut de limiter son instruction à l'histoire de Capri, pour lui donner au moins un sujet de conversation avec les siens. Elle écoutait avec gravité les histoires terribles sur Tibère, comment il avait précipité ses victimes du Salto di Tiberio, griffé la figure d'un pêcheur avec les pinces d'un crabe, étranglé des petits garçons et des petites filles dans la Grotte bleue. Comment son petit-fils Néron avait fait battre à mort sa propre mère par ses rameurs devant l'île, comment son neveu Caligula avait noyé des milliers de personnes près de Pozzuoli. A la fin elle dit dans son patois inimitable : « Ils devaient être bien méchants tous ces gens-là! Rien que des camorristi! »

« Je pense bien », dit le professeur, « ne m'avez-vous pas entendu dire que Tibère avait étranglé les garçons et les filles dans la Grotte bleue? Que... »

« Sont-ils tous morts? »

« Oui, bien sûr, il y a près de deux mille ans. »

« Mais alors, de grâce, pourquoi nous faire du souci pour eux? Laissons-les donc tranquilles », dit-elle, avec son sourire enchanteur.

Ainsi son instruction prit fin.

Après la mort de son mari elle était revenue à son île, et avait glissé peu à peu vers la vie simple de ses ancêtres dont la lignée était de deux mille ans plus ancienne que celle de son milord inglese. Nous la trouvâmes assise au soleil dans sa pergola, un rosaire à la main et un chat sur les genoux, matrone romaine pleine de dignité, majestueuse comme la mère des Gracques. Lord Dufferin baisa sa main avec la courtoisie d'un vieux courtisan. Elle avait oublié presque tout son anglais, était retournée au patois de son enfance, et l'italien classique de l'ambassadeur était aussi inintelligible pour elle que pour moi.

« Dites-lui », me dit Lord Dufferin comme nous nous levions pour partir, « dites-lui de ma part qu'elle est au moins aussi grande dame que son milord inglese fut grand seigneur. »

L'ambassadeur désirait-il connaître sa nièce, la Bella Margherita? Certes, il ne demandait pas mieux.

La Bella Margherita nous reçut avec son charmant sourire et un verre du meilleur vin du parroco, et le vieux monsieur galant fut enchanté de reconnaître leur cousinage par un baiser retentissant sur sa joue rose.

La régate tant attendue devait avoir lieu le dimanche suivant; un parcours triangulaire, Capri, Le Pausilippe, Sorrente, où le vainqueur recevait la coupe des mains de Lady Dufferin. Mon magnifique cutter « Lady Victoria », tout en bois de teck et acier, était le plus beau bateau que l'Écosse pût construire, prêt à toutes les épreuves, sûr par tous les temps en bonnes mains; or s'il y a une chose que je sais bien, c'est gouverner un bateau. Nos petits cutters étaient jumeaux, les deux filles de Lord Dufferin les avaient baptisés. Nos chances étaient à peu près égales. Par forte brise et grosse mer je perdrais probablement, mais je mettais mon espoir dans mon hunier à pavillon, tout neuf, et mon spinnaker de soie, pour enlever la coupe par vent léger et mer calme. Les nouvelles voiles étaient arrivées d'Angleterre pendant que j'étais encore à Rome, elles avaient été suspendues à l'abri dans une pièce réservée, sous la garde exclusive du vieux Pacciale, celui de mes serviteurs en qui j'avais le plus confiance. Il savait bien l'importance de sa mission, il dormait avec la clef sous son oreiller et ne permettait à personne l'entrée du sanctuaire. Bien qu'il fût devenu dans ces dernières années un fossoyeur passionné, son cœur appartenait toujours à la mer, où il avait vécu et souffert depuis son enfance comme « pescatore di coralli. » A cette époque, avant que la calamité américaine ne se fût abattue sur Capri, presque toute la population mâle pêchait le corail en « Barbaria », entre Tunis et Tripoli. C'était un métier terrible, plein de tribulations, de privations et même de dangers, car beaucoup d'entre eux ne retournaient jamais à leur île. Il fallut à Pacciale vingt années de labeur à la mer pour amasser les trois cents lires indispensables à un homme pour prendre femme. Cent pour les bateaux et les filets, deux cents pour le lit, les deux chaises, un costume du dimanche pour le mariage; la Madonna pourvoirait au reste. La jeune fille attendait des années, filant et tissant le linge de maison qu'elle était tenue de fournir. Pacciale comme tout le monde avait hérité de son père une bande de terre; la sienne n'était que du roc dénudé au bord de la mer, à mille pieds au-dessous de Damecuta. La terre il l'avait portée dans des paniers sur son dos, d'année en année, jusqu'à ce que le sol fût suffisamment profond pour y planter quelques vignes et des cactus Opuntia [1].

Il ne faisait jamais une goutte de vin car les jeunes grappes étaient régulièrement brûlées par l'embrun salé quand le vent soufflait le suroît. Parfois il rentrait à la maison avec quelques pommes de terre nouvelles, les premières à mûrir dans l'île, qu'il m'offrait avec beaucoup de fierté. Il passait tous ses moments de liberté dans sa masseria, grattant le rocher de son gros hoyau, ou assis sur une pierre à regarder la mer, sa pipe de terre à la bouche. Parfois je dégringolais la falaise abrupte, où une chèvre aurait hésité à poser le pied, pour lui rendre visite, à sa grande joie. Juste sous nos pieds se trouvait une grotte inaccessible de la mer, presque inconnue même aujourd'hui, à demi obscure et où pendaient d'énormes stalactites. A en croire Pacciale la grotte avait été habitée au temps jadis par un lupomanaro, le loup-garou mystérieux qui hante encore

1. *Vulg. figuier de Barbarie.*

l'imagination des insulaires presque autant que Tibère lui-même. Je savais que la dent fossile que j'avais trouvée sous le sable dans la caverne était la dent d'un grand mammifère, qui s'était couché là pour mourir, quand l'île était encore reliée au continent, et que les débris de silex et d'obsidienne étaient des fragments d'outils de l'homme primitif. Peut-être même un Dieu y avait-il vécu, car la grotte fait face à l'est, et Mithras, le dieu Soleil, était souvent vénéré ici.

Mais il n'y avait pas de temps pour explorer la grotte. Toutes mes pensées étaient absorbées par la régate qui approchait. J'avais fait savoir à Pacciale que j'allais venir examiner mes voiles neuves après déjeuner. La chambre aux voiles était ouverte mais, à ma surprise, le vieux Pacciale n'était pas là pour me recevoir. Je pensai m'évanouir tandis que je dépliais une à une les voiles neuves. Il y avait un gros accroc dans mon jackyard, mon spinnaker de soie, qui devait enlever la coupe, était presque partagé en deux, le jib de course était souillé et en lambeaux. Quand je recouvrai la parole je hurlai : Pacciale! Il ne vint pas. Je me précipitai hors de la chambre aux voiles et le trouvai enfin, debout contre le mur du jardin. Fou de rage je levai la main pour le frapper. Il ne bougea pas, ne proféra pas un son, il pencha simplement la tête et étendit ses bras horizontalement contre le mur. Ma main retomba; je savais ce que cela voulait dire, j'avais déjà vu cela. Cela voulait dire qu'il allait souffrir et qu'il était innocent, c'était la Crucifixion de Notre-Seigneur qu'il reproduisait avec ses bras étendus et sa tête penchée. Je lui parlai le plus doucement que je pus mais il ne prononça pas une parole, il ne bougea pas de sa croix d'agonie. Je mis la clef de la chambre aux voiles dans ma poche et je fis venir tous mes gens. Personne n'était allé dans la chambre aux voiles, personne n'avait rien à dire, mais Giovannina se cacha la figure dans son tablier et se mit à pleurer. Je l'emmenai dans ma chambre et réussis à très grand-peine à la faire parler. J'aimerais pouvoir rapporter mot à mot l'histoire touchante telle qu'elle me la conta à travers ses sanglots. Elle faillit me faire pleurer moi-même quand je me rappelai que j'avais été sur le point de frapper le pauvre vieux Pacciale. C'était arrivé deux mois avant, le premier mai, quand nous étions encore à Rome. Vous vous rappelez peut-être le fameux premier mai d'il y a bien des années, lorsqu'il devait se produire un soulèvement populaire dans tous les pays d'Europe, une ruée sur les riches, la destruction de leurs biens maudits. Voilà du moins ce que disaient les journaux, et plus le journal était petit plus grande était l'imminente calamité. Le plus petit des journaux était la « Voce di San Gennaro » que Maria

Porta-Lettere apportait deux fois par semaine, dans son panier à poisson, au Parroco, pour être passé de main en main parmi les intellectuels; faible écho des événements du monde extérieur résonnant dans la paix arcadienne d'Anacapri. Mais ce ne fut pas un faible écho qui atteignit cette fois l'oreille des intellectuels à travers les colonnes de la « Voce di San Gennaro », ce fut un coup de tonnerre, tombé du ciel bleu, qui secoua tout le village. C'était le cataclysme universel depuis longtemps prédit pour le premier mai. Enrôlées par Il Demonio, les hordes sauvages d'Attila devaient piller les palais des riches, brûler, détruire leurs biens. C'était le commencement de la fin, castigo di Dio! Castigo di Dio! La nouvelle se répandit comme un ouragan de feu dans tout Anacapri. Le Parroco cacha les joyaux de Sant'Antonio et les vases sacrés de l'église sous son lit, les notables traînèrent leurs biens meubles dans leurs caves à vin. Le popolo se rua sur la Piazza, hurlant que leur Saint Patron fût extrait de sa châsse et porté par les rues pour les protéger. Vers le soir du jour fatal Pacciale alla consulter le Parroco. Baldassare y était déjà allé et était reparti rassuré par le Parroco que les brigands ne se soucieraient certainement pas le moins du monde des pierres brisées, de la vieille vaisselle et de la « roba antica » du signor Dottore. Baldassare ferait tout aussi bien de laisser traîner tout ce fatras où il était. Quant à Pacciale, qui avait la responsabilité des voiles, il était en bien plus mauvaise posture, dit le Parroco. Si les brigands devaient envahir l'île il leur fallait venir en bateau et des voiles étaient un butin de valeur considérable pour des gens de mer. Les cacher dans la cave à vin serait courir un trop gros risque car les gens de mer étaient également friands de bon vin. Pourquoi ne pas les descendre à sa masseria solitaire, sous la falaise de Damecuta, c'était leur vraie place, les brigands ne risqueraient sûrement pas leurs os au fond de ce précipice pour aller les y prendre.

A la nuit, Pacciale, son frère et deux sûrs « compagni », armés de lourdes matraques, traînèrent mes voiles neuves en bas vers la masseria. La nuit était orageuse, bientôt il plut à torrents, la lanterne s'éteignit; au péril de leur vie ils se frayèrent un chemin à tâtons jusqu'au pied de la falaise glissante. A minuit ils atteignirent la masseria et déposèrent leur fardeau dans la grotte du lupomanaro. Ils y restèrent assis toute la journée du 1er mai sur leurs paquets de voiles trempées, chacun à son tour montant la garde, debout à l'entrée de la caverne. Vers le coucher du soleil Pacciale décida d'envoyer son frère, qui n'y tenait guère, faire une reconnaissance au village sans s'exposer à des risques inutiles. Il revint au bout de trois heures et déclara qu'il n'y avait pas trace de brigands, tout allait comme d'habitude. Tout le monde était sur la piazza, des cierges brûlaient devant les autels dans l'église. Sant'Antonio devait sortir sur la piazza recevoir les actions de grâces d'Anacapri pour avoir une fois de plus sauvé le village de la destruction. A minuit l'équipe sortit en rampant de la grotte et regrimpa au village avec mes voiles trempées. Lorsque Pacciale découvrit le désastre il voulut se noyer, ses filles dirent qu'elles n'osèrent pas le quitter de vue pendant plusieurs jours et plusieurs nuits. Depuis il n'avait plus été le même, il ne parlait presque jamais. Je l'avais moi-même remarqué et lui avais demandé plusieurs fois ce qu'il avait. Bien avant que Giovannina eût achevé sa confession toute trace de colère m'avait quitté, je recherchai Pacciale par tout le village pour le lui dire. Je le trouvai en bas dans sa masseria, assis sur sa pierre habituelle, les yeux perdus sur la mer selon sa coutume. Je lui dis que j'étais honteux d'avoir levé la main pour le frapper. C'était tout de la faute du Parroco. Je me fichais pas mal des voiles neuves, les vieilles étaient assez bonnes pour moi. Je comptais partir pour une longue croisière le lendemain, il viendrait avec moi et nous oublierions tout. Il savait que son métier de fossoyeur ne m'avait jamais plu, il valait mieux passer ça à son frère et retourner à la mer. De ce jour il était promu mon matelot, responsable du cutter. Gaetano s'était deux fois enivré à mort en Calabre et avait failli nous envoyer au fond ; de toute façon je comptais le remercier.

Quand nous fûmes de retour, je lui fis endosser le jersey neuf, à peine arrivé d'Angleterre, avec LADY VICTORIA R. C. Y. en lettres rouges sur sa poitrine. Jamais plus il ne l'enleva, il vécut avec, il mourut avec. Quand je rencontrai Pacciale pour la première fois il était déjà un vieil homme, vieux de combien d'années ? Il ne savait pas, ni ses filles non plus, ni personne. J'avais essayé en vain de trouver trace de sa naissance dans le registre officiel du Municipio. Il avait été oublié dès le commencement. Mais il ne sera jamais oublié de moi. Je me le rappellerai toujours comme le plus honnête homme, le plus droit, le plus ingénu que j'aie jamais rencontré en aucun pays, dans aucune position sociale ; doux comme un enfant. Ses propres enfants m'avaient dit que jamais ils ne lui avaient entendu dire un mot rude ou méchant à leur mère ou à eux-mêmes. Il était bon même pour les animaux, il avait l'habitude de descendre de pleines poches de miettes de pain pour nourrir les oiseaux de sa vigne, il était le seul homme dans l'île qui n'eût jamais piégé un oiseau ou rossé un âne. Un vieux serviteur dévoué abolit le nom de maître, il était devenu mon ami, l'honneur était pour moi, il était un bien meilleur homme que moi. Bien qu'il appartînt à un autre monde que moi, un monde qui m'était presque inconnu, nous nous comprenions parfaitement. Durant les longs jours et les longues nuits où nous fûmes seuls sur la mer il m'apprit bien des choses que je n'avais point lues dans les livres ni entendues sur des lèvres d'autres hommes. C'était un taciturne, la mer depuis longtemps lui avait enseigné son silence. Ses pensées étaient peu nombreuses et tant mieux pour lui. Mais sa parole était remplie de poésie et la simplicité archaïque de ses métaphores était purement grecque. Beaucoup de ses mots mêmes étaient grecs, il se les rappelait du temps où il avait navigué le long de cette même rive parmi l'équipage du vaisseau d'Ulysse. Quand on était à la maison il continuait sa vie habituelle à travailler dans mon jardin ou en bas dans sa chère masseria au bord de la mer. Je n'aimais guère ces expéditions de haut en bas et de bas en haut de la falaise escarpée, il me semblait que ses artères devenaient bien dures et souvent il revenait de sa longue grimpée plutôt hors d'haleine. A part cela il paraissait toujours le même, ne se plaignait jamais de rien, mangeait ses macaroni avec son appétit ordinaire et était sur ses jambes de l'aube au coucher du soleil. Tout d'un coup un jour il refusa de manger, nous essayâmes de le tenter avec toutes sortes de choses mais il dit non. Il admit qu'il se sentait « un poco stanco », un peu fatigué, et sembla tout à fait satisfait de rester assis pendant deux jours sous la pergola à regarder au loin sur la mer. Puis il insista pour descendre à sa masseria, ce fut à grand-peine que je le persuadai de rester avec nous. Je ne crois pas qu'il sût lui-même pourquoi il voulait aller là-bas mais moi je le savais bien. C'était l'instinct de l'homme primitif qui l'y poussait pour se cacher des autres hommes et se coucher derrière un rocher pour mourir, ou sous un buisson ou dans la grotte où, il y a bien des millénaires, d'autres hommes primitifs s'étaient couchés pour mourir. Vers midi il dit qu'il aimerait s'étendre un petit moment sur son lit, lui qui n'était jamais resté sur son lit un seul jour de sa vie. Je lui demandai plusieurs fois dans l'après-midi comment il se sentait, il me répondit : « Très bien, merci. » Vers le soir je fis déplacer son lit vers la fenêtre d'où il put voir le soleil descendre dans la mer. Quand je revins après l'Ave Maria toute la maisonnée, son frère, « ses compagni », étaient assis autour de la chambre. Personne ne leur avait dit de venir, je ne savais pas moi-même que ce fût si proche. Ils ne parlaient pas, ils ne priaient pas; ils restèrent simplement là, assis, immobiles, toute la nuit. Selon la coutume, personne ne se tenait près du lit. Le vieux Pacciale restait là allongé, parfaitement immobile et paisible à regarder au loin sur la mer. Tout cela était si simple, si solennel, juste comme cela doit être lorsqu'une vie va finir. Le prêtre arriva avec les derniers sacrements. Le vieux Pacciale fut prié de confesser ses péchés et de demander pardon. Il dit oui de la tête et baisa le crucifix. Le prêtre lui donna l'absolution. Dieu Tout-Puissant approuva d'un sourire et dit que le vieux Pacciale était le bienvenu au ciel. Je croyais qu'il y était déjà quand tout d'un coup il leva la main et me caressa la joue doucement, presque timidement :

« Siete buono come il mare », murmura-t-il.

Bon comme la mer! – Je n'écris pas ici ces mots avec orgueil mais avec émerveillement. D'où ces mots venaient-ils? Assurément ils venaient de loin, ils venaient comme un écho d'un âge d'or oublié depuis longtemps, lorsque Pan vivait encore, lorsque, dans la forêt, les arbres pouvaient parler, et que les vagues de la mer pouvaient chanter, lorsque les hommes pouvaient écouter et comprendre.

CHAPITRE XXXII

LE COMMENCEMENT DE LA FIN

J'ai été absent de San Michele toute une année; que de temps gaspillé! Je suis revenu ayant perdu un œil, inutile d'en dire plus long, c'était sans doute en prévision d'une telle éventualité que j'ai débuté dans la vie avec deux yeux. Je suis revenu un tout autre homme. Il me semble que je regarde l'univers, avec le seul œil qui me reste, sous un angle différent. Je ne vois plus ce qui est laid et sordide mais seulement ce qui est beau, doux et pur. Même les hommes et les femmes qui m'entourent ne me paraissent plus les mêmes qu'autrefois. Par une curieuse illusion d'optique je ne les vois plus tels qu'ils sont mais tels qu'ils devraient être, tels qu'ils auraient voulu être si on leur en avait laissé la chance. Je puis voir encore de mon œil aveugle pas mal d'imbéciles se pavaner autour de moi, mais ils ne paraissent pas irriter mes nerfs comme autrefois; leur bavardage m'est indifférent, laissez-les parler. Pour le moment je ne puis aller plus loin; si je dois jamais parvenir à aimer mes semblables je crains qu'il ne me faille d'abord perdre l'autre œil aussi. Je ne puis leur pardonner leur cruauté envers les animaux. Je pense qu'une sorte d'évolution à rebours s'opère dans mon cerveau, qui m'entraîne de plus en plus loin des autres hommes et m'attire de plus en plus près de Mère Nature et des animaux.

Tous ces hommes et toutes ces femmes qui m'entourent me paraissent aujourd'hui compter beaucoup moins dans le monde qu'autrefois. J'ai l'impression d'avoir perdu trop de temps avec eux, de pouvoir me passer d'eux aussi bien qu'ils se passent de moi. Je sais fort bien qu'ils n'ont plus besoin de moi. Mieux vaut filer à l'anglaise [1] avant d'être mis à la porte, j'ai bien d'autres choses à

1. *En français dans le texte.*

317

faire et il ne me reste peut-être plus beaucoup de temps. Mon vaga-bondage par le monde à la recherche du bonheur est fini; mon existence de docteur à la mode, finie; ma vie sur la mer, finie. Je vais rester ici pour de bon et tâcher de m'en contenter. Mais me sera-t-il même permis de rester ici à San Michele? Toute la baie de Naples est étendue à mes pieds, étincelante comme un miroir; les colonnes sur la pergola, les loggias et la chapelle flamboient dans la lumière. Qu'adviendra-t-il de moi si je ne puis soutenir son éclat? J'ai renoncé à lire et à écrire, je me suis mis à chanter; je ne chantais pas quand tout allait bien; j'apprends aussi à écrire à la machine, passe-temps utile et agréable, me dit-on, pour un homme qui n'a qu'un œil. Chaque coup de marteau de ma machine frappe à la fois le M. S. [1] et mon crâne d'un coup mortel qui écrase toutes les pensées à mesure qu'elles s'aventurent hors de mon cerveau. D'ailleurs penser n'a jamais été mon fort, il me semble que je réussis bien mieux sans penser. Il y avait une grande voie qui menait de mon cerveau à ma plume. Toutes les pensées dont j'ai pu disposer se frayaient un chemin par cette voie depuis qu'elles commencèrent à connaître l'alphabet. Il n'est pas surprenant qu'il leur arrive de s'égarer dans ce labyrinthe américain d'engrenages et de roues! Entre parenthèses, je ferais bien d'avertir le lecteur que je prends seulement la respon-sabilité de ce que j'ai écrit ici de ma propre main et non de ce que j'ai élaboré à l'aide de la Corona Typewriting Company; je serais curieux de savoir lequel des deux mon lecteur préférera.

Mais si jamais j'apprends à me tenir sur ce turbulent Pégase je compte chanter une humble chanson à mon bien-aimé Schubert, le plus grand chanteur de tous les temps, pour le remercier de ce que je lui dois. Je luis dois tout. Même quand j'étais couché, des semaines et des semaines dans l'obscurité, avec peu d'espoir d'en sortir jamais, je me fredonnais à moi-même ses mélodies, l'une après l'autre, pareil à l'écolier qui siffle en traversant la forêt obscure comme s'il n'avait pas peur. Schubert avait dix-neuf ans lorsqu'il composa la musique pour l'*Erlkönig* de Gœthe et la lui envoya avec une humble dédicace. Je ne pardonnerai jamais au plus grand poète des temps modernes de n'avoir pas adressé un mot de remerciement à l'homme qui rendit son « Roi des Aulnes » immortel! Ce même Gœthe qui avait tout le temps d'écrire des lettres de remerciement à Zelter pour sa musique médiocre. Le goût musical de Gœthe était aussi mauvais que son goût artistique; il passa une année en Italie sans rien comprendre à l'art gothique; la sévère beauté des

1. *Manuscrit.*

primitifs était incompréhensible pour lui, Carlo Dolce et Guido Reni étaient ses idéals. Même l'art grec le plus pur le laissa froid; l'Apollon du Belvédère passait avant tout. Schubert ne vit jamais la mer et pourtant aucun compositeur, aucun peintre, aucun poète excepté Homère, ne nous a fait comprendre comme lui sa calme splendeur, son mystère et sa fureur. Il ne vit jamais le Nil et pourtant l'ouverture de son magnifique *Memnon* aurait pu retentir dans le temple de Luxor. L'art et la littérature helléniques lui étaient inconnus, sauf pour le peu que son ami Mayerhofer avait pu lui en dire, et pourtant son *Die Götter Griechenlands*, son *Prometheus*, son *Ganymede*, son *Fragment aus Aeschylus* sont des chefs-d'œuvre de l'âge d'or de l'Iliade. Il ne fut aimé d'aucune femme et pourtant jamais cri de passion plus déchirant que sa *Gretchen am Spinnrade*, jamais résignation plus touchante que sa *Mignon*, ne sont parvenus à nos oreilles, et jamais on ne chanta plus douce chanson d'amour que sa *Ständchen*. Il avait trente et un ans lorsqu'il mourut, misérablement pauvre comme il avait vécu. Lui qui avait écrit *An die Musik* n'avait même pas un piano pour lui! Après sa mort tous ses biens terrestres, ses vêtements, ses quelques livres, son lit, furent vendus à l'encan pour soixante-trois florins. Dans un sac usagé sous son lit on trouva une vingtaine d'autres chansons immortelles, qui valaient plus que tout l'or des Rothschild dans leur Vienne où il vécut et mourut.

Le printemps une fois encore est revenu, l'air en est rempli. Les genêts sont en fleur, le myrte bourgeonne, les vignes jettent des pousses, des fleurs partout. Les roses et les chèvrefeuilles grimpent sur les fûts des cyprès et les colonnes de la pergola. Anémones, crocus, jacinthes sauvages, violettes, orchidées, cyclamens surgissent de l'herbe au doux parfum. Des touffes de Campanula gracilis et de Lithospermum d'un bleu profond, aussi bleu que la Grotte bleue, jaillissent de la roche même. Les lézards se pourchassent parmi le lierre. Les tortues galopent, chantant entre elles à tue-tête – peut-être ignorez-vous que les tortues chantent? – La mangouste est plus agitée que jamais. La petite chouette de Minerve bat des ailes comme pour s'envoler à la recherche d'un ami dans la campagne romaine. Barbarossa, le gros chien de Maremma, a disparu pour ses affaires personnelles; même mon vieux Tappio branlant paraît assez disposé à faire une petite fugue en Laponie. Billy va et vient sous son figuier en clignant de l'œil, avec l'allure bien connue d'un jeune galant en quête d'aventures. Giovannina a de longs entretiens derrière le mur du jardin avec son amoroso bronzé; rien à dire, ils vont se marier après Sant'Antonio. La montagne sacrée au-dessus de San Michele est pleine d'oiseaux en route pour leur pays où ils vont faire leur nid et élever leurs petits. Quelle joie pour moi qu'ils puissent s'y reposer en paix! Hier j'ai ramassé une pauvre petite alouette, tellement épuisée par son long voyage sur la mer qu'elle n'essaya même pas de s'envoler, elle resta parfaitement immobile dans la paume de ma main, comme si elle comprenait que c'était celle d'un ami, peut-être d'un compatriote. Je lui demandai de bien vouloir me chanter une chanson avant son départ; de tous les chants d'oiseaux c'est le sien que je préfère; mais elle me répondit qu'elle n'avait pas de temps à perdre, elle devait se hâter pour rentrer en Suède inaugurer le printemps.

Depuis plus d'une semaine la voix flûtée d'un loriot doré résonne dans mon jardin. L'autre jour j'aperçus son épouse qui se cachait dans un taillis de lauriers. Aujourd'hui j'ai vu leur nid, une merveille d'architecture d'oiseau. Il y a également beaucoup de battements d'ailes et un doux susurrement de voix d'oiseaux dans le buisson de romarin contre la chapelle. Je prétends n'en rien savoir, mais je crois bien qu'on s'aime quelque peu par là. Je me demande quel oiseau ce peut être? Hier au soir le secret se révéla car au moment où j'allais me coucher, un rossignol se mit à chanter sous ma fenêtre la Sérénade de Schubert

Leise flehen meine Lieder
Durch die Nacht zu dir
In den stillen Hain hernieder
Liebchen, Komm zu mir.

« Quelle belle fille est devenue Peppinella! » pensais-je en m'endormant; « je me demande si Peppinella... »

DANS LA VIEILLE TOUR

I

L'histoire de San Michele s'arrête brusquement ici au moment même de commencer, fragment informe, privé de sens. Elle se termine parmi les battements d'ailes et les pépiements, d'oiseaux, dans une atmosphère parfumée de printemps. Plaise à Dieu que l'histoire de ma vie manquée se termine de même parmi les chants d'oiseaux devant ma fenêtre et sous un ciel étincelant de lumière. Je pense si souvent à la mort ces derniers temps, je ne sais pourquoi. Le jardin est encore plein de fleurs, les papillons et les abeilles volettent encore, les lézards se soleillent encore dans le lierre, la terre regorge encore de toute vie des choses qui rampent. Pas plus tard qu'hier j'ai entendu une fauvette attardée chanter gaiement sous ma fenêtre. Pourquoi penserai-je à la mort? Dieu dans sa mansuétude a rendu la Mort invisible à l'homme. Nous savons qu'elle est là, sur nos talons, comme notre ombre, qui jamais ne nous quitte. Pourtant nous ne la voyons jamais, nous n'y pensons presque jamais. Le plus étrange c'est que plus nous approchons de notre tombe plus la Mort s'éloigne de nos pensées. Vraiment il fallait un Dieu pour accomplir un tel miracle! Les vieilles gens parlent rarement de la Mort, leurs yeux ternes semblent refuser de distinguer autre chose que le passé et le présent. Peu à peu, à mesure que leur mémoire s'affaiblit, le passé même devient de plus en plus flou et ils vivent presque uniquement dans le présent. C'est pourquoi, à condition que leur existence soit suffisamment exempte de souffrances physiques, ainsi que le veut la nature, les vieilles gens sont moins malheureux que les jeunes ne pourraient croire.

Nous savons que nous mourrons; en fait c'est la seule chose que nous sachions de tout ce qui nous attend. Tout le reste n'est que devinettes, et le plus souvent nous devinons mal. Comme des enfants dans la forêt sans pistes, nous marchons à tâtons à travers notre vie dans l'ignorance bienheureuse de ce qui nous arrivera demain, des malheurs que nous devrons affronter, des aventures plus ou moins terrifiantes que nous pourrons rencontrer, jusqu'à la plus terrifiante de toutes, l'Aventure de la Mort. De temps à autre, dans notre trouble, nous nous risquons à poser une question timide à notre destinée, mais nous restons sans réponse car les étoiles sont trop loin. Plus tôt nous reconnaîtrons que notre sort dépend de nous-mêmes et non des étoiles, mieux cela vaudra pour nous. Le bonheur! Nous ne pouvons le trouver qu'en nous-mêmes, c'est perdre son temps de le demander aux autres, rares sont ceux qui en ont à céder. La tristesse! Nous devons la supporter tout seuls, il n'est pas juste d'essayer de s'en décharger sur d'autres, hommes ou femmes. Nous devons affronter le combat tout seuls et frapper dur, en lutteurs nés que nous sommes. La paix viendra un jour pour tous, la paix sans déshonneur, même pour le vaincu, s'il a résisté de son mieux jusqu'au bout.

Pour moi la bataille est finie, et perdue. J'ai été expulsé de San Michele, l'œuvre de toute ma vie. Je l'avais bâti pierre à pierre, de mes propres mains, à la sueur de mon front; je l'avais bâti à genoux, comme un sanctuaire du Soleil où je devais puiser la sagesse et la lumière auprès du Dieu de gloire que j'avais adoré durant toute ma vie. J'avais été averti maintes et maintes fois par le feu brûlant dans mes yeux que je n'étais pas digne de vivre là, que ma place était dans l'ombre, mais je n'avais prêté aucune attention à ces avertissements. Pareil à ces chevaux qui retournent à leur écurie en fla.nmes pour y périr j'étais revenu, un été après l'autre, à la lumière aveuglante de San Michele.

Méfie-toi de la lumière! Méfie-toi de la lumière!

Enfin j'ai accepté mon destin, je suis trop vieux pour lutter contre un Dieu. J'ai battu en retraite vers ma forteresse dans la vieille tour où je compte tenir jusqu'au bout. Dante vivait encore lorsque les moines entreprirent de bâtir la tour de Materita, à la fois monastère et forteresse, solide comme le roc sur lequel elle se dresse. Combien de fois l'écho de son cri amer : « Nessum maggior dolore che ricordasi del tempo felice nella miseria », n'a-t-il pas retenti entre ses murs depuis que je suis venu ici? Mais après tout était-il dans le vrai le divin Florentin? Est-il vrai qu'il ne soit pas de plus grande douleur que le souvenir de notre bonheur passé, dans notre malheur? Pour ma part je ne le pense pas. C'est avec joie et non pas avec douleur que ma pensée retourne à San Michele où j'ai vécu les années les plus heureuses de ma vie. Il est pourtant vrai que je ne tiens plus à y retourner moi-même. Je me sens un intrus sur une terre sacrée, consacrée à un passé qui ne peut plus jamais revenir, quand le monde était jeune et le soleil mon ami.

Il est bon d'errer dans la lumière douce sous les oliviers de Materita. Il est bon de s'asseoir et de rêver dans la vieille tour, c'est à peu près tout ce que je peux faire à présent. La tour regarde vers l'ouest où le soleil se couche. Bientôt le soleil sombrera dans la mer, puis vient le crépuscule, puis vient la nuit.

Ce fut une belle journée.

Le dernier rayon de lumière dorée glisse un regard par la fenêtre gothique et se met à errer dans la grande tour, des missels enluminés et du crucifix d'argent du treizième sur les murs, aux délicieuses Tanagra et aux verres vénitiens sur la table du réfectoire, des nymphes couronnées de fleurs et des bacchantes dansant à la flûte de Pan sur le bas-relief grec, aux traits pâlis sur fond d'or de mon bien-aimé saint François d'Assise avec sainte Claire à son côté, des lis à la main. Voici qu'une auréole d'or encercle le visage calme de la Madone florentine, voici que l'austère déesse de marbre, Arthémis Laphria, la flèche rapide de la Mort dans son carquois, sort de la pénombre. Voici qu'un Disque solaire radieux couronne de nouveau la tête mutilée d'Akhanaten, le rêveur royal sur les bords du Nil, le fils du Soleil. Tout auprès Osiris, le juge de l'âme humaine, et Horus à la tête de faucon, la mystérieuse Isis, et Nepthys sa sœur, avec Anubis, gardien de la tombe, accroupi à leurs pieds.

La lumière s'évanouissait dans le lointain, la nuit venait.

« Dieu du jour, Donneur de lumière, ne peux-Tu rester encore un peu avec moi? La nuit est si longue pour la pensée qui n'ose rêver d'un lever de soleil! La nuit est si sombre pour les yeux qui ne peuvent voir les étoiles! Ne peux-tu m'accorder quelques secondes encore de ta radieuse éternité pour contempler ton royaume magnifique, la mer bien-aimée, les nuages errants, les glorieuses montagnes, les ruisseaux bruissants, les arbres accueillants, les fleurs parmi l'herbe, les oiseaux et les bêtes, mes frères et mes sœurs du ciel, des forêts et des champs! Ne peux-tu au moins me laisser dans la main quelques fleurs sauvages pour réchauffer mon cœur? Ne peux-tu me laisser quelques étoiles dans ton firmament pour me montrer le chemin?

« Si je ne dois plus voir les traits des hommes et des femmes qui m'entourent, ne peux-tu au moins me concéder un regard fugitif sur un visage de petit enfant ou de bête amie ? J'ai depuis longtemps scruté le visage des hommes et des femmes ; je le connais bien, il lui reste peu de chose à m'apprendre. C'est une lecture monotone comparée à ce que j'ai lu dans le visage mystérieux de la Nature notre Mère, Bible de Dieu. Chère vieille nourrice qui as écarté tant de pensées sombres de mon front brûlant avec la douce caresse de ta vieille main ridée, ne me laisse pas tout seul dans l'obscurité. J'ai peur de l'obscurité ! Reste encore un peu avec moi, raconte-moi encore quelques-uns de tes merveilleux contes de fées tandis que tu mettras au lit ton enfant angoissé pour dormir le sommeil de la longue nuit.

« Flambeau du monde, hélas ! tu es un Dieu ; jamais prière d'un mortel n'a atteint ton ciel. Comment puis-je moi, le ver, espérer pitié de toi, Dieu Soleil impassible, de toi qui as abandonné le grand Pharaon Akhanaten lui-même dont l'hymne immortel au soleil réveillait les échos cinq cents ans avant qu'Homère ne chantât :

« Quand tu te lèves toute la terre est dans la joie et l'allégresse.

« Et les hommes disent : « Te voir c'est la Vie, ne plus Te voir c'est la Mort. »

« L'Occident et l'Orient chantent Tes louanges. Quand Tu es levé ils vivent.

« Quand tu Te couches ils meurent.

« Et cependant ton œil étincelant regarda sans pitié les dieux de l'Antiquité précipiter dans le Nil le temple du plus grand de tes adorateurs, arracher de son front le Disque solaire et de sa poitrine le vautour royal, effacer son nom abhorré des feuilles d'or qui enveloppaient son corps fragile, condamnant son âme à errer sans nom parmi les ténèbres pour l'éternité.

« Longtemps après que les dieux du Nil, les dieux de l'Olympe et les dieux du Walhalla furent tombés en poussière, un autre de tes adorateurs, saint François d'Assise, le doux chantre d'*Il Canto del Sol*, leva les bras vers ton ciel, immortel Dieu Soleil, avec sur ses lèvres la même prière que je t'adresse en ce jour, de ne pas ôter ta lumière bénie à ses pauvres yeux, usés par les veilles et par les larmes. Vivement supplié par les Frères il fit le voyage de Rieti pour consulter un oculiste fameux et se soumit sans peur à l'opération qu'il lui conseilla. Lorsque le chirurgien posa son fer dans le feu pour le chauffer, saint François parla au feu comme à un ami, lui disant : « Feu, mon frère, avant toutes choses le Très Saint t'a créé plein d'une grâce extrême puissant, magnifique, efficace. Sois

325

envers moi à cette heure, mon heure, miséricordieux et courtois. Je supplie le Seigneur qui t'a créé qu'il veuille adoucir pour moi ton ardeur, afin que je puisse patiemment endurer que tu me brûles. »

« Lorsqu'il eut achevé sa prière, sur le fer chauffé à blanc il fit le signe de croix, et demeura ferme, sans broncher, tandis que le fer sifflant était plongé dans la chair tendre et que le cautère courait de l'oreille au sourcil.

« Frère médecin », dit saint François au docteur, « si ce n'est pas bien brûlé, replonge-le ». Et le docteur, frappé d'une si prodigieuse force d'âme dans de la faible chair, s'émerveilla et dit : « En vérité je vous le dis, mes frères, j'ai vu aujourd'hui des choses étranges. »

« Hélas! le plus saint de tous les hommes pria en vain, souffrit en vain, tu abandonnas Il Poverello comme tu avais abandonné le grand Pharaon. Lorsque, sur le chemin du retour, ses frères fidèles déposèrent la civière et son fragile fardeau au pied de la colline, saint François ne pouvait plus voir son Assise bien-aimée tandis qu'il levait les bras et la bénissait pour la dernière fois.

« Alors comment pourrais-je, moi le pécheur, le plus humble de tous tes adorateurs, espérer de toi la pitié, Maître impassible de la Vie! Comment oserais-je te demander encore une faveur, à toi qui m'as déjà accordé de Tes mains généreuses tant de dons précieux! Tu m'as donné des yeux pour briller de joie et se remplir de larmes, Tu m'as donné un cœur pour palpiter de désir et saigner de pitié, Tu m'as donné le sommeil, Tu m'as donné l'espérance. Je croyais que Tu m'avais donné tout cela en don. Je me trompais. Ce n'était qu'un prêt; et maintenant Tu veux que je Te le rende tout, afin de la transmettre à un autre qui surgira à son tour de cette même éternité où je retombe aujourd'hui. Dieu de lumière, ainsi soit-il! Le Seigneur donne, et le Seigneur reprend, béni soit le nom du Seigneur! »

III

Les cloches dans le campanile sonnaient l'Ave Maria. Une brise légère bruissait dans les cyprès devant la fenêtre où des oiseaux pépiaient avant de s'endormir. La voix de la mer s'éteignait peu à peu et le silence béni de la nuit descendit sur la vieille tour.

Je restais là assis sur ma chaise de Savonarole, las et aspirant au repos. Loup dormait couché à mes pieds, depuis des jours et des nuits il m'avait à peine quitté. De temps à autre il ouvrait les yeux et m'adressait un regard qui mouillait presque le mien de larmes. De temps à autre il se levait et venait poser sa grosse tête sur mes genoux. Savait-il ce que je savais, comprenait-il ce que je comprenais, que l'heure de se séparer approchait ? Je caressais silencieusement sa tête ; pour la première fois je ne savais que lui dire ; comment lui expliquer le grand mystère que je ne pouvais m'expliquer à moi-même ?

« Loup, je vais partir pour un long voyage vers une terre lointaine. Cette fois tu ne peux pas m'accompagner, mon ami. Il te faut rester ici, où nous avons vécu ensemble tous les deux si longtemps, à partager les bons et les mauvais jours. Tu ne dois pas me pleurer, tu dois m'oublier comme tous les autres m'oublieront, car telle est la loi de la vie. Ne te fais pas de souci, tout ira bien pour moi comme pour toi. Tout ce qu'on pouvait faire pour ton bonheur a été fait. Tu continueras à vivre dans ton vieil entourage familier, où des gens bienveillants prendront soin de toi avec la même tendresse que moi. On te servira ton copieux repas chaque jour, comme les cloches sonneront mezzo giorno, et tes os succulents, deux fois par semaine comme avant. Le grand jardin où tu avais l'habitude de gambader est toujours à toi, et même s'il t'arrive d'oublier la loi et que tu te mettes à poursuivre un chat braconnant sous les oliviers, je continuerai, d'où je serai, à suivre la chasse de mon œil aveugle et à fermer le bon, comme je faisais jadis, au nom de l'amitié. Puis, lorsque tes membres se seront roidis et tes yeux ternis, tu reposeras pour de bon sous l'antique colonne de marbre, parmi les bouquets de cyprès contre la vieille tour, auprès de tes camarades qui t'y ont précédé. Et, après tout, qui sait si nous ne nous reverrons pas ? Grands ou petits nos chances sont égales. »

– « Ne pars pas, reste avec moi ou emmène-moi », suppliaient les yeux fidèles.

– « Je vais vers une terre dont je ne sais rien. Je ne sais ce qui m'arrivera là-bas et je sais moins encore ce qui t'arriverait si tu m'accompagnais. J'ai lu des contes étranges sur cette terre mais ce ne sont que des contes, aucun de ceux qui y sont allés n'est revenu nous dire ce qu'il avait vu. Un seul homme eût pu nous le dire, mais il était le fils d'un Dieu et il retourna vers Son Père, les lèvres scellées dans un silence inscrutable. »

Je caressais la grosse tête de mon ami, mais mes doigts engourdis ne percevaient plus le toucher de sa toison lustrée.

Comme je me baissais pour le baiser d'adieu, une terreur soudaine brilla dans ses yeux, il recula avec épouvante et rampa vers sa couche sous la table du réfectoire. Je le rappelai mais il ne vint pas. Je savais ce que cela voulait dire. J'avais déjà vu cela. Je pensais qu'il aurait pu me rester encore un jour ou deux de vie. Je me levai et tentai d'aller à la fenêtre pour aspirer un grand souffle d'air mais mes membres refusèrent de m'obéir, je retombai sur ma chaise. Je parcourus du regard la vieille tour. Tout était sombre et silencieux mais je crus entendre Artémis, la déesse austère, tirer sa flèche rapide de son carquois, prête à bander son arc. Une main invisible toucha mon épaule. Je pensai m'évanouir mais je ne ressentis aucune douleur et ma tête était lucide.

« Mort, sois la bienvenue ! J'avais entendu le galop de ton noir coursier dans la nuit ; donc tu as gagné la partie car mes yeux peuvent encore voir ton sombre visage penché sur moi. Tu n'es pas pour moi une étrangère, nous nous sommes déjà rencontrés bien des fois depuis l'époque où nous nous tenions côte à côte devant les lits de la salle Sainte-Claire. Je te traitais alors de méchante et de cruelle, de bourreau prenant plaisir à la torture lente de sa victime. Je ne connaissais pas la vie alors comme je la connais aujourd'hui. Maintenant je sais que de vous deux tu es de beaucoup la plus pitoyable, que ce que tu ôtes d'une main tu le rends de l'autre ; maintenant je sais que ce fut la Vie et non pas toi qui allumait la terreur dans ces yeux dilatés et tendait les muscles dans ces poitrines haletant pour un dernier souffle, une dernière minute d'agonie.

« Quant à moi je ne vais pas aujourd'hui lutter avec toi. Si tu étais venue vers moi quand mon sang était jeune c'eût été une autre affaire. J'aurais offert une rude résistance et rendu de toutes mes forces coup pour coup. Aujourd'hui je suis las, mes yeux sont troubles, mes membres sont fatigués, mon cœur est épuisé. Il ne me reste plus que ma tête, et ma tête me dit qu'il est inutile de lutter. Je resterai donc tranquille sur ma chaise de Savonarole et te laisserai faire ce que tu as à faire. Je suis curieux de voir comment tu vas t'y prendre; je me suis toujours intéressé à la physiologie. Je ferais bien de te prévenir que je suis de rude trempe, frappe si fort que tu pourras ou tu risques une fois de plus de manquer ton coup, comme tu l'as manqué plus d'une fois si je ne me trompe! J'espère que tu ne me gardes pas rancune du passé. Hélas! je crains de t'avoir donné pas mal à faire à l'époque de l'avenue de Villiers. Pardonne-moi, je ne suis pas aussi brave que je le prétends; si tu voulais bien me donner quelques gouttes de ton soporifique éternel, avant de te mettre à l'œuvre, je t'en serais reconnaissant. »

– « Je le fais toujours, et toi surtout tu devrais le savoir, toi qui m'as vu à l'œuvre si souvent. Désires-tu un prêtre? Il en est encore temps. On envoie toujours chercher un prêtre quand on me voit arriver. »

– « Il est inutile d'appeler un prêtre, il ne peut rien pour moi maintenant. Il est trop tard pour que je me repente, et trop tôt pour qu'il me condamne; je suppose que d'une façon ou d'une autre cela te touche peu. »

– « Cela m'est égal, bons ou mauvais tous les hommes sont pareils pour moi. »

– « Il ne sert de rien d'appeler un prêtre qui me dira seulement que je suis né mauvais, que mes pensées et mes actes ont été souillés par le péché, que je dois me repentir de tout, et rétracter tout. Je me repens de peu de chose, je ne rétracte rien, j'ai vécu suivant mon instinct, et j'estime que mon instinct était sain. Je me suis égaré bien assez souvent lorsque j'ai tenté de suivre ma raison. C'est ma raison qui se trompait et j'en ai déjà été puni. Je désire remercier ceux qui ont été bons pour moi. D'ennemis j'en eus peu, la plupart étaient des médecins, ils ne me firent guère de mal, je poursuivis ma route tout de même. Je désire demander pardon à ceux que j'ai fait souffrir. C'est tout, le reste concerne Dieu et moi, non le prêtre que je n'accepte pas pour mon juge. »

– « Je n'aime pas vos prêtres. C'est eux qui ont appris aux hommes à redouter mon approche, avec leur menace de l'éternité, et leurs flammes de l'enfer. C'est eux qui ont arraché les ailes de mes épaules, défiguré mon visage avenant, et fait de moi un hideux squelette, errant de porte en porte, la faux à la main, comme un voleur dans la nuit, ou dansant sa danse macabre la main dans la main avec leurs saints et leurs damnés. Je n'ai que faire de leur Ciel et de leur Enfer ! Je suis une Loi naturelle. »

– « J'ai entendu un loriot doré chanter dans le jardin, et, comme le soleil se couchait, une petite fauvette est venue chanter pour moi sous ma fenêtre ; l'entendrai-je encore jamais ? »

– « Oui, où il y a des anges il y a des oiseaux. »

– « J'aimerais qu'une voix amie me relise une fois encore le « *Phédon*. »

– « La voix était mortelle, les paroles sont immortelles, tu les entendras encore. »

– « Entendrai-je encore le Requiem de Mozart et mon Schubert bien-aimé, et les titanesques accords de Beethoven ? »

– « Ce n'était qu'un écho du ciel que tu entendais. »

– « Je suis prêt. Frappe, amie ! »

– « Je ne frapperai point. Je veux t'endormir. »

– « Me réveillerai-je ? »

Ma question demeura sans réponse.

« Rêverai-je ? »

– « Oui, tout n'est qu'un rêve. »

– « Qui es-tu, bel adolescent ? Es-tu Hypnos, l'Ange du Sommeil ? »

Il était debout, là, près de moi, avec ses boucles couronnées de fleurs, son front lourd de songes, beau comme le Génie de l'Amour.

– « Je suis son frère, né de la même mère la Nuit. Thanatos est mon nom. Je suis l'Ange de la Mort. C'est ta vie qui s'éteint dans la flamme de la torche que j'écrase. »

Je rêvai que je voyais un vieillard s'avancer péniblement sur la route déserte. Parfois il levait les yeux, comme pour chercher quelqu'un qui lui montrerait son chemin. Parfois il tombait sur les genoux, comme s'il n'avait plus la force d'aller plus loin. Déjà les champs et les forêts, les rivières et les mers, s'étalaient sous ses pieds, et bientôt les montagnes aux capuchons de neige disparurent elles-mêmes dans les vapeurs de la terre, qui s'évanouissait. Plus haut, toujours plus haut, montait sa route. Des nuages, chassés par l'orage, l'enlevaient sur leurs puissantes épaules et l'emportaient à une vitesse vertigineuse à travers l'immensité de l'infini; des étoiles l'appelaient de plus en plus loin, vers un monde qui ne connaît ni la nuit ni la mort. Enfin il se trouva devant les Portes du Ciel, scellées au roc adamandin par des gonds d'or. Les portes étaient fermées. Demeura-t-il là une minute, un jour, ou une éternité, agenouillé sur le seuil à espérer, contre toute espérance, d'être admis?

Soudain, mues par des mains invisibles, les portes massives s'ouvrirent toutes grandes, pour livrer passage à une forme flottante avec les ailes d'un ange et le visage paisible d'un enfant endormi. Je bondis sur mes pieds, et, avec l'audace du désespoir, me glissai par les portes au moment où elles se refermaient devant moi.

– « Qui es-tu, intrus sans vergogne? » cria une voix sévère. Une haute silhouette, enveloppée dans un manteau blanc, la clef d'or à la main, se dressa devant moi.

– « Gardien des portes du Ciel, Très Saint Pierre, je te supplie, laisse-moi rester! »

Saint Pierre jeta un coup d'œil rapide sur mes lettres de créance, maigres références de ma vie sur la Terre.

– « Ça paraît mauvais », murmura saint Pierre, « très mauvais. Comment es-tu venu ici? pour sûr il y a erreur quelque part... »

Il s'arrêta brusquement comme un tout petit ange messager se posait d'un geste rapide devant nous. Tout en repliant ses ailes pourpres il arrangea sa petite tunique de fils de la Vierge et de pétales de rose, toute miroitante de rosée matinale. Ses petites jambes étaient nues et rosées comme les pétales de rose, ses pieds mignons étaient chaussés de sandales d'or; crânement posé de côté sur sa tête bouclée il portait un bonnet de fée, formé de tulipes et de muguet. Ses yeux étaient pleins de soleil et ses lèvres étaient pleines de joie. Dans ses mains menues il tenait un missel enluminé qu'il présenta à saint Pierre avec un sourire plein d'importance.

— « Ils se retournent toujours vers moi quand ils ont des ennuis », sourcilla saint Pierre, tout en lisant le missel. « Quand tout va bien, ils ne tiennent aucun compte de mes avertissements. Dis-leur », dit-il à l'ange messager, « dis-leur que je viens tout de suite, dis-leur de ne répondre à aucune question tant que je ne les aurais pas rejoints ».

L'ange messager porta son doigt rosé à son bonnet de tulipes, déploya ses ailes pourpres et s'envola en chantant comme un oiseau. Saint Pierre me considéra avec perplexité de ses yeux scrutateurs. Se retournant vers un vieil archange, qui montait la garde devant le rideau d'or, appuyé sur son épée nue, saint Pierre dit en me désignant :

– « Qu'il attende mon retour ici. Il est effronté et rusé, sa langue est mielleuse, veille qu'il ne délie point la tienne. Nous avons tous nos faiblesses. Je connais les tiennes. Cet esprit a quelque chose d'étrange, je ne puis même comprendre comment il est venu ici. Pour le peu que j'en sais il pourrait bien appartenir à cette même tribu qui t'a attiré hors du Paradis à la suite de Lucifer et a causé ta chute. Garde-toi, tais-toi, sois vigilant! »

Il était parti. Je regardai le vieil archange, et le vieil archange me regarda. Je crus plus prudent de ne rien dire, mais je l'observais du coin de l'œil. Au bout d'un moment je le vis déboucler son ceinturon et poser son épée avec beaucoup de précaution contre une colonne de lapis-lazuli. Il parut tout à fait soulagé. Son vieux visage était si bon et ses yeux étaient si doux, que je sentis qu'il était tout pour la paix, comme moi.

– « Vénérable archange », dis-je timidement, « devrai-je attendre longtemps saint Pierre ? »

– « J'ai entendu retentir les trompettes dans la Salle du Jugement », dit l'archange. « Ils vont juger deux cardinaux qui ont convoqué saint Pierre pour les aider dans leur défense. Non, je ne pense pas que vous ayez à attendre longtemps », ajouta-t-il avec un petit rire, « ordinairement saint Ignace lui-même, le plus subtil avocat du Ciel, ne réussit pas à les tirer d'affaire. L'accusateur public est bien trop fort pour lui. Il était un moine du nom de Savonarole qu'ils ont brûlé sur un bûcher. »

– « Dieu est le Juge suprême et non l'homme », dis-je, « et Dieu est miséricordieux. »

– « Oui, Dieu est Juge suprême et Dieu est miséricordieux », répéta l'archange, « mais Dieu règne sur des mondes innombrables dont la splendeur dépasse de beaucoup la petite étoile presque oubliée d'où ces deux hommes sont venus. »

L'archange me prit par la main et me conduisit jusqu'à l'arche gothique. Mes yeux remplis d'épouvante aperçurent des milliers d'étoiles lumineuses et de planètes, toutes palpitantes de vie et de clarté, qui poursuivaient leur course prédestinée à travers l'infini.

– « Apercevez-vous ce tout petit point vacillant comme la lumière d'une chandelle sur le point de mourir ? Voilà le monde d'où sont

venus ces deux hommes, fourmis rampantes sur une motte de terre. »
– « Dieu créa leur monde et les créa eux-mêmes », dis-je.
– « Oui, Dieu créa leur monde. Il ordonna au soleil de fondre les entrailles gelées de leur terre, Il la purifia par les rivières et les mers, Il vêtit sa surface rugueuse de forêts et de champs, Il la peupla d'animaux bienveillants. Le monde était beau et tout allait bien. Puis, le dernier jour, Il créa l'Homme. Peut-être eût-il mieux valu qu'il se reposât la veille du jour où il créa l'Homme, au lieu du lendemain. Je pense que vous savez ce qu'il en advint. Un jour un grand singe affolé par la faim se mit au travail avec ses mains calleuses, pour se forger des armes afin de tuer les autres animaux. Que pouvaient les canines de six pouces du Machaerodus contre ses silex taillés, plus tranchants que les crocs du tigre-sabre ? Que pouvaient les griffes recourbées de l'Ursus Spelaeus contre sa branche d'arbre hérissée d'épines, de ronces aiguës, et garnie de coquillages tranchants comme des rasoirs ? Que pouvait leur force brutale contre sa ruse, ses pièges et ses trappes ? Ainsi grandit-il, Protanthropos brutal, assassinant amis et ennemis, terreur de tous les vivants, un Satan parmi les animaux. Debout sur ses victimes, il levait son étendard sanglant au-dessus du monde animal, se couronnant lui-même Roi de la Création. La sélection redressa son angle facial et développa son crâne. Son cri rauque de colère et de faim se mua en sons articulés, puis en paroles. Il apprit à maîtriser le feu. Peu à peu il devint homme. Ses petits sucèrent le sang de la chair palpitante des animaux égorgés, et se battirent, comme des louveteaux affamés, pour les os à moelle que sa formidable mâchoire avait broyés et éparpillés dans sa caverne. Ainsi grandirent-ils, forts et féroces comme lui, avides de proie, impatients d'attaquer et de dévorer tout être vivant qui passerait sur leur chemin, fût-il leur propre frère de lait. La forêt tremblait à leur approche ; la crainte de l'homme était née chez les animaux. Bientôt, affolés par leur soif de meurtre, ils se mirent à s'entre-tuer avec leur hache de pierre. La guerre féroce commença, guerre qui n'a jamais cessé. La colère brilla dans les yeux du Seigneur, Il se repentit d'avoir créé l'homme. Et le Seigneur dit : « J'anéantirai l'homme corrompu et violent, à la face du Monde. »

« Il commanda de rompre les barrages des sources profondes et d'ouvrir les écluses du Ciel afin d'engloutir l'homme et le monde qu'il avait souillé de sang et de crimes. Si seulement il les avait tous noyés ! Mais, dans Sa miséricorde néfaste, Sa volonté fut que leur monde émergeât de nouveau, nettoyé et purifié par les eaux du Déluge. Ceux auxquels il avait permis de se sauver dans l'arche retinrent la malédiction dans leur semence. Le meurtre recommença, l'éternelle guerre se déchaîna de nouveau.

« Dieu continuait à regarder avec une patience infinie, se refusant à frapper, désireux jusqu'au bout de pardonner. Il fit même descendre Son propre Fils dans ce monde pervers, pour enseigner aux hommes la douceur et l'amour, et pour prier pour eux. Tu sais ce qu'ils lui firent. Bientôt, jetant un défi au ciel, ils ne tardèrent pas à embraser le monde entier des flammes de l'Enfer. Avec une astuce satanique ils se forgèrent des armes nouvelles pour s'assassiner les uns les autres. Ils dressèrent la mort à fondre sur leurs demeures du ciel même, ils empoisonnèrent l'air qui fait vivre, avec les vapeurs de l'Enfer. Le grondement de tonnerre de leurs batailles secoua toute la terre. Lorsque le firmament est enveloppé par la nuit, nous ici en haut, nous voyons que la lumière même de leur étoile est rougie, comme teintée de sang, et nous entendons les gémissements de leurs blessés. Un des anges qui entourent le trône de Dieu m'a dit que les yeux de la Madone étaient rouges de larmes chaque matin, et que la blessure dans le flanc de son Fils s'était rouverte. »

– « Mais Dieu lui-même, qui est le Dieu de miséricorde, comment peut-il tolérer que ces souffrances continuent? » demandai-je. « Comment peut-Il écouter impassible ces cris d'angoisse? »

Le vieil archange regarda craintivement à l'entour, de peur que sa réponse ne fût surprise.

– « Dieu est vieux et las », me murmura-t-il, comme épouvanté par le son de sa propre voix, « et Son Cœur est affligé. Ceux qui L'entourent et qui Le soignent avec leur amour infini n'ont pas le cœur de troubler Son repos avec ces récits perpétuels d'horreurs et de larmes. Souvent Il s'éveille de son cauchemar et demande la cause du grondement de tonnerre qui parvient à ses oreilles, et des éclairs blafards qui percent la nuit. Et ceux qui L'entourent lui disent que le tonnerre est la voix de Son orage chassant les nuages, et que les éclairs sont ceux de Sa propre foudre. Alors Ses paupières lasses se referment. »

– « Tant mieux, archange vénérable, tant mieux! car si ses yeux avaient vu ce que j'ai vu, et si ses oreilles avaient entendu ce que j'ai entendu, le Seigneur se fût repenti une fois de plus d'avoir créé l'homme. Une fois de plus il eût commandé de rompre les barrages des sources profondes afin de détruire l'homme. Cette fois il les eût noyés jusqu'au dernier et eût seulement laissé les animaux dans l'arche.

– « Craignez la colère de Dieu, craignez la colère de Dieu! »

– « Je n'ai pas peur de Dieu. Mais j'ai peur de ceux qui jadis furent des hommes; des prophètes austères, des Saints-Pères; de saint Pierre, dont la voix sévère m'ordonna d'attendre ici son retour.

– « J'ai un peu peur de saint Pierre moi-même », reconnut le vieil archange, « vous avez entendu comme il m'a réprimandé pour m'être laissé entraîner par Lucifer? J'ai été pardonné par Dieu lui-même et autorisé à retourner dans Son Ciel. Saint Pierre ne sait-il pas que pardonner veut dire oublier? Vous avez raison, les prophètes sont sévères. Mais ils sont justes, ils furent inspirés de Dieu et ils parlent avec Sa propre voix. Les Saints-Pères ne peuvent lire les pensées d'un autre homme qu'à la faible lueur de leurs yeux mortels, leurs voix sont des voix humaines. »

– « Aucun homme ne connaît son semblable. Comment jugeraient-ils ce qu'ils ne connaissent point, ce qu'ils ne comprennent point. Je souhaiterais que saint François fût parmi mes juges, je l'ai aimé toute ma vie, il me connaît et me comprend. »

– « St François n'a jugé personne, il a simplement pardonné, comme le Christ lui-même qui met sa main dans la sienne comme dans celle d'un frère. On ne voit pas souvent saint François dans la Salle du Jugement où vous allez bientôt comparaître, et même il n'y est pas très populaire. Beaucoup de martyrs et de saints sont jaloux de ses glorieux stigmates, et plus d'un, parmi les Hauts Dignitaires du Ciel, se sentent plutôt mal à l'aise dans leurs somptueux manteaux, tout brodés d'or et de pierres précieuses, lorsque « Le poverello » apparaît au milieu d'eux, dans son humble casaque usée. La Madone ne cesse de la raccommoder et de la rapiécer du mieux qu'elle peut, elle dit qu'il est inutile de lui en fournir une neuve car il la donnerait aussitôt. »

– « J'aimerais bien le voir, il me tarde de lui poser une question que je me suis posée toute ma vie; si quelqu'un peut y répondre c'est bien lui. Peut-être que vous, vieil archange plein de sagesse, pourriez me répondre? Où vont les âmes de nos amies les bêtes? Où se trouve leur Ciel? J'aimerais le savoir parce que... parce que j'ai... » Je n'osai en dire davantage.

– « Dans la maison de mon Père il y a plusieurs demeures, a dit Notre-Seigneur. Dieu, qui a créé les animaux, y pourvoira. Le Ciel est assez vaste pour les abriter aussi. » « Écoutez! » murmura le vieil archange, en désignant l'arche du doigt, « Écoutez! »

Une harmonie suave, où se mêlaient des accords de harpe et des voix enfantines, montait des jardins Élyséens tout embaumés de la senteur des fleurs.

« Lève les yeux et vois », dit l'archange, inclinant la tête avec vénération.

Avant que mes yeux eussent discerné l'auréole d'or pâle autour de sa tête mon cœur l'avait reconnue. Quel peintre incomparable fut Sandro Botticelli. Voici qu'elle s'avançait, telle qu'il l'avait peinte tant de fois, si jeune, si pure, mais avec ses yeux de mère, tendres et graves. Des vierges couronnées de fleurs, aux lèvres souriantes et aux yeux enfantins, l'entouraient d'un éternel printemps; de tout petits anges, leurs ailes de pourpre et d'or repliées, soutenaient son manteau, d'autres étendaient un tapis de roses sous ses pas. Sainte Claire, la bien-aimée de saint François, murmura à l'oreille de la Madone et il me sembla que la Mère du Christ avait daigné me jeter un regard en passant.

« Soyez sans crainte », dit l'archange avec douceur, « soyez sans crainte, la Madone vous a vu et ne vous oubliera pas dans ses prières. »

« Saint Pierre tarde », poursuivit l'archange, « il livre une rude bataille à Savonarole, pour sauver ses cardinaux. »

Il souleva un coin du rideau d'or et plongea son regard le long du péristyle.

« Voyez-vous cet esprit aimable dans sa robe blanche, une fleur derrière l'oreille? Il m'arrive souvent de bavarder un peu avec lui, nous le chérissons tous ici, il est aussi simple et innocent qu'un enfant. Je l'observe souvent avec intérêt, il se promène toujours seul, ramassant les plumes d'ange tombées à terre; il les a liées en forme de plumeau, et quand il croit n'être vu de personne, il se courbe pour balayer la légère poussière d'étoile sur le dallage d'or. Il ne paraît pas savoir lui-même pourquoi il le fait, il dit qu'il ne peut pas s'en empêcher. Je me demande ce qu'il était sur la Terre. Il est arrivé ici, il n'y a pas longtemps, il peut peut-être vous dire tout ce que vous désirez savoir sur le Jugement dernier. »

Je regardai l'esprit à la robe blanche et reconnus mon ami Archangelo Fusco, le balayeur de rues du quartier italien pauvre de Paris! Les mêmes yeux humbles, sans ruse, toujours la même fleur derrière l'oreille, la rose qu'il avait offerte avec une galanterie méridionale à la comtesse le jour où je l'avais menée offrir des poupées aux enfants de Salvatore.

« Cher Archangelo Fusco », dis-je en tendant les mains à mon ami, « je n'avais jamais douté que tu viendrais ici. »

Il me regarda avec une sereine indifférence, comme s'il ne me reconnaissait pas.

« Archangelo Fusco, ne me reconnais-tu pas? Ne te souvient-il pas de moi? Ne te rappelles-tu pas avec quelle tendresse tu soignas nuit et jour les enfants Salvatore quand ils eurent la diphtérie? Comment tu vendis tes habits du dimanche pour payer le cercueil lorsque mourut l'aînée des enfants, la petite fille que tu chérissais tant? »

Une ombre douloureuse passa sur son visage.

– « Je ne me rappelle rien! »

– « Ah! mon ami! Quel formidable secret tu me révèles avec ces mots! Quel poids tu ôtes de mon cœur! Tu ne te rappelles rien? Mais comment se fait-il que moi je me rappelle? »

– « Peut-être n'êtes-vous pas vraiment mort! Peut-être rêvez-vous seulement que vous l'êtes! »

– « J'ai été un rêveur toute ma vie, si ceci est un rêve c'est sûrement le plus merveilleux. »

– « Peut-être votre mémoire était-elle plus solide que la mienne, assez solide pour résister quelque temps à sa séparation du corps. Je ne sais pas, je ne comprends pas, tout cela est trop profond pour moi. Je ne pose pas de questions. »

– « Voilà pourquoi tu es ici, mon ami. Mais dis-moi, Archangelo Fusco, est-ce que personne ici ne se rappelle sa vie sur terre? »

– « On dit que non, on dit que ceux-là seuls se la rappellent qui vont aux Enfers, voilà pourquoi cela s'appelle les Enfers. »

– « Mais au moins, Archangelo Fusco, dis-moi si le procès a été rude; les juges furent-ils sévères? »

– « Ils paraissaient plutôt sévères au début, je commençais à trembler de tout mon corps, je craignais qu'ils ne me fissent des questions au sujet du savetier napolitain qui m'avait ravi ma femme et que j'avais frappé à mort avec son propre couteau. Mais heureusement ils ne voulurent rien connaître du savetier. Ils me demandèrent simplement si j'avais manié des écus d'or et je répondis qu'il ne m'était jamais passé dans les mains que des sous de cuivre. Ils me demandèrent si j'avais accumulé quelques biens, et je répondis que je ne possédais que la chemise dans laquelle j'étais mort à l'hôpital. Ils ne me demandèrent plus rien et me laissèrent entrer. Puis vint un ange portant un gros paquet.

« Enlève ta vieille chemise et mets tes habits du dimanche », dit l'ange. Le croiriez-vous, c'étaient mes habits du dimanche, d'autrefois, que j'avais vendus pour payer les pompes funèbres, tout brodés de perles par les anges; vous les verrez sur moi dimanche prochain, si vous êtes encore ici. Puis vint un autre ange, une grande cassette dans les mains.

« Ouvre-la », me dit l'ange, « ce sont toutes tes économies, tous les sous que tu donnas aux pauvres comme toi. Tout ce que vous donnez vous est conservé au Ciel, tout ce que vous gardez est perdu. »

337

« Le croiriez-vous, il n'y avait pas un sou dans la cassette, tous mes sous s'étaient changés en or. »

« Dites donc », ajouta-t-il à voix basse de crainte que l'archange ne nous entendît, « je ne sais qui vous êtes mais vous me semblez plutôt dans la gêne, ne le prenez pas en mal si je vous dis que vous êtes libre de prendre dans la cassette ce qu'il vous plaira. J'ai dit à l'ange que je ne savais que faire de tout cet argent et il m'a répondu de le donner au premier mendiant que je rencontrerais. »

– « Si seulement j'avais suivi ton exemple, Archangelo Fusco, je ne me trouverais pas aujourd'hui dans le triste état où je suis. Hélas ! je n'ai pas distribué mes habits du dimanche, c'est pourquoi je suis à présent tout en loques. Vraiment c'est pour moi un grand soulagement qu'ils ne t'aient demandé aucun renseignement sur le savetier napolitain que tu expédias dans l'autre monde. Dieu sait de combien de savetiers j'aurais pu avoir à répondre, moi qui fus médecin pendant plus de trente ans ! »

Le rideau d'or fut écarté par des mains invisibles et un ange se tenait debout devant nous.

« Votre heure est venue de comparaître devant vos juges », dit le vieil archange, « soyez humble et silencieux, silencieux surtout ! Rappelez-vous que c'est la parole qui amena ma chute et elle amènera la vôtre si vous déliez votre langue. »

« Dites », murmura Archangelo Fusco, en me clignant de l'œil malicieusement, « je crois que vous feriez bien de ne pas courir de risques inutiles. Si j'étais vous je ne soufflerais mot de tous ces savetiers dont vous venez de parler. Moi je n'ai fait aucune allusion à mon savetier du moment qu'ils ne m'en parlaient pas. Peut-être après tout n'en avaient-ils jamais rien su. – Chi lo sa ?

L'ange me prit par la main et me conduisit au bas du péristyle à la salle du Jugement, vaste comme celle d'Osiris, avec des colonnes de jaspe et d'opale et des chapitaux de lotus d'or et des rayons de soleil en fûts, supportant l'immense voûte constellée des étoiles du Ciel.

Je levai la tête et j'aperçus des myriades de martyrs et de saints dans leurs robes blanches, des ermites, des anachorètes, des stylites aux membres sauvages brûlés par le soleil de Nubie, des cénobites tout nus, au corps émacié couvert d'une toison de poil, des prophètes au regard sévère, leurs longues barbes étalées sur leurs poitrines, des saints apôtres portant des palmes, des patriarches et des pères de tous pays et de toutes confessions, quelques popes aux tiares étincelantes et deux ou trois cardinaux en robes rouges. Assis en demi-cercle devant moi se tenaient mes juges, sévères et impassibles.

« Cela paraît mauvais », dit saint Pierre en leur tendant mes lettres de créance, « très mauvais! »

Saint Ignace, le Grand Inquisiteur, se leva de son siège et parla :

« Son existence est souillée de péchés atroces, son âme est noire, son cœur est impur; en ma qualité de Chrétien et de Saint je requiers sa damnation; puissent les démons tourmenter son corps et son âme pour l'éternité. »

Un murmure approbateur parcourut la salle. Je levai la tête et regardai mes juges. Tous me regardèrent à leur tour en un silence sévère. Je courbai la tête et ne dis rien, je me rappelai l'avertissement du vieil archange de rester silencieux, et d'ailleurs je ne savais que dire. Tout à coup j'aperçus, bien loin au fond de la salle, un petit Saint m'adressant des saluts frénétiques. Puis je le vis s'ouvrir un chemin timidement, parmi les Saints de plus d'importance, vers la porte près de laquelle je me tenais.

— « Je vous connais bien », chuchota le petit Saint, avec un regard amical de ses yeux doux, « je vous ai vu venir », et, mettant un doigt à ses lèvres, il ajouta à voix basse, « j'ai vu aussi votre fidèle ami qui trottait sur vos talons. »

— « Qui êtes-vous, bon père? » murmurai-je.

— « Je suis saint Roch, le patron des chiens », annonça le petit Saint, « j'aimerais bien vous aider, mais je suis plutôt un petit Saint ici; ils ne m'écouteront pas », murmura-t-il avec un regard furtif vers les prophètes et les Saint-Pères.

— « Il fut un mécréant », poursuivit saint Ignace.

— « Un blasphémateur cynique, un menteur, un imposteur, un enchanteur possédé de la magie noire, un fornicateur... »

Plusieurs des vieux prophètes tendirent l'oreille.

— « Il était jeune et ardent », plaida saint Paul, il vaudrait mieux... »

— « L'âge ne l'a pas assagi, » grogna un ermite.

— « Il aimait les petits enfants », dit saint Jean.

« Il aimait aussi leurs mères », marmotta un patriarche dans sa barbe.

— « Il fut un médecin consciencieux », dit saint Luc, le Docteur Bien-Aimé.

— « Le ciel est plein de ses anciens malades et l'enfer également, me dit-on », répliqua saint Dominique.

— « Il a eu l'audace d'amener avec lui son chien, il est assis à attendre son maître devant les Portes du Ciel, » annonça St Pierre.

— « Il n'aura pas longtemps à attendre son maître », siffla saint Ignace.

– « Un chien aux Portes du Ciel! » lança un vieux prophète à l'aspect féroce, d'une voix furieuse.

– « Qui est-ce? » murmurai-je, terrifié, au patron des chiens.

– « Pour l'amour du Ciel pas un mot, rappelez-vous l'avertissement de l'archange. Je crois que c'est Habakkuk. »

– « Si Habakkuk est parmi mes juges, je suis en tout cas perdu, « il est capable de tout », disait Voltaire.

– « Un chien à la porte du Ciel », rugissait Habakkuk, « un chien! une bête impure! »

C'en était trop pour moi.

– « Il n'est pas une bête impure », rétorquai-je violemment en dévisageant Habakkuk avec colère, « il fut créé par le même Dieu qui créa vous et moi. S'il est un Ciel pour nous il faut qu'il soit un Ciel pour les bêtes aussi, bien que vous autres vieux prophètes farouches, si féroces et si vaillants dans votre Sainteté, les ayez totalement oubliées. Et quant à cela vous en fîtes autant, Saints Apôtres », ajoutai-je, perdant la tête de plus en plus, « sinon pourquoi avez-vous omis dans vos Saintes Écritures de rappeler une seule des paroles de Notre-Seigneur en faveur de nos frères muets? Car je suis sûr qu'il les a prononcées. »

– « La Sainte Église à laquelle j'appartenais sur la Terre ne s'est jamais intéressée aux animaux », interrompit St Anastase, « et nous ne voulons pas davantage en entendre parler au Ciel. Blasphémateur stupide, vous feriez mieux de penser à votre âme plutôt qu'à la leur, votre âme noire sur le point de retourner dans l'obscurité d'où elle est venue. »

– « Mon âme est venue du Ciel et non de cet Enfer que vous avez lâché sur la terre. Je ne crois pas à votre Enfer. »

« Vous y croirez bientôt », cingla le Grand Inquisiteur, ses yeux exorbités reflétant d'invisibles flammes.

– « La colère de Dieu est sur lui, il est fou, il est fou! » hurlait une voix.

Un cri de terreur emplit la Salle du Jugement. « Lucifer! Lucifer! Satan est parmi nous! »

Moïse se leva de son siège, gigantesque et féroce, ses Dix Commandements dans ses mains noueuses et des éclairs dans les yeux.

– « Comme il a l'air en colère », murmurai-je, terrorisé, au saint patron des chiens.

– « Il est toujours en colère », m'avoua craintivement le petit Saint, à voix basse.

– « Qu'on ne parle plus de cet esprit! » tonna Moïse. « La voix que je viens d'entendre est une voix sortie des lèvres fumantes de

Satan. Homme ou démon, hors d'ici! Jéhovah, Dieu d'Israël, étends Ta main pour l'écraser! Brûle sa chair et dessèche le sang dans ses veines! Brise ses os, retranche-le du Ciel et de la terre, et renvoie-le aux enfers d'où il est venu! »

– « Aux enfers! aux enfers! » retentit par toute la Salle du Jugement.

Je tentai de parler, mais aucun son ne passa mes lèvres. Mon cœur se glaça, je me sentis abandonné de Dieu et des hommes.

« Je prendrai soin du chien si les choses tournent mal », murmura le petit Saint près de moi.

Soudain, dans le silence d'épouvante, je crus entendre un pépiement d'oiseaux. Une petite fauvette des jardins se posa sans crainte sur mon épaule et me chanta à l'oreille :

« Tu as sauvé la vie à ma grand-mère, à ma tante; et mes trois frères et sœurs de la torture et de la mort par la main des hommes sur cette île rocheuse. Sois le bienvenu! bienvenu! »

Au même instant une alouette becqueta mon doigt en me gazouillant :

« J'ai rencontré en Laponie un gobe-mouches. Il m'a dit que, petit garçon, tu remis l'aile d'un de ses ancêtres et réchauffas son corps gelé sur ton cœur, puis, en ouvrant la main pour lui rendre la liberté, tu le baisas en disant : « A Dieu vat, petit frère! A Dieu vat, petit frère! Bonne chance! Bonne chance! »

– « Aide-moi, petite sœur! Aide-moi, petite sœur! »

– « J'essaierai, j'essaierai », chanta l'alouette en déployant ses ailes et elle s'envola dans un trille joyeux : « j'essaierrrrrai! »

Mes yeux suivirent l'alouette qui s'envolait vers la lignes des collines bleues que j'apercevais à travers l'arche gothique. Comme je les connaissais bien ces collines des paysages de Fra Angelico! Les mêmes oliviers d'argent, les mêmes cyprès sombres projetés sur le doux ciel vespéral. J'entendis les cloches d'Assise sonnant l'Angélus, et voici venir le Saint de l'Ombrie au pâle visage, descendant le sentier sinueux de la colline en compagnie de frère Léo et de frère Léonard. Des oiseaux aux ailes légères voletaient autour de lui, d'autres cueillaient leur pitance dans ses mains tendues, d'autres se nichaient confiants dans les plis de sa robe. Saint François s'arrêta à mon côté et leva sur mes juges ses yeux admirables, ces yeux que ni Dieu, ni les hommes, ni les bêtes, ne pouvaient regarder avec colère.

Moïse s'écroula sur son siège et laissa tomber ses Dix Commandements. « Toujours lui! », murmura-t-il avec amertume, « toujours lui! le frêle rêveur, avec sa bande d'oiseaux et sa suite de mendiants et de proscrits. Si frêle, et pourtant si fort, qu'il retient Ton bras vengeur, ô Seigneur! N'es-tu donc plus Jéhovah, le Dieu jaloux, qui, environné de flammes et de fumée, descendis sur le Mont Sinaï et secouas d'épouvante le peuple d'Israël? N'est-ce pas Ta colère qui arma ma verge vengeresse pour détruire l'herbe des champs et abattre les arbres, afin que les hommes et les bêtes périssent?

« N'est-ce pas ta voix qui parla par mes Dix Commandements? Qui redoutera l'éclair de Ta foudre, ô Seigneur! si le gazouillis d'un oiseau peut couvrir le tonnerre de Ton courroux? »

Ma tête tomba sur l'épaule de saint François
J'étais mort et ne le savais pas.

TABLE DES MATIÈRES